U0620411

"十四五"国家重点出版物出版规划项目

"中国当代哲学史(1949—2009)"丛书

陈卫平 主编

# 中国当代哲学史史料

## 文献选编 中①

第四卷 — 陈卫平 主编

广西师范大学出版社

·桂林·

# 本册目录

# 马克思主义哲学

　　有关马克思主义哲学研究的文献分为以下 3 辑：第 1 辑，包括三个方面，即新中国马克思主义哲学研究的整体性述评、新中国马克思主义哲学史研究的述评、新中国马克思主义哲学教材和哲学通论（概论）著作编写的述评；第 2 辑，改革开放以来马克思主义哲学研究有比较突出的四个方面，即价值哲学、经济哲学、文化哲学和西方马克思主义，本辑文献是对这四方面研究的评述；第 3 辑，对于马克思主义哲学中国化理论构建的探讨。

# 对马克思主义哲学在中国 50 年的回顾

黄楠森 *

马克思主义哲学在新中国成立以来的 50 年，是凯歌前进的 50 年，也是经历了多种失误，受到多种挑战的 50 年。我作为一个专业的哲学工作者亲身经历了这段历史，根据个人回顾，总结一下其中的经验教训，也许对我们哲学界同仁有一点参考价值。

马克思主义哲学 50 年的历史，可以分为三个大的阶段。

## 一、第一阶段

1949—1966 年是我国恢复经济、进行社会主义改造和建设的时期，也是马克思列宁主义哲学进一步传播和发展的时期，它为根本改变中国哲学的面貌，作出了重大的贡献，但也有不少的失误。

（1）马克思主义哲学社会地位的改变。马克思主义哲学是从"五四"新文化运动开始在中国传播的，其理论形态最初是历史唯物主义，到 30 年代初是辩证唯物主义和历史唯物主义。它最初只是在革命知识分子中流传，后来在解放区公开传播，但在国民党统治区则被打入地下，学习和研究马克思主义哲学都会受到镇压。全国的解放立刻改变了马克思主义哲学的地位，从革命人民的哲学上升为国家的指导哲学思想。它不仅在各大学成为最热门的学科之一，而且得到全社会的推崇。毛泽东的哲

---

\* 黄楠森，1921—2013，男，北京大学哲学系教授。

学著作《实践论》《矛盾论》《关于正确处理人民内部矛盾的问题》的出版和党中央、毛泽东本人的提倡，使全国几度出现学哲学用哲学的高潮，马克思主义哲学的地位达到了登峰造极的程度。这对马克思主义哲学的传播、研究和发展是极为有利的。但也产生了一定的弊端，即强调它的意识形态性而忽视它的科学性，强调它的权威性而忽视它的学术性，加之教条主义和个人迷信作祟，它的科学研究和学科建设被大大地削弱了。这种情况使马克思主义哲学的崇高地位带有一定程度的虚假性，有一些人对它的推崇多少带有赶热潮的成分，并非真正服膺于它的科学性。这就埋伏下改革开放以后有些人从"马克思主义者"变成马克思主义反对者的原因。

（2）马克思主义哲学的中国化与发展。马克思主义哲学是现代西方哲学的一个流派，以无产阶级意识形态与科学性从众多流派中脱颖而出。按其性质，它当然易为人们所理解，不像其他现代西方哲学那样晦涩难懂。但它毕竟不同于一般自然科学，有一个如何适应中国具体条件的问题，这就是它的中国化和发展，即采取中国人民熟悉的形式来表现自己，并增加一些适应中国条件的新因素。因此，马克思主义哲学在中国传播的过程，也是它中国化和发展的过程。毛泽东的"两论"可以说是马克思主义哲学中国化和发展的典范，对中国专业哲学家建构中国的马克思主义哲学体系产生了巨大的影响。

同时，也不能低估中国专业哲学家对于马克思主义哲学的中国化和发展所起的作用。50年代末人民大学、北京大学等6校各自编写的哲学教科书和60年代艾思奇主编的哲学教科书均以苏联30年代初的体系作为大的理论框架，吸收了中国哲学史中的一些思想，特别是毛泽东的理论贡献。这个理论形态当然还是属于辩证唯物主义和历史唯物主义类型，但它有明显的区别，对苏联体系有所突破，有所发展，其中包括了中国哲学家的辛勤劳动和创造性贡献，具有鲜明的中国特色。

但是，应该指出，从学科建设来讲，中国哲学家未能真正从马克思主义哲学这门学科的性质出发来科学地建构它的体系，未能摆脱教条主义的影响，因而未能建构出与20世纪科学水平相适应的崭新的哲学体系。

（3）关于若干哲学问题的讨论。从 50 年代到 60 年代有过五次哲学问题的规模较大的公开讨论或批判，即实用主义批判、中国哲学史问题讨论或"抽象继承法"批判、过渡时期无产阶级与资产阶级矛盾性质问题讨论、思维与存在同一性问题讨论、一分为二与合二而一问题讨论。这五次批判或讨论的经验教训很值得总结。我有三点想法：

第一，当关于这些问题的讨论还没有转变成为批判的时候，大家的思想都比较活跃，不同的观点互相比较，互相辩论，每次讨论均使大家认识有所深入，分歧逐渐消解，确实收到真理愈辩愈明之效。例如关于过渡时期无产阶级与资产阶级矛盾性质问题，经过不同意见的交锋，大多数人都认为其中尽管包含阶级利益的对立，矛盾的性质还是可以转变的。又如关于唯物主义与唯心主义的关系，经过讨论，大多数人认为二者的关系是复杂的，不能把它简单化为绝对的对立。

第二，当自由的讨论转变成为批判的时候，真正的讨论就没有了，剩下的只是没有答辩的讨伐。那时所说的批判是在一定的指示或授意下对某一个人或某一观点群起而攻之，批判者的批判不完全出自本意，被批判者毫无辩解的权利。通过批判，不但不能说服被批判者，也弄不清真正的是非曲直，因为结论是已经定下了的，批判不过是找理由来证明其"错误"而已。由于被批判者往往是正确的，或至少有正确之处，而批判是要证明其完全错误，于是批判者只好攻其一点，不及其余，片面夸大，或者索性歪曲被批判者的原意，甚至虚构某种观点以便加以批判，这种批判就没有什么是非可言了。当然，这绝不是说，对错误的观点或理论根本不能批判，该批判的还是应该批判，但批判必须是摆事实讲道理，有分析的，实事求是的。

第三，学术或理论问题是是非问题，不是政治问题，随便给学术或理论问题下政治反动的结论，即所谓"政治上纲"，学术研究就终止了。学术，特别是哲学社会科学的学术问题，同政治当然是无法截然分开的，但也并不是绝对分不开。只要是学术或理论问题，总可以讨论其是非，一般情况下都没有必要追究其政治意义，一旦同政治挂钩，学术讨论就终止了。这方面的教训太多，也太深刻了。

值得一提的是除这些比较活跃热闹的讨论批判外，在一些高等院校和科研机构，对马克思主义哲学还进行过一些安静的搜集资料、翻译、诠释和研究的工作。没有这些静悄悄的扎扎实实的工作，马克思主义哲学的学科建设和进一步发展也是难以实现的。同时，其他哲学领域，如中外哲学史、逻辑学、美学、伦理学、科技哲学等哲学学科虽然比较专门，研究者比较少，但它们离现实生活远一点，受干扰也少一点，加以马克思主义哲学的指导，都取得了较大进展，比建国前面貌大为改观。

## 二、第二阶段

1966—1976 年是全国经济、政治、文化陷入极度混乱的"文化大革命"时期，是马克思主义哲学的旗帜表面上举得很高，实际上唯心主义盛行、形而上学猖獗的时期，在此期间马克思主义哲学不但没有发展，反而备受曲解和践踏。上面谈到发展马克思主义哲学的两大障碍，一是单方面的全盘否定的"批判"，一是把学术问题上纲为政治问题，"文化大革命"把二者都发挥到极致，在此情况下当然就没有任何学术讨论与研究可言了。1970 年开始招收工农兵学员，我被分配从事教学工作，学校又开始有些学术内容的教学活动。特别是 1972 年周总理指示恢复系统教学以后，北京大学哲学系组织部分教师从事马克思主义哲学史的研究和编写工作，虽然后来周总理的指示被诬蔑为"右倾回潮"，这个工作仍然继续下去了。应该承认，这是一种基础学科建设工作，是很有学术价值的，我估计全国各地像这种静悄悄的集体的或个人的学术研究一直没有中断过，即使在"文化大革命"进行得如火如荼的时候，以全国之大，总还有"文化大革命"的锋芒达不到的地方，总还有人从事认真的学术工作。当然，这种成果在当时是发表不出来的，甚至不敢公开出来，能够发表的只有宣传"文化大革命"的理论与实践的论著，只有批判他人或自我批判的论著。但物极必反，"四人帮"的覆灭，标志着"文化大革命"那一套极左路线在中国占统治地位的终结，中国的学术界又迎来了一个春天。

## 三、第三阶段

1976—1999年是结束"文化大革命"并开始改革开放、重新进行社会主义现代化建设的时期，也是正本清源、在马克思主义思想路线指导下恢复和发展正常的学术研究的时期。20多年来，特别是十一届三中全会以来，学术研究与讨论显示出勃勃生机；与此相适应，全国各省市的理论刊物大量涌现；公开发表的学术论著数量之多、研讨之深入、创意之新颖，不但建国前无法与之相比，建国后也难望其项背。就哲学讲，各门哲学学科都出现繁荣景象，而马克思主义哲学又是其中讨论和研究最热的学科。我认为规模较大的马克思主义哲学问题讨论有以下几次：

（1）真理标准问题的讨论。这个问题首先是作为政治问题提出来的，但这次讨论也具有重要的学术价值。它恢复了马克思主义思想路线，成为改革开放的先导。在政治目标实现以后，哲学界又深入研讨了实践标准理论本身的问题，发表了不少不同意见。如果说，在实践是不是检验真理的唯一标准问题上绝大多数学者的意见是一致的，那么，在如何用实践来检验的问题上，分歧就很多了。对其中若干问题，学者们至今仍有意见分歧。

（2）关于人道主义和异化问题的讨论。人道主义是西方近现代思想史中的重要思潮，在马克思主义萌芽、形成和发展中起过重要作用，这使它成为马克思主义与非马克思主义理论界共同关注的理论焦点。但在我国改革开放前，人道主义被全盘否定，在改革开放之后它被提出来重新评价是很自然的。经过讨论，全盘否定人道主义的观点被否定了，但在如何评价上发生了分歧，一种观点认为马克思主义就是一种人道主义，即现代的科学的人道主义；另一种观点认为马克思主义包括作为伦理原则的人道主义，即社会主义人道主义，却否定了作为历史观的人道主义（认为人类社会历史是人的本质的异化和异化的扬弃的历史），因为这种人道主义是唯心史观。我认为把历史上的人道主义区分为伦理原则和历史观两个方面是人道主义史上的一次理论突破，是这次讨论的一个重要成果。

（3）关于主体性和主体性原则的讨论。人的活动的主体性和主体性原则的讨论是从人道主义的讨论中引发出来的。马克思主义从未否认过人是主体、人有主体性，但我国过去曾经有过把主体性或主观性等同于主观主义的偏向，因而忽视了对人作为活动主体及其主体性的研究。这次讨论无疑是很有理论意义的，对于改革开放也是很有现实意义的。争论发生在如何评价主体性原则，是否应该用主体性原则来改造整个马克思主义哲学，使它成为主体性哲学方面。对这个问题至今存在着不同的看法。

（4）关于价值论问题的讨论。这个问题又是由主体性问题引发的。因为主体性中必然包含价值性。马克思主义从来也不否定价值，但把西方价值论完全看作唯心主义加以否定，从而就忽视了对价值论的研究。价值论问题的提出为马克思主义哲学研究开辟了新领域，弥补了学科建设的空缺，特别是对建立社会主义市场经济、追求社会效益与经济效益具有重要的指导意义。

（5）关于实践唯物主义的讨论。首先是对实践唯物主义的理解上的分歧。一种观点认为它就是实践的唯物史观，另一种观点认为它是以实践作为研究对象的唯物主义，并认为哲学的对象就是实践；第三种观点认为它就是实践本体论或实践一元论。其次是它在马克思主义哲学中的地位，上述第一种观点认为它是马克思主义哲学的一个组成部分，即历史唯物主义。第二、三种观点主张以它来取代辩证唯物主义与历史唯物主义，马克思主义哲学就是实践唯物主义，至于辩证唯物主义和历史唯物主义，它不是马克思的哲学，而是恩格斯、列宁和苏联哲学家的哲学。已经出版了好几本以"实践唯物主义"命名的专著，讨论将长期进行下去。

（6）关于马克思主义哲学体系的讨论。许多讨论都指向一个根本问题：究竟马克思主义哲学是什么？这就涉及一系列问题：它的研究对象是什么？它在整个马克思主义中处于什么地位？它与其他哲学的区别与联系怎样？它有什么原理原则？它的组成部分有哪些？它的思想体系怎样？它的功能是什么？……这个问题还涉及究竟哲学是什么？它是不是一个知识部门？如果是，它的对象是什么？它与其他知识部门的关系怎样？……关于这些问题，观点十分分歧，短时间内难以取得一致。但显然可见，如果这些问题解决了，哲学和马克思主义哲学的面貌都将大为改观。

（7）关于部门哲学的研究。部门哲学最早常称应用哲学，指把一般哲学原理应用于某一部门而形成的哲学体系，如自然哲学、社会哲学、历史哲学、精神哲学、科技哲学、经济哲学、政治哲学、法哲学、文化哲学、教育哲学、艺术哲学、道德哲学、管理哲学、领导哲学、认识哲学、宗教哲学，等等。由于应用哲学又可以理解为以哲学的应用作为研究对象的单门学科，上述哲学群还是称为部门哲学好。这是一项庞大的研究任务，从事这种研究的是一支庞大的队伍。这种研究在改革开放以前是很少的。这里不可能一一介绍，下面谈谈比较热门的两个问题。

一是关于人学的研究。许多哲学上的争论、许多实际的社会问题都涉及人，很多学者都逐渐意识到建立一门科学来对人作综合研究的必要，这就是人学或人的哲学。因此，80年代以来，关于人学的讨论和论著逐渐多起来。但人学究竟是一门怎样的科学，它同哲学以及各种社会科学的关系怎样，它的原理和原则有哪些，它的体系怎样，都存在着意见分歧。无论如何，它的必要性和重要性已经得到广泛的认同，对它的研究呈现出方兴未艾之势。

二是关于文化哲学的研究。文化问题一直是一个热门问题。中西文化的关系怎样？传统文化与现代文化的关系怎样？马克思主义与中国文化的关系怎样？怎样进行社会主义文化建设？这些都是大家关注的问题。不仅如此，文化界关于文化的理解也有很多分歧：文化是什么？文化与经济、政治的关系怎样？文化在整个社会生活中占据什么地位？由于理论上有分歧，在现实问题上分歧就更大了。江泽民同志在党的十五大报告中把建设有中国特色的社会主义区分为经济、政治和文化三个方面，明确把建设有中国特色的社会主义文化作为整个社会主义建设的重要组成部分，这是有重要意义的。

除以上7个方面关于马克思主义哲学问题的讨论外，还有一个很重要的方面就是关于邓小平理论的哲学基础的研究。邓小平理论，作为当代中国的马克思主义，其哲学基础无疑是辩证唯物主义和历史唯物主义，但仅仅这样回答是远远不够的。随着邓小平理论的萌芽、形成和发展，哲学家们也在研究邓小平运用了哪些具体的哲学原则，并在运用中创造性地发展了哪些哲学原理。大家研究得较多较深入的有解放思想、实事求是的思想路线，社会主义社会基本矛盾理论与改革开放，实践标准、生产力标准和"三个有利于"标准的关系，科学技术是第一生产力的理论，矛盾规律的创造性运用，社会发展理论，价值理论，等等。邓小平理论是马克思主义的中国当代形态，其哲学内涵是非常丰富的，但邓小平的哲学思想散见于他的各种论著和党的文件中，或蕴藏于各种非哲学的论断中，这就需要学者们加以搜集、挖掘、梳理和系统化，这项工作过去已获得很多成果，今后将继续下去。

以上所列远不是20多年来马克思主义哲学研究与发展的全部内容，但已可看出其广度与深度远远超过了过去。但这只是事情的一个方面，另一方面马克思主义哲学也面临着严峻的挑战。挑战来自三个方面：一是世界形势的挑战。苏联和东欧社会主义的失败和中国"文化大革命"的严重失误诚然不能归罪于哲学，但哲学怎样从原有的思维方式中走出来，更好地适应新的形势的发展，特别是适应下一个世纪形势的发展，还是一个没有解决的问题。二是20世纪下半叶国际国内的自然科学与社会科学都有很大的发展，哲学如何从中提炼出新的哲学原理从而丰富自己，并进一步发挥哲学对科学的指导作用。三是国际国内哲学的发展向马克思主义哲学提出的挑战，其中既有非马克思主义哲学的批判与攻击，也有马克思主义哲学内部的批评和创意。这些挑战都要求建构与世纪之交的时代性质相适应的马克思主义哲学的新的形态。为了完成这个历史性任务，根据50年来的经验教训，我想有以下几个问题要妥善处理。

第一，要正确处理马克思主义哲学的意识形态性与科学性的关系。马克思主义哲学是科学，同时又是现代无产阶级的根本利益在世界观上的反映，因而又是现代社会主义运动的指导思想。这就是它的二重性，二者应该有机地结合起来。前30年的偏向是过分强调其意识形态性而损害了它的科学性，后20年这种偏向基本上得到纠正，促进了马克思主义哲学的蓬勃发展，但在一些地方另一种偏向，即淡化哲学的意识形态性、忽视马克思主义哲学与非马克思主义哲学在意识形态上的区别的偏向，也是存在的。这个问题实际上是政治与学术的关系问题，今天我们还是应该强调哲学研究的学术性，不要对学术研究进行不适当的干预，避免重蹈前30年的覆辙，但也应时刻记住哲学的意识形态性。

第二，要把马克思主义哲学的学科建设与现实哲学问题的研究正确地结合起来。作为社会主义意识形态，马克思主义哲学当然要关注现实的哲学问题，要为现实生活服务，但它又是一门科学，也必须进行学科建设，此二者不可偏废。二者不仅是相容的，而且是互补的。前30年轻视学科建设，使马克思主义哲学的科学体系长期处于比较落后的状态；后20年学科建设是加强了，但由于问题的难度大，至今成效还不很显著。今后这两方面的研究都应该加强，而且应更好地结合起来，这将会大大推动马克思主义哲学的运用和发展。

第三，坚持和发展马克思主义哲学这两方面也要辩证地结合起来，特别应该强调专业哲学家在这两方面的作用。马克思主义哲学的具体形态总是历史的产物，有其历史局限性，因而随着历史的发展，有些东西就会过时，这就需要发展；但它又是科学，其基本观点是不会过时的，这就需要坚持。前30年由于教条主义的影响，理论界强调坚持而忽视发展；后20年发展得到了重视，特别是由于"双百方针"得到了认真贯彻，新观点、新思想、新理论大量涌现，这是必要的，当然不能说马克思主义哲学的发展已经足够了，但也不能忽视存在否定坚持的偏向，马克思主义哲学基本观点是永恒的，是推不翻的。

第四，马克思主义哲学内部和外部都应该允许存在不同的学派。"百家争鸣"是党的繁荣学术的方针，百家者百个学派也，显然马克思主义以外无疑是存在众多学派的。相对而言，马克思主义也是一个学派。前30年只承认两个学派，一个马克思主义学派，一个是资产阶级学派，这显然是不确切的，学派是以学术观点来区分的，不是以阶级立场来区分的。后20年不再有人持这种观点，但认为马克思主义也不过是一个学派，言外之意是否定它在整个社会生活和思想意识中的指导地位。马克思主义诚然是一个学派，但在中国它不仅是一个学派，而且是一门科学，一个制度（社会主义），一个党派（中国共产党），一个政权（人民民主专政），也就是说，它是中国社会主义现代化的指导思想，邓小平理论是它在中国当代的表现形态或新的发展阶段。马克思主义内部是否应该允许存在学派？我认为应该允许，因为总是有些新问题不断出现，在新问题解决之前总有不同观点，如果观点形成不同的体系，学派就出现了。学派之间的争论对于问题的解决与科学的进步是有积极意义的，当然，问题解决了，学派可能就消失了。至于有的人连马克思主义基本观点都反对，却自诩为马克思主义学派，就另当别论了。

原载《中国特色社会主义研究》1999 年第 5 期

# 中国马克思主义哲学研究 70 年回眸与前瞻

杨洪源 *

新中国成立 70 年来，由内部反思"生成"的学术化倾向日益显著，使得中国马克思主义哲学研究实现了由抽象体系向具体实在的转变；体系建构的有机性，即动态的内容更迭和开放的结构转换日趋强化；作为体系组成要素的文本、历史、理论和现实的研究，达到较高程度的统一，取得了长足的进展。本文通过梳理新中国马克思主义哲学研究 70 年的历程，贯穿其中的问题导向与体系建构的有机互动这一内在逻辑，在总结经验教训、提炼中国特色研究范式的基础上，力求夯实构建中国马克思主义哲学知识体系的理论前提，对中国马克思主义哲学研究的未来发展做出较为合理的展望。

## 一、回顾：问题导向与体系建构的互动

综观整个马克思主义哲学的发展历程，问题导向与体系建构的有机互动，是自它创立之时起就贯穿其中的主线之一。众所周知，诸如"物质利益难题"之类的复杂现实问题，作为马克思进行思想批判与实践探索的直接动因，推动着他在德国观念论哲学体系这一旧的思辨基地上，构筑起新的哲学体系。不只是这样，在他本人思想一定发展阶段内逻辑合理的哲学体系，也成为马克思的批判对象。例如，基于金融资本主义的兴起、无产阶级革命的低谷、俄国农村公社的跨越等现实问题的重新

---

\* 杨洪源，1989—　，男，中国社会科学院哲学研究所研究员。

审视，马克思晚年搁置了《资本论》中的关于世界历史发展趋势的设想，转向资本主义社会史前史的求解。秉承上述特质，如何坚决稳妥地向社会主义过渡，探索社会主义建设的道路及其规律，如何实现"以经济建设为中心"的目标，社会主义由计划经济向市场经济的转变，中国道路的世界历史意义的阐释等，这一系列不同时期的重大现实问题，引导着新中国马克思主义哲学的丰富和发展。一言以蔽之，问题导向是马克思主义哲学的路径，体系建构同时作为马克思主义哲学的前提和结果而存在，两者的互动即为马克思主义哲学的内在逻辑。

对于一门学科发展历程的叙述即学术史的书写而言，人物思想、逻辑范畴、问题意识、体系结构等，皆为不可或缺的要素。以其中的个别要素为核心并融通其他要素，构成了学术史形态的不同呈现。由此可见，不同的学术史书写方式之间本无是非优劣之分，只有切中研究对象的程度深浅之别。这就是说，如何实现与研究对象之间的同构，成为学术史书写的关键。从同构性出发，关于整个马克思主义哲学研究历程的梳理，显然离不开对问题导向与体系建构的有机互动的具体描述，新中国70年马克思主义哲学学术史的书写亦然。大致而言，新中国70年马克思主义哲学研究的历程可以分为以下几个主要阶段。

1. 以教科书体系为框架的基本理论问题讨论

当深邃思想处于尚不为人知的最初传播时期，直观的形式相对于作为内容的思想显得尤为重要。毋庸置疑，教科书体系对于马克思主义哲学的宣传与普及，发挥着不可替代的积极作用，尽管它无法规避思想僵化乃至停滞不前的后果。早在《资本论》第一卷德文版行将付梓之际，恩格斯曾就由主题陌生、叙述繁杂、内容过长等导致的理解难度问题，向马克思建议凝练标题、细分章节，指出这种教科书式的处理方式有助于广大读者的理解。[①] 此后，恩格斯和列宁等为阐释马克思主义哲学著书立说，都或多或少由于思想论战而非系统宣传的形式，制约着马克思主义哲学普及范围的进一步扩大。在有效宣传和广泛传播马克思主义哲学的迫切需要下，融系统性和通俗性于一身的传统教科书体系呼之欲出，

---

① 参见《马克思恩格斯文集》第10卷，人民出版社，2009年，第267—268页。

并最终在《联共（布）党史简明教程》四章二节中正式确定下来。

在中国，马克思主义自十月革命后的广泛传播与深刻影响，使得以教科书体系为载体的马克思主义哲学，作为一种稳定的理论形态和研究范式，逐步取得在哲学研究、社会科学领域乃至整个中国思想界的主导地位，并指导着中国社会主义革命实践的成功。在这个过程中，传统教科书体系不仅通过不断调整而增强自身说服力，以指导社会主义革命实践，而且以大众化的形式来掌握人民群众，使之投身于社会主义革命实践中。正如马克思所说："理论一经掌握群众，也会变成物质力量。理论只要说服人（ad hominem），就能掌握群众；而理论只要彻底，就能说服人（ad hominem）。"① 新中国成立后，马克思主义成为各项工作的指导思想。为了适应政治、经济、社会和文化等迅速发展的需要，给予广大人民群众和党员干部以及时的、必要的思想武装，实现新民主主义社会向社会主义社会的过渡，党中央积极组织了马克思主义理论尤其马克思主义哲学的研究、学习和宣传，既强调哲学理论在社会主义建设实践中的运用，又重视新的实践经验在哲学层面的提升与总结。在此期间，传统教科书体系以政治课的形式，对人们进行辩证唯物主义和历史唯物主义教育，对推动中国现代化的发展产生广泛而深远的影响。依循传统教科书体系的基本结构和主要观点，中国的马克思主义哲学研究者，一方面发表了大量关于马克思主义哲学的介绍性文章，另一方面撰写了一批系统研究包括毛泽东哲学思想在内的马克思主义哲学教材类著作，如李达的《〈实践论〉解说》和《〈矛盾论〉解说》、艾思奇的《辩证唯物主义讲课提纲》等，有力地推动了全国范围内学习和宣传马克思主义哲学运动的深入开展。

社会主义三大改造的完成，标志着中国社会主义实践进入建设时期。在"百花齐放，百家争鸣"的方针指导下，运用哲学的世界观和方法论观察和处理新情况，总结中国马克思主义哲学研究的成果特别是毛泽东哲学思想，放弃直接照搬苏联教科书体系，构建属于中国人自己的教科书体系，成为必然的选择。艾思奇主编的《辩证唯物主义　历史唯物主

---

① 《马克思恩格斯文集》第 1 卷，人民出版社，2009 年，第 11 页。

义》、李达主编的《马克思主义哲学大纲》上篇即《唯物辩证法大纲》的讨论稿等，均为典型例证。更为重要的是，关于从属于传统教科书体系的基本理论问题的探讨，也在争鸣中不断深入。这些问题涵盖马克思主义哲学的基本原理、规律、方法、范畴与概念，具体涉及"一个对子"与"两个对子"、思维与存在的同一性、"一分为二"与"合二为一"、真理的阶级性与客观性、绝对真理与相对真理、客观规律性与主观能动性，等等。通过这些问题的探讨与争鸣，深化了人们对马克思主义哲学的理解和把握，进一步完善了哲学教科书体系，但也存在值得认真总结的经验教训。

在肯定传统教科书体系在特定历史语境下的积极作用，呈现基本问题讨论与教科书体系建构的有机互动的同时，也要清醒地认识到传统教科书体系所带来的后果。20世纪60年代中后期以来，哲学教科书体系的理论封闭性愈发明显，并最终沦为一种新的僵化的教条，无法接纳任何不同的理论阐释，从根本上断绝了通过问题导向而进一步推进体系建构的可能。如何复归问题导向与体系建构的有机互动，消除思想僵化带来的各种后果，成为左右中国马克思主义哲学研究及其发展的关键问题，并且迫在眉睫。

2. 以真理标准问题为动力的教科书体系改革

鉴于传统教科书体系的封闭性，问题导向与体系建构的有机互动就不再表现为对既有体系的完善，而是通过打破封闭性以为新的体系建构提供可能。正是在这个意义上，发轫于20世纪70年代末的真理标准问题大讨论，才能超越学术研究的范围，特别是在与20世纪五六十年代的真理诸问题讨论的内容和结论没有较大差异的前提下，起到了后者所无可比拟的思想解放的作用。对于马克思主义哲学研究而言，真理标准问题大讨论于封闭的传统教科书体系中打开了"缺口"。此后，中国理论界就一些过去颇有"争议"的哲学基本问题，特别是属于马克思主义哲学的，却因受传统教科书体系的束缚而被排斥出去的重要范畴和理论，如人、人性及人道主义等，展开了热烈的讨论，并逐步深入。

由于当时缺乏对《1844年经济学哲学手稿》和国外马克思主义哲学等的深入研究，关于人道主义与异化问题的讨论历时数年未能达成共识，也没有达到预期的高度。可是，它的真实意义却并未泯灭，反而愈发彰显对思想解放与实事求是的追求，有益于改变传统教科书体系教条主义地对待马克思主义哲学。换句话说，正是这场讨论的未完成性，才赋予它以丰富性和开放性。正如新中国马克思主义哲学研究史所昭示的：人的价值问题的凸显构成价值论研究的重要来源；对人的问题的持续关注直接导引出体系化的人学研究；将人文关怀确证为马克思哲学的一个根本性维度，并基于此来重新探究马克思的思想起源时期等。

真理标准问题大讨论进行得愈深入，问题导向之于传统教科书体系改革意义上的体系建构的成效，就表现得愈清晰。20 世纪 70 年代末到 80 年代末，认识论研究的深入、价值论研究的勃兴、人学研究的起步，抑或马克思主义哲学原理教材改革和马克思主义哲学史学科建设，都是"鲜活"的例证。以中国马克思主义哲学界彼时关于认识论的研究为例，在汗牛充栋的各类著述中，一方面扬弃了传统教科书体系只在辩证唯物主义范围内探讨认识论的传统观念，按照认识主客体的社会性和历史性的理解，将历史唯物主义的基本原理作为马克思主义认识论的理论前提与科学证明，提出唯物史观就是历史认识论。另一方面，基于对"辩证法也就是（黑格尔和）马克思主义的认识论"①的再考察，依循认识论的基本框架，从哲学的基本问题即意识与存在的关系出发展开相关内容，在教科书体系改革上取得了重大突破。

更为重要的是，在把实践范畴看作马克思主义认识论基本范畴及历史观基础的前提下，不少论者进一步提出实践是全部马克思主义哲学的基础。加之《1844 年经济学哲学手稿》中文版的出版、国外实践唯物主义思潮的传入等因素的共同作用，一些全国性专题会议相继召开，研究成果迅速增加，研究队伍旋即扩大，使实践唯物主义作为中国学者首次用自己的语言阐释马克思主义哲学体系的标志，并一度成为中国哲学界的最热门话题。关于实践唯物主义问题的讨论在 20 世纪 80 年代末有过较为短暂的沉寂，却又很快"升温"，其后虽有所"冷却"，但时至今日仍未终止。尽管充满着各种争议乃至一定的消极作用，但这场讨论对于

---

① 《列宁选集》第 2 卷，人民出版社，2012 年，第 559 页。

打破传统教科书体系"唯我独尊"的积极作用不言而喻，20世纪90年代涌现的马克思主义哲学原理新教材就是典型的范例。

3. 以学术规范问题为导向的体系建构分化

就一定意义而言，教科书体系改革的过程实乃马克思主义哲学研究的渐进学术化。进入20世纪90年代，"思想淡出学术凸显""少谈体系多谈问题"成为研究主流。相较于以传统教科书体系为框架的基本理论探讨很大程度上属于意识形态的范围，真理标准问题大讨论等仍然或多或少带有意识形态的色彩，对学术规范问题的强调与争论，才真正标志着中国马克思主义哲学研究的学术转向的开始。在学术规范问题的导向下，中国马克思主义哲学研究的体系建构从意识淡化逐渐过渡到形式分化，即不再拘泥于教科书体系改革，转而通过从社会现实和现代哲学知识体系中提炼、讨论、解决问题，形成具有内在规范性的部门哲学研究，并进一步激活对马克思哲学观及其变革意义的重新反思。需要指出的是，这种研究转向并非对体系建构本身的彻底扬弃，而是从封闭的宏大体系建构变为开放的中观体系建构。

首先，马克思主义哲学基础理论和哲学史等研究稳步推进。这不仅突破了西方哲学认识论以个人及其心理为分析对象的限制，探讨整个人类系统认识的发生和发展及其社会历史机制，还重视从人类生活和实践角度提炼出价值论需要解决的问题，突出价值论研究的应用性。在此期间，人学研究也在抽象理论层面和社会现实层面得到全面发展，尽管关于这一学科的名称及性质的争论始终没有完全停止。不仅如此，中国的马克思主义哲学史研究，在学术研究的日益国际化和不同研究范式之间竞争不断"白热化"的格局中逐步完善，甚至在国际学界中享有盛誉。

其次，社会哲学、文化哲学、经济哲学等研究方兴未艾。社会主义市场经济建设在中国的全面开展，使得中国乃至世界发展中的社会问题、文化问题、经济问题等进入中国学者的视野。相比之下，过去"屈居"中国马克思主义哲学研究"末流"的部门哲学，如社会哲学、文化哲学、经济哲学等的重新定位问题，成为马克思主义哲学理论创新无法绕开的环节。围绕唯物史观的方法及其基本问题，从提出概念到拓展向度，部门哲学的兴起不仅改变了中国马克思主义哲学研究的观念与结构，即不再作为纯粹的具体的理论科学，转而成为马克思主义哲学的基础学科，而且立足于中国的现实并从中觅得中国社会转型的内在根据和未来走向。

最后，马克思哲学观再反思和现代性批判等研究深入展开。从宏观体系建构到中观体系建构的转变，是对哲学观这一元问题的追问的集中体现。延续围绕实践唯物主义进行的马克思主义哲学精神实质的探讨，马克思哲学观的变革意义自然而然成为研究的焦点。这种变革不再只是对传统哲学的超越，而是在东西文化的比较、科学主义与人本主义的论战、"马""中""西"哲学的对话等格局中，使马克思主义哲学真正"活"在中国当下。同样，针对现代化的历史进程对人与世界关系的全面改变所带来的诸问题，如可持续发展、市场经济中的物的依赖性、虚无主义的文化危机等，中国学者通过对马克思哲学的再反思，将它确证为现代性批判的理论武器，并从中寻求实现人的自由个性的方式。

4. 以思想阐释问题为内容的研究路径转换

学术规范即形式是通往思想阐释即内容的必由之路。以学术规范问题为导向的宏观体系建构分化为中观体系建构，自身包含着向以思想阐释问题为内容的研究路径转换即微观体系建构的可能性。"学术凸显"所要"淡出"的，仅仅是作为意识形态而存在的"思想"，也就是"思想"的异化状态，其最终目的在于复归真正意义上的"思想"而不止于"学术"。以此为意旨，如何使思想真正切入现实，发展21世纪中国的马克思主义哲学，使之超越关于经验常识的思考，真正成为在思想中把握的时代，是中国马克思主义研究者的第一要务。不论是"论坛哲学"、文本研究、国外前沿、学术形态、哲学对话等领域的方兴未艾，还是唯物史观、资本批判、经济哲学、政治哲学等理论的重新阐释，都蕴含着研究路径的转换。

以彰显"马克思主义哲学的当代价值"为出发点，由《中国社会科学》杂志社牵头，全国各马克思主义哲学博士点每年轮流主办的"马克思哲学论坛"于2001年正式启动。无独有偶，由青年哲学论坛、《哲学研究》编辑部发起的"马克思主义哲学创新论坛"，也在21世纪初成立。在坚持哲学"生于对话，死于独白"的特性下，中国社会科学院哲学研究所组织的"马克思哲学青年对话会"开始"崭露头角"。这些全国规模的"论坛哲学"凭借其思想的活跃性而极大地突破了"讲坛哲学"的束缚，增强了中国学者的理论自信，更加积极地选择各种有益的成果，尝试创造出切合中国实际的、中华民族自己的马克思主义哲学理论，尽管"论坛哲学"与"讲坛哲学"的有效接榫尚须解决。

世纪之交，马克思主义哲学经典著作研究的独立性愈发明显，以"返本开新"为意旨的文本研究日趋兴盛，并与马克思主义哲学的当代性阐释共同成为研究热点。"史""论""著"的结合，抑或文本、历史、理论和现实的有机统一，虽实属老生常谈，却在不同时代中呈现迥异而逐步深入的内容。文本研究是理论阐释的基础工作和基本依据，马克思哲学文本研究的滥觞与勃兴，势必带动中国学者对既有理论的重新考察，其中首要关注的是关于历史唯物主义的重新理解。在文本研究与理论阐释的有机结合方面，21世纪中国马克思主义哲学研究的典型成果无外乎《资本论》哲学思想研究，可谓代表着经典著作研究的最高水准。以《资本论》为文本依据从政治经济学批判视域中理解马克思哲学，同时带来了另一种研究路径的转换，甚至可以说是一种彻底的颠覆——不再从作为部门哲学的经济哲学的角度或框架，包括概念、原则和方法等，来重新理解马克思主义哲学，转而将经济哲学定位为马克思主义哲学的基础学科，即马克思哲学在一定意义上就是经济哲学。秉承相似的思路，中国马克思主义哲学界当前关于政治哲学的研究，愈发呈现异军突起之势。从关于马克思主义政治哲学的理论定位，到关于马克思政治哲学思想及其当代价值的深入探讨，再到关于国外马克思主义政治哲学理论的扩展研究，无不昭示着中国学者在思想上超越现时代的维度去领会马克思主义哲学的当代性。

特定思想的深邃性源于自身逻辑的合理性，更显现于与不同思想的比较、对话和融合中。经过中国学者多年的努力，国外马克思主义哲学研究逐渐脱离马克思主义哲学史学科而获得较强的独立性，从是否必要的论证跃迁到如何运用的阐释，取得了一些较为突出的成果，"以翻译带研究"的规模效应日趋凸显。与此同时，21世纪以来研究的显著变化，也使得马克思主义中国化的内容不断得到丰富，构建马克思主义哲学的中国学术形态成为题中之义。不仅如此，近年来"马""中""西"哲学之间对话的趋向成熟有目共睹，在开放性中成为切入中国道路的有力视角。这种对话尽管在原则、方法、路径、平台等方面尚未达成广泛的共识，但在构建人类文明新形态等思想议题上还是有所突破。古今中外的哲学思想资源在新时代中国特色社会主义的伟大实践中产生的碰撞，以及中国道路自身所取得的瞩目成就，使得中国马克思主义哲学研究当之无愧地成为重要的思想"试验场"。

## 二、总结：范式提炼与经验分析的接榫

纵览新中国 70 年马克思主义哲学研究的历程，成就是主要的、突出的，并集中表现为形成了一些具有国际学术影响力的研究范式。换句话说，只有置于国际视野下与国外研究的比较研究中，才能提炼出真正意义上的中国特色研究范式。这些范式包括但不限于以下几类：

其一，以反思为前提的马克思主义哲学基础理论研究。中国的马克思主义哲学基础理论创新，与传统教科书体系的反思和改革几乎同步。基于传统教科书体系"一块整钢"下的"两大块"（辩证唯物主义和历史唯物主义）分离、"四个部分"（唯物论、辩证法、认识论、历史观）孤立，导致无法彰显马克思主义哲学的独特实质及其变革意义的弊端，中国学者从认识论入手，突破了过去只在辩证唯物主义范围内讨论它的局限，转而重点阐释认识论与唯物史观的关系、认识论与辩证法的关系，以此推进哲学原理教科书的重新编写[1]，并借着关于实践唯物主义讨论的"东风"取得了显著成效。[2] 除此之外，价值论研究还从认识论研究中逐渐独立出来，且由于同时适应了中国式现代化建设的实践需要和国际上思想文化论争的理论需要，成为持续活跃的研究领域。[3]

随着中国学界的相关研究拓展到实践本体论、实践本质论、实践辩证法、本体论批判的辩证法、意识形态批判、认识过程论、思维建构论、

---

[1]　参见高清海主编《马克思主义哲学基础》上，人民出版社，1985 年；高清海主编《马克思主义哲学基础》下，人民出版社，1987 年。

[2]　参见肖前主编《马克思主义哲学原理》，中国人民大学出版社，1994 年。

[3]　参见李德顺《实践价值丛书》（10 册），云南人民出版社，2003—2005 年。

社会结构论、社会发展论、主体性问题与现代性批判等领域①，"反思"作为哲学思维方式的作用愈发凸显，通过它可以重新把握思维与存在的关系，深化对马克思主义哲学乃至整个哲学基本问题的认识。②"反思"的关键环节，在于理解马克思哲学的变革意义从而呈现马克思主义哲学的当代价值。马克思并未对自己的"新哲学"作规范性的定义，他更多的是通过与其同时代具有深刻影响力的哲学思潮的论战中表述出来的。基于此，中国学者在广阔开放的比较视野下，激活了对马克思哲学变革意义的深刻理解，包括其理论特质、研究对象、思维方式、存在形态、现实基础及社会功能等问题。与马克思哲学从背景知识"进化"为前沿问题相适应，一些对哲学本身作系统阐释的教材开始涌现。③相较而言，国外学者近年的相关研究仍主要集中于辩证法和现代性批判，或者只是打着马克思哲学的旗号而言其他，对实践论和认识论等方面鲜有涉及，因而难免对马克思哲学变革意义的把握有所偏差。

其二，以文本为基础的马克思主义哲学史研究。为了克服传统教科书体系"重原理、轻历史"的弊端，特别是将马克思主义哲学看作原理推演而非思想发展的过程，以及教条主义地死抠经典著作中的只言片语等做法，作为学科体系的马克思主义哲学史于20世纪70年代末应运而生。它甫一问世，就奠定了构筑于作为思想载体的经典著作或文本的研究方式。到了20世纪90年代，中国的马克思主义哲学史研究在学术规范意义上逐步完善：一方面基于"哲学就是思想中的历史""哲学就是哲学史"等维度，对"史论结合"的叙述方式作了方法论省思；另一方面诉诸通史研究与个案研究的结合，力求全面且客观地呈现马克思主义哲学发展的完整脉络。④一些中国学者不仅通过探索人的物化、人的自由个性等重大问题，重新挖掘经典著作中的现代性批判因素，而且在同国外马克思主义的深度"对话"中，有力回应了"两个马克思的对立"、马克

---

① 参见杨耕等《马克思主义哲学基础理论研究》，北京师范大学出版社，2013年。
② 参见孙正聿《哲学：思想的前提批判》，中国社会科学出版社，2017年。
③ 参见欧阳康《哲学研究方法论》，武汉大学出版社，1998年；孙正聿《哲学通论》，辽宁人民出版社，1998年；王德峰《哲学导论》，上海人民出版社，2000年。
④ 参见黄楠森、林利、庄福龄主编《马克思主义哲学史》（8卷本），北京出版社，1989—1996年。

思与恩格斯的思想关系等"尖锐"问题。

　　进入 21 世纪，围绕文本解读来重新书写马克思哲学思想史，形成了三种典型路径：从还原思想生成的历史语境出发，"回到马克思"力求通过"人本主义社会现象学"、广义历史唯物主义、"历史现象学"，揭示马克思哲学思想深层转换的动态过程。① 基于对文本研究合理性限度的追问，"重读马克思"主张以文本为中介（而非主体）同马克思"对话"，诉诸传统解释模式的重新领会与解读者的深度体认来实现"接着讲"。② 针对使用晦涩语言和现代术语包装马克思哲学的"赶时髦"，"走进马克思"围绕"实践""历史""社会"等主要概念，阐释马克思哲学的逻辑起点、理论视野及核心内容。③ 这些研究路径作为文本研究模式，具有区别于过去原著解读模式的方法论前提和理论特质。面对相同的研究对象，一方致力于阐释思想的未完成形态亦即开放性，故而更加贴合马克思主义哲学的根本特征；另一方则立足于论证思想的完成形态，因此极易通向自我封闭乃至教条主义。

　　自此至今，在经历了迅速"升温"的方法论之争的"外部反思"，尤其围绕如何建构"中国马克思学"的讨论之后，中国马克思主义哲学文本研究进入"内部反思"阶段，由文本个案研究纵深推进到系列文本所组成的有机整体建构，丰富和发展了马克思主义哲学史研究，并于马克思诞辰 200 周年之际向国内外学界集中展示了这一成果。④ 相形之下，西方"马克思学"和 MEGA2（《马克思恩格斯全集》历史考证版）的编辑原则，在主张破除意识形态偏见与学科分工局限、强调文献的原生形态和唯一价值而风靡一时之后，却出现了"重考证、轻思想"的瓶颈，一定程度上制约着马克思主义哲学史研究的发展。

　　其三，以现实为根据的马克思主义哲学中国化研究。所谓马克思主义哲学中国化，简言之，乃是马克思主义哲学在中国的民族化与时代化。换言之，马克思主义哲学中国化的本质，在于中国人运用马克思主义的

---

世界观和方法论，内在地生成对民族命运与时代精神的自我理解。这种研究范式发端于马克思主义早期传入中国之时，呈现为在解决现实问题中完成的理论创新，并延续下去。以相关概念的最早提出为起点①，形成了两条主要路径，即党的领导集体的哲学贡献和学者的哲学研究。

其中，在分析和探索中国社会主义建设中的现实问题的过程中，毛泽东哲学思想不仅继续发挥世界观与方法论的指导作用，而且在概括总结新实践经验的基础上得到进一步发展，其突出的哲学贡献在于实事求是、群众路线、独立自主这三个基本方面。改革开放以来，围绕什么是社会主义、怎样建设社会主义，实现什么样的发展、怎样发展等现实问题，先后形成邓小平理论、"三个代表"重要思想、科学发展观，强调解放思想、实事求是、与时俱进、求真务实、发展是硬道理、以经济建设为中心、以人为本等基本理念，对发展马克思主义哲学作出了重要贡献。习近平新时代中国特色社会主义思想，系统回答了新时代坚持和发展什么样的中国特色社会主义、怎样坚持和发展中国特色社会主义的重大时代课题，为发展21世纪当代中国的马克思主义哲学作出了重要贡献，主要表现为实事求是的哲学精髓要义、人民至上的根本哲学立场、辩证思维的基本哲学方法、历史思维的唯物史观基石。②

除了以上述路径为主要研究对象，即诠释马克思主义中国化及其理论成果的哲学基础之外，中国学者还围绕构建马克思主义哲学的中国学术形态这一目标，澄清了马克思主义哲学中国化的基本理论问题。与此同时，当代中国马克思主义哲学学者及其思想，如李达的"唯物史观新解"、艾思奇的"大众哲学"、张岱年的"综合创新论"、冯契的"智慧说"等，也得到了愈发广泛的关注。与之形成鲜明对照的是，海外马克思主义哲学中国化研究，虽然聚焦于"毛泽东学"、邓小平理论和中国道路等，在辨析马克思主义哲学中国化与正统马克思主义哲学、中国传统

---

① 为了让世界化的哲学"讲"中国话，艾思奇于1938年4月在《哲学的现状和任务》一书中，首次倡导哲学研究的中国化、现实化。同年8月，针对脱离中国特点来谈论马克思主义所可能导致的抽象与教条，毛泽东在《论新阶段》中第一次鲜明提出了马克思主义中国化这一重大命题，并作了内容丰富的阐释。

② 参见王伟光主编《开辟当代马克思主义哲学新境界》，中国社会科学出版社，2019年，第256—260页。

文化的关系问题上有所建树，先后产生了"刺激—反映论""意识形态弱化论"及"铁三角理论""中国软实力论"等研究范式，但总体而言尚在起步阶段。

其四，以超越为意旨的国外马克思主义哲学研究。出于站在世界视野看中国，进而为赶超西方现代化进程提供思想基础的需要，中国学者的国外马克思主义哲学研究，在短短几十年间，迅速从浅尝辄止的译介进入研究的繁荣景象。撇开研究定位的独立、研究队伍的庞大、研究成果的繁多、研究进程的同步等不谈，单论研究主题的全面，就能充分说明这一点。在坚持以西方马克思主义为研究重点的同时，中国学者的研究按地域已延伸到东欧新马克思主义、日本马克思主义、英国新马克思主义、拉美马克思主义、韩国马克思主义等；从时间上跃迁到后马克思主义和晚期马克思主义等；在内容上拓展到精神分析马克思主义和激进左翼思想等。

然而，跨越式的繁荣发展中也夹杂着些许隐忧，特别是历史方位与使命担当的缺失。中国的国外马克思主义哲学研究，虽源于中国现代化进程的相对落后时期，但其目的绝非止于模仿国外。做赶超者而非追随者，始终是我们接受国外马克思主义哲学的不变定位，在中国道路的伟大实践及其瞩目成就的时代境遇下更应如此。角色定位的不明确以致纯粹为研究而研究，看似无大碍，实则是思想的"不作为"。当前中国学界相关研究中浮现出的学术鉴别力降低诸象，就是不自觉地成为追随者的表现。一些学者随意从故纸堆中"挖出"或者直接"追时髦"地找到某个国外马克思主义者，在充其量达到概述后者学说的程度之时，便宣称取得了突破性进展。殊不知，此类行径根本没有触及国外马克思主义哲学的前沿即问题意识，难以在错综复杂的社会万象中准确提炼出重大现实问题并给予较为合理的解决方案。相较于文章第二个部分论述的三种范式与国外研究的比较优势，中国学者的国外马克思主义哲学研究显然还有很长的路要走。

不可否认，经验教训与重要成就往往相伴而生。问题导向与体系建构在互动之时难免会有错位或不一致的地方。问题的把握不足和体系的封闭僵化等情形，在新中国 70 年马克思主义哲学研究中时有发生，不可避免会产生一些值得深思与总结的经验教训。

众所周知，坚持实事求是、理论联系实际，是马克思主义哲学者研究和解决问题时应当遵循的基本原则。然而，现实本身错综复杂和瞬息万变的特性，使以上原则的真正贯彻变得尤为困难。新中国的马克思主义哲学研究曾经走过一些弯路，尤其在某一时期内对中国社会主义建设时期的重大现实问题、阶级形势与政治状况的错误判断，用政治批判取代学术争论，甚至肆意扭曲马克思主义哲学的基本原理，使整个哲学领域的研究工作、学术结构和人才队伍等都遭到严重破坏。

诚然，改革开放以来的思想解放，对于中国学者实事求是地理解现实并从中提炼和分析问题，起到了极大的推动作用。但是，对问题的把握不足依然存在。这也是当今反复强调坚持实事求是、强化问题导向的原因所在。简单来说，哲学意义上的现实，即事实与本质的统一。这意味着从现实中提炼出的问题，至少包括以下内容：其一，"现存的不都是现实的"，只有表征着时代特征及其发展趋向的社会现象或事件，才能称得上是"现实问题"；其二，作为对其所处时代中的本质和事实的抽象表达，一些重要的思想潮流及理论动向也属于"现实问题"的范畴。一方面，随着学术性在中国马克思主义哲学研究中的不断强化，人们关于本质的追问愈发深入，以致忽视了事实本身发生的深刻变化。特别是在中国特色社会主义进入新时代，中国社会主要矛盾的转变这一本质被深刻揭示出来的情形下，中国马克思主义哲学研究者更应该关注这个矛盾的事实层面即具体表现，从而真正地提炼、分析和解决问题，而不是只做揭示社会主要矛盾转变的意义即必要性的同义反复。另一方面，通过学习领悟现时代的重要思想，即习近平新时代中国特色社会主义思想，把握其精髓要义和丰富内涵，从而深刻理解新时代的本质，以准确找出和科学分析表征时代发展的社会现象。否则，就只能产生脱离社会现实、缺乏问题意识的经验哲学。

同实事求是相对立的是教条主义。新中国70年马克思主义哲学研究历程中曾出现的教条主义倾向，与体系的封闭僵化不无干系，其主要表现为：将传统教科书体系中的基本原理，或者经典著作中的个别词句，当作绝对的普遍公式直接套用到问题研究中，全然不顾问题的历史性与具体性；把传统教科书体系中或经典作家没有探讨过的问题视作"禁区"，而不敢越雷池一步，反对根据时代发展和现实变化提出新问题、新观点，用政治的方式批判这些所谓的"离经叛道"；原理和著作乃至文件指示而不是实践，被用作研究问题得出结论、判断是非曲直的唯一标准，只是在传统教科书体系或经典著作范围内反复做文章。更为严重的是，体系的封闭僵化在某个时期内还掺杂着个人崇拜的因素，形成了诸如"句句是真理，一句顶一万句"之类的理论"怪胎"，抹杀了人们起码的独立思考能力，极大地阻碍了马克思主义哲学的发展。

当一定的理论体系从不成熟发展到完善时，稍有不慎就会因自我满足于既有的合理性而走向封闭与僵化。马克思主义哲学批判的正是旧哲学体系的僵化形式，即静态的逻辑架构和封闭的语言系统。

在充分肯定当前以思想阐释问题为内容的研究路径分化及其成果的同时，更要警惕这些微观体系建构的自我异化即滑向封闭与独断的可能。马克思主义哲学研究中的文献考证与历史梳理也好，理论阐释与现实反思也罢，都应该在建设性的对话关系中融通起来。如若不然，便有可能因缺乏充要的依据而成为泛论，抑或退回到旧的思辨哲学的基地，重新陷入教条主义的泥淖，这就与真正意义上的文本研究相去甚远，后者作为版本考证、文本解读和思想阐释的统一，最终要落脚到思想层面与现实层面，这也是马克思主义哲学研究的目的所在。

### 三、前瞻：趋势把握与未来展望的统一

问题导向与体系建构的有机互动，只有进行时，没有完成时。如前所述，新中国70年的马克思主义哲学研究形成了诸多具有国际影响力的范式，取得了坚持实事求是和理论联系实际的思想路线和优良学风、从教条主义的羁绊中解放出来等宝贵经验。但与此同时，问题依然存在。对此，我们可以尝试从三个递进的层面入手，探寻保持问题导向与体系建构的有机互动及可行路径，把握马克思主义哲学研究的未来走向。

其一，不同研究范式的内在整合。首先，要梳理与审视既有的重要研究范式及其代表性理论成果，找出它们各自出现的或潜在的主要问题；

其次，将这些主要问题分类整理、阐明原因，进而提出解决路径，以此丰富和完善既有的各种研究范式，力求实现它们之间的融合；最后，强调实现这种融合的意义与价值。以基于文本的马克思主义哲学史研究和源于现实的马克思主义哲学中国化研究这两种范式为例，前者的优势在于为理论的彻底性提供充分依据，避免大而无当的空疏，其局限则在于缺乏强烈的现实反思意识，难免脱离社会现实而重蹈教条主义的覆辙；后者虽然有助于强化哲学与社会现实的内在联系，保持马克思主义哲学的本质属性，但也会由于缺乏理论的彻底性而沦为实用主义的工具。在简明扼要地剖析了上述两种研究范式后，解决方式也就一目了然，即去弊存利、优势互补、内在整合。

其二，具有明确的体系建设。就其思维水准和思想高度而言，研究范式的内在整合没有超越德国观念论的普遍观点，即任何问题的提出都包含着它的解决。可是，经验常识往往告诉人们，问题绝不可能被穷尽，因而提出、分析与解决问题始终处于螺旋上升的循环中。如果说不断解决层出不穷的问题属于"战术思维"层面，仍然表明理论创新落后于实践发展的不利局面，那么，消解问题不失为一种"战略思维"，是理论创新紧跟实践发展的有力表现。它直指真正的哲学作为时代精神之精华这一根本特质，从哲学与时代的关系即哲学的历史方位出发，将已经世界化的哲学在特定民族国家的具体表达中揭示出来，最终凝练为"马克思主义哲学的时代化、中国化、大众化"这一命题，且不断呈现出新的形式。加快构建中国特色马克思主义哲学学科体系、学术体系、话语体系，就是上述命题在中国特色社会主义新时代的最新表述。杜绝不同的研究范式走向独断论与经院化的可能也好，构建马克思主义哲学的中国学术形态、实现由"照着讲"到"接着讲"的过渡和转变也罢，凡此种种无一不指向于此。

从知识体系、学科体系、学术体系、话语体系出发，找准论战对象或"靶子"，彰显马克思主义哲学的批判性，能够有针对性地指明中国马克思主义哲学研究的若干具体方向，尽可能避免问题导向与体系建构的不一致或错位。诸如，破除"西方中心论"之于学科划分与领域设置的影响，摆脱将问题归结为单一学科的束缚，立足中国实践并以其中的具体领域为研究对象，提炼合适的概念阐释问题，运用唯物辩证法解决问题，以符合新时代的方式论证中国实践；扬弃"技术决定论"的路径依赖和思维惯性，重新树立思想作为科学技术生产力之母的地位，创新思维、完善标准、健全机制，破解专业化和壁垒化趋势下的跨学科对话难题，打破学术在本学科内生产的"小作坊"模式，解决"出专著易，出精品难，出专家易，出大师难"的问题，推动突破性学术成果的创造与丰富；直达"乱世文化兴盛论"的唯心史观病灶，对这种浅尝辄止的"话语陷阱"及其危害保持清醒认识，警惕哲学语言脱离实践或"圈子化"现象，坚持历史唯物主义的世界观和方法论，促进中国实践与理论创新的共同繁荣发展，提升学术话语权，增强中国马克思主义哲学的创造活力、发展能力与竞争实力，等等。

其三，人类文明新形态的建构。除了人所熟知的时代精神的精华或在思想中的时代，真正的哲学更是人类文明"活"的灵魂。哲学不能仅仅作为"思维的游戏"而存在，更应该以高度理性化的思考面对人类社会发展的深刻问题，推进人类文明的永续前行，使其经久不衰。由此可见，深层的解决方式，即保持问题导向与体系建构之间有机互动的根本途径，在于让哲学复归文明精髓这一精神实质，使之作为民族自觉意识的高度及深度的标志实至名归。当今中国正处于社会大变革的转型时期，这决定着广大哲学工作者应当站在世界文明的战略高度、以理性的眼光来审视中国道路的历史方位，澄清中华文明的价值前提，反思构建人类文明新形态的可能道路。一方面，世界格局在加快演变的历史过程中，正产生着大量深刻复杂的现实问题，亟须对此作理论解答。另一方面，中国道路所取得的重大成就，为超越资产阶级所开辟的道路、探讨人类社会发展的新模式和人类文明新形态，提供了强有力的佐证。对中国道路的世界历史意义这一重大现实问题的阐释，必须借助于对马克思主义哲学的深刻理解和当代全球化态势的准确把握。只有这样，才能真正摆脱理论创新落后于实践发展的困境。

就一定意义而言，任何关于未来理想社会形式的深入探索，都不失为建构人类文明新形态的有益尝试。马克思晚年所从事的思想创作，不论求解资本主义的"史前史"，还是探讨俄国社会的未来走向，都昭示出他对于人类文明新形态的孜孜以求。为此，马克思不仅通过经济、政治和宗教等因素的具体分析，解释了出现各种不同于英国式典型资本主义道路的文明形态的原因，为探索人类文明的新形态奠定基础，而且转变了以西方社会为中心的视角，探求在东方社会实现人类文明形态的可能性。在马克思看来，资本主义所开辟的世界市场，没有改变世界历史总体结构本身固有的等级森严的秩序。因此，作为资本人格化的资产阶级所塑造的"新世界"，势必出现新的不平衡乃至畸形发展。构建人类文明新形态在破解上述严峻问题的局势下呼之欲出。就这种意义而言，中国道路不是一种暂时的策略和具体的路线，而是深邃的思想体系和丰富的理论建树。对于中国道路的合理性、必然性及世界历史意义的诠释，必须诉诸哲学高度的反思，即以思想创新驱动人类文明形态变革，是中国马克思主义哲学研究未来发展的必然趋势和使命担当。

事实上，中国马克思主义哲学研究者在深化马克思主义哲学"史""论""著"研究的过程中，潜在地包含着一系列关于人类文明形态变革的哲学理念，诸如关于社会形态及其发展规律的阐释、关于摆脱物的依赖以实现人的自由全面发展的探讨、关于中国道路的方法论省思、关于国外马克思主义中社会批判理论的新解等。有鉴于此，明确以思想创新驱动人类文明形态变革的使命，对于中国马克思主义哲学知识体系的建构，是意义重大的、影响深远的。它通过重新定位哲学的实质内容和主要功能，深刻揭示了马克思主义哲学对于人类文明形态变革的指导作用，不仅实现了"在中国的马克思主义哲学"和"中国的马克思主义哲学"的有机统一，还将它们上升到探索人类文明新形态的高度，奠定了中国马克思主义哲学研究的时代主题，并聚焦于此实现"马""中""西"哲学的真正对话，凸显中国马克思主义哲学的思想力，从而彰显中国文化软实力，为人类文明新形态探索贡献中国智慧。

原载《社会科学战线》2019 年第 10 期

# 马克思主义哲学研究 30 年：回顾与反思

杨学功 *

新时期中国的马克思主义哲学研究，已经走过了 30 年不平凡的历程。依据其研究主题、研究取向、研究方式及其所形成的总体风貌，大致可划分为以下三个阶段：第一个阶段是 20 世纪 70 年代末到 80 年代，孕育于新时期影响深远的真理标准大讨论，主要成果体现在认识论研究、价值论研究、马克思主义哲学史学科建设和哲学教科书体系改革等方面；第二个阶段是 20 世纪 90 年代，"问题意识"充分凸显，主要成果体现在领域（部门）哲学研究的迅速崛起，同时在哲学基础理论研究方面进一步深入；第三个阶段是 21 世纪，形成了马克思哲学文本研究、国外马克思主义研究和马克思主义哲学当代形态研究等多个热点领域，同时研究路径进一步分化，预示着新的范式转换的前景。

## 从真理标准讨论到哲学教科书体系改革

新时期头 10 年我国马克思主义哲学研究的成果，主要体现为 20 世纪 80 年代的理论探索和创新，它是从影响深远的真理标准大讨论开始的。这一讨论及其所蕴涵的理论问题的充分展开，催生并形成了认识论研究热，进而引发了关于实践唯物主义的讨论和马克思主义哲学教科书体系改革。

1. 真理标准大讨论的开端意义

1978 年 5 月 11 日，《光明日报》刊发特约评论员文章《实践是检验

* 杨学功，1963—    ，男，北京大学哲学系教授。

真理的唯一标准》。这篇文章犹如一声惊雷，在全国范围内引起了规模空前的大讨论。关于这场讨论的政治意义，邓小平同志已经作了精辟的总结，认为这"是个思想路线问题，是个政治问题，是个关系到党和国家的前途和命运的问题"。从哲学上看，这场讨论的意义则在于为重新恢复和确立实事求是的思想路线奠定了哲学基础。随着实践标准的确立，不仅在国家政治生活中开始了具有深远历史意义的伟大转折，哲学界也对中华人民共和国成立以后的几次著名的哲学论争，诸如关于"思维与存在的同一性"的讨论、关于"一分为二"与"合二而一"的讨论等都作了重新评价。而陈晏清的《"四人帮"哲学批判》（人民出版社，1979）一书，则对"文革"期间被搞乱了的理论是非作了全面的清算。

2. 认识论成为热点和价值论研究兴起

由真理标准问题的讨论所开启的新时期马克思主义哲学研究，如果说在 20 世纪 80 年代形成了一个研究热点，那么这个热点非认识论莫属。随着讨论的展开，实践标准的确定性与不确定性、实践检验的过程和机制、实践检验与逻辑证明的关系，以及实践的要素和结构、主体和客体的关系、认识发生和发展的过程、认识过程中反映与创造、选择与建构、反思与重构的关系等等，所有这些问题都被引发出来了，认识论自然也就成为那个时期哲学研究围绕的轴心，甚至关于辩证法的讨论也是以"辩证法就是认识论"这一经典命题的形式展开的，"主—客体关系"即"认识论"架构成为人们重新理解哲学及其全部理论问题的切入口。

在认识论研究成为热点之时，价值论研究也开始兴起。我国的哲学价值论研究是从认识论中逐渐独立出来的。从相关资料看，杜汝楫 1980年在《学术月刊》发表的《马克思主义论事实的认识和价值的认识及其联系》一文，是价值论研究兴起的第一个信号；刘奔、李连科 1982 年在《光明日报》上发表的《略论真理观和价值观的统一》，则对这种研究起了重要的推动作用。此后，随着李连科的《世界的意义——价值论》（1985）、李德顺的《价值论——一种主体性的研究》（1987）、王玉樑的《价值哲学》（1989）、袁贵仁的《价值学引论》（1991）等著作的出版，价值论逐渐成为我国马克思主义哲学研究的一个重要领域。这些著作可以说是当代中国学者对马克思主义哲学价值论的自觉建构。

我国哲学价值论研究主要有三个论域，即价值本质论、评价论和价值观，前两个方面都形成了一些有代表性的成果，而价值观研究尽管一直是热点之一，却大多停留于应用层面，至今没有出版成系统的基础理论著作。此外，价值论研究中还存在着一些有争论的问题，其中之一就是关于价值论的定位问题：它究竟是哲学基础理论的一个分支，还是一个独立的研究领域或一种哲学形态？还有学者提出哲学应该从"拟科学"走向"拟价值"，即所谓"价值论转向"。

3. 马克思主义哲学史学科建设和哲学原理教科书体系改革

作为一门新兴的分支学科，马克思主义哲学史就是要完整地再现马克思主义哲学产生和发展的历史过程，恢复各个时期马克思主义哲学的本来面目。经过众多学者的齐心协力，《马克思主义哲学史稿》终于在1981年由人民出版社出版了，它是我国第一部马克思主义哲学史教材。虽然该书内容只讲到斯大林为止，但基本上建立起了该学科的框架结构。随后，马克思主义哲学史作为一门课程在综合性大学哲学系普遍开设，标志着马哲史学科建设步入正轨。从那时以来，学者们围绕马克思主义哲学史开展了广泛而深入的研究，先后出版了多部通史和专题史著作。20世纪90年代以后，马克思主义哲学史研究稳步推进，各高校又陆续出版了一批相关教材，而专题和个案研究则更加广泛和深入地展开。在此特别值得一提的是由黄楠森、庄福龄、林利主编的《马克思主义哲学史》（8卷本），它作为国家"六五"和"七五"哲学社会科学规划重点项目，历时10余年方告完成。该书总字数超过400万，其作者多达57人，几乎囊括了我国马哲史教学和科研第一线的全部专家学者。本书以其规模大、质量高，成为我国马克思主义哲学史研究整体水平的代表作。

在马哲史学科建设起步的同时，哲学原理教科书体系改革也蓬勃开展起来。我国原有的马克思主义哲学教科书是在20世纪五六十年代集体编写的，这些教材都打上了明显的苏联哲学教科书体系的烙印。虽然后来各地如雨后春笋般出版的教材不计其数，但无论体系还是内容都互相雷同，并无特色和新意。

教科书体系改革的一个关键问题是对马克思主义哲学变革实质的理解。改革开放以来，人们对这一问题进行了新的探索，并且形成了互有差异的几种不同观点。教科书体系改革的继续展开是与关于"实践唯物主义"的讨论联系在一起的。事实上，随着实践、主体性和价值等问题的凸显，有学者明确提出主体性是马克思主义哲学新发展的一个生长点，传统教科书体系改革已成为理论逻辑发展的必然。因为传统教科书体系不能容纳对这些问题的思考和阐述。

关于"实践唯物主义"的讨论，对我国马克思主义哲学研究产生了重大而深远的历史性影响，其积极作用是打破了传统教科书体系"一统天下"的独尊地位，形成了 20 世纪 90 年代后日益活跃的多样化研究格局。教科书体系改革的成果，实际上主要体现在 20 世纪 90 年代以后按照"实践唯物主义"的理解编写的几部新教材中，如辛敬良主编的《马克思主义哲学导论——实践的唯物主义》，陈晏清、王南湜、李淑梅合著的《现代唯物主义导引》和《马克思主义哲学高级教程》等。李秀林等主编的《辩证唯物主义和历史唯物主义原理》是一部多次修订再版的高校文科教材，虽然书名一直未改，但从第四版开始在体系结构和内容叙述上都做了重大调整，比较彻底地贯彻和体现了"实践唯物主义"的主张。在教科书体系改革的理论探索方面，高清海的《哲学与主体自我意识》最有深度；而对实践唯物主义的比较系统和深入的论述，则以肖前等主编的《实践唯物主义研究》和陆剑杰的《实践唯物主义体系的历史逻辑分析》为代表。但是如何不断根据实践发展的需要和学术研究的进展，通过体系调整、内容更新以及话语方式改变，编写出既忠实于马克思主义哲学的基本精神，又适应时代要求的马克思主义哲学新教科书，至今依然是摆在我们面前的一个重要课题。

此外，改革开放初期还发生了关于人道主义和异化问题的讨论。从 1980 年开始，关于人道主义和异化问题的文章大量涌现，几乎所有报刊都卷入其中。"这场争论在人道主义史中形成一次重要的理论突破，即在总结历史上对人道主义的理解的基础上，区分了人道主义的两种含义或两个方面：一是作为处理社会生活和人际关系的基本原则的人道原则，即人人平等的原则；一是作为历史观的人道主义，即认为人类社会的历史是人的异化和异化的扬弃的历史观。这种区分导致人学学科在中国诞生"。（黄楠森）

## "问题意识"的凸显和领域（部门）哲学研究的勃兴

进入 20 世纪 90 年代，我国马克思主义哲学研究的内外部条件都发生了重大而深刻的变化。为了适应这种变化，马克思主义哲学研究自觉实现了从"体系意识"到"问题意识"的转变，实际是从"体系内部提问题"到"体系外部寻找生长点"的转换，最突出的表现就是领域（部门）哲学迅速兴起；同时在基础理论研究方面也取得了明显进展，表现为对马克思哲学观的重新思考趋向哲学研究的前台。

1. "问题意识"的凸显和研究重心的转移

20 世纪 90 年代以后，我国马克思主义哲学研究的基本取向发生了明显的变化，有的学者概括为从"体系意识"到"问题意识"的转变（孙正聿）。研究者普遍感到，当今世界格局和人们的生产方式、交往方式、生活方式乃至经济结构和社会结构都发生了重大而深刻的变化，急剧变化的生活世界本身向哲学提出了各种各样的问题，迫切需要哲学面向自己时代的现实问题，把问题作为研究的出发点。虽然在哲学捕捉和把握时代问题的方式上，即在如何把时代提出的问题转化为哲学研究的课题上仍有分歧，但主张哲学研究应该面向时代问题，则是基本一致的。诸如改革开放中的历史观和价值观、社会转型问题、现代化的模式和道路、全球化、可持续发展及其代价、环境问题、利益问题、公平与效率的关系问题、价值冲突、精神生产、文化比较的方法等等，所有这些带有明显时代特征的"问题"，都成为马克思主义哲学关注的对象和理论探索的兴奋点。其中，发展问题、文化问题、价值问题和人的问题，是 20 世纪 90 年代哲学界集中研究的四大相关的重点问题，并涌现出一批有分量的研究成果。

比"问题意识"的凸显更深层次的变化是研究重心的转移。对于中国的马克思主义哲学研究来说，如果说 20 世纪 50 至 60 年代的基本主题是唯物论和辩证法，70 年代末至 80 年代的基本主题是认识论，那么进入 90 年代以后，其研究主题或研究重心则发生了从认识论向历史观的转移。改革开放的深入，社会主义市场经济的发展，势必涉及历史发展普遍规律与各民族独特发展道路的关系问题；而市场经济及其负面效应的暴露，则关系到如何看待"以物的依赖性为基础的人的独立性"这种社会形态及其历史作用。因此，诸如马克思的社会有机体理论、马克思的历史发展"三形态"和"五形态"理论、马克思晚年书信中关于跨越"卡夫丁峡谷"的思想和人类学笔记中的东方社会理论、交往方式变迁与社会进步，以及历史唯物主义在当代所面临的挑战等等，所有这些问题都被推向了哲学研究的前台，并且不再停留于一般性的抽象议论，而是与怎样理解这个变动的时代紧密地联结在一起。

历史观成为研究重心，至今不衰。进入21世纪，20世纪90年代以来形成的一些研究课题，诸如世界历史理论、社会形态理论、东方社会理论、生产理论、交往理论、人的全面发展理论等仍在继续深入进行，而现代性、全球化、公共性等则成为新的研究热点。可以预见，由于其强烈的现实性，这方面的研究今后仍将是一个大有作为的领域。

2. 领域（部门）哲学研究的勃兴

20世纪90年代以来马克思主义哲学研究中"问题意识"凸显最直接和具体的表现，就是领域（部门）哲学研究的兴起。这里所说的领域（部门）哲学不同于通常所谓的哲学二级分支学科，而是指以某个特定的领域为对象和范围形成的相对独立的研究部门（不同于分支），诸如自然哲学、社会哲学、历史哲学、文化哲学、人的哲学（人学）、经济哲学、政治哲学、法哲学、道德哲学、宗教哲学、艺术哲学、教育哲学、管理哲学、日常生活哲学，以及自然科学哲学、人文社会科学哲学等等。90年代以来领域哲学研究发展迅猛，其中社会哲学、人的哲学（人学）、文化哲学是成果最为突出的几个领域。

（1）社会发展理论和社会哲学研究。这种研究兴起于20世纪80年代中后期，一般是与现代化研究结合在一起的。发展是当今时代和当代中国的重要主题，随着发展进程的加速、发展矛盾的暴露和发展代价的突出，90年代以来社会发展理论的研究一直是人们关注的热点之一。

（2）人学理论研究。人学理论研究蕴涵于20世纪80年代初关于人道主义的讨论，90年代以后逐渐发展为一个相对独立的研究领域。这种研究一方面是为了回应西方学者对马克思哲学中所谓"人学空场"的责难，另一方面也是为了适应当代社会发展的需要。改革开放要求发挥人的主动性、积极性、创造性，理论界也日益关注人的权利、人的品质、人的能力、人的个性、人的自由、人的发展等问题，逐步形成了对人的整体宏观的综合研究，即人学研究。虽然关于"人学"的名称和人学的学科定位，从中国人学学会酝酿到 2001 年正式成立，其争论一直没有停止过，但它事实上已经成为一个相对独立的且有众多研究者参与其中的研究领域。

（3）文化哲学研究。改革开放以来，随着国际文化交流的增多以及文化冲突的发生，文化问题日益成为人们关注的对象，20 世纪 80 年代曾经出现全国范围的"文化热"，90 年代以后又兴起传统文化热。哲学界也把目光投向文化问题，逐渐形成了文化哲学这个相对独立的研究领域。文化哲学研究中涉及的问题很多，既有文化的本质和特征、文化的类型、文化传统及其变革等基础性问题，也有我国文化发展方向等战略性问题和文化体制改革等对策性问题。中国社会科学院成立了文化研究中心，主要从事对策性研究，而哲学界则力图通过基础理论研究来引导和促进当代中国的文化变革。

3. 重思马克思的哲学观及其所开辟的哲学道路

20 世纪 90 年代，在领域（部门）哲学成为显学的同时，马克思主义哲学基础理论研究也继续稳步推进，除了在辩证法、历史观、价值论等具体理论方面的进展外，研究逐渐聚焦于马克思的哲学观及其所开辟的哲学道路。这是 80 年代以来围绕"实践唯物主义"讨论而展开的关于马克思主义哲学变革实质研究的继续和深入。学者们普遍认为，哲学观是哲学的前提性问题，历史上哲学理论的重大或根本性变革，总是集中地体现为哲学观的变革，体现为"哲学理念"的更新；对于马克思在哲学史上所实现的变革及其实质的把握，必须从哲学观的视角切入。基于这样的认识，原来处于哲学思考后台的哲学观问题，一下子被推到了哲学研究的前台。与此同时，原来只是在哲学原理的绪论中出现的关于"哲学本身"的简略概述，开始有了系统的专门研究，综合性大学哲学系也普遍开设了"哲学通论"或"哲学导论"之类的课程。

学者们指认，马克思在创立自己的新哲学时，并没有刻意为它制定一劳永逸的体系，甚至也没有给哲学下过明确的定义，他的哲学观是通过一系列论战性著作来表述的。但是透过这些表述，我们仍然可以清晰地看到马克思在哲学观上所实现的变革，它改变了哲学的性质和功能，改变了哲学问题的提法和探讨哲学问题的思维方式，从而也改变了哲学的存在形态和存在方式。总之，对马克思哲学观的反思是马克思主义哲学研究中的一项基础性工作，它破除了人们以往附加在马克思主义哲学上的种种僭越和虚妄，对于在当代条件下重新理解马克思及其所开辟的哲学道路已经并将继续产生积极的影响。

## 从"领域分设"到"路径分化"

进入 21 世纪以后，我国马克思主义哲学研究继续发生深刻变化，"回到马克思""走进马克思""重读马克思"成为新的研究风尚。马克思的哲学革命及其当代价值是世纪之交人们谈论最多的话题；马克思哲学文本研究和国外马克思主义研究是近年来发展最快的两个方向；经过 30 年的探索和积累，我国马克思主义哲学形成了多个相对独立的研究领域，相应地形成了不同的研究路径，目前正孕育着新的范式转换。

1. 马克思的哲学革命及其当代价值

2001 年，"马克思哲学论坛"的创设对于新世纪中国的马克思主义哲学研究来说，是一个具有标志性意义的重大事件。"马克思哲学论坛"是中国社会科学杂志社联合全国马克思主义哲学博士点共同主办的一个年度学术论坛。论坛自创设至今，已经连续举办八届，几乎每一届论坛的主题都成为一个时期我国马克思主义哲学研究的兴奋点。第一届论坛主题是"马克思哲学的当代价值"；第二届论坛主题是"马克思的本体论思想及其当代意义"；第三届论坛主题是"马克思哲学与当代国外马克思主义最新进展"；第四届论坛主题是"马克思哲学与当代中国现代性建构"；第五届论坛主题是"中国化的马克思主义哲学形态研究"；第六届论坛主题是"马克思主义政治哲学：阐释与创新"；第七届论坛主题是"马克思主义哲学研究范式：创新与转换"；第八届论坛主题是"马克思主义哲学中国化与当代中国哲学建设"。从中可以看出，马克思的哲学革命及其当代价值是 21 世纪我国马克思主义哲学研究中首先得到关注的主题，它既是 20 世纪 80 年代"实践唯物主义"讨论的继续，又是 90 年代后期马克思哲学观反思的深化。

作为世纪之交形成的一个热点，马克思哲学当代性研究方兴未艾，至今不衰。其中特别值得注意的是，一些学者从本体论变革或存在论转换意义上，来深入解读马克思的哲学革命及其实质，从而在理论上推进了当代性研究。众所周知，马克思哲学与"本体论"的关系问题，从 20 世纪 80 年代后期到整个 90 年代，一直是中国马克思主义哲学界分歧很大的焦点性问题之一。近年来，这一问题又得到了新的开掘。学者们致力于从存在论变革或生存论转向意义上来阐扬马克思哲学革命的真实意义。他们确认马克思的哲学革命是从本体论层面上发动的，其结果就是从根本上终结了传统形而上学，从而实现了哲学从传统形态向现代形态的转变。

马克思哲学与"本体论"研究中有一个旷日持久的争论，即所谓"物质本体论"与"实践本体论"之争。一方面，争论双方都可以从经典文本中找到依据，由此牵涉到马克思主义哲学经典作家特别是马克思和恩格斯的思想差异问题；另一方面，争论双方在"本体论"这个核心概念的理解和使用上又存在着很大的随意性，缺乏哲学历史和学理的根基，从而使讨论在一定意义上成为因概念不清而导致的无谓之争。有鉴于此，有的学者对"本体论"的词源、汉译和学术流变做了细致的考证和梳理，从而提高了相关研究的学术水准。在深入理解马克思哲学革命实质的基础上，进一步挖掘其当代意义，并通过切实的创造性研究，在当代语境中提升和发展马克思哲学的当代价值，依然是摆在我们面前的一项重要课题。

2. 马克思文本研究方兴未艾

近年来，由于国际上《马克思恩格斯全集》历史考证版（MEGA2）的编辑出版，以及国内对这一新版本的引进，伴随着"回到马克思""重读马克思"之说的兴盛，马克思文本研究日益引人注目。MEGA2 所做的文献甄别和考证工作及其附卷所提供的极为丰富的学术资料，为文本研究的兴起提供了非常有价值的文献资源；而张一兵在《回到马克思》一书中率先引入文本学方法解读马克思经济学手稿及其所取得的成就，则对国内相关研究产生了明显的示范效应。目前，中国社会科学院、北京大学和南京大学都成立了相应的研究机构或课题组，一些学术著作中也开始积极地利用新版本所提供的文献资料。代表性成果除前面提到的外，主要还有聂锦芳的《清理与超越：重读马克思文本的意旨、基础与方法》、王东的《马克思学新奠基：马克思哲学新解读的方法论导言》、鲁克俭的《国外马克思学的热点问题》、韩立新主编的《新版〈德意志意识形态〉研究》等。

　　文本研究发轫之初，学者们的注意力大都集中于方法论问题。很多学者认为，我们今天开展马克思文本研究，首先应该有一种"方法论上的自觉"。因为此类研究，过去一直在"原著选读"的名义下进行，如果没有方法论上的反思和提升，现在的研究很难达到新的境和水平，甚至有可能在新名词下重复过去的老套路。如果说"原著解读"是以马克思主义经典的现成性及其思想的真理性作为自己的立足点，那么"文本研究"则是以马克思主义经典的未完成性及其思想的问题性作为自己的出发点。研究所取得的进展表现在以下两个方面：其一，清理了马克思文本的刊布情况及其所引发的重要事件，分辨了文本研究的不同类型。其二，尝试在解读模式上进行突破和创新。当然，相比马克思文本研究所要达到的目标来说，已经取得的成果还只是初步的，真正可以说是"任重而道远"。文本研究提高了马克思研究的学术水准，并且促进了与国外学者的学术交流和对话。

　　3. **探索建构中国化马克思主义哲学新形态**

　　马克思主义哲学中国化一直是中国马克思主义哲学界研究的重要方向之一。近年来，这方面的研究呈现出新的特点，除进一步加强马克思主义中国化理论成果特别是中国特色社会主义理论体系的哲学基础研究外，学者们从学理上对马克思主义哲学中国化的一些基本问题进行了深入研究，通过提出"中国马克思主义哲学"概念，而把这种研究的目标锁定在建构中国化的马克思主义哲学新形态上。

　　许多学者认为，马克思主义哲学中国化就是马克思主义哲学与中国实际相结合，并在这一结合中使马克思主义哲学具有中国特征、中国气派和中国风格的过程，就是创造性地运用马克思主义哲学基本原理解决中国革命和建设不同阶段的重大课题，从而产生中国化马克思主义哲学新形态的过程。有学者强调，马克思主义哲学中国化不仅仅是一个意识形态层面上的问题，同时也应是一个学术上的理论问题，还是一个关系到中华民族理论修养与民族智慧的问题。

现在成为学者们关注焦点的问题是如何探索建构马克思主义哲学中国化新形态。许多学者认为，当代中国哲学形态建构主要表现为中国化马克思主义哲学形态的建构，这也是 21 世纪中国哲学学术流派本土建构的一项重要使命。正如有学者所评论的：建构中国化马克思主义哲学新形态正日益成为哲学界的一个共同诉求，它不仅是马克思主义哲学学科内部的"问题意识"，也是中国社会现代化发展的理论诉求，同时还是复兴中华民族文化与精神的必由之路。可以相信，马克思主义哲学中国化的新形态，将作为当代中国哲学的一个重要方面，或当代中国哲学的一种现实形态而存在，它将成为中华民族在 21 世纪民族精神的集中表达，成为中华民族对于人类精神文明的新贡献。当然，从任务的提出到目标的实现，还需要经过艰苦卓绝的努力，还有漫长的道路要走。

4. 研究路径的分化和范式转换的前景

长期以来，我国哲学学科逐步形成了八个二级学科分立并存的体制和格局。而在马克思主义哲学二级学科之下，围绕学科建设和课程建设又逐渐分化形成了如下几个研究方向：马克思主义哲学原理（或马克思主义哲学基础理论）、马克思主义哲学史、国外马克思主义、当代中国马克思主义、领域（部门）哲学。每个方向都有一定数量的教学和科研从业者，基本上奠定了我国马克思主义哲学研究的学科布局。可以预见，以上几个方向的研究都会在分化、整合、转型的基础上继续存在下去，今后也都会在不同的层面取得进展。

马克思主义哲学研究范式转换已成为近年来马克思主义哲学界热烈讨论的话题。学者们提出了种种主张或方案，诸如实践哲学范式、文化哲学范式、生存论范式、马克思主义哲学中国化范式等等，但都很难形成共识。回顾 30 年来的马克思主义哲学研究，虽然现在还很难说已经形成了某种成熟的研究范式，但依托于不同的学术群体，确实形成了不同的研究取向和研究风格，或者说不同的研究进路和研究方式。在现有队伍状况和实际研究中表现出来的，主要有以下四种：

（1）"文本式"进路。主张"语境回归"，在马克思主义哲学经典作家思想发生与发展的特定语境中来把握其本真意义。

（2）"对话式"进路。致力于马克思主义哲学与现当代西方哲学的沟通与对话，以实现二者之间的"视界融合"。

（3）"形态式"进路。以"建构中国化马克思主义哲学新形态"为研究纲领，关注的重点是"开新"和"创新"，即开拓马克思主义哲学的新境界。

（4）"问题式"进路。认为准确捕捉和回答时代性问题是马克思主义哲学在 21 世纪发展的根本途径。马克思主义哲学只有正确地抓住、及时地回答人类社会发展中提出的问题，才能保持其生命力，并在对重大现实问题的解决过程中获得发展。

在我们看来，以上几种研究进路都很难单独成为新的研究范式。一种比较成熟或可行的研究范式，必须至少是其中两种研究方式的"综合"。

总之，马克思主义哲学研究的 30 年，既是成果最为丰硕的时期，也是人才涌现最多的时期，同时还是对外学术交流开展最为频繁和最有成效的时期，是把马克思主义哲学作为学术来建设且学术水平稳步提高的时期。虽然目前马克思主义哲学研究中尚存在原创性成果不多、国际化程度不高、社会影响力不足等弱点，但只要当代中国哲学家们敢于并善于汇集人民的智慧，反映时代精神的精华，就一定能创造出无愧于时代的哲学业绩。

原载《光明日报》2009 年 1 月 20 日

# 苏联化、西马化与中国化
## ——我国马克思主义哲学史研究 30 年的简要回顾与反思

刘怀玉　马振江 *

## 一、马克思主义哲学的历史科学本质与科学历史形式

马克思主义之所以是科学的，因为它本质上是历史的。这种历史性不仅是它的彻底唯物主义精神的具体本质表现，而且是科学地理解它的产生与发展的唯一形式。有两种极端做法很能从反面说明这种科学历史形式多么重要：一是把马克思和马克思主义等同起来，这会变相造成马克思主义的"过时论"。马克思开启了真理的大门但没有终结真理的探索，马克思主义不等于、更不会止步于马克思个人的思想，它还包括马克思之后的马克思主义者的思想。二是把马克思与马克思主义割裂开来甚至对立起来，这容易导致否定马克思主义的倾向。无论是回到马克思主义之前的马克思，还是走向马克思主义之后的马克思，目的都在故意抬高实际孤立马克思，以贬低马克思主义，其结果都是有悖于马克思主义科学精神的。马克思的思想和马克思主义之所以有生命力，就在于它们都有一个历史发展的过程。

马克思主义的基本理论观点都是在一定历史时期、一定历史条件下形成的，因而是适用于一定范围的、相对的和具体的历史真理。马克思主义的基本理论观点与方法既不是天生的，也不是一成不变的，而是在历史中产生、发展与完善的，也是在历史中不断发生突破的。经典马克

---

\* 　刘怀玉，1965—　，男，南京大学马克思主义社会理论研究中心教授；马振江，1985—　，男，南京大学哲学系博士生。

思主义理论既不是"现成可用"的，更不是"基本过时"的。只有通过深入的历史研究，只有彻底地打破"云谲波诡""扑朔迷离"的历史镜像，我们才能真正了解马克思主义整个理论体系中，哪些内容仍然是具有当代价值与普遍意义的科学真理，因而需要坚持发展；哪些观点、看法确实已经过时，因而需要突破与扬弃；哪些方法和结论本来正确，却长期被曲解或被严重遮蔽和忽略，因而需要恢复发扬。只有了解历史的人，才能避免重犯历史的错误，才能克服历史的局限。

科学的历史观需要历史的科学形式来证明。马克思主义哲学史是马克思主义理论体系的本质体现和核心组成部分。这一门学科的意义不仅在于忠实地、历史地记录和再现马克思主义哲学 160 多年的发展过程，更重要的是，它反映和体现了马克思主义哲学本质上的"历史科学"的精神和开放、发展的特点。马克思主义哲学首要的特点是历史性，它本质上是在历史中产生的，在新的历史条件下不断发展的、开放的、创新的学科。

## 二、我国马克思主义哲学史研究 30 年的简要回顾

我国学者对马克思主义哲学史的实际研究由来已久，但把这项研究工作正式作为单独学科来研究，那是比较晚近的事情了。以 1979 年 1 月全国第一次马克思主义哲学史研讨会的召开（桂林会议）和同年 10 月全国马克思主义哲学史研究会的创立（厦门会议）为标志，我国马克思主义哲学史学科走过了 30 多个年头，它经历了苏联化、去苏联化、西马化、中国化的艰难曲折的探索过程。

1. 照搬苏联教科书之伊始与开端。我国马克思主义哲学研究最初走过了一段"苏联化"历史。在 20 世纪 50 年代早期，苏联派出专家指导帮助我国马克思主义思想理论的教学研究与队伍建设。当时，我国的马克思主义哲学研究总体上是跟着苏联走，苏联研究什么问题，我们就研究什么问题。受斯大林的"辩证唯物主义和历史唯物主义"教科书体系的决定性影响，苏联学界长期回避对马克思主义哲学本身的形成和发展过程的研究。直到 1956 年即苏共二十大以后，在批判斯大林教条主义过

程中，苏联学界才出现了一批自觉不自觉地历史地探索马克思主义哲学创立、发展过程的著述。当时国内也翻译了一些他们这方面的成果，代表性的有弗罗洛夫的《马克思主义的产生是哲学中的革命》（时代出版社，1954年），卢森贝的《19世纪40年代马克思恩格斯经济学说发展概论》（生活·读书·新知三联书店，1958年），巴库拉杰的《论马克思哲学观点的形成问题》（科学出版社，1958年）。这些著作的出现，无疑影响和启发了我国哲学工作者的马克思主义哲学史研究意识，但其历史局限性也是不容忽视的。直到20世纪50年代末中苏友好关系破裂以后，在两党两国相互指责对方是修正主义并因此展开长期的理论论战过程中，我国哲学工作者开始意识到独立自主地研究马克思主义形成和发展过程的重要性。

2.学习苏联教科书与突破苏联教科书体系的初创岁月。从20世纪70年代末到80年代末的十几年时间里，我国老一辈学者在"文化大革命"刚刚结束之后，以极大的热情，在突破"两个凡是"，在反对极左教条主义中解放思想，从模仿苏联、借鉴苏联到突破苏联马克思主义哲学教科书体系的过程中，逐步形成了有中国特色的马克思主义哲学史研究思路和研究方法，培养了一批实力雄厚、规模可观的研究队伍，出版了一批有重要学术影响、学术价值的马克思主义哲学史、通史和专题史著作。例如，中山大学哲学系等主编的《马克思主义哲学史稿》（人民出版社，1981年），中国人民大学马列主义发展史研究所主编的《马克思恩格斯思想史》（上海人民出版社，1982年），叶汝贤的《唯物史观发展史》（吉林人民出版社，1985年），黄楠森的《〈哲学笔记〉与辩证法》（北京出版社，1984年），徐琳的《恩格斯哲学思想研究》（人民出版社，1986年），李砚田、杨庭芳、涂赞墟合著的《列宁哲学思想概论》（湖北人民出版社，1988年），王东的《辩证法科学体系的"列宁构想"》（中国社会科学出版社，1989年）等。除此之外，在通史研究方面还先后出现了孙伯鍨先生等主编的《马克思主义哲学史》（山西人民出版社，1982—1986年）、七所大学《马克思主义哲学史》编写组编写的《马克思主义哲学史》（福建人民出版社，1984年）等一批较有影响的著作，由于篇幅所限，兹不一一列举。

同时期，我国学者也大量地译介了苏联20世纪六七十年代的一批就是在今天看来仍然有学术价值的著作。最著名的包括：巴加图利亚著的

《马克思的第一个伟大发现》( 中国人民大学出版社，1981 年)，纳尔斯基等著的《十九世纪的马克思主义哲学》( 中国社会科学出版社，1984 年 ) 以及罗森塔尔主编的《马克思主义辩证法史》( 汤侠声译，人民出版社，1986 年 ) 等。其实，早在 20 世纪六七十年代，我国就出版了奥伊则尔曼的《马克思主义哲学的形成》( 潘培新译，生活·读书·新知三联书店，1964 年 )，以及吉谢辽夫的《关于列宁的〈哲学笔记〉》( 生活·读书·新知三联书店，1973 年 )。

　　当时在学习苏联的过程中，我国学者关于马克思主义哲学史研究的基本思路是马克思主义哲学经过了一个从不成熟到成熟发展的历史过程。他们已经认识到，并不是马克思恩格斯从踏上革命道路、走上社会那一时刻起就创立了马克思主义哲学，马克思恩格斯的著作并非句句都是真理。按照列宁的说法，马克思恩格斯有一个从唯心主义到唯物主义、从民主主义到共产主义的转换过程。当时学界基本上是遵照历史与逻辑统一、理论与实践统一、坚持与发展统一的原则来研究 130 年左右的马克思主义哲学史。当时学界公认的方法论特点就是，马克思主义哲学有一个创立、发展、完善的过程，马克思主义哲学的发展有一个随着时代不断更新内容的过程。但另一个方面，对马克思主义哲学发展史的理解往往过多地强调马克思主义哲学发展与工人运动、国际共产主义运动、社会现实变化之间的关系；过多地强调政治社会现实对马克思主义哲学的影响，相对忽略了马克思主义哲学内在的逻辑关系；过多地强调马克思主义哲学史发展的单线性、前进性，而忽略了多样性、断裂性；虽然关注了发展过程中间的一些曲折，反复地讲打破教条束缚，强调坚持历史和逻辑相统一的原则，但是事实上，在当时我国马克思主义哲学的传播、研究和发展过程中，苏联模式的教条主义的影响始终是一个挥之不去的问题。

　　3. 在苏联体制与意识形态解体之后走向真正独立自主的马克思主义哲学史学科建设之路。20 世纪 90 年代，苏联解体、东欧剧变对马克思主义产生了广泛而深远的影响，这一严重的历史曲折向传统社会主义和马克思主义理论模式提出了严峻的挑战。我国开始深刻反思自己的社会主义改革之路，决定推进社会主义市场经济建设，不再进行空洞抽象的理论争论。我国马克思主义哲学史研究面临的问题主要已经不再是如何突破苏联化体系问题，而是苏联模式已经解体之后我们该怎么办的问题。客观上，马克思主义的指导地位与现实影响明显下降，随之而来的是马克思主义哲学史学科的研究队伍萎缩。即使在这种背景下，仍然有一大批马克思主义哲学史研究者怀着坚定的政治信仰，为这个学科建设默默无闻地奉献着，给我们留下了极有价值的成果。事实上，我国马克思主义哲学史研究恰恰是在意识形态与社会经济体制改革发生根本转型—断裂的特殊困难时期，走上了"思想繁荣"且"学术深入"的发展轨道。这一时期最具标志意义的是黄楠森、庄福龄、林利等老一辈学者主编的、北京出版社在1996年出齐的八卷本的《马克思主义哲学史》。这本巨著是我国马克思主义哲学史学科上的里程碑，它凝聚了几代人的心血，功不可没，虽然说有这样那样的局限，但是至今仍然产生着重要的影响。另外一个由庄福龄先生牵头的、中国人民大学马克思列宁主义发展史研究所集体主编的四卷本《马克思主义史》（人民出版社，1997年），虽然这不是一门专门的马克思主义哲学史著作，是马克思主义发展史著作，但是它也是马克思主义哲学史的一个重要的里程碑。在通史类方面这两本书影响很大。

另外，在专题史研究方面，瞿铁鹏的《马克思社会研究方法论》（上海人民出版社，1991年）、余其铨的《恩格斯哲学思想新探》（北京大学出版社，1992年）、张翼星的《列宁哲学思想的历史命运》（重庆出版社，1992年）、谢霖的《东方社会之路——马克思关于东方社会非资本主义发展的理论》（中国社会科学出版社，1992年）、江丹林的《马克思的晚年反思——东方社会发展道路与中国社会主义实践》（北京出版社，1992年）、俞吾金的《意识形态论》（上海人民出版社，1993年）、张奎良的《马克思的哲学历程》（上海人民出版社，1993年）、马泽民的《马克思主义哲学前史》（重庆出版社，1994年）、赵仲英的《马克思早期思想探源》（云南人民出版社，1994年）、侯才的《青年黑格尔派与马克思早期思想的发展——对马克思哲学本质的一种历史透视》（中国社会科学出版社，1994年）、韩庆祥的《马克思人学思想研究》（河南人民出版社，1995年）、张一兵的《马克思历史辩证法的主体向度》（河南人民出版社，1995年）、杨耕的《"危机"中的重建——历史唯物主义的现代阐释》（中国人民大学出版社，1995 年）、丰子义的《现代化的理论基础——马克思现代社会发展理论研究》（北京大学出版社，1995 年）、徐亦让的《人道主义到唯物史观——马克思世界观的飞跃》（天津人民出版社，1995 年）、叶险明的《马克思的世界历史理论与现时代》（清华大学出版社，1996 年）、徐俊忠的《道德理解的解构与重建——自由、人权与价值观念研究》（广东人民出版社，1997 年），高齐云的《马克思主义哲学的原生形态探微》（广东人民出版社，1998 年）等。这些著作深刻地反思了苏联研究模式的弊端，努力摆脱苏联学界在马克思主义思想史研究领域中的教科书思维方式之后，寻求社会发展和思想进步的新的方法论原则，向世人提供了一种新的哲学史研究和叙事类型。也正是他们的坚持不懈，从而使马克思主义哲学史学科走出了困境。

4. 回应当代西方各种社会思潮的冲击，形成全面的开放的马克思主义哲学史研究新视野。20 世纪八九十年代，我国马克思主义哲学史研究不仅面临着如何突破苏联模式的束缚找到"自我发展"道路的问题，而且还面临着西方思潮的冲击，面对西方马克思学、西方马克思主义挑战，必须以"自己的方式"独立深入研究并回答马克思主义哲学中一些重大的、基本的、有争议的问题。当时除了西方的系统论等自然科学方法论对我国思想界产生过冲击之外，还有西方的非理性主义（特别是存在主义），以及形形色色的人道主义、民主社会主义、人本主义思潮，它们对马克思主义主流意识形态冲击很大。在这个背景下，我国马克思主义哲学史学者面临各种挑战，本着实事求是的科学原则研究马克思主义哲学史，最主要的成果就是出版了一批深入研究青年马克思恩格斯哲学世界观形成和科学历史观创立的著作。这些著作使学者们认识到马克思主义哲学的创立是一个自我否定、自我超越的复杂的认识过程，是一个历史的发展、突破的过程，而不是简单的继承、发展的过程。当时，西方马克思学的"两个马克思"的论调、"马克思恩格斯对立"的论调，已经被学者们普遍了解，如何回答这样一个问题是摆在当时学者们面前的严肃的话题。只有首先厘清马克思恩格斯创立和推动历史唯物主义形成的过程，才能有力批驳"恩格斯反对马克思"等由来已久的论调，在这方面做出重要贡献的一些学者以令人信服的事实和功底写了一批马克思主义哲学创立史的著作，这方面最著名的代表作有陈先达和靳辉明合著的《马克思早期思想研究》（北京出版社，1983 年），这是我国学者研究青年马克思的发轫之作，开山之作；另外还有孙伯鍨写于 20 世纪 70 年代的《探索者道路的探索——青年马克思恩格斯哲学思想研究》（安徽人民出版社，1985 年），陈先达等所著的《被肢解的马克思》（上海人民出版社，1990 年）、孙伯鍨等所著的《西方"马克思学"》（江苏人民出版社，1990 年）、陈先达写的《走向历史深处——马克思历史观研究》（上海人民出版社，1987 年），徐琳教授主编的《恩格斯与现时代》（中国人民公安大学出版社，1994 年）等。这一批著作是我国学者在回应西方马克思学和西方马克思主义的"两个马克思论""马克思恩格斯对立论"等的挑战过程中借鉴苏联成果，又不是重复苏联成果所形成的高质量的一些研究著作。这些著作告诉大家：马克思主义哲学正是在超越近代人本唯物主义、人本主义过程中才形成的，马克思主义哲学本质上是历史唯物主义，而不是人道主义，它恰恰是在突破自己手稿中的人本主义这样一个思维模式过程中形成的全新的、科学的唯物史观，这就是历史唯物主义，这些著作在当时产生了很大的历史影响。

5. 借鉴当代西方各种社会思潮，吸收马克思主义哲学研究最新成果，以研究方法论的突破为引擎，形成 21 世纪我国马克思主义哲学史学科研究的新平台、新机制、新动力、新格局。自 20 世纪末以来，随着我国马克思主义哲学原理新教科书体系探索的深入，马克思主义哲学史研究的模式也开始发生重要的逻辑转移，以原理反注文本的传统局限逐步被克服。在对马克思主义哲学文本深入解读的过程中，我国马克思主义哲学研究者的问题意识及其方法论的本土性和时代性色彩不断增强。我国马克思主义学者不再是简单地接受苏联教科书，也不再是简单地否定西方马克思学和西方马克思主义的一些错误观点，而是结合我国的社会主义现代化建设的实践经验，以一种更加开放的视野来接受西方先进成果，在借鉴、消化、利用和超越西方马克思学和西方马克思主义的过程中，把马克思主义哲学史研究推向了一个新的阶段。这一时期的重心就是对马克思主义哲学的历史进行研究，在方法论上重新审视和突破，对马克思主义哲学历史的面貌重新加以评估。一方面要强调"马克思主义哲学与西方哲学是同时代的哲学"，从加强马克思主义哲学与当代西方哲学对话的交流过程中理解马克思主义哲学发展的逻辑和当代意义；另一方面强调突破苏联马克思主义研究模式，"回到马克思"。其中，有一种观点强调马克思主义哲学的当代性，另一种观点认为要回到马克思原初的历史语境。表面上这两种观点有很大的区别，但实际上殊途同归，都是将"回到马克思"与"推进马克思"有机地结合起来，凸显出用新的方法论、新的视角来研究马克思主义哲学在新的条件下的内涵，重新建构和理解马克思主义哲学的原貌和它的发展历程。

　　总体来说，这一时期我国马克思主义哲学史研究值得一提的著作有很多，例如：复旦大学吴晓明的《历史唯物主义的主体概念》（上海人民出版社，1993 年），这本书较早地提出了马克思主义哲学革命意义就在于它突破了近代认识论哲学范式，形成了一种新的主体哲学。南京大学张一兵的《回到马克思》（江苏人民出版社，1999 年），这本书特别强调的是突破传统的、在青年马克思研究中的五大解读模式，主张回到经济学语境中的马克思以及马克思主义哲学是诞生于经济学语境中的哲学话语。再如，张云飞的《跨越"峡谷"——马克思晚年思想与当代社会发展理论》（人民出版社，2001 年）、丰子义等著的《马克思"世界历史"理论与全球化》（人民出版社，2002 年）、唐正东的《从斯密到马克思》（南京大学出版社，2002 年）、刘森林的《马克思发展理论的当代价值》（人民出版社，2003 年）、杨耕的《为马克思辩护——对马克思哲学的一种新解读》（北京师范大学出版社，2004 年）、孙伯鍨和侯惠勤主编的《马克思主义哲学的历史和现状》（南京大学出版社，2004 年版）、孙荣的《恩格斯与马克思主义哲学》（黑龙江人民出版社，2005 年）、吴家华的《理解恩格斯——恩格斯晚年历史观研究》（安徽大学出版社，2005 年）、魏小萍的《追寻马克思——时代境遇下马克思人类解放理论逻辑的分析和探讨》（人民出版社，2005 年）、俞吾金的《重新理解马克思——对马克思哲学的理论基础与当代意义的反思》（北京师范大学出版社，2005年）、吴晓明、王德峰的《马克思的哲学革命及其当代意义——存在论新境遇的开启》（人民出版社，2005 年）、聂锦芳的《清理与超越——重读马克思文本的意旨、基础与方法》（北京大学出版社，2005 年）、仰海峰的《形而上学批判——马克思哲学的理论前提及其当代效应》(江苏人民出版社，2006年)、吴晓明的《形而上学的没落——马克思与费尔巴哈关系的当代解读》(人民出版社，2006年)、陈学明的《永远的马克思》(人民出版社，2006年)、王东的《马克思学新奠基——马克思哲学新解读的方法论导言》(北京大学出版社，2006年)、俞吾金的《问题域的转换——对马克思和黑格尔关系的当代解读》(人民出版社，2007年)、梁树发的《社会与社会建设》(人民出版社，2007年)、张一兵主编的《马克思哲学的历史原像》(人民出版社，2008年)等。这些研究成果在方法论上都坚持了历史唯物主义的原则，自觉地贯彻了实事求是的要求，客观、历史、具体地看待马克思主义哲学的发生过程，不是简单地预设马克思思想发展的目标，而是回到每个时代真实发生的历史中去，忠实于思想发展中结构性转变事实，承认马克思的思想经历中包含着一种复调逻辑，把马克思恩格斯看作凡人，既然是凡人就会有错误，并认真地分析了马克思恩格斯发现、扬弃错误的过程，真实地再现了马克思主义哲学的发生史。

在这个新时期，我国马克思主义哲学发展的另一个新特点是继续吸收、借鉴西方马克思主义，普遍关注MEGA版文本学研究方法，从而对马克思主义哲学史进行开拓创新。有的学者甚至提出"要建立中国自己的马克思学"，这个说法虽然争论很大，需要进一步推敲，但不失为一个思路。也就是说，它突破了传统的马克思主义哲学研究中简单地依靠翻译的二手文献和公开出版的马克思的基本著作来研究马克思主义哲学史的框架，而越来越多地关注马克思生前没有发表的手稿、笔记中的哲学思想，这就进一步夯实了马克思主义哲学史研究的学术基础，开阔了马克思主义哲学史研究的视野，更新了马克思主义哲学简单的思想史研究方法，凸显了文本学研究方法的重要性。这应该说是一个新的可喜可贺的开端与视角。在这方面，中国社会科学院、中央编译局的一些青年学者，北京大学、清华大学、南京大学等高校的很多老师都参与到这样一个学科建设中来。例如：南京大学的张一兵、清华大学的韩立新、中国社会科学院的魏小萍、中央编译局的鲁克俭、北京大学的聂锦芳、杨学功等先后翻译介绍了许多西方学者和日本学者关于MEGA版著作编译的一些情况，发表了很多文章。虽然这项工作现在仍处于初期探索与准备阶段，还不成熟，但是通过对第一手文献的精心解读，推进马克思主义哲学的自我理解，扩大我国马克思主义哲学史研究在当代国际学术界的声音与影响，提高我国马克思主义哲学史研究的学术水平，这无疑是目前值得关注的一个新的进步。

## 三、我国马克思主义哲学史研究的若干基本问题

研究马克思主义哲学史的意义不仅在于以史为鉴，而且在于推陈出新。我国马克思主义哲学史研究不是简单地回顾历史，其最终目标就是为当代的中国化马克思主义哲学新形态做出学术贡献。假如没有这样一个学术史的学科作支撑，中国化马克思主义哲学在当代的发展只能是空谈。马克思主义理论创新是当今时代指导新的实践的要求，一方面我们要认真总结时代的民族的实践经验，另一方面要全面吸收消化以往思想史，尤其是融会贯通马克思主义发展史的营养，马克思主义理论创新就是一个回到经典、突破经典、重新激活经典问题域的继承发展过程，这是它的基本前提。

虽然我国马克思主义哲学史研究取得了令人瞩目的成就，但也确实存在许多争论和值得深入思考的问题。

1. 我们究竟该如何认识马克思主义哲学史的本质。如果我们认为马克思主义哲学史是一部客观存在的历史，它有着客观的、不以人的意志为转移的本来面目，那么我们该从什么样的角度、用什么样的方法真实地再现这样一个历史过程？如果我们认为马克思主义哲学史是一部整体上不断发展、不断完善、不断走向科学的历史过程，那么我们又该从什么样的角度、用什么样的方法再现它呢？从新中国成立以来特别是新时期我国马克思主义哲学史研究的经验教训来看，我们不能简单地认为马克思主义哲学发展"现成地"存在着一个客观的历史过程，也不能简单地认为马克思主义哲学就是一个"从胜利走向胜利"的过程。事实上，在马克思主义哲学发展中间，有很多曲折，甚至有很多倒退，也有很多迄今为止因意识形态或其他原因被遮蔽的重要历史环节与领域，比如第

二国际的马克思主义、苏联马克思主义，都有一个重新认识研究、重新评价的问题。还有马克思主义哲学的创立史、《资本论》及其手稿的哲学思想研究，恩格斯与马克思的哲学思想关系。这些反复讨论的问题，也还远非尽善尽美，盖棺定论。

针对这些问题，我们应该进行一项系统深入的正本清源的工作，要在解读马克思主义哲学文本及其方法论的研究上多下功夫，要强调马克思主义基本思想形成和丰富过程的逻辑完整性，在个性化的研究思路与研究成果之间进行战略性的交锋与对话，以期不断地提升马克思主义哲学史研究的科学化程度。总之，马克思主义哲学史科学研究的重要意义与任务就在于：一是"开源"，通过马克思而重新思考现代性思想。很多当代理论问题必须回到马克思那里才能说清楚，历史上的教条主义把一些基本问题肤浅化与僵化了。马克思的当代性意义不能简单地接着讲，而需要重新开始。二是"正本"，即突破传统苏联模式的那种"句句是真理"的教条说法，消除西方马克思主义片面的深刻性与严重遮蔽性思维方式的束缚，警惕西方马克思学的实证主义研究方法的误导。三是"朝圣"，即历史地追踪、亲身体会马克思主义经典作家和老一辈无产阶级革命家们的一手文本、原创思想，实际了解他们是如何在复杂艰苦的环境中创造性地运用与发展马克思主义哲学的。

2. 我们究竟该如何定位和评价传统教科书思维。多少年来，马克思主义哲学原理教科书就等于马克思主义哲学，马克思主义哲学研究就是编教科书或为教科书服务，这在很多人心目中已经潜移默化地成为一种习惯。马克思主义哲学教科书作为特定历史条件下形成的传统，外在地拒绝它是行不通的，关键是要从实质上理解这种具有财富和包袱双重意义的遗产。客观地讲，虽然教科书已经成为批评的对象，但在当前研究中存在的许多问题却与缺乏对教科书思维的正确理解直接相关。从今天的社会历史现实和需要看，那一体系本身无疑已经落后了，需要改革。但是，改革本身不是简单地推翻先前的结构，代之以新的结构，删掉其过时的旧内容，增补具有时代感的新东西。更深层的任务是，对教科书所代表的哲学思维方式进行重新评估。

一方面，它是现实的社会主义的政治和经济运动的产物，并为其提供理论论证。传统教条主义教科书的出现，本身具有巩固意识形态的功能，当时对统一思想具有积极意义，我们应该首先肯定它的历史合理性和必然性。另一方面，历史上的马克思主义哲学理论与历史的研究是服从于社会主义建设的现实需要，历史唯物主义原则并没有被真正地贯彻到其中去。教科书思维的弊端之一是没有实事求是地历史地解释马克思主义哲学，而是用某些基本原理反注原著，甚至让马克思主义哲学史充当哲学原理的"注脚"，这必定是一种从根本上违背马克思主义的历史方法论。在理论研究中，这种教条主义思维不仅窒息了生动的马克思主义研究，而且极大地扼杀了马克思主义科学性本身。这个教训值得汲取。但同时必须说明，我们需要反思的是教科书式思维，而不是拒绝教科书这种形式，它毕竟是马克思主义理论工程建设和马克思主义教学研究的大众化系统化所必须的便捷形式。

3. 马克思主义哲学史究竟要进一步深化、拓展和开创哪些问题域。马克思主义哲学要研究的问题，第一，是一直以来马克思主义哲学史上所强调与突出的基本问题。比如：马克思主义哲学创立的革命意义，马克思主义哲学与德国古典哲学的关系（尤其是马克思与黑格尔和费尔巴哈的哲学关系），马克思与恩格斯的哲学思想关系，苏联马克思主义与经典马克思主义哲学关系，马克思哲学的基本概念，诸如生产关系、交往、实践、历史、阶级、市民社会、资本主义、国家、意识形态、人的本质与发展等等。这些问题虽然是一些基本的反复讨论的问题，但需要从新的角度加以理解。

第二，一些被各种各样的原因（特别是受苏联意识形态长期影响）所导致的被压抑、被遗忘、被忽略而未得到重视与展开的重要问题。比如长期以来一方面被妖魔化与严重遮蔽，另一方面却又被非批判地接受了的第二国际马克思主义哲学贡献，包括第二国际正统的马克思主义（考茨基和普列汉诺夫）、激进派（卢森堡）、无政府主义倾向（索列尔）和修正主义（伯恩施坦），以及奥地利马克思主义。还有第二国际对列宁主义和苏联马克思主义形成的影响，苏联马克思主义哲学形态究竟是如何历史地形成的……这些问题是马克思主义哲学的历史与逻辑发展中不应该也不能够缺失的环节、内容、碎片，对这些问题的忽略是不利于马克思主义哲学当代问题研究的展开的。

第三，一些由于马克思主义文献史上新的发现与新的文本研究所引起的问题群，这些可以开启思路、更新方法、复原历史面貌，在偶然性的历史连接关系中发现新的创造性思想。马克思主义哲学在中国一个世纪的传播、介绍、研究与发展过程，其中的一个先天不足之处就是始终缺少对经典马克思主义文献真正深刻系统的了解，这导致了严重的思想僵化、理解片面、理论贫困等诸多后果。在某种意义上，对经典马克思主义文献的重新考证与译介是形成中国特色马克思主义哲学形态的根基性工作。如果没有独立的中国化马克思主义经典译介体系，就不可能有真正的中国化马克思主义研究的世界学术地位。当然，文本研究既不是理解马克思主义哲学的最重要的方法，更非唯一的根据，当然也不是理解当代问题的根本途径，它只是一个基本性的工作。马克思主义哲学问题的研究是不能等于马克思学研究的，马克思主义哲学肯定不是马克思学。

第四，一些马克思主义基本方法、观点与新的社会思潮、社会实践、资本主义最新的现实问题结合起来所形成的新的思潮、流派、观点。在这方面，西方马克思主义是最典型的代表。我们可以把西方马克思主义的研究作为深化与拓展马克思主义哲学当代意义理解视野的一个重要途径。事实上，在中国，西方马克思主义研究已经变成了中国化马克思主义当代性"自我理解"的一种基本方式和组成部分。但西方马克思主义有自己的语境与传承，研究与学习西方马克思主义思想成就，在中国马克思主义哲学发展史上已经成为一个必要的"舍己从人"的环节、功夫与过程，但"舍己从人"决非"舍近求远"。"中国问题"视野中的西方马克思主义研究"重心"无疑不是"社会批判"而是"社会建设"。目前中国学界对当代国外马克思主义思潮、西方哲学社会科学思潮的问题研究，既是马克思主义哲学研究的中国化发展过程中重要的"活水源头"，也是其中的一个必要的组成部分。

4. 我们究竟该如何重视中国经验和中国问题的研究，形成中国理论主体意识，以及马克思主义哲学史研究如何进一步中国化。首先，我们应该重视研究中国自己的经验，增强利用理论解决中国问题的能力。我国马克思主义哲学史学科始终是和中国社会主义现代化建设、中国改革开放这个伟大历史进程联系在一起的，始终是在解放思想、实事求是的过程中发展起来的，这门学科所取得的理论成果饱含了中国革命和建设的经验和教训，充分地反映了这个时代的特征。同时，我们也必须能够把它拿来解决社会生活中所面临的种种实际问题，应对现时代出现的各式各样的挑战，在认识当前的资本主义与社会主义建设过程中形成新的思想与方法，在具体的实践中发挥有效的功能。

其次，推进马克思主义哲学史进一步中国化，需要走中国风格的研究路子，这反映在精神底蕴和语言风格两个方面上。一方面，中国化的理论成果深深地浸透着传统文化的活的灵魂。马克思主义哲学与传统文化之间的契合性，是马克思主义哲学史进一步中国化的前提条件；同样，中国化的马克思主义哲学理论只有内含了这种流传几千年的中国传统文化的精神气质，中国人才有一种认同感、默契感，它才会融入中华民族的血肉之中。另一方面，马克思主义哲学中国化的理论成果要被广大人民群众自觉地理解和接受，就必须使我们的研究更加贴近实际、贴近生活、贴近群众，用中国人通俗易懂、喜闻乐见的语言风格把我们的理论成果表达出来。

最后，推进马克思主义哲学史研究的进一步中国化，作为一种思想理论和历史性实践，面对文化现代化的巨大压力，中国马克思主义哲学研究者应该本着强烈的主体意识和世界胸怀。中国化马克思主义哲学肯定不是苏俄马克思主义哲学的简单重复与继续，也不是西方哲学的直接挪用和中国化语言直接翻译，它有一个民族特色与具体国情所决定的问题视野的转换问题。我国学者既要坚持经典马克思主义哲学的基本理论不能丢，又在具体的实践经验和理论成果上丰富马克思主义哲学，这就需要深层次地融合中国传统文化之本真精神。对中国几千年的传统文化既不能全盘肯定，搞复古主义；也不能全盘否定，搞民族虚无主义。我们应该批判地继承传统文化的优秀成果，增强自我主体意识，致力于回答全球化背景下中国发展道路中所遇到的现实问题，从而上升为真正意义上的中国理论。

原载《教学与研究》2010 年第 11 期

# 如何书写 1949 年以来的中国马克思主义哲学史

何　萍*

1949 年新中国的成立，开启了中国马克思主义哲学新的发展历程。在此之前，马克思主义哲学只是中国近现代诸多思潮中的一种，而从此时开始，马克思主义哲学成为了中国社会主义革命和建设的主流意识形态，引领其他思潮的变革和发展。由于社会地位和社会作用的这种变化，中国马克思主义哲学的性质、结构和功能发生了根本性的变化。从性质上看，中国马克思主义哲学不再是臣属阶级的意识形态，而成为领导阶级的意识形态，集中体现了社会主义国家马克思主义哲学的特点和发展规律。由这一性质所决定，中国马克思主义哲学必然具有不同于西方资本主义国家的马克思主义哲学的结构和功能，而从 20 世纪 80—90 年代中国马克思主义哲学的成功转型看，中国马克思主义哲学也必然具有不同于苏联东欧马克思主义哲学的特点和内在机制。正是这样，研究 1949 年以来的中国马克思主义哲学史就有了十分特殊的意义。首先，它能使我们把握社会主义国家马克思主义哲学发展的特殊规律，而不至于随意地、碎片化地套用西方马克思主义哲学的成果；其次，它能使我们结合中国的历史和现实，深入地研究中国马克思主义哲学的特点和内在机制，思考中国马克思主义哲学的现状和未来发展。本文以这两重意义为基本点，探讨 1949 年以来的中国马克思主义哲学史的特点，提出自己关于书写这一断代史的一些看法。

---

*　何萍，1953—　，女，武汉大学哲学学院教授。

## 一、书写方式的选择

对于一个哲学流派的形成和演变、一种哲学传统的内在变革，人们可以用很多的方式去书写。如果作一个归纳，我们可把已有的哲学史书写方式分为四种：第一种是按照人物思想出现的时间顺序去书写；第二种是按照范畴的提出和重新阐释的内在逻辑去书写；第三种是按照问题的提出和解答方式的变化去书写；第四种是按照学术结构的转移及其走向去书写。在这些不同的书写方式中，人们很难说哪一种书写方式是最好的，只能说哪一种书写方式更适合研究者的需要，更能够解答研究者所提出的问题。这就是说，人们选择什么样的书写方式与研究者所提出的问题以及提问方式密切相关，而研究者所提出的问题以及提问方式又都是在一定的研究范式中展开的，因此，哲学史的书写问题首先有一个研究范式的选择问题。这一点，对于书写 1949 年以来的中国马克思主义哲学史来说，也不例外。

严格地说，把 1949 年以来的中国马克思主义哲学史作为一个特定的对象加以研究，是马克思主义哲学中国化研究的结果，而不是马克思主义哲学史研究的结果。当我们肯定这一点的时候，我们就已经为本课题的研究预设了一个理论前提，这就是，马克思主义哲学中国化的研究与马克思主义哲学史的研究分属两种不同的研究范式，1949 年以来的中国马克思主义哲学史研究只有在马克思主义哲学中国化的研究范式中才是有意义的，因此，对其书写方式的选择也只能在马克思主义哲学中国化的研究范式中进行。这就提出了一个问题：马克思主义哲学中国化的研究范式与马克思主义哲学史的研究范式究竟有什么区别？为什么 1949 年以来的中国马克思主义哲学史的研究只有在马克思主义哲学中国化的研究范式中才有意义，而在马克思主义哲学史的研究范式中就没有意义呢？这是我们选择 1949 年以来的中国马克思主义哲学史的书写方式必须首先面对和解答的问题。

"研究范式"的概念是库恩在《科学革命的结构》中首次提出来的。库恩提出这一概念是为了重建科学史观。库恩认为，在以往的科学史研究中，科学史家们常常满足于收集事实、理论和方法，这就把科学变成了事实、理论和方法的总汇，把科学的发展"变成一个累积的过程"①，把科学史"变成一门编年史学科"②。然而，一系列的科学革命证明，科学并不是事实、理论和方法的总汇，而是由一定的科学研究范式构成的；科学的发展绝不是理论的累积过程，而是在一系列科学研究范式的转换中实现的。所谓科学研究范式，即是由许多科学家对某一科学成就的共同信念和由其公认的问题、方法和范例（包括定律、理论、应用和仪器）构成。这里所说的共同信念，是科学研究范式的价值系统，而公认的问题、方法和范例则是科学研究范式的知识系统。可见，一定的科学研究范式，是由一定的价值系统和知识系统构成的历史整体，而这个历史整体就是一种科学研究传统；在这个传统内的研究，是"常规科学"，打破这个传统的研究便是"科学革命"了。库恩如此规定科学研究范式，意在阐明这样一种科学史观：决定科学和科学革命的东西，不是科学的理论或内容，而是科学的结构或形式。库恩的这一科学史观也适合于哲学史的研究，尤其适合于我们有效地区分马克思主义哲学史的研究范式和马克思主义哲学中国化的研究范式。

不可否认，马克思主义哲学史在中国的研究必然包含中国马克思主义哲学的内容，也必然要论及1949年以来的中国马克思主义哲学的内容，但不能由此而把这一研究与马克思主义哲学中国化的研究等同起来，不能简单地把马克思主义哲学中国化归于马克思主义哲学史的研究之中，因为马克思主义哲学中国化的研究与马克思主义哲学史的研究有着不同的任务：马克思主义哲学史研究的任务是探讨马克思主义哲学传统的形成和历史演变的问题，而马克思主义哲学中国化研究的任务是解答中国社会发展和中国文化传统更新的问题。这一点，曾乐山先生在他的《马克思主义哲学的中国化及其历程》中就已经阐明了。他在该书的后记中写道："本书是拙著《中西哲学的汇合——中国近代进化论传播史》、《中西文化和哲学争论史》的姊妹篇。除第六章的第二节作了较大的修改外，

---

① 库恩：《科学革命的结构》，北京大学出版社，2003年，第1—2页。
② 同上书，第2页。

本书的其他章节均陆续脱稿于 1988 年秋天以前。我要写这本书，首先是由于我在从事马克思主义哲学、中国近代哲学史的教学和研究中，深切地感到要提高这两个学科的教学和科研的水平，需要研究马克思主义哲学的中国化及其历程问题；其次是最近几年马克思主义哲学'过时'论、马克思主义及其哲学在中国的传播中断了中国的启蒙运动论、马克思主义哲学的中国化是封建主义化等谬论，甚嚣尘上。为了明辨是非，澄清思想，以及总结理论思维的经验教训，我也觉得十分需要对这个问题进行学习、探索和研究。"①曾乐山先生的《马克思主义哲学的中国化及其历程》是最早提出和研究马克思主义哲学中国化的著作之一，他把马克思主义哲学中国化的研究归于思考中国近现代哲学史的结果，无疑是突出了马克思主义哲学中国化研究的中国背景和中国内容。由于研究任务不同，马克思主义哲学中国化的研究与马克思主义哲学史的研究的区别就出现了：马克思主义哲学史的研究重在解决马克思主义哲学的形成和发展的问题，在学术理路上，着重探讨马克思主义哲学的本质和发展的内在机制，而马克思主义哲学中国化的研究重在解决中国社会发展和中国文化变革的问题，在学术理路上，着重探讨马克思主义哲学在中国社会和中国文化变革中的作用、中国马克思主义哲学与中国其他思潮之间的关系，总之，是沿着思考中国问题的方向发展的。根据库恩的研究范式，研究问题和研究方法是研究范式的核心问题。既然如此，那么，很明显，马克思主义哲学中国化的研究和马克思主义哲学史的研究在研究问题和学术理路上的不同，实质上就是研究问题和研究方法的区别，也就是研究范式的区别。这一区别表明，马克思主义哲学中国化的研究与马克思主义哲学史的研究之间的区别不在内容上，而形式上，准确地说，是在理论框架上。如果对这种理论框架上的区别作一个概括，那就是：马克思主义哲学史研究的理论框架是马克思主义哲学传统和哲学形态，它所突出的是马克思主义哲学的背景，而马克思主义哲学中国化研究的理论框架是中国近现代哲学，它所突出的是中国哲学和中国社会的背景。

　　从认识论的角度看，理论框架决定着理论内容的意义。1949 年以来

---

① 曾乐山：《马克思主义哲学的中国化及其历程》，华东师范大学出版社，1991 年，第 284 页。

的中国马克思主义哲学亦是如此。在马克思主义哲学史研究的理论框架中，中国马克思主义哲学只是整个马克思主义哲学传统内的一个流派或一种哲学形态，1949 年以来的中国马克思主义哲学也只是中国马克思主义哲学发展中的一个阶段，它的内容和意义不过是马克思主义哲学民族化过程中的一种。然而，在马克思主义哲学中国化的理论框架中，情况就不同了。在这里，中国马克思主义哲学不再是马克思主义哲学史上的一个阶段，而是中国近现代哲学诸思潮中的一个有机组成部分，1949 年以来的中国马克思主义哲学则是中国近现代哲学的转折点，它的理论内容的意义是中国哲学的当代形态及其发展，是中国人的新精神、新的价值理念和新思维。由于这一区别，1949 年以来的中国马克思主义哲学史的课题只能在马克思主义哲学中国化的研究中提出，而不可能在马克思主义哲学史的研究中提出。

历史的事实也是如此。自 21 世纪开始，中国的马克思主义哲学史研究就已经把 1949 年以来的马克思主义哲学纳入其中了。黄楠森、庄福龄、林利主编的《马克思主义哲学史》八卷本的修订本中的第七卷较全面地叙述了中国马克思主义哲学从 1949 年至 1992 年的历史；2012 年由高等教育出版社和人民出版社共同出版的马克思主义理论研究和建设工程重点教材《马克思主义哲学史》也叙述了中国马克思主义哲学在 1949年以后的发展，但是，这些叙述都是把 1949 年以来的中国马克思主义哲学定义为马克思主义哲学史的一个发展阶段[1]，而没有把它当作中国哲学的一种特殊形态，因而始终没有提出把 1949 年以来的中国马克思主义哲学作为一个断代史进行专门研究的任务。与之不同，马克思主义哲学中国化的研究一开始就逼近了这一课题。马克思主义哲学中国化的研究始于 20 世纪 90 年代，当时，中国学界提出这一课题，是为了解答马克思主义哲学与中国传统文化的关系问题，论证马克思主义哲学在中国近现代文化创造中的合法性。为了实现这一任务，中国学界开展了中国马克思主义哲学通史的研究，其中所取得的最大成就是把早期的中国马克

---

[1] 见《马克思主义哲学史》编写组《马克思主义哲学史》，高等教育出版社、人民出版社，2012 年，第 6 页。

思主义哲学置于 20 世纪 20—30 年代的各种学术论争中去阐发马克思主义哲学的中国意义和中国背景，进而对唯物史观和辩证唯物主义在中国的传播和发展作了充分的研究，完整地展现了 20 世纪 20—30 年代中国马克思主义哲学的风貌。进入 21 世纪后，马克思主义哲学中国化研究的主题发生了变化，从对马克思主义哲学与中国传统文化关系的探讨转向了对马克思主义哲学与中国现实关系问题的关注，与之相应地，在研究的时段上，也从对中国早期马克思主义哲学的重点研究转向了对近 30 年来中国马克思主义哲学的断代史研究。这一研究在 2008 年总结改革开放 30 年来的学术成就中得以系统化。改革开放的 30 年，是中国学术空前繁荣的 30 年。在这 30 年间，中国的马克思主义哲学以实践是检验真理标准的大讨论为起点，在学理上、在学科建设上都有了很大的突破。在学理上，中国马克思主义哲学的研究突破了原有的认识论研究范式和教科书式的书写方式，开放了马克思主义哲学本体论、历史观、文化哲学、政治哲学、经济哲学等多方面的研究；在学科建设上，中国马克思主义哲学的研究突破了单一的马克思主义哲学原理的研究，发展起马克思主义哲学史、西方马克思主义哲学、马克思主义哲学中国化等多个研究领域。但是，在总结这 30 年来中国马克思主义哲学的发展时，中国学者并不满足于罗列这些事实，而是力图从马克思主义哲学理论建设的高度反思 30 年来中国马克思主义哲学的变革之路。我们知道，哲学理论建设离不开理论创造的形式，而理论创造的形式，说到底，就是研究范式的选择和创造的问题。中国学界清楚地认识到这一点，于是，提出了马克思主义哲学的研究范式及其转换的课题。孙正聿在他主编的《中国高校哲学社会科学发展报告 1978—2008（哲学）》中专门总结了中国马克思主义哲学学界在马克思主义哲学研究范式及其转换方面取得的成就："学者们认为，随着中国改革开放以及与此相伴随的中国日益深入地卷入全球化的进程，马克思主义哲学研究需要对中国社会发展的历史经验、现实生活以及当代人类实践活动和生存状态的特点进行理论反思和概括，为此就需要转换旧的哲学范式并探求新的哲学范式。学者们提出，哲学范式的转换与创新是一个综合的、需多方面努力的理论任务，需要多种工作方式和理论路径的相互协作和配合。既需要对中国历史和现实实践活动以及人类生存状态的深度把握，也需要对马克思哲学文本的深入解读以及在此基础上的'返本开新'，同时也需要与包括中国传统哲学、西方哲学和西方马克思主义哲学以及其他学术思潮深入广泛的对话与融合。哲学范式转换与创新最为根本的目标和方向是建构中华民族的当代中国哲学形态。"① 我认为，这一总结概括了当前马克思主义哲学中国化研究的三个特点：其一，研究的重心从 20 世纪 20—30 年代移向了改革开放以来的马克思主义哲学发展，这就意味着，马克思主义哲学中国化的研究已经从对历史的反思转向了对当代中国社会问题的理论研究；其二，理论形式的研究成为马克思主义哲学中国化研究的重要方面，从而体现了中国学者在建构中国化的马克思主义哲学形态上的理性自觉；其三，提出了在当今世界变化和当代中国发展的张力中创建中国马克思主义哲学的新形态，突出了中国马克思主义哲学研究的时代性。这三个特点实际上已经以隐蔽的形式提出了研究 1949 年以来的中国马克思主义哲学研究的任务，因为要说明研究范式的更新就必然要进行新旧研究范式的对比，而要对比新旧研究范式，就必须返回到以往的研究范式。这里所说的以往的研究范式，是 1949 年新中国成立之后建立起来的。这就把近 30 年来的中国马克思主义哲学研究扩大到对 1949 年以来的中国马克思主义哲学史的研究，从而提出了马克思主义哲学中国化研究的新课题。

中国学界不仅在反思近 30 年来中国马克思主义哲学的发展中提出了研究 1949 年以来中国马克思主义哲学史的任务，而且还蕴涵了撰写这一断代史的书写方式。这个书写方式就是学术结构的转移及其走向。近年来，中国学界对马克思主义哲学研究范式及其转换的所有研究，集中到一点，就是强调：在今天，研究马克思主义哲学的形式更新已经迫在眉睫，而这种形式的更新在研究 1949 年以来的马克思主义哲学史领域，就是探求这一断代中国马克思主义哲学的学术结构转移及其走向。实际上，提出并研究这个问题本身就是一种创新，因为对于 1949 年以来的中国马克思主义哲学的事件和理论，马克思主义哲学史的著作中都已经有了，

① 孙正聿：《中国高校哲学社会科学发展报告 1978—2008（哲学）》，广西师范大学出版社，2008 年，第 220—221 页。

现在重提研究 1949 年以来的中国马克思主义哲学史，绝不是要复述马克思主义哲学史著作中已经论述的内容，而是要创造一种新的书写方式去重组这些内容，以此揭示马克思主义哲学在中国这样一个社会主义国家条件下的发展规律和内在转化机制，阐发 21 世纪中国马克思主义哲学的新观念、新理论。可见，提出研究 1949 年以来的中国马克思主义哲学史，其新意不在于内容的更新，而在于书写方式的更新。

## 二、马克思主义哲学的学术结构

要以学术结构的转移及其走向为书写方式，先要弄清何谓学术结构？马克思主义哲学的学术结构是怎样的？ 1949 年以来的中国马克思主义哲学的学术结构具有哪些特点？弄清了这些问题，我们就知道如何清理 1949 年以来的中国马克思主义哲学的逻辑主线，如何处理 1949 年以来的中国马克思主义哲学史料，如何书写 1949 年以来的中国马克思主义哲学史了。

所谓学术结构，就是凝结于学术成果中的理性，亦可称之为学术理性。通常，学术成果总是以一种或一系列的理论形式出现的。学术思想以理论的形式来表达，这本身就需要知识；理论的变化即是知识结构的变化，于是，一定的知识结构就构成了学术理性的理智，这是学术理性的认识论功能。但是，任何知识结构的形成和发展都是理论创造者有目的的思想创造活动的结果，而理论创造者的目的总要受一定的价值判断引导，由此决定，一定的知识结构必然负载着一定的价值判断，于是，这些价值判断就成为了学术理性的价值系统，这是学术理性的价值功能。除此之外，一定的理论，尤其是哲学的理论，无论创造者的主观意愿如何，它都会对社会的发展产生影响，或者是好的影响，或者是坏的影响。这种社会影响，就是学术理性的社会职能。在这三者中，学术理性的价值体系是最为重要的方面，它是学术理性的精髓，体现着学术的自由精神；理论创造者选择什么样的理论，创造什么样的理论，受着他的价值判断的引导，同样地，他所创造的理论是否有意义，知识结构是否合理，是否具有前瞻性，是否能解决新出现的问题，其社会作用的好与坏、大与小，也都是由其价值判断决定的。对于这个问题，莱布尼茨曾经举了一个很好的例子。莱布尼茨认为，价值对于人的认识有着重要的引导作用，它可以引导人们去认识合理的、有意义的东西，也可以引导人们去认识那些表面上很完善，实际上并不完善、没有意义的东西。"就好比一个人如果毕生精力就完全用来向针尖上丢豌豆，以便学会能万无一失地使针尖刺穿这豌豆，就学那个人的榜样，他曾使亚历山大大帝让人赏了他一斗豌豆作酬报，这个人也会达到某种完善性，但那是非常微不足道的，是值不得来和他将会忽视了的其他许许多多很必要的完善性作比较的。"①学术理性的价值体系的这一作用表明，学术理性的价值不是学术理性外在的东西，而是学术理性的内核，学术理性就是由其价值、理智（知识结构）和社会职能三个方面构成的。不论理论创造者的主观意愿如何，是否对此有明确的意识，这三个方面都会渗透到他的理论创造活动中，而他所创造的理论，只要能称得上是学术的成果，也都必然包含着这三个方面的内容。这一点也体现在我们对一定理论的询问中。比如，我们在传播和研究一种理论的时候，总会询问这个理论是什么，它有什么理论价值和实用价值。在这里，询问这个理论是什么，就是对这个理论的学术理智的提问；询问这个理论有什么理论价值，就是对这个理论的学术价值的探究；询问这个理论有什么实用价值，就是对这个理论的社会职能的说明。可见，学术结构作为学术理性，绝不是单一的知识体系，也不是理论的汇编或堆积，而是一定的知识结构、价值体系和社会职能构成的有机整体。

我们上面所说的学术结构的构成，只是就一般意义而言的。在人类思想史上，学术结构是很具体的，其中有自然科学的、人文社会科学的学术结构之分，也有个体的、时代的、民族的学术结构之分；就哲学而言，有西方哲学、中国哲学、马克思主义哲学、伦理学的学术结构之分；而在马克思主义哲学内部，还有不同时代、不同民族的马克思主义哲学的学术结构之分。因此，我们要以学术结构及其走向为书写方式，还必须进一步了解马克思主义哲学的学术结构和中国马克思主义哲学的学术

① 莱布尼茨：《人类理智新论》上册，商务印书馆，1982年，第197页。

结构。

就马克思主义哲学而言，马克思主义哲学的学术结构区别于其他哲学的学术结构的根本点在于，它不是把意识形态排除于知识结构之外，否定意识形态的认识论意义，而是把意识形态纳入学术理性的知识结构之中，力图给意识形态以认识论的说明。马克思和恩格斯创立唯物史观的伟大之处，不在于他们抛弃了意识形态，而在于他们发现了社会存在决定社会意识的原理，并以这个原理论证了意识形态的社会基础，说明了意识形态的认识论起源。列宁在批评民粹派和合法马克思主义把马克思和恩格斯创立的唯物史观歪曲为经济唯物主义时，发展并论证了马克思和恩格斯的这一思想。他指出，马克思《资本论》所阐发的唯物史观绝不是经济唯物主义，而是社会形态的学说，在这个社会形态中，"有它的日常生活的各个方面，有它的生产关系所固有的阶级对抗的实际社会表现，有维护资本家阶级统治的资产阶级政治上层建筑，有资产阶级的自由平等之类的思想，有资产阶级的家庭关系。"① 显然，他以对社会形态内涵的阐释，把阶级斗争和意识形态紧紧地锁定在马克思主义哲学的知识结构之中。他认为，是否承认阶级斗争和意识形态对于历史进程的作用，是否把阶级斗争和意识形态的因素纳入到历史过程之中加以考察，是马克思主义哲学和非马克思主义哲学的分水岭。合法马克思主义想把阶级斗争和意识形态当作主观因素排除于历史进程之外，以为经济因素是衡量历史过程必然性的唯一尺度，强调只有坚持经济唯物主义的立场，才是客观主义者。而在事实上，无产阶级与资本主义之间的阶级对抗和意识形态斗争是资本主义社会的现实内容，如果把这个内容排除于历史过程之外，只讲经济的过程，就看不清资本主义社会发展的历史趋势，就会陷入主观主义。马克思正是看到了这一点，所以，在考察资本主义社会时，"不仅指出过程的必然性，并且阐明究竟是什么样的社会经济形态提供这一过程的内容，究竟是什么样的阶级决定这种必然性"②，这就对历史过程作了比合法马克思主义者更彻底、更深刻、更全面的说明，是

---

① 《列宁全集》第 1 卷，人民出版社，1995 年，第 111 页。
② 同上书，第 363 页。

真正的客观主义。在《唯物主义和经验批判主义》一书中，列宁又进一步指出，唯物主义和唯心主义的对立就是哲学党性原则的认识论基础，彻底的唯物主义是马克思主义哲学党性原则的认识论基础，唯心主义是马赫主义哲学党性原则的认识论基础。这里所说的哲学的党性原则就是哲学的意识形态表现，唯物主义和唯心主义就是不同哲学意识形态的认识论根据。自列宁之后，西方马克思主义哲学在研究意识形态问题上出现了两种倾向：一种是以葛兰西、卢卡奇为代表，把马克思主义哲学定位于意识形态，并以重新阐发马克思的实践概念，揭示意识形态的内在机制，从而创造了以上层建筑为核心的人道主义的马克思主义哲学；一种是以阿尔都塞为代表，主张探究意识形态背后的"总问题"，创造了具有认识论特征的科学的马克思主义哲学。这两种倾向虽然学术理路不同，但其目的是同一的，即把意识形态作为哲学科学的对象加以研究。经过从马克思和恩格斯到列宁，再到西方马克思主义哲学家们的不断研究和论证，意识形态已经成为马克思主义哲学知识结构中不可消解的部分。

与西方马克思主义哲学家们一样，中国的马克思主义哲学家们也重视意识形态的研究。但是，由于文化传统不同、历史背景各异，中国马克思主义哲学家们对意识形态的研究有着自己的特点。这个特点的最重要方面，就是把马克思主义哲学的普及教育和思想领域的斗争从马克思主义哲学基础理论的研究中分离出来，使其成为与基础理论并列的部分。在中国马克思主义者看来，马克思主义哲学的普及教育和思想领域的斗争固然需要马克思主义哲学的基础理论来支撑，但是，它毕竟不是基础理论本身，而是基础理论的应用。这样一来，中国马克思主义哲学与西方马克思主义哲学在知识结构上的差别就出现了。在西方马克思主义哲学中，意识形态的理论研究与马克思主义哲学基础理论的研究是同一的，因此，西方马克思主义哲学的知识结构是单一的，准确地说，它的认识论的方面和意识形态的方面是一体的，西方马克思主义哲学家之间围绕马克思主义哲学本质所展开的争论，无非是在认识论和意识形态之间二者择一：那些强调马克思主义哲学的认识论优先的学者，创造的是科学的马克思主义哲学理论；那些强调马克思主义哲学的意识形态优先的学者，创造的是人道主义的马克思主义哲学理论。与之不同，在中国马克思主义哲学中，意识形态的理论研究被划为应用哲学领域，而被排除于马克思主义哲学的基础理论研究之外，这就使得中国马克思主义哲学的知识结构分裂为两个领域：一个是马克思主义哲学的基础理论，一个是马克思主义的应用哲学。由于这种分裂，马克思主义哲学内在的知识结构中的认识论和意识形态两个方面也分离开来了：认识论的研究主要在马克思主义哲学基础理论领域展开，而意识形态的研究主要在应用哲学领域展开。中国马克思主义哲学内在结构的这两个方面在中国马克思主义政党处于臣属阶级地位的时候，自动地统一起来了，这就是 20 世纪 30 年代唯物辩证法运动得以发生的理论基础，然而，在中国马克思主义政党处于统治阶级地位的时候，即从 1949 年开始，两者变得越来越不统一了，甚至常常会发生矛盾。这种矛盾通常有两种情况：一种情况是马克思主义哲学的理论研究与马克思主义哲学的教育脱节，从而在马克思主义哲学内部形成了学院派与讲坛派的相互背离；另一种情况是马克思主义哲学的认识论研究与中国的意识形态问题的研究脱节，一方面是马克思主义哲学的理论研究有意识地规避中国的政治和意识形态问题，一味追求马克思主义哲学知识本身的逻辑严密性和对马克思主义著作的文本解读，越来越成为书斋的学问，另一方面是中国的政治和意识形态问题由于缺乏基础理论的研究而成为了实际的操纵技艺。为了解决这一矛盾，一些党的机构，如宣传部门和党校、一些相关的政府部门，通过组织申报科研课题、编写马克思主义哲学教材和设置马克思主义哲学的教育课程体系等方法来统一和协调这两个方面的关系。由于党的机构和政府部门的这种介入，马克思主义哲学知识结构的创造就不再是马克思主义哲学家们个人的创造活动了，而成为了一种社会化的生产活动。这就使中国马克思主义哲学的知识结构与中国的政治和思想变革运动紧密地联系起来，变得分外复杂。

马克思主义哲学内在的知识结构的复杂化又决定了中国马克思主义哲学学术结构中的价值体系和社会职能起作用的方式完全不同于西方马克思主义哲学。在西方马克思主义哲学中，由于其知识结构是单一的，所以，它的价值体系只是以主观的形式存在于马克思主义哲学家的理论创造活动中，其社会职能也只是通过这些创造者自己创办的报纸、杂志、书籍、讲座、学术会议等形式对社会起作用，而在中国马克思主义哲学中，由于知识结构的复杂化，所以，它的价值体系是以党和政府的相关机构等社会的、客观化的形式表达出来的，其社会职能也主要通过党和政府的相关机构的运作和协调而对社会起作用。由于党和政府机关的这种介入，中国的政治运动和政治变革就成了马克思主义哲学学术创造的激活器，离开了这个激活器，就看不到中国马克思主义哲学学术的深层蕴涵。由此决定，我们书写 1949 年以来的中国马克思主义哲学史，绝不能舍弃了中国的政治和思想变革运动，必须把政治的因素纳入其中，在学术和政治的张力中探究 1949 年以来中国马克思主义哲学的学术结构及其变化。

## 三、1949 年以来中国马克思主义哲学的历史分期

我们提出以学术结构的转移及其走向为书写方式，主要是基于中国马克思主义哲学发展的这一事实：1978 年在中国大地上发生的思想解放运动的确引发了中国马克思主义哲学学术结构的变化，使中国马克思主义哲学逐渐脱离了 20 世纪 30 年代中国马克思主义哲学家们创造的带有科学主义色彩的中国马克思主义哲学传统，实现了由科学理性而历史理性的转变。[1] 这一事实要求我们在书写 1949 年以来的中国马克思主义哲学史时，必须对这一断代的马克思主义哲学的历史分期有一个明确的概念。

---

[1] 所谓科学理性，是指那种以自然科学的方法为基础，重在揭示外部自然存在及其规律的哲学，它所体现的是哲学的科学主义精神；所谓历史理性，亦即文化理性，是指以修辞学、伦理道德和政治学等方法为基础，重在揭示人的生命存在及其自由本性的哲学，它所体现的是哲学的人文主义精神。这两种哲学理性也存在于马克思主义哲学中，形成了两种不同的马克思主义哲学传统：那种强调自然本体论和生产力的第一性的哲学，遵循的是科学理性，代表了马克思主义哲学的科学主义传统；那种强调实践本体论和以人的自由、意志为研究对象的哲学，遵循的是历史理性，代表了马克思主义哲学的人文主义传统。苏联马克思主义哲学是科学主义的马克思主义哲学的典型形态。中国马克思主义哲学在 20 世纪 20—40 年代主要受到苏联马克思主义哲学的影响，创造的是科学主义的马克思主义哲学。这一哲学传统直到 1978 年的思想解放运动中才受到质疑，而 1978 年以后的中国马克思主义哲学就是沿着批判科学主义的马克思主义哲学传统、创造人文主义的马克思主义哲学传统的路向发展，这一过程就其学术理性而言，即是由科学理性而历史理性的转换。

对于 1949 年以来中国马克思主义哲学的历史分期问题，中国学术界已经有过讨论，任俊明主编的《新中国马克思主义哲学 50 年》一书把这一讨论的观点分为四种：第一种是以"文革"为界，把 1949 年以来的中国马克思主义哲学分为三个阶段，分别称之为"文革"前、"文革"期和"文革"后，其中，"文革"期是马克思主义哲学的曲折和危机阶段，其他两个阶段为哲学的创新和发展阶段；第二种是以哲学基本样式和内容为标准，以教科书哲学体系的形成和重构为主线，把 1949 年以来的中国马克思主义哲学分为三个阶段，即 20 世纪 80 年代以前的教科书哲学阶段、20 世纪 80 年代至 90 年代重构马克思主义哲学体系的教科书改革哲学阶段和 90 年代以原教科书为背景提出问题的后教科书哲学阶段；第三种是以哲学范式为标准，把 1949 年以来的中国马克思主义哲学描述为从实体性范式到主体性范式，再到人类学范式的发展过程；第四种是以哲学研究的一般特征为标准，将 1949 年以来的中国马克思主义哲学大致分为构造传统教科书体系阶段和突出"问题意识"阶段。该书将自己的观点归为第五种，即以学术发展为主线，依照时间顺序，把 1949 年以来的中国马克思主义哲学概括为从"确立指导地位"、"初步发展"、"有所创新"、"陷入困境"到"繁荣发展"的历程。[①] 综合地看，这五种观点有三个共同点：第一，这五种观点都承认 1949 年以来的中国马克思主义哲学有一个变化的过程，而且把对这个过程的分期看作是研究 1949 年以来的中国马克思主义哲学的出发点；第二，这五种观点无论是以中国政治变化为标准，如第一种观点，还是以学术为标准，如第二至第五种观点，都不是在马克思主义哲学中国化的研究范式中谈问题，因而，都没能概括这一断代中国马克思主义哲学的中国特殊背景和中国文化环境，并进而揭示出其中的学术结构和变化的内在机制；第三，由前两个特点所决定，这五种观点都对 1978 年以前的中国马克思主义哲学持或多或少的否定态度，否定这一时期有中国人自己的马克思主义哲学，而把它简单地看作是模仿苏联马克思主义哲学教科书体系的时代。这显然不符合 1949 年至 1978 年中国马克思主义哲学发展的历史，本质上是一种非历史的

---

① 见任俊明等编《新中国马克思主义哲学 50 年》，人民出版社，2006 年，第 511—512 页。

观点，以这种观点为出发点书写出来的这一断代的马克思主义哲学史也必然是平面化的、线性的和非历史的。比如，按照第二种观点书写 1949 年以来的中国马克思主义哲学史，我们只能看到马克思主义哲学教育体系的变化，而看不到哲学思维理性的变化；按照第三至第五种观点书写 1949 年以来的中国马克思主义哲学史，我们只能看到马克思主义哲学的知识结构在认识论方面的变化，而看不到它在意识形态方面的变化，更看不到马克思主义哲学的知识结构及其转换的内在机制；若看不到这些变化，也就看不到中国马克思主义哲学与中国社会变革之间的内在联系，也就无法解答当代中国马克思主义哲学发展面临的一些重大理论问题，诸如马克思主义哲学对于当代中国意识形态的领导权问题、马克思主义哲学与中国发展道路问题、马克思主义哲学中国化的理论建设问题，等等。如果我们不能解答这些问题，那么，我们提出和研究 1949 年以来的中国马克思主义哲学史也就失去了它本来的意义，变得没有价值了。为了克服这些不足，本文遵循马克思主义哲学中国化的研究范式，以 1949 年以来的中国马克思主义哲学的学术结构为标准，对 1949 年以来的中国马克思主义哲学史的历史分期作明确的规定和说明。

从中国马克思主义哲学的学术结构及其转换的角度分析，我们可以把 1949 年以来的中国马克思主义哲学史区分为三个时期：第一个时期从 1949 年至 1978 年；第二个时期从 1978 年至 20 世纪 90 年代中期；第三个时期从 20 世纪 90 年代中期至现在。这三个时期各有其特点。

1949 年至 1978 年，是新中国马克思主义哲学发展的第一个阶段，但是，这个阶段的中国马克思主义哲学又是与 1949 年以前的中国马克思主义哲学密切相关，可以说，是 1949 年以前的中国马克思主义哲学的继续和变革，在这个意义上，我们又可以把这个阶段的中国马克思主义哲学称之为马克思主义哲学中国化的第二个时期。因此，我们要把握这个阶段中国马克思主义哲学的特点，就需要与 1949 年以前的中国马克思主义哲学作一个对比研究。

从总体上看，中国马克思主义哲学的研究是围绕着中国的现代化如何可能的问题展开的，但在不同的历史阶段，中国马克思主义者面对的任务不同，马克思主义哲学研究的主题和内容也不相同。这一点在 1949

年前后的中国马克思主义哲学发展中得到了明显的表现。在 1949 年以前，中国还处在新民主主义革命阶段，由这一阶段的社会性质所决定，中国马克思主义者对中国现代化问题的思考集中在解决中国共产党如何赢得反对国外侵略和国内反革命的战争胜利，夺取无产阶级政权，建立独立的民族国家等问题上，而在 1949 年以后，中国进入了社会主义革命和社会主义建设阶段，这时，中国面临的主要任务是如何建设社会主义的中国，在理论战线上，要在广大知识分子和工农群众中开展思想教育运动，打破旧思想、旧文化在中国文化领域的统治。为着实现这一任务，这一时期马克思主义哲学研究发生了根本性的变化，具有了不同于 1949 年以前马克思主义哲学研究的不同特点。这些特点主要表现在四个方面：

第一，在内容上，主要思考和解决中国社会主义发展道路、正确处理中国社会各阶级和阶层的矛盾关系问题。在这一时期，毛泽东写了《论十大关系》《关于正确处理人民内部矛盾的问题》等著作，在思想文化战线上提出了"双百方针"，开启了新时期中国马克思主义者对中国社会主义经济、政治和文化等问题的研究。

第二，在理论思想的研究上，毛泽东思想成为这一时期马克思主义哲学研究的主题。1949 年以前，中国马克思主义者主要传播以苏俄马克思主义哲学为主体的马克思主义哲学，并结合中国革命的实践创造中国的马克思主义哲学，这一创造的最重要成果就是毛泽东思想。新中国成立以后，中国学者逐渐摆脱苏联版的马克思主义哲学原理，转向了对自己的理论成果——毛泽东思想的研究。这一变化主要表现在三个方面：第一个方面是在马克思主义哲学理论的研究上，以阐释毛泽东思想为主，其中最有代表性的著作是李达的《〈实践论〉解说》和《〈矛盾论〉解说》；第二个方面是以毛泽东思想为蓝本，开展马克思主义哲学基本理论研究，撰写马克思主义哲学教科书。新中国成立后，为了适应在广大知识分子中间普及马克思列宁主义的需要，中国学界开始撰写马克思主义哲学的教科书。在这一过程中，中国学者的确借鉴了苏联的马克思主义哲学教科书体系，但绝没有照抄苏联的马克思主义哲学教科书，而是融入了毛泽东思想的内容，比如在对立统一规律和实践认识论等章节中，都采用了毛泽东的《矛盾论》和《实践论》的结构；在哲学观点的阐述上，也对苏联马克思主义哲学教科书中的相关观点提出了质疑。第三个方面是以毛泽东思想为马克思主义哲学大众化的内容。早在 20 世纪 30—40 年代，中国的马克思主义者就致力于马克思主义哲学的大众化运动，当时人们也读毛泽东的《论持久战》《新民主主义论》《农村调查》等著作，但更为普遍和主要的，还是一些阐发一般原理的著作。这些著作可大致分为三类：第一类是马克思、恩格斯、列宁、斯大林的著作和苏联学者米丁、罗森塔尔、康士坦丁洛夫、亚历山大洛夫等人撰写的马克思主义哲学基本理论著作的译本；第二类是中国人自己撰写的马克思主义基本理论的著作，如李达的《社会学大纲》等；第三类是以艾思奇的《大众哲学》为代表的马克思主义哲学的普及读本。与之不同，20 世纪 50—60 年代的马克思主义哲学的大众化运动则是以毛泽东的《矛盾论》《实践论》为基本读本。①上述三个方面表明，这一时期是开展毛泽东思想全面研究的时期，毛泽东的《矛盾论》和《实践论》不仅成为中国马克思主义哲学研究的主要文本，引导着马克思主义哲学的基础理论研究和马克思主义哲学教科书的编写，而且还通过马克思主义哲学的大众化运动，深入人心，成为中国人的精神力量，领导了新中国的意识形态建设。在这个意义上，可以说，只是从 1949 年开始，中国人才开始系统地反思和研究自己的马克思主义哲学理论体系。

第三，在学术的知识结构上，意识形态方面占据了主导地位。新中国成立后，中国马克思主义哲学的中心任务是夺取意识形态的文化领导权。为了实现这一任务，中国马克思主义哲学知识结构的重心发生了转移，意识形态的研究占据了主导地位，认识论方面的研究服务于意识形态的研究。这就造成了这一时段中国马克思主义哲学研究的这一格局：在知识结构的认识论方面，中国马克思主义哲学并没有取得大的理论突破，尤其在哲学的学术理性上，依然保持着 1949 年以前的科学主义的马克思主义哲学的理论结构，但是，在如何争取意识形态的文化领导权方面，却积累了丰富的经验。

---

① 见徐素华《马克思主义哲学在中国：传播、应用、形态、前景》，北京出版社，2002 年，第 204—208 页；中共大庆市委党史研究室编《大庆"两论"起家研究》，中共党史出版社，2009 年。

第四，在理论成果的形式上，以撰写马克思主义哲学教科书为主体。为要掌握意识形态的文化领导权，就需要在广大的知识分子和劳动群众中普及马克思主义哲学，而要普及马克思主义哲学，就要有马克思主义哲学的教科书。为此，这一时期的马克思主义哲学研究主要是围绕着撰写马克思主义哲学的教科书而展开的，无论是研究马克思主义哲学基本原理的著作，还是解读马克思主义原著的著作，都是按照教科书的规范撰写。这就使马克思主义哲学的教科书成为了这一时期马克思主义哲学研究最主要的成果形式。1978年以后，国内学术界在反思这一时期的马克思主义哲学时，也就由此而把这一时期的马克思主义哲学称之为教科书体系的时代。

这四个特点既体现了这一时段中国马克思主义哲学研究的成就，也造成了这一时段中国马克思主义哲学研究的不足。从所取得的成就看，这一时段马克思主义哲学研究开辟了马克思主义哲学中国化的两个新领域：一个是系统地研究毛泽东思想，开辟了研究中国人自己的马克思主义哲学思想的学术理路，后来发展起来的邓小平理论、"三个代表"、建设有中国特色的社会主义的哲学研究，实际上都是这一学术理路的扩展；另一个是开辟了应用哲学研究的方向，突出了意识形态在马克思主义哲学理论研究、价值观念的主导和社会职能发挥方面的作用，也建立了马克思主义哲学理论创造与社会主义政治变革之间的内在联系，从而构造了新中国马克思主义哲学的学术结构。从不足之处看，这一时段由于意识形态的研究占据了主导地位，中国马克思主义哲学在学术结构的认识论层面并没有取得大的突破，在学术理性上，依然坚持的是科学理性，比如，在马克思主义哲学原理的论述上，在总体上保留了1949年以前形成的以自然本体论为出发点，以认识论为核心的马克思主义哲学的理论框架。这一不足决定了1978年至20世纪80年代末的哲学研究格局：一方面，中国学界要突破先前的哲学理论框架，必须以认识论为起点，开展认识论研究；另一方面，这种认识论的研究只是中国马克思主义哲学转型的契机，中国学界很快就通过对认识主体的批判性反思进入了对人的价值问题的研究，使中国马克思主义哲学的研究超出了认识论的框架，深化到本体论、历史观的研究之中。

　　自 1978 年开始，中国马克思主义哲学进入了一个新的发展时期。这一时期发展的总方向是批判科学理性，创造历史理性，在时间上以 20 世纪 90 年代中期为界，分为两个时段：1978 年至 20 世纪 90 年代中期为发动期，也是从 1978 年之前到 20 世纪 90 年代中期的过渡期；20 世纪 90 年代中期至现在为历史理性的创造期。这两个时期的划分是以中国改革开放的历史进程和学术结构的变化为根据的。

　　1978 年的改革开放是中国社会主义的自我革新运动。这场运动首先是在思想领域爆发的，实践是检验真理标准的大讨论就是这场运动的起点。实践是检验真理的标准，本来是马克思主义哲学的基本原理，是无可争议的。但是，就是这个无可争议的基本原理，却在 20 世纪 70 年代末引起了一场大的理论讨论，这场讨论所要解决的实质问题是：反对教条主义，解放思想；提出马克思主义哲学要不"唯书"，不"唯上"，要面对中国和当今世界的现实，立志中国社会主义的改革；破除不适合中国社会发展的旧思想、旧观念，创造改革开放的新思想、新观念。由此可见，实践是检验真理标准的大讨论是一场实实在在的思想启蒙运动。这场思想启蒙运动引发了一系列的哲学争论，也带来了马克思主义哲学研究的新突破：首先，实践是检验真理标准的大讨论引发了中国学界对认识主体性和价值问题的研究，从而使中国的马克思主义哲学冲破了马克思主义哲学原理教科书的科学主义思维和认知范式，进到了对实践的本体论和历史观的阐释。其次，人道主义和异化问题的讨论，揭露了科学理性的弊端，使马克思主义哲学转向了对人道主义马克思主义哲学的关注。最后，文化哲学研究的兴起和西方马克思主义哲学的传入，开启了对人文主义哲学传统的研究。正是通过这一系列的讨论，中国马克思主义哲学开始了由科学理性到历史理性的转向。然而，这一转向在当时并没有完成。这是由当时中国改革开放的现状决定的。中国改革开放的实践是从农村开始的，而且在 20 世纪 80 年代，只限制在农村。在中国，农村虽然在人口的数量和土地的使用上占了绝大多数，但在经济、政治和文化方面却始终处于社会发展的边缘地带。相反，城市的人口虽不占多数，占地面积有限，却始终处于中国社会的中心地带，主导着中国的经济、政治和文化的发展，尤其是在计划经济体制下，大型国有企业是国家经济的命脉，国家机关、大学教育、新闻出版单位等控制了社会的政治和文化的发展。由于农村和城市在国家所处的地位不同、所起的作用不同，所以，20 世纪 80 年代的农村改革并未触及计划经济体制的根本，中国社会实际上还处在计划经济体制之下，社会的结构和人们的思想观念都没有大的变化。在这种情况下，理论界开展的认识主体和价值问题的研究、人道主义和异化问题的讨论，只能是批判以往社会的弊端，而不可能对市场社会的发展有所作为。相比之下，"生产力标准"和"三个有利于"的讨论因为适合了当时中国解放和发展生产力、实现科学与生产力相结合的需要，而受到了重视，得到了发展。我们知道，在马克思主义哲学发展史上，论证生产力的第一性、科学技术与生产力的关系，始终是与科学主义的马克思主义哲学传统联系在一起的，科学主义的马克思主义哲学传统不仅赋予生产力第一性的地位，而且为生产力和科学技术发展提供了理性主义的思维方式。由于有了实践和理论上的这些需要，中国的科学主义的马克思主义哲学传统就借助于对"生产力标准"的研究战胜了人道主义的马克思主义哲学思想，保持了自己的主流地位。这就注定认识主体的研究、人道主义和异化问题的讨论不能实现建构历史理性的任务，从而使这一时期的马克思主义哲学只能成为一个过渡阶段。

自 20 世纪 90 年代中期开始，改革开放的重心由农村转向了城市。大型国有企事业股份制化、城市的住房体系、医疗体系和教育体系的改革、新闻出版单位的事业化等等，从不同方面瓦解了计划经济体制，使中国的经济和文化走上了全面市场化的道路，最终形成了中国的市场社会。市场社会的形成和发展，刺激了马克思主义哲学的人文主义思想的复兴。20 世纪 80 年代中国生产力和科学技术的高速发展为市场社会的建立打下了坚实的物质基础，这一点应该归功于科学主义的马克思主义哲学传统。但是，由于缺乏人文主义的马克思主义哲学传统的发展，市场社会的建设又不可避免地陷入了片面理性的困境：首先是片面地强调技术生产力而引发出生态环境问题；其次是与市场社会相适应的政治体制和意识形态没有建立起来；再次是市场经济体制本身所带来的社会贫富差别扩大，提出了建构和谐社会的问题；最后是文化的产业化推动了消费社会的形成，提出了人的生存状况、人的生命价值和尊严、人文精神的建构等一系列有关文化建设的问题。这些问题是由于片面地运用科学主义的思维范式造成的，当然不可能在科学主义的思维范式中得到解决。这就在客观上提出了建构人文主义的马克思主义哲学传统的要求。正是在这种情况下，中国的马克思主义者做了三件工作：一是大量地翻译国外马克思主义哲学的著作，研究国外马克思主义的思想派别和代表人物的思想，从中汲取思想资源；二是开展全球化和现代性的讨论，反思一个多世纪以来中国的现代化运动，论证马克思主义在中国现代化运动中的身份合法性，从而推动了马克思主义哲学中国化的研究；三是面对中国社会的转型，借助国外马克思主义者有关文化产业、消费社会、生态学等方面的成果，思考中国的经济、政治和文化发展的问题。通过做这三件工作，中国马克思主义哲学研究发生了根本性的变革：首先，马克思主义哲学研究实现了主题的转换，即由对生产力的技术性论证转向了对微观的日常生活的批判，于是，个体的发展、消费社会、资本的批判等成了中国马克思主义哲学研究的主题；其次，马克思哲学研究的意义凸显，其文本解读的范围不断扩大，从 20 世纪 80 年代对《1844 年经济学哲学手稿》的专一解读，扩展到对马克思的博士论文、《神圣家族》、《德意志意识形态》、《资本论》、晚年人类学笔记等多种文本的解读，其研究视域也由马克思的实践本体论拓展到历史唯物主义、资本主义理论、东方社会理论、文化哲学、政治哲学等；再次，马克思主义哲学中国化的研究开展起来，为中国马克思主义哲学的研究提供了新的研究范式；最后，以西方马克思主义哲学为主体的国外马克思主义哲学研究成为中国马克思主义哲学研究的重要思想资源，中国马克思主义者运用这些思想资源反思中国市场社会的发展，开发出文化哲学、经济哲学、政治哲学等多学科的研究，推动了中国马克思主义哲学的学理建设。

中国马克思主义者所做的这一系列的工作以及所带来的马克思主义哲学研究的变化表明，20 世纪 90 年代中期以来，中国马克思主义哲学进入了一个新的发展时期，这是中国马克思主义哲学学术空前繁荣的时期，而这种学术繁荣又是围绕着构建历史理性展开的。这就使这一时段的中国马克思主义哲学在学术结构上发生了根本性的变化：在知识结构上，这一时段的马克思主义哲学不再以意识形态为主导，而是以其认识论研究的深刻性主导着意识形态的变化；在价值系统上，这一时段的马克思主义哲学不再崇尚科学理性，而是崇尚历史理性；在社会职能上，这一时段的马克思主义哲学的功能也多样化了，它不仅通过教育普及马克思主义哲学，而且还通过理论的批判切入中国社会改革的方方面面，推动社会的变革。这些表明，在今天，中国马克思主义哲学对于中国人的经济、政治和思想的作用不是越来越小了，而是越来越大了，并且，这种影响力不是通过强意识形态控制的手段，而是通过马克思主义哲学理论的深刻性。这其中就有许多值得我们思考和总结的经验和教训。我们书写 1949 年以来的中国马克思主义哲学史，就是要揭示中国马克思主义哲学在当代的学术结构，要说明这个结构的起源和发展，从中反思中国社会主义改革的经验和不足，把握中国马克思主义哲学的未来走向。

选自《武汉大学学报》（人文科学版）2013 年第 3 期

# 关于辩证唯物主义的体系与内容问题

## ——一个"提纲草案"的提出及其若干说明

赵纪彬 *

只要考察一下目前流行的哲学著作（包括翻译）和各校使用的哲学教材（包括教学大纲），马上就可看出：在哲学研究上和哲学教学上，还存在着某些原则性的意见分歧。例如：

（1）辩证方法与唯物理论，究竟应分应合？如果应分，则究应孰为先后？如果应合，则采取何种表述形式才能体现出方法与理论的正确关系？

（2）原理、规律与范畴的关系如何？它们的界限与分野何在？并在何种条件下才能相互转化？

（3）所谓"普遍联系与相互制约"，所谓"运动、变化、革新与发展"，究竟是原理还是规律？

（4）"否定的否定"，究竟应否当作"黑格尔主义用语的残遗"把它从辩证唯物主义规律中去掉？把它合并在其他原理或规律中去的办法是否妥当？它的独立的意义和作用何在？

（5）哲学史究竟应否当作辩证唯物主义的内容之一？它在体系结构中的地位如何？在表述方法上应放在何处？

上述五个问题，都是关于辩证唯物主义这门科学的体系结构形态与其内容组成部分的原则性问题，而哲学工作者对这些问题的认识和主张以及所采取的解决办法，则是非相反，取舍不同，表现着颇为鲜明的意

---

\* 赵纪彬，1905—1982，男，中共中央党校教授。

见分歧。

这样的分歧，似乎从中华人民共和国成立以来，在某些学校的哲学教学中，以及在干部的理论学习中，即曾不断地反复出现，但亦只在长期沉默中各行其是，却很少甚至从来没有进行过正式的讨论或争论，实质上是处于思想混乱状态。这种状态的存在，不论对于研究，对于教学，以及对于宣传辩证唯物主义思想，都显然是一个重大的障碍。因而它也就对哲学工作者，提出这样一个任务：辩证唯物主义这门科学的体系与内容如何？应当作为一个问题加以讨论，逐步给以解决。

确定一门科学的体系与内容，是需要有领导有计划地征求各方面的意见，综合现有的研究成果，由专家们集体以概括与提高，并经过广泛深入的反复讨论，然后才能解决的问题。因此，本文的任务，不是解决问题而只是提出问题，要求哲学工作者给以讨论解决。

但是，为要使问题明确，为要便于讨论，为要求得批评及指正，特参照有关文件，把自己对问题的初步意见，用压缩的形式，拟定"辩证唯物主义提纲草案"如下：

甲、导言篇

　　一、辩证唯物主义的研究对象

　　二、辩证唯物主义的思想源泉

　　三、马克思恩格斯的哲学革命

　　四、辩证唯物主义的列宁阶段

　　五、主要经典著作的内容提要

乙、原理篇

　　一、物质论

（1）世界的物质性

（2）物质的哲学概念

（3）物质的存在形式

　　（b）普遍联系与相互制约

　　（神秘主义批判）

　　（p）运动、变化、革新与发展

　　（右倾保守主义批判）

二、意识论

（1）意识对物质的关系

　　（b）物质是第一性的、是意识的来源

　　（p）意识是第二性的、是物质的反映

　　（m）意识对物质的作用和意义

　　（f）先进意识的组织、动员和改造意义

　　（d）党的领导作用

（2）意识的自然基础与社会基础

　　（意识与社会意识的关系）

（3）庸俗唯物主义批判

（4）客观唯心主义批判

（5）主观唯心主义批判

　　（胡风批判、梁漱溟批判）

（6）多元论批判、二元论批判

三、实践论

（1）意识与物质的同一性

　　（意识对物质的关系原理的另一方面）

（2）世界的可知性

（从必然王国进入自由王国的飞跃）

（3）实践及其在认识中的作用

（4）宋明道学及心学批判

（5）康德及新康德主义批判

（6）休谟及新休谟主义批判

（7）实用主义（杜威及胡适）批判

（8）毛主席《实践论》研究

丙、规律篇

一、矛盾论

（1）对立面的统一与斗争

　　（b）普遍矛盾与特殊矛盾

　　（p）内部矛盾与外部矛盾

（m）基本矛盾与主要矛盾

（f）对抗性矛盾与非对抗性矛盾

（d）对立面的统一与统一体的分裂

（t）矛盾的斗争及其转化的规律性

（2）老庄、易传及中庸的矛盾观批判

（3）佛教经论的矛盾观批判

（4）黑格尔及新黑格尔主义的矛盾观批判

（5）均衡论批判

（6）孙中山的平衡论及其实践意义

（7）毛主席《矛盾论》研究

二、质量论

（1）质与量的关系及其规定性

（b）批判洛克关于质的学说

（p）关于量的科学（数学、统计学、数理逻辑）

（2）量变到质变的根本转化

（新质态的产生形式与发展过程）

（b）质变与量变的特点及其相互制约

（p）革命与进化的辩证关系

（m）相对主义诡辩逻辑批判

（f）绝对主义诡辩逻辑批判

（3）飞跃的两种形式

（b）从特殊矛盾到质的飞跃的多样性

（p）不同国家向社会主义过渡的形式

（m）我国社会主义革命的和平道路

（4）爆发论批判

（5）庸俗进化论批判

三、否定论

（1）否定的否定

（b）新质态发生在旧质态内部、通过内部矛盾否定自己

（新旧质态的内部联系与相互制约）

（p）由低级到高级的前进运动

（m）由简单到复杂的螺旋型上升发展

（f）否定是运动、变化、革新与发展的根本形式

（d）新生力量的不可战胜性

（2）老庄及易传的否定观（循环论）批判

（3）黑格尔的否定观批判

丁、范畴篇

一、本质与现象

二、内容与形式

三、必然性与偶然性

四、可能性与现实性

五、关系、联系与因果性

六、间断性与连续性

七、单一与综合、部分与全体

八、特殊与普遍、个别与一般

九、个性与共性、具体与抽象

十、历史的与逻辑的

戊、哲学史篇

一、哲学史导言

（1）马克思主义的哲学史定义

（2）哲学史的研究范围

（b）从德谟克利特到黑格尔及费尔巴哈

（p）从孔夫子到孙中山

（3）哲学史的研究任务

（b）从与唯心主义斗争中阐明唯物主义发展史

（p）从与形而上学斗争中阐明辩证方法发展史

（m）具体掌握历史过程与体系结构的一致性原理

（f）深化并充实对辩证唯物主义的领会

（d）从哲学斗争历史的阶级性实质中掌握辩证唯物主义的党性原则

二、古代哲学

（1）德谟克利特路线与柏拉图路线

德谟克利特的朴素辩证观点

亚里士多德的哲学思想与逻辑学说

（2）墨荀韩三派对于先秦哲学斗争的三个总结

王充的唯物主义与无神论思想及其对《白虎通》批判的实际意义

（3）古代辩证唯物主义思想的历史局限性

三、中世纪哲学

（1）"神学奴婢"队伍中的"异端"哲学及其与"正宗"斗争的特殊形式——"宗教外衣"

唯名论与实在论的斗争

（2）"异端"与"正宗"斗争的中国形式——"经学外衣"

"宗教外衣"与"经学外衣"的阶级基础与逻辑根源

范缜"神灭论"的唯物主义及其逻辑力量

刘柳天道观的无神论实质及其政治悲剧的历史秘密

永嘉学派与永康学派的唯物主义思想及其反道学反心学的斗争

四、十七十八世纪哲学

（1）形而上学唯物主义的社会根源与自然科学基础

（2）几个重要哲学家

（b）培根

（p）霍布士

（m）笛卡儿

（f）斯宾诺莎

（3）巴克莱与休谟的反动实质

（4）法国十八世纪的唯物主义者及其反宗教斗争

（5）十八世纪俄国的唯物主义者

（b）罗蒙诺索夫

（p）拉吉舍夫

（6）明清之际的中国哲学

（b）中国的原始积蓄与文艺复兴

（p）"明清五大师"的哲学思想

　　黄黎洲

　　顾亭林

　　颜习斋与李恕谷

　　王船山

（m）从王船山到戴东原的唯物主义路线

（f）批判胡适对明清哲学的歪曲与污蔑

五、近代哲学

（1）德国古典哲学

（b）古典哲学的社会基础与自然科学基础

（p）康德的二元论及其调和企图

（m）费希特与谢林

（f）黑格尔的客观唯心主义及其"合理的内核"

（d）费尔巴哈唯物主义的历史意义与其缺陷

（t）古典哲学是辩证唯物主义的理论源泉

（2）十九世纪俄国的革命民主主义者

（b）别林斯基

（p）赫尔岑

（m）车尔尼雪夫斯基

（f）杜勃罗留波夫

（3）中国近代哲学

（b）龚自珍魏源封建危机论中的哲学思想

（p）向西方国家寻找真理的思想家

　　洪秀全

　　洪仁玕

　　康有为与梁启超

　　严复社会政治学说与科学观点中的哲学思想

（m）谭嗣同的伦理学说、学术思想与哲学思想

（f）章太炎在批判经今文学派中所产生的唯物主义观点与无神论思想

（d）中国革命民主主义者孙中山的哲学思想

上面这个"提纲"，在压缩的形式中表示着作者关于辩证唯物主义这门科学的体系与内容问题的初步意见。如果把它和目前流行的"教学大纲"及哲学书籍对照一下，显然有某些原则性的差异，但也有某些相同之点。关于其间的毕同毕异之故，及取舍标准所在，特归纳为如下各点，逐次给以说明。

第一，关于唯物理论与辩证方法的关系问题，作者认为：理论是方法的内容，方法是理论的形式，二者在辩证唯物主义中是相互渗透的有机统一体，绝对不允许截然分割。因此，一切经典著作，凡言理论就是辩证的唯物理论，凡言方法就是唯物的辩证方法，从无例外。

作者又认为：理论与方法的这种有机的统一关系，是马克思与恩格斯完成伟大的哲学革命以来所创立的重要原则之一，而掌握这一个原则，也是辩证唯物主义者百年以来在反对唯心主义与反对形而上学的两条战线斗争中，所以能够不断巩固与扩大其胜利形势的根本保证。

根据上述认识，作者在"提纲"中，没有把唯物理论与辩证方法看成两个可以分开的固定领域，没有以它们为区划单元的标准，因而也没有把理论与方法孰为先后以及二者如何调换位置当作问题来考虑，而只考虑到如何表述才能充分反映二者的统一关系。这样考虑的结果，就在"辩证唯物主义"一个总标题下面，用"原理""规律""范畴"等三个组成部分来表述这门科学的体系与内容。

这个表述形式，除了足以反映理论与方法的有机统一关系以外，在下列的意义上也还有它的科学根据：

首先，恩格斯早已指出："思维对存在的关系问题是全部哲学的最高问题"。这就是说，它在辩证唯物主义中的地位，和"商品生产"在政治经济学的资本主义部分中的地位同样，应是科学体系的合理出发点，必须从对于它的分析开始，其他问题才能迎刃而解；否则，非唯不能阐明问题，且将引起体系与内容的混乱。目前有不少的哲学著作（例如阿历山大罗夫的《辩证唯物主义》等书），对恩格斯的指示重视不够，体会不深，以致在表述辩证唯物主义的体系与内容时，不从"最高问题"出发而竟别取途径，自陷于逻辑混乱。作者有鉴于此，特把"世界的物质性""物质的第一性""世界的可知性"等三个原理，当作科学的第一个组成部分，借以体现恩格斯的指示。

有人认为：当作出发点的三个原理都属于唯物主义范围，则"提纲"从原理开始，即仍是先讲唯物理论而后讲辩证方法的表述形式。

对于此说，作者认为不然。因为"提纲"中的原理部分，既是唯物的又是辩证的，并非只属于唯物主义范围。例如，当作物质存在形式的"普遍联系与相互制约""运动、变化、革新与发展"，从恩格斯以来就作为辩证方法的特征，并用以区别于形而上学；又如在关系意识对物质的关系原理上，"提纲"就表明只有用辩证方法才能阐明，否则就使原理受到歪曲或破坏。由此可见，"提纲"从原理出发，与所谓先讲唯物主义而后讲辩证方法的表述形式，表面上虽有点相似，而实质上却大有区别。

其次，"提纲"的表述顺序，先原理，次规律，再次范畴。这个顺序本身，在于表明这三个组成部分的内部联系，亦即表明原理是规律与范畴的根据，而范畴则进一步阐明原理与规律的内容及实质，并对于原理与规律给以深化充实作用，三者首尾呼应，势同掎角，整个科学体系与内容的内部逻辑，在这里表述得比较明晰。

如果把这个顺序从认识论与逻辑学的角度上来看，则原理就是认识世界的根据，是逻辑推理的前提：规律是认识世界的方法，是逻辑思维的规则；而范畴则是认识世界与逻辑活动的结论，反转来又可转化为原理与规律。辩证唯物主义这门科学的体系与内容，在这个表述形式中，也反映着"辩证法、认识论、逻辑学的统一"的列宁原则。

"提纲"的这个表述形式，在苏联一九五四年通过讨论及争论、由苏共中央直属高级党校与苏联高等教育部分别制定的两个"教学大纲"中，已经有此趋向，作者只是采纳了已有的成果，并非自己的创见。当然，把这个趋向进一步明确起来，并在说明中表述了自己的体会，也是事实。但也正因如此，错误的地方，也应由作者负责。

第二，关于原理部分，如前所述，作者是分为"世界的物质性""物质的第一性""世界的可知性"等三个原理，并在直接连续形式下顺次给以阐述的。关于这一部分，有如下两点应加说明：

首先，作者认为，联系与制约、运动与发展，都不是规律而属于原理范围；因而就把它们放在"世界的物质性"原理下面，当作"物质的存在形式"给以阐述。

关于此点，上文已经说过，原理是规律的根据。从此可知，规律本身虽在于联系与制约、运动与发展里面，而且只有从它们里面才能发现规律，掌握规律，但它们本身却只是规律所从发现的根据而并非就是规律。如果不把二者的界限划分清楚，而把规律的根据与规律本身混同起来，结果就会用抽象的原理代替具体的科学研究。

兹以"普遍联系"为例：

（1）从生物科学上看，只说普遍联系并非生物现象的规律，必须像达尔文和米丘林那样，具体地发现出"有机体和其所必需的生活条件的统一关系"，才算生物现象的规律；也只有不仅根据原理而尤应掌握这一具体规律，然后才能"在人类的干涉下，有可能迫使每个动物或植物类型更迅速地改变，而且朝着人所希望的方向去改变"。

（2）从政治经济学上看，说资本主义的利润率应从普遍联系中来把握，固然是对的，但这决不是利润率的规律；必须像马克思那样，具体的发现出"由生产力发展所引起的利润率下降，同时引起利润量的增加"，才算发现出在资本主义生产力发展基础上利润率与利润量的内部联系，才算利润率的规律，也只有在对生产力、利润量的具体联系中才能阐明利润率的变化及发展。

尤其应该知道，联系有各种各样，而并非都有规律的意义。偶然性的联系姑不具论，某些必然性的联系在它们不能同时具备"本质性"与"一般性"两个条件的场合，如像某些因果性联系，仍然没有规律的意义。例如"资本论"每部定价一五元，而我只有一〇元，必再弄到五元才能购得；这里的因果联系是必然的，但却没有规律的意义。

总之，普遍联系，是原理而不是规律，是规律的根据而不是规律本身，只有以原理为根据，进一步具体地发现如何联系，区别出何种联系，并在必然性基础上发现出"本质性"与"一般性"的联系，然后才有规律的意义。至于规律被发现以后，又可以反转来充实原理，丰富原理，发展原理，则极为明显，不再论述。

以上关于联系是原理而不是规律的理由，对于制约、运动与发展也同样适用。读者可类推而知，恕不逐一说明。

其次，关于"世界的可知性"原理，"提纲"是把它放在"物质的第一性"，亦即意识对物质的关系原理后面，在直接连续形式下顺次给以阐述的。这个表述程序，与目前流行的某些著作，颇不相同。例如上述苏联一九五四年的两个"教学大纲"，都把它从"物质的第一性"原理的直接连续中隔离开来，放在规律及范畴以后，从而把这门科学的体系造成这样一种结构形态：原理→规律→范畴→可知性；作者认为，这个安排显然不够恰当。因为恩格斯在《费尔巴哈与德国古典哲学的终结》中，曾明确地指出：

思维对存在的关系问题，还有另一个方面：我们关于我们周围世界的思想对于这个世界本身究竟处于一种怎样的关系呢？我们的思维能否认识现实世界呢？我们能否在我们关于现实的表象和概念中得出一个对于现实的正确反映呢？用哲学语言来说，这个问题就叫作思维和存在的同一性问题。

似此，世界的可知性原理与物质的第一性原理，既是一个原理的两个方面，当然就应该把它们放在直接连续中给以阐述，而不应把它们隔离开来。关于此点，不论马克思、恩格斯、列宁和斯大林，都是这样表述的，而从无例外。反之，像这两个"大纲"那样，把一个问题的两个方面当作互不连续的两个问题，不但各自独立起来，而且彼此隔离开来，以致把它的一个方面放在体系的最前面，而把它的另一方面放在体系的最后面，这就会遮断一个原理的两个方面中间的内部联系，甚至有割裂原理的嫌疑。

有人认为：把"世界的可知性"原理放在最后讲，足以表明原理、规律及范畴都可以认识；因而这样安排也有它的好处。但作者认为：这个看法，正是形式主义逻辑学的错误表现。因为从列宁的"辩证法、认识论、逻辑学的统一"学说来看，则原理、规律及范畴，一方面是不以人们意识为转移的客观世界的内部联系及运动发展过程，同时在另一方面又是人们认识世界的方法和逻辑思维的规则，并且前者是后者的前提和内容，后者是前者的运用和形式；因而如果以为在原理、规律及范畴以外，另有一套认识理论和逻辑学说可讲，则由于方法脱离了内容，就变成了认识论和逻辑学上的形式主义，用黑格尔的话来讲，就是变成了

"骷髅底无生命的骨什"。

根据上述几点理由，"提纲"就没有采用苏联一九五四年两个"教学大纲"的办法，而恢复了经典著作家所共同的表述形式。

第三，关于规律部分，除前述把联系与制约、运动与发展从规律中去掉，而划归原理范围以外，"提纲"又把"否定的否定"恢复过来，当作一个独立的规律给以阐明。关于此点，许多的"教学大纲"及哲学论著，都已这样主张，且各有各的充分论据。作者对此点的体会，大体如下：

首先，马克思在《1844年经济学哲学手稿》中，在《资本论》中，恩格斯在《反杜林论》，在《自然辩证法》中，列宁在《哲学笔记》中，都把"否定的否定"当作规律之一，给以独立的阐述。经典著作中的这一共同精神，不容轻易改变。

其次，在辩证唯物主义体系中，从原理到规律的移行，在于进一步反映出以联系制约为基础的现象与对象的运动发展的客观过程及其内部逻辑。据此，则"否定的否定"即有其独立的作用与意义。这就是说，"对立面的统一与斗争"反映着运动发展的动力与源泉；"量变到质变的根本转化"反映着新质态的产生形式与发展过程；"否定的否定"则反映着新质态与旧质态的相互联系与相互制约，以及运动发展的前进路线与螺旋型上升道路。由此可见，这三个规律，分开来看，各有其独立的作用与意义，而不能互代；合起来看，则又彼此补充，相互发明，构成一幅完整的世界图样。

再次，"否定的否定"规律肯定了现象与对象在内部矛盾基础上到达于自己否定，因此，它与"对立面的统一与斗争"规律有紧密的联系；又肯定了新质态发生在旧质态内部而否定旧质态，因此，它与"量变到质变的转化"规律也有同样紧密的联系。所以它在三个规律的次序排列中，应放在最后。

此外，"否定的否定"规律的另外几个独立的作用与意义，有着极其重要的理论意义与实践意义：

（1）它表明现象及对象的运动发展都必须通过否定的形式实现出来，没有否定就没有运动发展的过程；亦即表明了否定是运动发展的根本形式，是量变到质变根本转化的具体形态。要做革命家不要做改良主义者的正确人生观，从此取得科学的根据。

（2）它表明否定作用是间断性与连续性的矛盾统一过程，就其间断性说，从旧质态到新质态的转化，必须抛弃旧东西；就其连续性说，则新质态对旧质态又有着内在的继承关系；毛主席关于"文化革命"所说："剔除其封建性的糟粕，吸收其民主性的精华"，"必须尊重自己的历史，决不能割断历史"①，就是这个道理。

（3）它表明新质态中包括旧质态的精华，故从旧到新不但不是倒退，并且不是循环，而是一个前进的运动和上升的发展；在前进与上升中就表明了新质态较旧质态的优越性。从这里，就得出一个重要结论：新生力量的不可战胜性。以革命必胜信念为基础的革命乐观主义，不要向后看而要向前看的教育方针，都从此取得科学的根据。

（4）从肯定到否定，反映着矛盾的解决；从否定到否定的否定，反映着矛盾的再解决。它的全过程反映着运动发展是一个永无止境的前进上升的连锁。这就教育人们，必须使自己的思想适应已经改变了的情况，任何形而上学观点，任何右倾保守思想，全是主观性的幻想，毫无客观根据。

最后，说否定的否定是黑格尔主义用语的残遗，完全不是事实。因为马克思在其早年著作《1844年经济学哲学手稿》就已经表明：否定的否定不像黑格尔所理解的那样是一个纯粹思辨的逻辑问题，而是一个由私有制度与工人运动的发展所提出的革命行动的实际问题。因此，他就对于黑格尔的唯心主义的取消革命的否定观，进行了尖锐的批判："……这种扬弃乃是对于被思维了的本质的一种扬弃，因此在思维中的私有财产在道德的思想中得到扬弃。并且因为思维自以为它直接就是它自身的对方，即感性的现实性，因此，对于思维，它的活动也被当作感性的现实的活动，所以这种思维的扬弃，虽让它的对象仍然在现实界里保持其存在，却相信实际上已克服了这对象。"并且从此更进一步指出："要消灭私有制的思想，只要有共产主义的思想就足够了；而要消灭现实界中

---

① 《毛泽东选集》第2卷，人民出版社，1991年，第707、708页。

的私有制，那就需要实际的共产主义的行动。历史将带来这种共产主义的行动，而我们在思想上已经认定为扬弃自己的那个运动，在现实中将经历其困难而长远的过程。"①从此可见，否定的否定规律，在辩证唯物主义中与在黑格尔主义中的性质与意义已完全不同。它已经被改造成辩证唯物主义的规律之一，它告诉人们：社会历史中现实的否定过程（即矛盾的解决）只有通过实际的革命行动才能实现；空谈家和教条主义者都是废物。

　　根据上述几点体会，作者认为：否定的否定规律，有其独立的作用与意义，既不应把它分别归并在其他原理或规律中，也不应把它从辩证唯物主义体系去掉，所以"提纲"就予以独立的阐述。

　　第四，关于哲学史的安排问题，作者认为，哲学史应为辩证唯物主义的内容之一，在"提纲"中并仿照《资本论》与《剩余价值学说史》的编纂学范例，把它放在最后，使这门科学的体系成为这样一个结构形态：原理→规律→范畴→哲学史，亦即把它当作第四个组成部分。关于这一理解与安排，应说明如下：

　　首先，苏联《历史问题》杂志一九五六年第一期社论，《论历史科学史的研究》说："任何一门科学，如果不深刻研究自己的历史，就不可能顺利地发展起来。这样的研究可以帮助更好地掌握已获得的成就，并推动科学前进。"就哲学史对于辩证唯物主义的关系来看，通过哲学史可以更深刻而具体的领会辩证唯物主义的原理，规律与范畴，明确它的历史的最高总结与概括地位，进而掌握逻辑结构与历史发展的一致性原理。因而，苏联一九五四年的两个"教学大纲"，都把哲学史当作辩证唯物主义的组成部分给以阐述，无疑是正确的。

　　其次，作者认为：该两"大纲"都把哲学史放在绪论中讲授，似乎不够恰当。因而"提纲"把它的地位放在最后，而在"导言"部分，则仿照列宁《唯物主义和经验批判主义》一书"代绪论"的办法，特设一个专题讲"辩证唯物主义的思想源泉"。讲思想源泉虽亦涉及哲学史范

---

① 《马克思恩格斯文集》第1卷，人民出版社，2009年，第215—216页、231—232页。以上　　两段引文均是当时的译文。——编者注

围，而其目的则只限定在：阐明辩证唯物主义是两千余年以来人类科学及文化发展的最高概括与总结；阐明马克思、恩格斯完成伟大哲学革命的历史根据。似此有重点地讲思想源泉，和全面而系统地讲哲学史自然有很大不同。

对于"提纲"所安排的哲学史地位，有人认为：辩证唯物主义既是哲学思想发展的最高总结与概括，就应当按历史顺序先讲哲学史；否则，在不具备哲学史知识条件下讲辩证唯物主义，将在接受与领会上有困难。但作者则认为完全相反：如果不先掌握辩证唯物主义的立场、观点与方法，就一定不可能理解哲学史。教学实践中的无数事例证明，不懂辩证唯物主义的教师讲哲学史往往讲不对，不懂辩证唯物主义的学生听哲学史往往听不懂。由此可见，从历史顺序上说，哲学史虽是辩证唯物主义所据以出发的"在它以前已经积累起来的思想资料"，但从认识方法上说，则辩证唯物主义却是理解哲学史所必须先行掌握的原理或钥匙，二者中间这种辩证关系，切须深入体会。例如：古典的政治经济学，在历史顺序上是马克思主义政治经济学的源泉之一，而它在《资本论》体系中的地位，则为第四卷。这一编纂学上的次序正是这一辩证关系的反映。

如前所述，先讲辩证唯物主义，对于哲学史可以掌握起分析批判的武器；后讲哲学史又可反转来对于辩证唯物主义的领会上发生充实及深化作用。反之，如果先讲哲学史，则不但理解上有困难，教学上的困难就会更大；详则喧宾夺主，略则语焉不详。这是因为：制定教学大纲或编纂教科书所必须遵守的原则，主要有两个：其一是科学体系与内容所固有的逻辑结构，其二是人们认识过程的辩证逻辑的顺序。这两个基本原则如果受到破坏，就一定不能完成教学任务。

总之，不论就科学体系上看，或就教学规律上看，哲学史在辩证唯物主义中的地位，都应该放在最后面而不应该放在最前面。

第五，为要结合实际，中国的哲学思想、当前社会主义革命的建设实际与思想实际，都在"提纲"中占了一定的比重。同时，为要保持中国的民族形式的特点，"提纲"采用了"原理篇""规律篇""物质论""意识论"等标题方法。但在命题立名之际，亦多从经典著作中努力求其有所根据。例如，关于"世界的可知性"原理，普通多标为"认识论"，特取法毛主席的范例，改标为"实践论"。这个标题的另一根据，即马克思在《关于费尔巴哈的提纲》所说：

人的思维能否具有客观的真确性，这个问题不是理论的问题，而是实践的问题。人应该在实践中证明自己思维的真确性，而自己思维的现实性或力量，亦即自己思维的此岸性。关于离开实践的思维是否现实的争论，乃是一个纯粹烦琐哲学的问题。①

似此，在理论上最正确，在经典上有根据，而又适合民族形式的要求，标为"实践论"，似乎更妥当些。此外的标题，如"矛盾论""范畴编"等，义亦仿此，恕不逐一说明。

本文初稿，曾经许多同志提出宝贵意见。但事关一门科学的体系与内容，涉及方面至广，作者水平及见闻有很大限制，错误仍当不少，至希予以指正。倘能因此引起讨论，进而对于辩证唯物主义的体系与内容问题，求得明确解决，尤所企盼。至于"提纲"所表述的体系与内容，只是就科学本身说，作者认为应当如此，倘若一旦适用于实际教学，则需视对象不同另作一番增损。但此乃另一专门问题，本文不拟涉及。

原载《哲学研究》1956 年第 3 期

---

① 参见《马克思恩格斯选集》第 1 卷，第 137—138 页。这是当时的译文。——编者注

# 新中国第一本马克思主义哲学教科书的编写

胡为雄[*]

新中国第一本马克思主义哲学教科书是指由艾思奇署名主编、人民出版社 1961 年出版的《辩证唯物主义　历史唯物主义》。这是一本由中共中央书记处决定编写的全国党校和高校通用的哲学教材。这本全国通用的哲学教科书的划时代意义在于，它结束了中国人在自己的课堂上使用苏联马克思主义哲学教科书的历史。但这个"第一本"为何迟至 1956 年才有编写的动议、1959 年才开始着手编写，并在中华人民共和国成立后的第 12 个年头才出版？要弄清这些问题，需要探究它编写的社会历史条件、编写过程以及它与苏联哲学教科书的亲缘关系。

## 一、1956 年动议，1959 年着手编写

中华人民共和国成立后，中国共产党在带领全中国人民建设自己的国家时，曾得到当时世界上第一个社会主义国家苏联的援助，这种援助的范围也包括思想文化建设和马克思主义理论教育与研究领域。自 1949 年开始，中国的党校系统、高校系统以及宣传系统就聘请了一些苏联专家担任顾问。苏联专家在马克思主义理论教育和研究，尤其是马克思主义哲学和经济学教学和研究方面所起的作用，对中央高级党校来说显得更突出一些。1949 年 12 月，马列学院（1955 年改名为中共中央直属高级党校，简称中央高级党校）即聘请在中共中央宣传部工作的苏联专家

---

\*　胡为雄，1953— ，男，中共中央党校哲学教研部教授。

阿尔申切夫和在中国人民大学工作的高尔尼洛夫等人到院传授办学经验。从 1953 年秋到 1957 年春，中央高级党校先后短期聘请过 20 余位苏联专家。聘请苏联专家的主要意图之一，是根据中央要马列学院分设一、二部的指示，把一部（理论部）办成"真正的红色教授学院"①。从 1953 年开始，马列学院从几个学员班中抽调一些学习成绩优秀的学员成立了一部。苏联专家主要是给一部讲课，编写讲义，并作为顾问担任全校和教研室的咨询工作。②在马列学院哲学教研室工作的苏联专家还把苏共中央高级党校编写的《辩证唯物主义与历史唯物主义教学大纲》介绍到中国。这些专家的优势是比较熟悉马列原著，注意理论联系实际，并且从编写讲义到讲课，从课堂讨论、解答问题到考试都有一整套做法。但是，苏联专家授课需要翻译，耗时费力，并且在解答问题时不轻易涉及中国的实际，教学效果不尽如人意。当时，马列学院哲学教研室由于成立不久，一些教员给学员讲课或辅导时，参考的是苏联专家的讲义或苏联的教科书。

1956 年苏共二十大以后，这种情况发生了转折：中苏两党在对待马克思列宁主义问题上开始发生意见分歧，后来引起两国关系恶化。因而，在中央党校和其他高校的课堂上再采用苏联的马克思主义哲学教科书就显得不合时宜，中国人自己编写教科书即迫在眉睫。

编写教科书的任务是否出自毛泽东的指示还有待研究。目前尚未见到毛泽东对此有直接批示，中央文献研究室新编的《毛泽东传》中对此也没有任何记载。但毛泽东对斯大林的哲学观点和渗透了斯大林观点的苏联哲学教科书不大满意，自 1956 年就已表露出来，他开始批评苏联的教条主义，批评斯大林。该年 11 月 15 日，他在《在中国共产党第八届中央委员会第二次全体会议上的讲话》中就批评说，有一些同志就是不讲辩证法，不分析，凡是苏联的东西都说是好的，硬搬苏联的一切东西。其实，中国的东西也好，外国的东西也好，都是可以分析的，有好的，有不好的。③1957 年，毛泽东公开批评斯大林的哲学观点。他在《在省

① 卢国英：《智慧之路——一代哲人艾思奇》，人民出版社，2006 年，第 496 页。
② 龚士其：《杨献珍传》，中共党史出版社，1996 年，第 204 页。
③ 参见《毛泽东著作专题摘编》上册，中央文献出版社，2003 年，第 137 页。

市自治区党委书记会议上的讲话》指出："斯大林有许多形而上学，并且教会许多人搞形而上学。他在《苏联共产党（布）历史简明教程》中讲，马克思主义辩证法有四个基本特征。他第一条讲事物的联系，好像无缘无故什么东西都是联系的。究竟是什么东西联系呢？就是对立的两个侧面的联系。各种事物都有对立的两个侧面。他第四条讲事物的内在矛盾，又只讲对立面的斗争，不讲对立面的统一。按照对立统一这个辩证法的根本规律，对立面是斗争的，又是统一的，是互相排斥的，又是互相联系的，在一定条件下互相转化的。"① 毛泽东还认为："苏联编的《简明哲学辞典》第四版关于同一性的一条，就反映了斯大林的观点。"② 另一方面，毛泽东多次赞扬列宁发展了马克思主义辩证法。这一贬一褒，毛泽东的立场分明可见。至少，毛泽东是马克思主义哲学教科书之编写的精神导师，何况毛泽东喜好哲学且学养深厚，更有强烈的独立自主意识。

编写教科书的动议始于 1956 年，可以得到的证明是 1959 年 11 月 2 日中央书记处开会讨论理论工作问题时康生的讲话。那次会议决定成立中央理论小组，作为中央文教小组的分组，由康生、陈伯达分别担任组长和副组长，并批准了理论小组的理论工作报告。康生在会上说，1956 年中央决定写六本书，现在一本也没有。不是写不出，而是把写书当作业余的业余。要下决心在第二年写出来。他还说，我们搞计划，哲学是伯达（负责），经济学是一波（负责）。康生认为，从贯彻八中全会（精神）后问题很多，哲学、经济学、历史学都有问题。修正主义国际上、中国都有市场。特别是文教战线值得注意，文教战线上的问题都是在总的方面暴露的，都是国庆以后开始的，要摸一摸。

遵照中央书记处的指示精神，中央理论小组布置了编写马克思主义哲学（和政治经济学）教科书的任务。编写马克思主义哲学教科书的指示下达后，即由中宣部组织协调，由中央理论小组组长康生、副组长陈伯达和胡绳等具体负责。中央理论小组要求同时编六本，其中北京地区编三本，接受任务的是中央高级党校、北京大学、中国人民大学；外地

---

① 《毛泽东文集》第 7 卷，人民出版社，1999 年，第 194 页。
② 同上书。

编三本，接受任务的是湖北、上海、吉林。任务布置后，这六个单位响应非常积极，迅速调配好了编写人员。这样，就形成了六个编写组。主持各书编写的分别是艾思奇（中央高级党校副校长）、冯定（北京大学教授兼党委副书记）、肖前（中国人民大学哲学教研室副主任）、李达（武汉大学校长）、冯契（华东师范大学政教系主任兼上海社会科学院哲学所副所长）、宋振庭（吉林省委文教部、宣传部部长）和匡亚明（东北人民大学［后改名为吉林大学］党委书记兼校长）。

中央要求同时编写六本教科书，显然有"百花齐放"的意思。将任务交给中央高级党校等这六个单位，也是因为经过 10 年马克思主义哲学教学和研究之后，其马克思主义哲学功底相对牢固些，尤其是中央高级党校、中国人民大学、北京大学都曾聘苏联专家教授马克思主义哲学。由于任务紧急，中央书记处要求半年写出初稿。而康生、陈伯达等采用"层层减码"的办法，将编写时间缩减为三个月。陈伯达在召集教科书编写会议时提出两条要求：一条是要写书，一条是 1960 年 2 月 15 日完成。康生则在会上讲，哪个省 2 月 15 日交卷，就算红旗。

于是，各编写单位马上抓紧写作。例如，北京大学哲学系立即由党总支书记王庆淑负责组成 30 多人的编写组，由冯定任主编。在编写组讨论会上，冯定根据自己对马克思主义哲学的研究提出了自己的设想。他不赞成按照斯大林将马克思主义哲学分成辩证唯物主义和历史唯物主义两大块，也不同意斯大林所说的辩证唯物主义只适用于自然界。根据冯定的设想，编写组很快拟定了写作大纲。这个大纲共有 9 章，其目次是：绪论，哲学的基本问题，唯物论和辩证法，辩证唯物自然观，辩证唯物历史观，辩证唯物认识论，唯物辩证法的基本规律，唯物辩证法的范畴，哲学思想的发展。撰写的具体分工是：第 1 章由冯定负责，其余 8 章由各编写小组（成员 3 人到 8 人不等）负责。不到三个月，一本 70 多万字的《马克思主义哲学教科书》便完成了。中国人民大学的编写工作具体由校党委书记胡锡奎和哲学教研室副主任肖前负责，编写组共有十多名教师，也是在三个月内完成了教科书编写任务。

吉林省接到任务后，宋振庭和匡亚明即组织吉林大学、东北师范大学和几所军队院校的教师进行编写。参编教师总共有十余人，虽然多数不是哲学专业的教师，但都是从事马列主义教学工作的。吉林本的内容包括绪论、唯物论、认识论、历史唯物论、思想方法和工作方法，其与众不同的特点是比较突出毛泽东思想，写法是每一编都写成两章，即马克思列宁主义一章、毛泽东思想一章。吉林本的编写可以说是雷厉风行，仅三个月就编好并付印成书。

湖北本的编写抓得也很紧。湖北本的负责人李达因病不能多开会，具体工作由湖北省委宣传部部长曾惇和副部长密加凡负责，实际组织工作由武汉大学哲学系副主任余志宏、湖北省委党校哲学教研室主任杨锐负责。不过，李达抱病执笔撰写了认识论一章。为了在中央规定的 1960 年 2 月 15 日以前交稿，湖北方面特地在 2 月 14 日派人乘飞机将书稿送到北京。

中央高级党校的编写任务也及时完成了，尽管其动作稍为慢一些。该校是从 1959 年 12 月 21 日开始编写的。因为艾思奇已著有《辩证唯物主义纲要》，所以哲学教研室教师首先要做的事是"写出历史唯物主义部分的编写纲要"。由于党校整风影响了编书进程，故校党委批准从 1960 年 1 月 12 日至 1 月 22 日暂停整风 10 天，以便集中精力把教科书初稿突击出来，然后再由少数同志进行加工修改。哲学教研室抓紧工作，在 2 月 15 日之前结束教科书各章的讨论，将之定稿并付印。

上海本也在规定时间内完成了任务。同其他几本书相比，上海本的编写方式完全不同，只由主编冯契一人执笔。冯契当时是华东师范大学政教系主任兼上海社会科学院哲学所副所长，他在上海社科院的一栋小楼（陕西北路 182 号荣家花园）内住下来，配了 6 名助手协助自己写作，故上海本有明显的个人风格。

## 二、讨论、重写、定稿和出版过程

六本书稿完成上交后，1960 年 2 月下旬，中央理论小组召集参编人员的代表及部分理论工作者共 50 余人到中央高级党校进行讨论。中央高级党校有艾思奇、韩树英等；北京大学有王庆淑、高宝钧等；中国人民大学有齐一、萧前、汪永祥，后来李秀林、陈先达也参加了；湖北有余志宏、陶德麟等；上海有李培南（上海社会科学院哲学所书记、所长）等；吉林有宋振庭等。此外还有中国科学院哲学研究所的吴传启、邢贲思、陈筠泉及《人民日报》社的王若水等。

参加讨论会的人员分成三个组，每个组讨论两本书，这样就加快了进度。讨论方法也比较灵活，开始先集中讨论每本书的第一章，然后就分开讨论。小组讨论时发现问题，便开大会讨论。这种方法确实缩短了时间，因而将近两个月六本书都讨论完了。据后来担任过《求是》杂志总编的邢贲思教授回忆，讨论时有一个领导小组，轮流主持的有关锋、王若水、宋振庭、冯定等，但冯定不常来。讨论中，好像对湖北那一本总的评价好一点，实际上湖北本比较传统，但框架结构、观点叙述比较严谨。提及讨论的具体情况，后来担任过中央党校副校长的韩树英教授说，当时是一章一章的讨论，比较哪一本写得好，有什么优缺点，每一期讨论都发简报。提交给会议讨论的各部书稿，都力图在体系结构上有所突破，力图结合中国的实际反映时代精神。六本书根据书记处的精神，能概括中国革命和建设的经验，有中国特色。这里面最胜出的一本书是吉林本，该书一个题目分两章，马克思、列宁的一章，再接着是毛泽东的一章。开始大家都觉得不错，很新鲜，因为当时提倡解放思想，破除迷信。后来担任过武汉大学校长的陶德麟教授回忆说，讨论会开得非常认真，每天都发简报。但会上的意见很不统一，年轻同志提意见的火气也大。例如，有的同志批评湖北本中李达写的认识论一章是"旧唯物论"、北大本中冯定写的某些章节是"庸人哲学"等等。艾思奇是讨论会的领导小组组长兼临时党支部书记，他很耐心地做工作。

书稿讨论的总结性会议在1960年4月24日进行，会场设在中央高级党校礼堂三层。会议主持人是艾思奇，康生、陈伯达、胡绳到会，关锋及中宣部理论处负责人洪禹也参加了会议。这个会当时叫座谈会，主要是康生、陈伯达等人讲话。韩树英记得，康生在会议一开始就声称自己对各省写的书"一本也没有看"。他说，把各地送交的书稿装了一皮包，但没有单独给毛主席看，而先给邓小平同志看，后来主席都拿去了，并且看得很有兴趣。康生还说了不少鼓励的话：我们根据中央书记处的决定，规定2月15日交卷，先交的先红旗，后交的后红旗。只要有集体力量，群众路线，百家争鸣、百花齐放，短期内是可以完成编写的，虽然不是很完备的东西。康生还说，大跃进中北大学生搞文学史也是几个月搞出来的。只要按时交稿，不管是好是坏就好极了。写错了不戴帽子，不划右派，不说你的思想不对。对于书稿的评价，据中央党校李公天教授回忆，康生说"好像党校的哲学的名誉还不错"。

在座谈会上，胡绳特地这样强调：我们讨论的意见不是一种压力，非改不可，是不是要改，完全自己去考虑。否则，"这样会发生一个问题，大家讨论时都定一，完全抄上去，批判变成陆定一"。这是胡绳借用中宣部部长陆定一的名字，说六本书最后定为一本。而康生这时插话，说"是陆定一"。陶德麟认为，康生的意思是说六本书各有特点，就把大家的优点集中起来编一本，算是"陆定一"吧。康生在会上还提出要"学苏联哲学的书"。他说：为了写书，要在四五个月内把苏联的哲学教科书好好读一读。拿毛主席的思想、马列主义的思想好好地仔细地看一看。这有好处，可以找到斗争对象。看了以后，可以使我们写的书提高一点，起码有些错误的东西我们可以避免。

陈伯达在会上作了重要讲话。陈伯达讲话时较谦虚，也较有眼光。他称赞写书人是开路先锋，说中央提出这样的编书的工作方法，经过试验是有效果的。解放十多年了，就编了一个材料史，现在要不断修改。书没有创见也不要紧，要慢慢爬上去。总有一天，有一个学校，或者有一个地方，他改的特别多，成为中国的代表作，乃至最后出现了一个划时代的代表作。陈伯达还说，书要不断修改，我们既要接受遗产，又要有创造性。要像毛主席写《矛盾论》《实践论》那样来写哲学书。会议至最后，康生提出在1960年一年内要三印三改，12月30日拿出第三版来。

座谈会上提出的"陆定一"实际上定于党校本。但它需要组织人重写，并由中央理论小组直接负责。党校本的编写工作开初由艾思奇指定韩树英负责，其主要任务是主持编写历史唯物主义部分。艾思奇认为书的辩证唯物主义部分用不着重写，只需要在自己的《辩证唯物主义讲课提纲》基础上加以修改。座谈会结束之后，中央高级党校哲学教研室立即投入书稿修改工作。1960年夏秋，中央理论小组作出调整，教科书由胡绳、艾思奇共同主持、组织编写。但胡绳强调自己不熟悉教学，要艾思奇多拿主意、物色作者，故新组成的编写组成员以高级党校教师为主。党校除艾思奇外，还有韩树英、王哲民、方文、艾力农、李公天、耿立、马清健及艾思奇的秘书卢国英等人。北大是高宝钧，人大是萧前、李秀林，中国科学院哲学所是邢贲思等。这个编写组是根据编书时各人的写作表现和能力经过挑选而组成的。

　　胡绳和艾思奇自始至终主持编写工作，并拟出了写作大纲。邢贲思教授说，胡绳当时考虑到中央的任务比较紧，主张把现有的本子收集一下，利用已有的合理成果，当时有的教材能用的就用。至于书的框架结构，用胡绳的话讲叫"剪刀加糨糊"，所以框架结构方面没有大的突破。讨论会上先拿北京、中南、华东、东北四本书讨论，地区上有代表性，观点、风格上有代表性，这就是为编中央的这一本作准备。

　　书的总体设计和编写原则主要是胡绳提出的。其原则是：第一，教科书应具有相当的稳定性，能在稍长的时期内不必作很大的根本性的修改。在解释哲学原理和原则时，着重系统说明经典著作中已经有了定论的，或是在理论界经过讨论大体已经取得一致意见的问题。第二，力求比较准确、简练地阐明马克思列宁主义哲学的一般原理，同时说明毛泽东对马克思列宁主义的发展。第三，教科书应该适应它的对象。第四，贯彻学术上百家争鸣的原则。不过，韩树英认为胡绳虽然非常重视科学研究中要贯彻百家争鸣方针，但对教科书的写作并没有过于突出学术争鸣。

　　从1960年2月下旬开始，十几位编写者集中到万寿路18所（原中组部招待所），不久又搬到黄城根附近（原叫华北饭店，现在的金台饭店）的中直招待所。编写时大体4个人一组合写一章，写出了初稿，就全体讨论提出修改意见，修改后再着手下一轮。谈到书稿的修改，高宝钧教授说，讨论时胡绳有个习惯：一段一段念，一段一段议。议论时大家斟字酌句。曾任艾思奇秘书的前中央党校函授学院副院长卢国英教授对写书的事记忆犹新。他说，各章写出初稿后，交人民出版社薛德震负责，由新华印刷厂铅排成清样，再交胡绳、艾思奇审阅。在全部稿子基本完成之后，在编写组全体会议上边读边议边改的过程中，艾思奇每会必到，虚心听取大家的意见。对胡绳提出的意见，他更加尊重。最后，艾思奇对书稿从头到尾仔细审阅，对每章每节每句话都做推敲，加以修改和润色。同样，胡绳也从头至尾参加了集体讨论和修改，并审阅了全部稿子。关锋在修改时也参加了一些工作，主要是在一些章节中增写中国哲学史的例子。

书稿完成后，已是1961年夏，胡绳、艾思奇、关锋、韩树英、萧前、邢贲思一行6人前往北戴河终审定稿。据邢贲思回忆，当时工作的程序是根据胡绳的安排，主要是一章一章逐段的通读，因为稿子基本成型，不需要大的修改了。最后一个月的定稿实际上是通读的过程，一段读下来，胡绳和艾思奇同志问大家有否意见，没有意见就通过，小的文字上的提法问题当场定，个别段落需要重写的拿出修改稿，第二天再讨论。

至于教科书的书名，韩树英回忆说是胡绳定的，就叫《辩证唯物主义 历史唯物主义》。但为什么是两个"主义"，韩树英颇费思量。审稿结束后的一次会上专门讨论了署名问题。胡绳说主编就是艾思奇，上面决定就这样定。据邢贲思的回忆，在署名问题上，胡绳很谦虚，说自己不是搞哲学的，而且党校教师是主力，主编就不挂他的名。如果要提到他，就说明他参加了顾问性质的工作。韩树英在谈及署名时记起这么一件事：艾思奇到陈伯达家里请示过，陈伯达的意思是艾思奇搞了一辈子哲学，应任主编，因而最后决定由艾思奇一人署名主编。

中国的这个"第一本"在北戴河审定后，即交给人民出版社出版付印。这本教科书正如它的写作方针所规定的，在阐述马克思列宁主义哲学一般原理的基础上，反映了以毛泽东为代表的中国共产党人对哲学理论的丰富和发展，联系了中国的历史和中国哲学史的实际来说明马克思主义哲学的基本原理。卢国英认为这本教科书是一本高水平的好书，在某些方面比苏联的教科书更好，当时中国哲学界没有人不承认这本教科书"是当时国内的最高水平"。[①] 他的这种评价是符合实际的，也经受了历史检验。

---

① 卢国英：《智慧之路——一代哲人艾思奇》，第697页。

## 三、中国"第一本"教科书与苏联1958年版教科书的同与异

《辩证唯物主义 历史唯物主义》作为中国学者集体编写的第一本马克思主义哲学教科书具有划时代的权威性，它在中国的马克思主义哲学教科书编写史上享有很高的地位。该书1961年11月由人民出版社出版后，第1版很快销售一空。1962年8月又出了修订后的第2版。至第5次印刷时，它的销量已达93.7万册，此外解放军系统内部亦印制了数十万册。1978年，该书经韩树英等人校改后，重印15次以上，总数远远超过200万册。韩树英说，艾思奇主编的这本书，"文化大革命"前使用了5年，"文化大革命"后又使用了5年。接着，是他自己主编的《马克思主义哲学纲要》1983年问世。

《辩证唯物主义 历史唯物主义》的影响力是空前绝后的。自20世纪80年代以来，各省市、各高校开始自编"原理"类哲学教科书，这类教科书迄今为止在全国已达数千本，仅国家图书馆就收藏了400本左右。从内容上看，这些教材的基本体例、篇章结构和内容、叙述的话语方式，都以1961年版的"第一本"为范型，只是在篇目、行文或举例上有增删、修改而已。这种现象既令人欣慰，亦令人担忧。因为多年的积习，使学界不少人对这个来自苏联的教科书体系似缺少自己的学术判断力，或者因思想的懒惰和为评职称快出"成果"而竞相克隆这本书。

从学术角度看，中国的这个"第一本"教科书的模仿性是明显的。首先，它的篇章结构与苏联哲学教科书大致相同：苏联科学院哲学研究所编写、苏联国家政治书籍出版社1958年出版的《马克思主义哲学原理》由导论、第一篇"辩证唯物主义"和第二篇"历史唯物主义"共19章构成，中国的"第一本"《辩证唯物主义 历史唯物主义》则由绪论、上篇"辩证唯物主义"和下篇"历史唯物主义"共16章构成。甚至《辩证唯物主义 历史唯物主义》的书名也是从《马克思主义哲学原理》的第一篇"辩证唯物主义"和第二篇"历史唯物主义"得到启发。如果将两书篇目标题作一比较，可以清晰地看出这种亲缘关系：

《马克思主义哲学原理》的篇目标题是：导论，包括：第一章"哲学

的对象";第二章"马克思主义产生以前哲学史上唯物主义和唯心主义的斗争";第三章"马克思主义哲学的产生和发展"。第一篇"辩证唯物主义",包括:第四章"物质及其存在形式";第五章"物质和意识";第六章"现实中各种现象的合乎规律的联系";第七章"辩证法的基本规律。量变到质变的转化规律";第八章"对立面的统一和斗争规律";第九章"否定的否定规律";第十章"认识过程的辩证法"。第二篇"历史唯物主义",包括:第十一章"历史唯物主义是关于社会发展规律的科学";第十二章"物质生产是社会生活的基础";第十三章"生产力和生产关系的辩证法";第十四章"社会的基础和上层建筑";第十五章"阶级、阶级斗争,国家";第十六章"社会革命是社会经济形态更替的规律";第十七章"社会意识及其在社会生活中的作用";第十八章"人民群众和个人在历史上的作用";第十九章"现代资产阶级哲学和社会学的主要流派"。结论。[①]《辩证唯物主义 历史唯物主义》的绪论即是第一章(小目为"唯物主义和唯心主义""哲学史上的两军对战""马克思主义哲学的产生是哲学上的革命变革"等)。上篇"辩证唯物主义",包括:第二章"世界的物质性";第三章"物质和意识";第四章"对立统一规律";第五章"质量互变规律";第六章"否定之否定规律";第七章"唯物辩证法的基本范畴";第八章"认识和实践";第九章"真理"。下篇"历史唯物主义",包括:第十章"历史唯物主义和历史唯心主义的根本对立";第十一章"生产力和生产关系";第十二章"经济基础和上层建筑";第十三章"阶级和国家";第十四章"社会革命";第十五章"社会意识及其形式";第十六章"人民群众和个人在历史上的作用"。[②] 在技术处理上,《辩证唯物主义 历史唯物主义》绪论中的三小节是对《马克思主义哲学原理》导论中的三章内容的缩写,但写法作了调整和改变;其上篇《辩证唯物主义》的 8 章内容与苏联教科书第一篇《辩证唯物主义》的 7 篇内容大致相似;所不同的地方是后书的第六章为"现实中各种现象的

---

① 参见中国人民大学出版社编译室译、人民出版社 1959 年中文版《马克思主义哲学原理》上、下册目录,该书译自苏联科学院哲学研究所编写、苏联国家政治书籍出版社 1958 年出版的版本。

② 参见艾思奇主编、人民出版社 1961 年出版的《辩证唯物主义 历史唯物主义》目录。

合乎规律的联系"，前书的第七章为"唯物辩证法的基本范畴"；前书的第八章"认识和实践"、第九章"真理"与后书的第十章"认识过程的辩证法"内容也很相似。《辩证唯物主义　历史唯物主义》的下篇"历史唯物主义"的 7 章，与《马克思主义哲学原理》第二篇的 9 章也大致相似，其不同之处是：后书的第十一章"历史唯物主义是关于社会发展规律的科学"和第十二章"物质生产是社会生活的基础"，在前书中为第十章"历史唯物主义和历史唯心主义的根本对立"，并且略去了其第十九章"现代资产阶级哲学和社会学的主要流派"和"结论"之类的内容。

但是，中国的这个"第一本"与苏联教科书的结构类同，并不表明中国学者没有付出心血和努力。完全可以这样说，这个模仿式的"第一本"的编写是一次再创作。中国学者进行模仿式创作，在于他们认为苏联的马克思主义哲学教科书就是时代的经典，就是解释马克思主义哲学的最好范本或唯一模式，因而学者们在精心写作时都向这一模式靠拢。这是历史时代塑造的结果。从那一时代的社会文化和哲学文化的历史积淀和发展水平看，俄国要比中国高得多。当 1895 年恩格斯逝世一个月之际列宁即写出《弗里德里希·恩格斯》向俄国人系统介绍恩格斯的生平学说时，在甲午中日战争中惨败后向日本割地赔款的中国人还不知马克思主义为何物；当 1898 年普列汉诺夫写出名著《论个人在历史上的作用问题》时，中国的先进士大夫则在戊戌变法失败后或就死或逃亡；当 1921 年布哈林的《历史唯物主义理论》问世时，《共产党宣言》第一个全译本在中国问世才一年，中国共产党成立才几个月。中国革命以俄为师的实质是以俄国人传到中国的马克思列宁主义为师。这种价值取向对编写马克思主义哲学教科书的影响作用是明显的。例如，前面已经提及的中央理论小组组长康生在教科书写作的座谈会上的讲话就很好地证明了这一点。康生当时提出"要在四五个月内把苏联的哲学教科书好好读一读"，其名义是为了"找到斗争对象"，但实际上却是为了"使我们写的书提高一点"。中央党校哲学教研室编写教科书的相关报告也证明了这一点。1960 年 6 月 27 日，中央党校哲学教研室在给校党委的报告中提出，7 月 15 日以前，将集中精力学习毛泽东同志的哲学思想，研究现代修正主义的有关资料（如《马克思列宁主义原理》《马克思主义哲学原理》

中的有关章节），同时拟订各章节的修改计划。这些事例表明，中国学者竭力通过学习和借鉴苏联的马克思主义哲学教科书来编写好自己的教科书，他们当时明白自己的理论水平没有苏联人的理论水平高。

但无论从哪种角度看，凝结了中国学者心血的这个"第一本"是中国马克思主义哲学教科书编写史上的一个历史路碑。与苏联的教科书相比，该书的明显优点是理论阐述重点突出，且语言简明、文风清新。例如，《辩证唯物主义　历史唯物主义》上篇中将对立统一规律的阐述放在其他两个规律之首叙述，强调实践与真理的内容等，这样内容更洗练；其下篇不涉及"现代资产阶级哲学和社会学的主要流派"的批判性叙述等内容，也使叙述更紧凑。实际上，学者们在写作《辩证唯物主义　历史唯物主义》时曾力求有所突破。韩树英回忆当年对书中若干理论问题的处理时说，胡绳一些提法的影响较大，比如，唯物主义和唯心主义的斗争、形而上学和辩证法的斗争这两者之间有何关系，以前的教科书都没有论述，胡绳提议写为唯物主义和唯心主义的斗争交错着形而上学和辩证法的斗争，这样把两者联结起来了。又如个人在历史上的作用，书中列举了历史上农民运动被压迫阶级的领袖陈胜、吴广、张角、黄巢等，也列举了民主革命的先行者孙中山。后经陈伯达修改时，又列举了属剥削阶级的周公、秦始皇、汉文帝、汉武帝，及至清代康熙皇帝等。

中国的这个"第一本"最为可贵的是在写作中坚持了科学态度和学术自由的学风。1958年大跃进运动发起后，毛泽东就开始提倡个人崇拜，但教科书仍然在专节"杰出人物在历史上的作用"中写进了反对个人迷信的内容："马克思列宁主义者从来就反对和厌弃资产阶级的庸俗的个人迷信。个人迷信把个别人物神化，否认人民群众的伟大作用，这种唯心主义观点是极其有害的。"这里阐述的论点虽然没有超出苏联哲学教科书相关章节的内容，但它不完全随政治风向转，保持了哲学的高贵品格。

平心而论，在当时的历史条件下，对苏联教科书的借鉴、吸收和仿制是中国学者的最佳选择。在今天的文化环境中，回过头来审视近半个世纪前学者们写出的这个"第一本"，尽管它的苏式色彩很浓，与苏联国家政治书籍出版社1958年出版的《马克思主义哲学原理》在篇章结构、总体布局和话语方式上过于雷同，甚至连对马克思主义哲学理论内容的挖掘和解释——其中包括对某些理论观点的误解——也过于雷同；并且就其写作方式而言，"第一本"也因袭了苏联学界在进行学术写作时发明的数十人集体写作、快出成果的风气，违反学术研究和创作的规律。但是，这个"第一本"对马克思主义哲学原理的阐述确实具有结构紧凑、行文简洁等许多优点，它近乎神圣的地位像一座高不可攀的书山横亘在当下学者的眼前，给予我们"超越"还是"不超越"的选择。从新时代的要求和对马克思主义著作文本研究的新进展来看，超越的任务已经摆在我们这一代人面前。这考量着我们的学术能力和科学研究精神。如果要超越，我们遇到的根本问题是怎样使以苏联教科书为范型的这个"第一本"达到自我升华和超越，以撰写出"第二本"更加全面、系统地解释马克思主义哲学的教科书？可以说，对"第一本"的升华与超越就是中国哲学界的自我升华与超越。这种升华与超越的前提是：在广泛深入阅读原始文献的基础上对马克思主义哲学进行解读，处理好马克思主义哲学的教学体系与马克思及恩格斯的哲学思想体系的关系。马克思是哲学巨匠而不是"原理"哲学家。作为思想英雄，马克思有着常人难及的智慧，由于他的勤奋使他的知识结构相对全面而成为百科全书式的人物。显然，要真正达到自我超越，需要从整体上把握马克思主义哲学的品质和丰富内容，不能将马克思、恩格斯的某些话语和某些观点从其思想体系中剥离或肢解出来，使之离开具体历史条件，再把它变成若干"原理"。因此，超越只有站在巨人的肩膀上才能真正超越，这不仅需要具备与马克思主义哲学创始人类似的学识和更加完善的知识结构，更需要具备把握自马克思逝世以来新世纪新时代特征的能力，这样才能写出真实、完整地反映马克思主义的立场、观点和方法的优秀教科书来。

原载《中国人民大学学报》2008年第2期。作者说："本文在写作过程中采访了韩树英、邢贲思、陶德麟、邓伟志、高宝钧、李公天、吴雄丞等著名学者，并查阅了相关档案。"——编者注

# 从"初步摸索"到"中国制造"

## ——30 年来我国原理教科书体系改革的回顾与反思

孙乐强 *

随着我国改革开放和马克思主义研究的不断深入，如何突破传统教科书体系，形成具有"中国特色、中国风格、中国气派"的马克思主义理论研究体系，已经成为国内学术同仁的强烈共识。经过 30 多年的不懈努力和艰苦探索，中国马克思主义研究工作者已经形成了高度自觉的民族创新意识，开创了我国马克思主义哲学研究的新局面，积极促进了我国人文社会科学的繁荣和发展。在这种情况下，立足于当下中国社会现实，回顾 30 多年来我国马克思主义哲学教科书体系的改革和演变历程，系统总结马克思主义中国化的历史规律和基本经验，无疑是一项具有重大意义的研究课题。

## 一、中国"传统教科书体系"的历史生成与改革的初步探索

从总体上看，我国原理教科书体系历史生成于 20 世纪五六十年代，这已成为国内学术研究的共识。但这种体系的生成决不是偶然的，而是有着客观历史原因的。马克思说："一切划时代的体系的真正的内容都是由于产生这些体系的那个时期的需要而形成起来的。"[①] 这表明，中国传统教科书体系是与产生它的那个时代相适应的，是由特定历史时期的客观需要决定的。

---

* 孙乐强，1982— ，男，南京大学哲学系副教授。

① 《马克思恩格斯全集》第 3 卷，人民出版社，1960 年，第 544 页。

109

首先，是巩固社会主义制度的实践需要。1956 年，我国完成了社会主义三大改造，这也标志着我国由此进入社会主义阶段，因此，如何以一种全新的理论体系来指导社会主义实践，武装自己的干部，便成为一个迫切的现实问题。为了更好地指导社会主义生产实践，培养社会主义的哲学精英，艾思奇在借鉴苏联教科书体系的基础上，以毛泽东思想为指导，主编了《辩证唯物主义 历史唯物主义》（1961）一书，它是马克思主义教科书体系中国化的一次理论尝试，它的公开出版标志着中国化马克思主义哲学教科书体系的正式诞生。这一体系适应了中国社会主义生产实践的需要，培育了一代人的哲学精神，为社会主义建设修筑了必要的思想阵地，巩固了刚刚确立的社会主义制度。

其次，是捍卫马克思主义意识形态的战略需要。由于社会主义制度刚刚确立，各种封建残余和资产阶级意识形态仍然大量存在，它们联合起来不断攻击、否定马克思主义，因此，在这种情况下，如果没有一种得到普遍认可的、权威性的哲学教科书体系，便无法有力地抵抗各种腐朽意识形态的冲击。因此，中国传统教科书体系的形成无疑也是当时意识形态斗争的需要，它清晰地界划马克思主义世界观与资产阶级世界观的根本异质性，基本再现马克思主义哲学的基本立场、观点和方法，对广大青年干部和学生形成正确的世界观、人生观和价值观，产生了积极的推动作用。同时，也对于进一步巩固马克思主义意识形态的指导地位，培养中国社会主义事业的建设者和接班人，产生举足轻重的实践效应。

再次，是当时马克思主义大众化的历史需要。在社会主义制度基本确立之后，如何进一步推动马克思主义的中国化，反映这一时代的最新特征，赋予马克思主义哲学以中国元素和民族特质，在人民群众中宣传、普及马克思主义，实现革命功能向建设功能的转变，就成为这一时期历史发展的迫切需要。而中国传统教科书体系恰恰就是这种历史需要的浓缩，虽然它在总体上沿袭了苏联教科书"两个主义""四个板块"的体系，但在部分章节上却打上了鲜明的中国印记，这种体系基本适应了当时历史发展的需要，积极推进了马克思主义的大众化。

由此来看，第一，中国传统教科书体系是特定历史时期的特定产物，它在当时的历史条件下发挥了积极的作用，这点必须要予以肯定。那种不分青红皂白、一股脑地否定传统教科书体系的做法，不仅是一种不负责任的做法，而且更是一种历史虚无主义的表现。第二，中国传统教科书体系绝不是对苏联教科书体系的简单复制和移植，而是中国学者在中国语境中自主再创造的结晶。那种自觉而强烈的中国化意识构成了中国传统教科书体系的鲜明特色，也正是这一特色，为以后的中国学者突破苏联体系的牢笼，打造具有中国特色的教科书体系奠定了坚实的方法论基础。①但是，第三，必须看到，中国传统教科书体系作为计划经济的特定产物，其自身也具有明显的缺陷：虽然具有中国化意识，但在操作过程中却屈从于教条主义的方法论，扭曲了马克思主义哲学的本质；虽然体现了一定的开放视野，但又陷入封闭的漩涡之中，窒息了马克思主义哲学的生命力。

随着社会现实的不断发展，教科书体系的缺陷逐渐凸显出来，改革教科书体系的呼声也越来越响亮。1978 年真理标准的大讨论和十一届三中全会的召开，犹如一声惊雷，拉开了中国改革开放的序幕。社会生活的大转型和思想的解放，为教科书体系的改革注入了强劲的动力，由此掀开了中国教科书体系改革的新篇章。

从总体来看，关于实践标准的大讨论主要集中于三个方面的问题：实践与理论的关系问题、实践是否是检验真理的"唯一"标准以及如何确立实践标准问题。这次大讨论把实践问题推到了时代的风口浪尖之上，一些学者也开始反思实践范畴在马克思主义哲学中的历史地位：实践真的只是一种认识论范畴吗？在此问题的激励下，一些学者做出了一些积极的尝试，开始把实践范畴从认识论的框架之中解放出来，赋予它一种全新的意义，由此引发了关于"实践唯物主义"的大讨论。经过这次大讨论的洗礼，国内学者逐渐形成了两个重要的共识：第一，实践并不只是个认识论范畴，它也是马克思主义哲学的根本范畴，关涉到马克思主义哲学本质的理解；第二，现行教科书体系已经远远落后于时代的需要，必须要以"实践唯物主义"为根基来改造现行的马克思主义哲学体系。

---

① 张亮：《中国马克思主义哲学史的范式生成与转换》，《中国社会科学》2008 年第 4 期。

但由于国内学者对"实践唯物主义"的理解存在着巨大差异，因此，以实践唯物主义为指导的教科书体系改革，也表现出了不同的路径。从总体来看，可以概括为下述三种模式：第一，"主客体统一模式"，这主要以高清海教授的《马克思主义哲学基础》（上下册，人民出版社，1985、1987 年版）为代表。这部教材废弃了传统教科书中的"物质本体论"模式，以实践为中轴，以"主体、客体、主客体统一"为总纲，实现了对传统教科书体系的全面改版，可以看作马克思主义哲学体系改革的开路先锋。第二，"实践本体论模式"，这主要以周穗明、翁寒松的《马克思主义哲学导论》（华夏出版社，1990 年版）为代表。这部教材用实践本体论取代了传统的物质本体论，实现了教科书体系的实践本体论转向。第三，"一体化模式"，即力图在实践唯物主义的基础上，把辩证唯物主义和历史唯物主义统一起来，实现马克思主义哲学的一体化，这种路径构成了当时教科书体系改革的主导模式，代表成果有姚顺良主编的《马克思主义哲学原理新编》（南京大学出版社，1988 年版）、严华年主编的《实践唯物主义》（中国矿业大学出版社，1989 年版）、辛敬良的《马克思主义哲学导论》（复旦大学出版社，1991 年版）等等。虽然这些教材在各自体系上仍存在差异，但无疑都代表了这种"一体化"的积极探索。

通过上述分析，我们可以看出，教科书体系改革的初级阶段具有以下几个特征：第一，呈现出多元的改革路径，均带有摸索和探索的印记，虽然"一体化"的改革模式成为教科书体系改革的主导模式，但并没形成一本受到哲学界普遍认可的实践唯物主义教科书或新体系。第二，教科书体系改革与马克思主义哲学研究的一体化。正是在教科书体系改革的过程中，开创了中国马克思主义哲学史的学科范式，形成了一批具有重大原创意义的研究成果，如黄楠森教授的《〈哲学笔记〉与辩证法》（北京出版社，1984 年版）、孙伯鍨教授的《探索者道路的探索》（安徽人民出版社，1985 年版）和陈先达教授的《走向历史的深处》（上海人民出版社，1987 年版）等等。第三，虽然哲学体系的改革进行得如火如荼，但在哲学讲坛上居于统治地位的依然是传统教科书体系，实践唯物主义大讨论的成果并没有真正地转化到教学中来。但是，第四，不得不承认，这种探索是中国学者建构具有中国本土特色教科书体系的积极尝试，凸显了中国学者的自觉意识和创新意识。也正是在这种努力的积极推动下，开创了中国马克思主义哲学研究的新局面，教科书体系改革也由原来的"摸索阶段"进入到"深化与拓展"阶段。

## 二、方法论自觉：教科书体系改革的深化与拓展

20 世纪 90 年代，国际局势的变幻和国内社会生活的转型，为教科书体系改革的深化奠定了实践和理论基础。首先，东欧剧变和苏联解体，使传统教科书体系失去了合法性根基，促使中国学者进一步反思传统教科书体系的弊端。其次，中国特色社会主义市场经济体制的深入改革，全面冲破了计划经济的封闭体制，彻底碾碎了中国传统教科书体系建立的现实根基，从源头上进一步深化了教科书体系的改革。再次，改革开放的逐步深入，彻底冲破了单一的封闭体制，社会生活日益开放，中国学者的学术视野也日益国际化，各种外来资源的引入，比如西方哲学、西方马克思主义、西方马克思学等等，为反思传统教科书体系提供了极为重要的理论资源和参照系，也从学术范式上彻底打破了教科书体系的垄断地位，进一步深化了传统教科书体系的改革。最后，中国马克思主义哲学研究的蓬勃发展，进一步推进了传统教科书体系改革。中国学者认识到传统教科书体系的缺陷之后，纷纷"回到马克思"，或从西方哲学、西方马克思主义中寻求理论资源，重新诠释马克思主义哲学的真谛，从而形成了多元范式并存的马克思主义哲学研究的新格局，如文本研究范式、存在论范式和类哲学范式等等，这些都为进一步深化教科书体系改革提供了广阔的思想平台。

也正是在上述多种因素的相互作用下，20 世纪 90 年代，中国马克思主义哲学教科书体系改革也进入到深化阶段。首先，从此时新编教材来看，主要体现为两本教科书。一是由萧前、黄楠森等人主编的哲学专业新教科书《马克思主义哲学原理》（上下册，中国人民大学出版社，1994 年版）。虽然它在总体的构架上，仍然坚持辩证唯物主义和历史唯物主义的二元结构，但在指导思想上已经发生了重大变化，把前期实践

唯物主义讨论的成果明确地贯彻到教科书体系改革中，力图在实践唯物主义的基础上，实现辩证唯物主义和历史唯物主义的一体化。正如萧前教授在1994年版教材的前言中所说："实践的观点是全部马克思主义哲学的首要的和基本的观点，实践范畴是马克思主义哲学整个体系的核心范畴……因此，这部教材是力图把实践的观点作为中心线索贯穿于全书的。作为改革哲学原理教材体系的尝试，它的主要之点正是在这里。"[①] 虽然这本教材在逻辑体系上仍然存在一些矛盾，但这种改革的思路无疑是正确的，是前期研究成果的进一步落实和贯彻。另一本是由陈先达、杨耕主编的《马克思主义哲学原理》（中国人民大学出版社，1999年版）。这本教材是受教育部社科司的委托而编写的，编写本书的目的是贯彻1998年中共中央宣传部和教育部关于高等学校"两课"课程设置规定的精神，为高等学校马克思主义理论课提供一本新的马克思主义哲学示范教材。如果说1994年版教材在体系改革方面迈出了坚定的一步，那么，这本教材则是有意识、有计划地突破传统二分框架，全面凸显了实践在马克思主义哲学体系中的核心地位，建构了一种"一体化"的新体系。如杨耕教授所说："《马克思主义哲学原理》示范教材突出了马克思主义哲学是以科学实践观为核心，唯物论和辩证法、唯物主义自然观和历史观相统一的理论体系这一根本特征，在阐述马克思主义哲学基本观点时，打破了传统的'两大块'的写法，以实践的观点为基础，按照辩证唯物主义和历史唯物主义内在的统一和互渗的固有逻辑，使它们融为一体。"[②] 这种思路无疑体现了中国学者高度的方法论自觉，进一步深化了教科书体系的改革。

其次，从教材再版过程中体系的演化来看，也反映了教科书体系改革的不断深化，比如，李秀林、王于和李淮春主编的《辩证唯物主义和历史唯物主义》（中国人民大学出版社，1982年第1版、1984年第2版、1990年第3版、1995年第4版、2004年第5版）和袁贵仁主编的《马克思主义哲学原理》（北京出版社，1999年第1版、2000年第2

① 萧前主编：《马克思主义哲学原理》（上册），中国人民大学出版社，1994年，第11页。
② 杨耕：《如何编写马克思主义哲学教科书》，《北京大学学报》2000年第5期。

版、2003 年第 3 版）等。在此，我主要以前部教材为例来详细说明这一点。这部教材可以说是萧前主编的《辩证唯物主义》（人民出版社，1981年版）和《历史唯物主义》（人民出版社，1983 年版）的缩减版，尤其是辩证唯物主义部分。在头三版中，这部教材基本上都是按照苏联教科书"二分"和"四个板块"的框架进行编写的，虽然在第三版中，增加了"实践是自在世界向人化世界转化的基础""社会形态更替的决定性和选择性"等，但遗憾的是，该版并没有突破原有的教科书体系。这一点在第五版中得到了全面改观，集中突出了马克思主义哲学的实践观，正如李淮春和杨耕在文章中写的那样："科学的实践观是辩证唯物主义和历史唯物主义'一体化'的基础。在编写《原理》第五版的过程中，编写者经过深入而全面的研究达成共识，这就是马克思主义哲学是辩证唯物主义和历史唯物主义，这是一个以科学实践观为基础、辩证唯物主义自然观和历史观相统一的哲学体系。这是编写第五版的指导思想，也是第五版的中心线索。"[1] 虽然此时书名仍是"辩证唯物主义和历史唯物主义"，但在内容上已经完全改变了原来的结构框架，由原初的"二分结构"转变为"一体化"模式，这无疑是中国学者在教科书体系改革道路上不断探索、不断深化的必然结果。

通过上述分析，我们可以看出，这一阶段教科书体系改革的基本特征：第一，从多元模式走向共识，即在实践唯物主义的基础上，实现辩证唯物主义和历史唯物主义的"一体化"，体现了高度的方法论自觉。第二，一些最新的研究成果被写进教材体系之中，转化为教学成果，冲破了传统教科书体系在讲坛上的垄断地位。第三，开放性的学术体系，此时的教科书体系已改变了传统封闭的特征，在反映时代变迁和自然科学发展的基础上，注重与国外思潮的对话，批判地吸收了国外优秀的学术成果，凸显了新时期中国学者的开放性的学术视野和宽容的学术心态，实现了各种理论资源的有效整合。第四，注重理论与实践的双向互动，以改革开放中出现的重大理论与现实问题为导向，凸显哲学体系改革的

---

[1] 李淮春、杨耕：《辩证唯物主义和历史唯物主义"一体化"：内涵、基础与问题》，《中国人民大学学报》2003 年第 5 期。

"问题意识"，在社会实践中不断深化教科书体系改革，形成了适应新时代要求的马克思主义哲学教科书体系。

### 三、整合与创新：当前教科书体系改革的最新成果

进入 21 世纪，时代和社会现实的转变进一步推动了教科书体系改革。首先，在当前，中国社会思想领域逐渐呈现出"多样、多元、多变"的特征，为了进一步巩固马克思主义意识形态的指导地位，2004年，中共中央决定实施"马克思主义理论研究和建设工程"，其中一项重要任务就是，编写体现当代中国马克思主义最新成果的哲学、政治经济学、科学社会主义等重点学科教材，努力形成以当代中国马克思主义为指导的、具有"中国特色、中国风格、中国气派"的马克思主义理论体系。这一工程的实施无疑体现了党和国家高度自觉的理论创新意识和战略决心，为教科书体系的改革注入了强劲的动力。其次，新的指导思想的确立，也为教科书体系改革提供了新的思想源泉。在党的十七大报告中，胡锦涛总书记把我们党在新时期建设和发展中国特色社会主义实践中，相继形成的马克思主义创新理论成果——邓小平理论、"三个代表"和科学发展观等重大战略思想，整合为一个统一整体，统称为"中国特色社会主义理论体系"，这是党在理论上的又一次重大贡献。这一理论体系既是马克思主义中国化的最新成果，也是中国共产党最新的指导思想。因此，如何以这种新的指导思想，来指导中国教科书体系改革，建构充分反映中国特色社会主义实践与马克思主义中国化最新成果的教科书体系，就成为当前马克思主义哲学工作者义不容辞的责任和义务。

而《马克思主义哲学》（高等教育出版社／人民出版社，2009 年版）就是这一工程的智慧结晶，它开辟了中国马克思主义哲学教科书体系的新境界。首先，这部教材以"一体化"模式为基础，实现了对以往教材体系的整合与创新，深化了对马克思主义哲学基本原理的理解，展现了马克思主义哲学的基本原则和精神实质，体现了当代中国马克思主义哲学研究的新水平。其次，这一教材从哲学的视角系统总结了中国特色社

会主义伟大实践的宝贵经验，集中阐述了中国特色社会主义理论体系的哲学贡献，充分反映了马克思主义中国化的最新成果，体现了政治性、思想性和学术性的有机统一，把马克思主义哲学原理推进一个新的高度。再次，这部教材适应了中国社会实践的发展需要，顺应了时代要求，有助于进一步推动马克思主义的中国化、时代化、大众化，进一步巩固马克思主义意识形态的指导地位，积极有效地推进科学发展观与和谐社会的建设，不断推动中国特色社会主义事业的蓬勃发展。

总之，从教科书体系改革的整个历程来看，我们至少可以得出以下几点认识：

第一，时代决定教科书体系的特征，有什么样的时代，就有什么样的教科书体系，那种超出或落后于时代要求的教科书体系，必然会被历史的潮流所淘汰。同样，一种居于主导地位的教科书体系的形成，恰恰是由特定的历史时代所决定的，虽然它可能带有一定的缺陷，但无疑适应了那个时代的需要，完成了时代赋予它的历史使命。

第二，教科书体系的改革并不是一帆风顺的，而是艰难曲折的，这是由教科书体系的发展规律决定的。教科书体系主要是面向大众和青年学生，以帮助他们形成正确的世界观、价值观和人生观，因此，它的体系内容必然是得到普遍认同的普遍原理。这就注定了它的改革必然无法与马克思主义哲学研究保持同步性，它需要一个实践检验的过程，只有那些被证明是正确的理论，才可能转化为教科书体系的内容。因此，教科书体系的改革和推进决不可能是一蹴而就的，而是一个需要耐心、需要实践检验的曲折过程。

第三，理论与实践的双向互动是教科书体系改革的根本动力。任何理论研究最终都是服务于一定的实践旨趣的，我国教科书体系改革的目的，就是为了更好地服务于国家、社会、经济、文化发展的需要，以便推动我国社会主义现代化建设事业的顺利开展。这就意味着教科书体系的改革，必须要立足于国家的战略发展需要，以改革开放过程中的重大现实问题为导向，解决我国社会主义现代化过程中的具有战略意义的课题，反映中国特色社会主义实践的时代特征和马克思主义中国化的最新成果，只有这样，才能真正推进我国教科书体系的改革与发展，建立具有中国特色的马克思主义哲学教科书体系。

第四，教科书体系改革必须坚持世界视野与中国问题意识的辩证统一。① 在这样一个日益开放的世界中，我们必须要具有世界视野，积极吸收其他国家马克思主义理论研究的优秀成果，才能更好地推进和发展中国马克思主义教科书体系。我们认为，只有将世界视野与中国问题意识结合起来，才能在新时期的思想研究中占据理论制高点，形成具有高度自觉的民族创新意识，建立起真正具有中国特色的马克思主义理论体系。

原载《福建论坛》2011 年第 7 期

---

① 孙正聿等：《哲学研究的理论自觉》，《哲学研究》2011 年第 3 期。

# 从四本哲学原理著作看中国当代哲学原理的演进

## ——当代哲学原理著作研究之一

张　法*

　　中国改革开放以来的哲学演进，从逻辑上讲，是从马克思主义哲学的变革开始的，这里包括了多方面（——从哲学学科内部和学术体系关系看）的展开，但对于哲学本身的演进来说，关键性的一点就是：把哲学原理与马克思主义哲学原理区分开来，这样，不是从作为哲学之一的马克思主义哲学，而是从哲学本身来讲哲学原理。从更宽更高的角度来讲这一演进，孙正聿的说法是，中华人民共和国以来的中国哲学，可以分为三个阶段，一是 20 世纪 80 年代以前的教科书哲学，二是 20 世纪 80 年代的教科书变革哲学，三是 20 世纪 90 年代的后教科书时代的哲学。讲详细一点，可以说，20 世纪 80 年代以前的教科书哲学就是马克思主义哲学，20 世纪 80 年代的教科书变革哲学既是马克思主义哲学自身的变革，又是对马克思主义哲学的一种变革，20 世纪 90 年代的哲学的一个重大的标志，就是哲学原理的出现。自 20 世纪 90 年代以后，开设哲学原理类型的课程，已经成为大学哲学院系里的一种普遍的现象，哲学原理类型的专著已成为哲学出版物的重要构成。

　　在这些已出的哲学原理著作中，我们选取四种，作为显示哲学原理演进方向的标本。一是孙正聿《哲学通论》( 2006 年第 2 版），是以马克思主义哲学为主体来探索一种哲学原理的方向，二是叶秀山《哲学要义》（2006），是以西方哲学为主体来探索一种哲学原理的方向，三是张世英

---

*　张法，1954—　，男，中国人民大学哲学院教授。

《哲学导论》（2002），是以中国古代哲学和西方现代哲学为基础，来探索一种哲学原理的方向，四是余敦康《哲学导论》，寻求在西方、中国、印度这三种哲学的基础上，以一种宇宙人生的胸怀去研究哲学问题。列了这四种方向，从逻辑上我们会说，还应该有一种哲学原理，即纯粹从中国古代哲学来讲的哲学原理，或者纯粹从印度哲学来讲的哲学原理。这样的著作是有的，如郭齐勇关于儒家的哲学，如巫白慧关于印度的哲学，如方立天的佛教哲学，但这类哲学课程或哲学著作，都不自称或被称为哲学原理，而要以前面的定语"儒家"或"印度"或"佛教"而定位为一种个别哲学。相反，孙正聿《哲学通论》其实只是马克思主义哲学和西方哲学，叶秀山《哲学要义》其实只是西方哲学，却大大方方地自称也被称为哲学原理，即一种普遍性的通论或要义。这是因为，一是在中国现代以来的哲学传统中，这两种方式已经被认为是一种哲学原理，二是在改革开放以来的哲学演化中，这两种方式也被认为是走向新的哲学原理的正确路径。孙正聿的著作，马克思主义哲学加西方哲学，是建立在两个主流哲学之上的，叶秀山的西方哲学，也是建立在主流哲学之上的。哲学之为哲学，本来就是由西方建立起来的，只有在这一正源里寻根，才能找出哲学的正路。我们举出的另外两本原理，张世英和余敦康的哲学导论，张世英是从西方哲学与中国古代哲学的对接上，来讲哲学原理，既有主流文化的西方哲学，又有本土文化的中国哲学，中西结合而创新路，这也是一个自中国现代以来一直被公认的路，余敦康从梳理中、西、印三种哲学同异出发，来探索哲学原理应当怎样展开，这是一条更为宽广也更为艰难之路，但也是中国自现代以来被公认的哲学之路。

这里，人们也许会问：为什么这四条道路是被公认的走向哲学原理之路，而中国古代哲学、印度哲学、佛教哲学不是？

在这四条道路上，都有一个共同项存在：西方哲学。哲学本就来自西方，因此，抓住西方哲学，就可以理直气壮地讲哲学。而其他哲学，如与西方哲学区分开来的马克思主义哲学，如中国哲学，如印度哲学，都是在西方哲学这一参照系中，其哲学性质才显示出来的。这就是西方文化率先现代化而处于主流地位之后，其他文化的哲学要走向哲学原理的现实处境。这里包含了很多的问题，不在此展开。在这四种路径中，叶秀山《哲学要义》只讲西方哲学，而最接近于西方哲学的原义。其他三人把西方哲学与不同的哲学相结合，在结合的过程中，西方哲学为了与这一种或两种不同的哲学结合，而呈现出不同的面貌。孙正聿书中的西方哲学的主题是思维与存在的关系，它的轨迹是由古希腊本体论到近代的认识论到现代的语言论到后现代哲学。在叶秀山的著作中，西方哲学就是存在论和认识论，然后加上现代的价值论。在张世英的著作里，西方哲学在前苏格拉底时代是人与世界合一，柏拉图到黑格尔是主客二分，到现代哲学的更高层面则为超越了主客二分而又包含主客二分于其中的人与世界合一式。在余敦康的讲义中，西方哲学的核心是逻各斯，西方哲学发展的不同时期，逻各斯发展为不同的形式。可以说，四本哲学原理著作，呈现出了四种不同的西方哲学。这一现象，是中国的哲学原理要进一步发展时需要认真考虑的。

从中国哲学原理发展的角度看，这四本哲学原理著作究竟体现了哪些特点、有哪些学术建树、这些建树对于哲学未来的发展又有什么样的意义呢？

## 一、从政治型哲学原理到学术型哲学原理

四本哲学原理著作的最为共同的一点，就是把教科书时代的政治型哲学原理转为后教科书时代的学术型哲学原理。政治型的哲学原理提倡改造世界，让哲学成为改造世界的工具，这工具的最大特点就是直接为现实服务。这就是实践论中所谓面对现实，感受活生生的矛盾，从感性认识到理性认识，再把这得出的理性认识，用之于现实，让现实证明这一理性认识的真理。整个政治型哲学，一句话，就是要有现实功用。四本哲学原理著作的转向学术型，毫无例外地都是坚决地与现实功利拉开距离。

### （一）孙正聿《哲学通论》里的转型方式

孙正聿《哲学通论》里，首先让哲学回到爱智，爱智不是爱一般的智慧，而是大智慧。哲学的大智慧不是熟知，而是真知，熟知是对世界

的名称式把握，而真知是对熟知的名称进行概念的反思，熟知的名称被人们称为有知，而对有知之"知"的反思和超越，才能发现所谓的"有知"其实是"无知"，有了这一无知感，才能达到哲学的智慧，"在爱智的追求和追问中，一切的既定的知识和现成的结论都是批判与反思的对象，因而一切的'有知'在批判性的反思中都成了'无知'。歌德说：'人们只是在知识很少的时候才有准确的知识，怀疑会随着知识一道增长。'在一定的意义上说，人们的学习和生活的过程，就是从'有知'发现'无知'，从'熟知'求索'真知'的过程"①。以上论述，与苏联型和中国型的教科书哲学明显不同，教科书哲学是从无知到有知，通过有知去掌握现实，改变现实，孙正聿则是从有知中发现无知，从熟知中求索真知。为什么二者对哲学前提的假设有这样的不同呢？前者是革命的政治型哲学，要在现实中动员群众，要从群众中来到群众中去，从而获得现实的功利性。后者是学术型哲学，要与现实拉开距离，从而对现实进行求真知的学术性思考。对于进入现实还是与现实拉开距离，在孙正聿《哲学通论》中理论地体现为哲学与常识的区别。

　　常识是人类世世代代的经验产物，是人类在最实际的水平上和最广泛的基础上对人类生存的自然环境、社会环境和一般文化环境的适应……

　　常识的最本质的特性，是它的经验性。

　　……常识的世界图景是由人们的共同经验构成的。在"共同经验"中，人们形成了共同的"世界图景"。这种共同的世界图景，具有直观性或给予性、凝固性或非批判性等特征。

　　……人们以常识的概念框架去观察、描述和解释世界，其实质是以经验的普遍性去把握世界，去形成共同性的世界图景。②

　　……

　　常识，它作为人类把握世界的基础层次的概念框架，既具有描

---

① 孙正聿：《哲学通论》，复旦大学出版社，2006年，第8页。
② 同上书，第41—42页。

述和解释世界的功能，又具有约束和规范人的思想和行为的功能。它规范着人们所思所想和所作所为……①

由上可知，常识，来源于经验，形成了自己的概念框架，成为一种世界图景，是一种知识，可以描述和解释世界，而且符合于经验、适应于经验，具有共同性和普遍性。这里（先附带讲一下，对常识的描述，可以适用于对中国古代哲学的性质，也许，这是孙正聿的哲学原理中可以不要中国古代哲学的原因之一），只要把"经验"一词换成"实践"一词，常识就正好与政治型马克思主义哲学相合。这里的"经验"有理论框架，有世界图景，明显已经不仅是经验，而已经达到了理论层面，而且具有了体系性。政治型马克思主义哲学正是紧紧抓住经验或实践，而且理论的真理性要由实践（经验）来判断，因此，就有了作为常识特点的"非批判性"。孙正聿说，常识与哲学的区分在于四点：第一，常识的经验性与哲学的超验性；第二，常识的表象性与哲学的概念性；第三，常识的有限性与哲学的无限性；第四，常识的非批判性和哲学的批判性。在这四点中，第一点恰好说明这哲学是学术型哲学，因为政治型哲学一定是从经验（实践）始，又回到经验（实践）的。第二点与论述不符，常识有概念框架、有世界图景，虽然它的概念不离开经验表象，但仍是概念。第三点也与论述不符，常识是普遍的，持久的，而且会根据经验（实践）不断地"贡献新的常识"，当然也是无限的。第四点也可以讨论，常识是以经验（实践）为基础来获得描述和解释世界的概念框架，又不断地根据经验（实践）来改变和新增自己的概念框架，以适应现实，这种改变、新增、适应不是一种批判性的吗？虽然常识的批判性比起西方型哲学公开宣告自己的批判态度和否定态度来说，是很弱的，我们为什么不可以将之考虑为另一种批判类型呢？当然，按照孙正聿的理路，批判是对现实（经验、实践）的批判，批判性要突出的是与现实的距离性。因此，这四条中能点出常识与哲学区分的是两条：非批判性与批判性、经验性与超验性。孙正聿又讲了哲学作为理论的四条社会功能：解释性

---

① 孙正聿：《哲学通论》，第46页。

功能、规范性功能、批判性功能、理想性功能。① 这四条功能中，前两条是哲学与常识共有的，后两条，是常识没有而哲学具有的，而这两条要突出的，同样是哲学应当与现实（经验）拉开距离。（强调哲学与常识的区分，即强调哲学与经验、实践或现实拉开距离，提出了一个问题，即中国马克思主义一开始的哲学大众化的道路究竟应当作怎样的思考？）

正是建立于与现实（经验、实践）拉开距离这一根本的理路，孙正聿对哲学的性质作了一个新的定义——"哲学是一种'反思'的思维活动"②。

"反思是思想以自身为对象反过来而思之。显然，反思的对象就是思想。"③ 以前的马克思主义哲学认为，哲学的根本问题是"思维与存在的关系"。当把哲学定义为"反思"之后，对此马哲根本问题的修正顺理而来的就是："'反思'是思维对存在的一种特殊关系。思想对存在的反思关系，从根本上说，就是思维把'思维与存在的关系'作为'问题'（对象）来思考。"④ 从孙正聿反思哲学的角度来对马哲的基本问题进行的修正，详而言之，如下：

> 思维与存在的关系，却可以归为两个最基本的维度：一个是构成思想的维度，也就是思维以人的认识活动和实践活动为中介而实现的思维与存在相统一的维度；二是反思思维的角度，也就是思想以自身为中介而实现把"思维与存在的关系"作为"问题"而予以"反思"的维度。这就需要我们从"构成思想"与"反思思想"这两个思维的比较中，去理解哲学的"反思"。
>
> "构成思想"与"反思思想"，是人类思想的两个最基本的维度。"反思思想"是人类思想的哲学维度，"构成思想"则是人类全部认识活动的思想维度。⑤

这样一分，所谓反思就清楚了，常识、神话、宗教、艺术、伦理、

---

① 孙正聿：《哲学通论》，第 59 页。
② 同上书，第 91 页。
③ 同上书，第 97 页。
④ 同上书，第 89 页。
⑤ 同上书，第 92 页。

科学……这些在卡西尔那里成为人类符号形式的样式，成为孙正聿理论里的"构成思想"，而对这些思想的反思，就形成"反思思想"。构成思想和反思思想的区分，就是具体学科或具体思想样态与哲学的区分。这样一分，哲学就与现实拉开距离了。把以前马哲的理路与孙正聿的理路综合起来，呈现为这样：对现实的反映形成思想（所谓存在与思维的关系），对思想的反思形成哲学（所谓对思想进行思想）。这一对思想的思想，不与现实发生关系，只与思想发生关系，因而必然是一种学术型哲学。不管哲学即反思的定义好不好，但在最关键性的一点上成功了。让一种政治型哲学变成了学术型哲学。

### （二）叶秀山《哲学要义》里的转型方式

叶秀山《哲学要义》的主旨，是要回到哲学本身，由于哲学是西方文化的产物，因此所谓回到哲学本身，就是要回到西方哲学本身。而西方哲学，在叶秀山看来，不是从马克思主义哲学中呈现出来的西方哲学，而是从西方哲学自身来看的西方哲学。即从古希腊开始，哲学以科学的形态出现，在柏拉图和亚里士多德那里，成了一个知识系统，而德国古典哲学，为哲学作为一个科学奠定了基础。现代哲学虽然发展到海德格尔，但并没有脱离这一基础。与海德格尔一样，叶秀山认为，目前，哲学遇上了危机，这一危机主要体现在，哲学（其实是西方哲学的主要精神和主要内容）被遗忘了或者说被遮蔽了。很多人以为自己是在作哲学，其实其所作只是像是（It seems...）哲学，但不是（It is not...）真正的哲学。什么才是真正的哲学呢？哲学被遮蔽了的精神要怎样才能显出来呢？叶秀山认为，首先是要理解哲学的权利。他认为，哲学的权利有三。

第一，哲学给人以理解的权利。即作为人，我要知道这个世界。这知道不是按神话的方式或宗教的方式，而是按理性的方式，让这个世界的一切向人的理性敞开，在这一意义上，哲学既是一种理性之学，又是一种启蒙，让人有敢于认识世界的勇气。因此不妨将哲学这一理解的权利称为认识之自觉。

第二，哲学给人以自由的权利。自由，首先，理性从感性中获得自由。人的感性受身体欲望支配，是不自由的，而人运用理性，以逻辑来支配自己的思想，用逻辑来理解自身和世界，摆脱了感性必然的支配，获得了自由。其次，从现象世界中获得自由。人生活在现象世界之中，受变化不定的现象所缠绕，是不自由的，但人通过运用理性，从纷繁变幻的现象中发现内在规律，从而通过掌握规律而驾驭了现象。再次，从技术中获得自由，人运用技术来应对现实，同时受现实支配，而哲学以逻辑从技术中超越出来，形成脱离技术的科学，形成按自身逻辑运行演进的知识体系。最后，由于人摆脱了自身欲望的支配、繁乱现象的缠绕、实用技术的局限，从而具有了创新的自由。哲学给人以自由的权利，就是给人以创造的权力。这都是在对现实（身体现实、现象现实、技术现实）的摆脱和超越而获得的自由中实现的。

第三，哲学给人以追求真理的权利。真理不在于"真"，更在于包括在真之中的"理"。这"理"，不是一种现实的物质获得，而是一种理论的精神收获。追求真理的前提，能够去追的条件，就是人要摆脱自身欲望的支配，摆脱现实利害的纠缠，摆脱当下视野的局限。因此，叶秀山说："认知的权利和自由的权利（创造的权利）结合起来，就是自古以来我们哲学所追求的目标——真理的权利。"①

叶秀山讲的哲学权利是从西方哲学的内在精神讲的，一个核心的东西，就是超越具体、超越现实，而寻求具体事物后面的东西，揭示现实事物后面的东西。因此，在叶秀山看来，"在哲学这三大权利的维护下，哲学进行着两个方面的工作，存在论和认识论，求存在论和认识论的统一"②。这里重要的不是现实，而是在现实之后而又决定现实之存在，所谓认识论，就是要认识这一存在（being），所谓真理论就是求存在之真。在这一意义上，"真理论是和知识论、存在论结合在一起的"③。虽然叶秀山考虑到 20 世纪法国哲学形成了价值论，从而其哲学体系可以是三大部分，存在论、认识论、价值论，但其三大部分以存在论为核心。当把西方哲学的根本概念——存在，作为哲学的核心，与马克思主义的根本概念——物质（matter），明显地区别开来，后者围绕物质展开，而物质就

---

① 叶秀山：《哲学要义》，世界图书出版公司，2006 年，第 10 页。
② 同上书，第 10 页。
③ 同上书，第 11 页。

是物质现实，就是现实，从而走向了政治型哲学；前者围绕存在展开，存在指向现实（to be），但不是具体的现实，不是现实中的具体物，而是现实（现实具体物）后面的东西，超越于现实的东西，从而走向学术型哲学。哲学的权利是挣脱身体现实、现象现实、实用技术而获得自由，哲学的自由性追求，是追求与超越于现实利益之上的存在。当叶秀山与改革后一大批西方哲学研究者一道把被马克思主义哲学边缘化了的存在（being）重新"复辟"到哲学的王位上，并作为自己哲学原理的中心词之后，就完成了一种从政治型哲学向学术型哲学的转型。

### （三）张世英《哲学导论》里的转型方式

张世英通过对世界哲学史的重新定义来展开自己的哲学原理。不过，他的世界哲学史其实只是西方和中国哲学史。他认为，哲学就是"把世界作为一个整体来考虑……最大最高的普遍性问题"①。从哲学史上看，这一最大最高的普遍性，首先体现在西方对"哲学"一词的命名中，哲学一词的含义在古希腊出现时是"爱智慧"："'爱智慧'中的'爱'指事物之间的和谐一致、相互适应的意思。'智慧'是指所有存在的东西（存在者）都在存在之中，都属于存在，都集合于存在之中，存在（又译作'是'，'是'在希腊文中是及物动词'聚集''集合'的意思）把存在的东西（存在者）集合为一。也就是说，'一'（整体）统一着一切的东西，一切存在的东西都在存在中统一为一个整体。"②我们看到，张世英从古希腊开始自己的哲学讲述，与叶秀山一样，从西方哲学的中心概念 being（存在）开始，但是张世英的哲学原理不仅限于西方，而是要把西方哲学与中国哲学结合起来，当从中国哲学来看西方哲学的时候，他把西方哲学由 being（存在）开始的世界统一性，认为就相当于中国的"万物一体"的思想。他说："我以为赫拉克利特所说的'爱智慧'约略类似于中国传统哲学讲的'天人合一'。"③这样的比较，是为了建立中西哲学的共同基础，也是为张世英哲学转向建立基础。

---

① 张世英：《哲学导论》，北京大学出版社，2002 年，第 1 页。
② 同上书，第 3 页。
③ 同上。

在这一共同的基础上，张世英对中西哲学史的发展历程作了如下的归纳：西方在苏格拉底、柏拉图之前，是"万物一体"的天人合一哲学，从苏格拉底、柏拉图开始到黑格尔，成为了一种主客二分的概念哲学，所谓概念哲学，就是"把抽象的概念如思维、存在、普遍性、特殊性、本质、现象、一、多、质、量、必然、自由等当作一种独立于人以外的东西来加以追求"①。而西方现当代的哲学思想又回到了苏格拉底以前的万物一体的哲学。"但这不是一种简单的回复，他们所讲的人与世界合一，物我交融的思想是经过西方几千年传统的主客关系式的洗礼之后的一种超越主客关系的合一或物我交融。"②中国哲学呢，在鸦片战争以前主要是天人合一、万物一体的哲学占主导地位，类似于苏格拉底之前的爱智学和西方现当代的后哲学。鸦片战争以后，主要属于西方传统的主客二分的概念哲学。这样一来，西方是从天人合一的爱智哲学走向主客二分的概念哲学再走向万物一体的后哲学，中国是从天人合一的传统哲学走向主客二分的概念哲学再到张世英所倡导的万物一体的哲学。张世英《哲学导论》第2章中把这一中西哲学史的历史性演化，转化为人的精神思想发展的一般性规律。人的精神发展是从原始天人合一阶段，到主体—客体的关系阶段，再到高级的天人合一阶段。初一看来，张世英对中西哲学演化做了一个求同的归纳，并将这一历史演化定义为人的精神发展的一般规律，显得勉强和附会，然而，在这求同之中和定性之中的重要之处，在于他通过西方后哲学与中国传统哲学的比较而得出的共同点，揭示了中西哲学中被遮蔽的东西，即虚实相生的原理。这将在后面详论。与本节主题相关的是，张世英的后哲学阶段的高级的天人合一哲学是怎样的呢？第一是超越之性，第二是境界之学。哲学不是为了实现一种现实的目标，而是为了进入一种精神的境界。这与冯友兰对哲学的定义是一样的，而冯友兰提出哲学是一种境界，正是建立在对实用功利的超越上的。当张世英提出"哲学是追求人与万物一体的境界之学"时，必须强调哲学对现实功利和实际知识的超越性。只是作为改革开放时代的人，

---

① 张世英：《哲学导论》，第5页。
② 同上书，第6页。

他用了主流思维"继承 / 发展"的表达模式来讲述这一超越性。他说：

> 哲学应是以进入人与世界融为一体的高远境界为目标之学。我对哲学目标的这一界定，意在把中国传统哲学的人与万物一体的思想和西方现当代关于人与世界融合为一的思想同西方近代的主客关系思想结合起来。所以，这种境界不是抛弃主客关系，而是需要和包括主客关系却又超越之；这种境界不是不需要知识和规律性、必然性，不是"弃智"，而是需要广泛的知识和规律性、必然性而又超越知识，超越规律性、必然性；不是不要功利追求，而是既讲功利追求又超越功利追求。①

正是在这一"不是⋯⋯而是⋯⋯"和"既 / 又"的表述中，对主客关系的超越、对知识的超越、对规律性和必然性的超越这一面的强调，使张世英的哲学原理从政治型哲学转向学术型哲学。

### （四）余敦康《哲学导论》里的转型方式

余敦康，与张世英和叶秀山一样，于新世纪初在北京大学给哲学系本科生讲哲学导论课，张、叶二人的讲稿都已正式出版，余敦康的讲稿尚未出版，只以现场录音实记的形式登在北京大学哲学系的网站上②，由于是未定稿，因此可以理解它的一些细节和语词因讲课原因显得不甚精确，但其主旨是清楚的。如果说叶秀山欲从西方哲学找到哲学原理的基础，张世英想在西方哲学的基础上加上中国哲学，从中西哲学的共同性中寻找哲学原理的基础，那么，余敦康则在西方和中国之上又加上了印度。他说：

> 这次的哲学导论课，我有一个想法，就是把各种哲学——西方哲学、中国哲学、印度哲学——放在同一个平台上来加以比较。

---

① 张世英：《哲学导论》，第 7 页。
② 指 2017 年北京大学出版社出版余敦康的《哲学导论讲述》——编者注

全世界只有三个地方有哲学，或者说只有在这三个地方产生了哲学突破：西方，中国，印度。……通过三大哲学系统的起源及其各自的演变，把握它们各自的特质，最后落实到我们自己的哲学——中国哲学，询问它在现代社会中发展的可能性。这个问题我们可能暂时无法解决，但是我们起码可以为解决这一问题提供一个思路。①

余敦康的思路，是沿着雅斯贝尔斯、梁漱溟、金岳霖的思想，给予哲学思想一个初步的总结。但他的核心思想，主要是依照金岳霖。他说："希腊、中国、印度三个地方的哲学有一个共同的特点，就是把世界一分为二：我们生活的现实世界，以及理想的世界。我们生活在现实的世界当中，一定要去追求理想的世界，所以每一种哲学都有一种理想的追求，这是它所持的价值理想。价值理想的设想各不一样，所以三个地方的哲学就产生了很大的差别。古希腊把逻各斯的世界当作理想，印度哲学把'梵我同一'当作理想，中国哲学把'有道'当作理想。但是希腊的逻各斯世界是可以通过人类的理性去认识，可以通过分析的手段去追求，这样西方就走上了科学的道路；印度的梵我同一则是超出经验的，超出逻辑的，只能用体验去把握，带有很强的神秘性，所以突出个体的感受；而中国的有道无道则可以通过社会现状表现出来，有道就是太平盛世，无道就是民怨沸腾，所以中国的哲学就走上了注重关注社会伦常的道路。有学者在三者之间做了比较，得出的结论就是：古希腊哲学中的两个世界的区分驱使古希腊人去求知，所以知识论是西方哲学的传统；印度哲学两个世界的区分驱使印度人去追求一种宗教的体验，所以神秘主义是印度哲学的优点；中国哲学则注重实践，所以践行是中国哲学的特长。"②这里认为西方哲学的核心概念是逻各斯而不是存在，与叶秀山和张世英总结的核心点不同。对于余敦康来说，最主要的是，三种哲学是完全不同的，因此，要给哲学下一个总的定义是困难的。虽然对哲学下一个总

---

① 余敦康：《哲学导论》，北京大学哲学系网站。
② 同上。

的定义困难，但对于哲学是什么却要通过对中、西、印三种哲学的仔细研究而得出来。在这一路径上，哲学不可能是政治型的哲学，而只能是学术型的哲学。哲学原理只能从这三种哲学的学术思考中得出。

### （五）四本哲学原理著作里的转型方式呈现出的问题

四本哲学原理著作的转型，从政治型哲学转回到学术型哲学，呈现出了三个问题。

第一，从哲学回到哲学史，而哲学史的核心是西方哲学史。虽然孙正聿在回到西方哲学史的同时坚持了马克思主义哲学，并将二者结合，张世英回到西方哲学史的同时将中国哲学内容极力地加了进来，但西方哲学仍是其主要构架，余敦康回到西方哲学史的同时加上了中国哲学和印度哲学，但西方哲学是使西中印哲学得以进行共同论述的基础。虽然三者的核心是西方哲学，但从逻辑的角度把四本原理著作作为一个整体来看，转型中的哲学以西方哲学为基础，并由此进行着西方哲学与马克思主义哲学、中国哲学、印度哲学的对话，如果从中国当代哲学界的研究整体来看，这一对话已经相当地深入，无论在西哲史、马哲史、中哲史、印哲史，乃至世界其他哲学史，如伊斯兰哲学史、佛教哲学史、拉美哲学史……中都有了相当的进展，但从把握整个世界哲学史、总结出哲学原理的角度来说，都还处在初创阶段。而从四本哲学原理著作的巨大差异呈出的，也正是初创阶段的探索性质。

第二，从"改变世界"的哲学回到"解释世界"的哲学。马克思主义哲学对西方哲学的改变，体现在《费尔巴哈提纲》的一句话里："哲学家们只是用不同的方式解释世界，而问题在于改变世界。"① 从这一视点看，可以说，西方哲学是"解释世界"的哲学，而马克思哲学是"改变世界"的哲学。当这一改变世界的哲学与现实的无产阶级革命结合起来，马克思主义哲学就成了政治型哲学和工具型哲学。马克思主义让哲学成为"改变世界"的哲学而对人类历史的思考，具有重大的意义，同时，马克思主义哲学成为"改变世界"的哲学，在实践中（特别是在苏联马

---

① 《马克思恩格斯选集》第 1 卷，人民出版社 2012 年，第 140 页。

克思主义和中国马克思主义的实践中）产生的一系列问题，对人类历史的反思，也具有重大的意义。对马克思主义哲学成为"改变世界"的政治型哲学和工具型哲学后在实践中出现的问题进行思考，让中国哲学从"改变世界"的哲学又重回到"解释世界"的哲学。这一转型对中国哲学意味着什么？对世界哲学的演进又意味着什么？

第三，从现实工具的哲学走向反思现实的哲学。四本哲学原理著作回到"解释世界"的哲学，其"解释世界"并不只是对已成世界和已成现实进行"马后炮式"的解释，而是从世界整体，即包括过去、现在、未来，从最大最高的普遍性，来解释现实，正因为有了这一角度，叶秀山和张世英回到与过去、现在、未来的一切存在者（beings）相关的存在（being），余敦康遍观能代表整个世界哲学的西方、中国、印度的哲学史，孙正聿则坚持要把哲学与常识区分开来，让哲学站在超越常识的制高点上，对思想进行反思。因此，四本哲学原理著作一致认为，哲学不是现实的工具，而是从世界整体的角度，对现实进行反思的工具。正因为是从世界整体的角度出发，从而是对现实的超越，对工具性的放弃。四本哲学原理的这一工具性放弃，从某种意义上说，又是与西方现当代哲学对工具理性和价值理性的区分相关联的。西方现当代哲学在区分工具理性和价值理性的时候，是贬低工具理性而抬高价值理性的。四本哲学原理正是从一种世界整体的价值理性的角度，来重新探讨哲学原理的基础的。在世界整体的价值理性的基础上，孙正聿和张世英明确地提出了哲学态度、哲学品格、哲学境界，叶秀山与余敦康亦以自己的哲学中心词——叶秀山的存在，余敦康的逻各斯、梵、道，站到了一个世界哲学的普遍性和超越性的基点上。因此，不从表面的语词而从实质性内容看，四本哲学原理在从工具型哲学的区别和超越中，走向了一种境界哲学。用张世英的话来代达：哲学是追求万物一体的境界之学。从这一角度看，四本哲学原理，虽然带着自己独特的味道，但都回到了冯友兰哲学的基点：哲学是境界之学。境界一词带着中国语言和中国哲学特殊的内涵，在其他语言中难以找到恰当的语言来表达。如果说，四本哲学原理著作都有回到西方哲学超越性的趋向，而四本哲学原理著作在对西方哲学的理解中，都有抬高超越性而轻视工具性的一面，经验主义对于实证工具的强调，理性主义对于逻辑工具的强调，实用主义对于功用验证的强调，都或多或少地被轻置了。而当张世英和余敦康大量援引中国哲学资源的时候，儒家哲学的实用理性也被轻置了。这大概一是因为四本哲学原理在处理现实性与理想性、工具性与超越性时，仍持有西方哲学和中国现代哲学把二者截然对立的思维模式，二是因为在中国的哲学转型中，坚持工具型哲学还有强大的势头，因此，一种强烈的现实感，迫其必须强调超越性而轻置工具性。然而，境界一词的提出和境界固有的涵义，内蕴着把超越性与工具性结合起来的可能。正是在境界一词本来的意义上，似可说，当四本哲学原理从工具性哲学转为境界性哲学时，已经昭示了中国哲学原理发展的一个方向。

## 二、四本原理著作的体系性

四本哲学原理著作都建立了自己的体系。四种哲学体系呈现了中国当代哲学原理的走向。先看孙正聿《哲学通论》的体系。该书除"导言"外，共有7章，分别是：哲学的自我理解、哲学的思维方式、哲学的生活基础、哲学的主要问题、哲学的派别冲突、哲学的历史演进、哲学的修养和创造。

从哲学体系的角度来看《哲学通论》，主要有三个关键点。一是孙正聿关于哲学的定义：哲学是一种反思的思维活动。导言和第一、二、三章都是围绕这一哲学定义进行的。这前面已讲。二是哲学的历史演进和派别斗争，这一点放到后面去讲。三是哲学的主要问题，这是孙正聿哲学体系的体系性所在。哲学体系的理论结构，由五个方面构成，"在"的本体论，"真"的认识论和逻辑学，"善"的伦理学和价值论，"美"的哲学问题，关于人的哲学。在这一"在、真、善、美、人"的五大结构中，在马克思主义哲学的本体论、认识论、逻辑学、伦理学上，加上了美学与人学。实际上可以归纳为如下三点：第一，回到了西方哲学的基本结构之中，由本体论的存在到真、善、美，真、善、美统一于存在。第二，孙正聿的本体论虽然概念上回到了"存在"，但他的"存在"基本上不是古希腊的 being，而是黑格尔的存在，进一步看，存在是马克思主义的现实存在，更进一步看，存在是马克思主义在 20 世纪 80 年代转型中的关于人的存在。因此，第三，孙正聿的哲学体系是西方哲学与马克思主义哲学的结合。

其次来看叶秀山的体系。叶秀山《哲学要义》除了"前言"，共有13 讲，分别为：哲学的危机与哲学的权利、哲学道路与学习哲学的最佳途径、如何理解"哲学"、形而上学的哲学、何谓"存在"：传统本体论（上）、如何"存在"：传统本体论（下）、传统存在论向现代存在论的过渡、现代存在论、"语言是存在的家"、知识论、经验科学知识论与存在论、价值论、通向宗教的价值论。

叶秀山的体系可以归为三点。第一，存在论为核心，包括古希腊的实体的存在论和黑格尔的主体的存在论，再到非存在进入存在的现代的存在论。同时存在包括了思维与存在同一性思想（从巴门尼德到黑格尔）和思维与存在的二元论思想（康德）。还包括了"语言是存在的家"的语言论思想。西方学者的哲学史叙述认为，西方哲学的发展是从本体论到认识论到语言论，而叶秀山以存在为核心，贯穿了整个从本体论到认识论到语言论的哲学历史，当然，由于他以存在论来统驭语言论（以及认识论），西方现代语言论的重要思想难以进入。但正因为采取了这一方式，保持了存在论的核心地位。第二，认识论的重识。叶秀山认为，西方哲学基本上就是本体论和知识论，因此，虽然他以存在论为核心，并认为知识论要以存在论作基础，但还是要把知识论作为一个基本项来讲。不过中国学人少用知识论而惯用认识论，在叶秀山看来，认识论主要从思维与存在的关系来讲知识，因此这一认识论的问题可以归到本体论上去讲。而知识论主要从知识本身来讲，因此，构成另一大项。在这里，叶秀山一方面包括西方知识论的古今资源，如在知识的要项上，讲知识的前提、基础、根据、局限；如在知识的性质上，讲知识是一种权利，知识是自由的知识，知识是理性的，知识需要启蒙。对于中国现代哲学来说，叶秀山的主要变革是，凸显了中国以前讲知识论（认识论）时被忽略的东西：一是强调了经验科学知识论的局限性。这一点对已经有浓厚的科学万能气息的现代中国具有警醒作用。二是西方知识论是一种自由的知识，理性的知识，强调了知识对人的功利性天然具有中立性质，同时强调理性之为理性，正是在其超越感性的现实性和功利性的一面。正因为知识和理性是超越功利性的，因此需要启蒙。第三，价值论的新潮。叶秀山对于现代兴起的价值论予以关注。从逻辑上说，价值论是放不到存在论和知识论中去的，因为前者与后二者的基本点不一样。但由于叶秀山认为哲学主要是存在论和知识论，因此，他一方面将价值论单列出来，在目录上形成与存在论和知识论并列。但在讲解时，既关注到"价值论非常严重地涉及存在论的合理性"[①]，另方面又坚持"价值论是存在论的一个部分"[②]。但正是在这一对价值论属于存在论的论述中，他进一步呈现了存在论的超越性：

> 价值论立足在非存在论上，好像立足在一个空的地方，如果不以时间观念看，好像脱离了存在论；但如果把时间观念引向价值论，那么价值论实际上是存在论的一个部分。根据何在？根据就是我们一直强调的对过去、现在和未来的理解。
> ……
> 就真理问题来说，哲学的真理蕴含了过去、展现了未来，它是一个自由的时间。真、善、美不仅仅是善涉及非存在，超越存在物，真和美也超越存在物，进入了存在的行列之中。在这个意义上，真、善、美同样是一种价值。并不是说，真就是知识论，善就是价值论，美就是艺术的，在存在论的意义上，真、善、美是同一的。[③]

把价值论与存在联系起来，而不是与存在物联系起来，从基本理路上是不错的，但在具体的论述上还是有问题的。这里通过区分存在与存在物，把存在的超越性（同时也是与存在相关的价值论的超越性）呈现了出来。

叶秀山的哲学原理体系可以简括为：以存在论为核心，让存在论贯穿到知识论和价值论之中。讲述为三：存在论、知识论、价值论，核心

---

① 叶秀山：《哲学要义》，第 118 页。
② 同上书，第 226 页。
③ 同上书，第 126—127 页。

为一：存在论。

再看张世英的哲学体系，其《哲学导论》除了"导言"，总体上分为5篇：本体论与认识论、审美观、伦理观、历史观、哲学发展的历程。这5篇又分为29章。另有一"余论"。

由目录再结合内容看，张世英的体系呈现出以下几点。

第一，哲学的核心："人生在世"。从目录上看张世英哲学体系由本体论、认识论、审美观、伦理观、历史观所组成。但这五部分有一个核心，就是"人生在世"的结构。在这里，可以看到海德格尔对张世英的影响和张世英对海德格尔的修正。海德格尔的核心是从宇宙性的存在（Being）到个人性的此在（Dasein），前者是具有超越任何具体性的宇宙本体论，后者是在具体（有限）时空中人去认识体悟宇宙性本体的出发点。人的认识只能从此在出发，因此海德格尔把此在作为基本的本体论。张世英把"此在在此"作为基础，又进一步把个人性的此在变成普遍的"人"，把本来具有很强个别内涵的"此在在此"中后一个代表具体时空的"此"，变成具有更强普遍性意味的"在世"，从而让"人生在世"成为了自己的思想核心。在把个别性的"此在在此"变成普遍的"人生在世"之后，"人生在世"就可以按照张世英的逻辑分为两种结构："人—世界"和"主体—客体"。"人—世界"结构包括原始天人合一和高级的天人合一结构，"主体—客体"结构只有一种，这三种在世结构既有历史先后和价值高低，又有黑格尔式的正反合的结构。先是原始的天人合一，然后是"主体—客体"，最后是高级的天人合一。这样"人—世界"结构成为哲学的最高境界，"主体—客体"结构成了较低的境界。张世英的整个体系都以这一"人生在世"的结构来进行安排。这样张世英的哲学体系可以归为：一个核心（"人生在世"），两个结构（"人—世界"和"主体—客体"）。

第二，哲学的四大分支、由哲学核心而来的各哲学部门的等级。张世英的哲学由"人生在世"而展开为五大门类：本体论、认识论、审美观、伦理观、历史观。在张世英的框架里，本体论与认识论必须合起来讲，这两部分构成了一部分：本体论与认识论。因此，"人生在世"由四个部分组成，本体论与认识论、审美观、伦理观、历史观。

第三，哲学体系的主要内容是在本体论与认识论合一下提出的新观念：在场不在场结构；对在场不在场结构的呈现需要想象；在场不在场结构引出的是去蔽的真理观。

1. 在场不在场结构。由人在世界的两种结构引申出两种超越，由"主体—客体"结构而来纵向超越和由"人—世界"结构而来的横向超越。纵向超越就是超越感性达到理性，超越个别达到一般，超越现象达到本质。纵向超越就是西方古典哲学的一种主体认识客体，获得客体的本质、规律的传统套路。横向超越则从西方现当代哲学（胡塞尔、海德格尔、伽达默尔、德里达）与中国传统哲学中的共性中的"人—世界"结构而产生出来的超越。张世英运用了德里达的"在场"与"不在场"来讲述这一超越：

> 所谓"在场"（presence）或"在场的东西"（the present）是指当前呈现或当前呈现的东西之意，也就是平常说的出席或出席的东西，所谓"不在场"（absence）或"不在场的东西"（the absent）就是指未呈现在当前或缺席之意。例如我现在呈现在当前的这个神态是与我父母、祖辈的血统、我周围的各种环境、我所受过的教育等有形的、无形的、直接的、间接的、近的、远的各式各类的东西或因素息息相通、紧密相联，然而这些东西或因素并未呈现在当前。我现在呈现在当前的这个神态是在场的东西，那些未呈现的各式各样的东西或因素是未在场的东西。然而，你要了解我为什么会呈现当前这样一个姿态，你就不能死盯住这一点在场的东西，而要超越它，超越到背后那种种不在场的东西中去，把在场与不在场结合为一个整体，这样，你才能真实地了解和把握我当前呈现的这样的姿态。
>
> ……不要以为在场的东西只是指感性中的东西，凡属概念就不是在场的东西。恰恰相反，概念乃是把变动不居的、多样的特殊性方面抽象而得到的单纯的普遍性，如果说特殊的东西是变化不居的在场的东西，它可以出场，亦可以消失、不出场，那么，概念则是永恒不变的东西，是永恒出场的，所以西方现当代哲学家往往把概念哲学奉为至上的概念叫做"恒常的在场"（constant presence），至

于这种概念哲学则一般地被贬称为"在场的形而上学"（metaphysics of presence），其特点就是驱向永恒的在场。①

这里，且先注意两点：一是在场与不在场相当于中国哲学的显隐结构，正是通过这一结构，张世英把西方现当代哲学与中国古代哲学联结了起来。二是在场与不在场结构是对只有在场（显）而无不在场（隐）的概念哲学的超越。正是这一超越，张世英的哲学有了多方面的转向。正是这一多方面的转向，形成了张世英哲学体系的独特之点。

2. 想象。纵向超越是从现象到本质，从具体到抽象，从特殊到一般，用的是思维，也就是"主体—客体"结构中的理性思维，亦即概念哲学的逻辑思维。横向超越要把出场和未出场的东西综合成一个整体，因此需要的是想象。纵向超越是从现象到本质、从具体到抽象，从特殊到一般，求的是抽出个别具体物的个别性和具体性而达到相同的共性，其思维的方向是求同，达到普遍的同一。横向超越是要从在场到不在场，进而把在场与不在场综合起来，这不但需要想象，而且想象的结果和目的不是走向无个别性的普遍的同一，而是保留在场之物与不在场之物的特殊性而又将这些不同之物联系起来，统一成一个整体，追求在场与不在场之间的相通，在相通的基础上形成一体。按照西方哲学的思路，纵向超越是在"主体—客体"结构中的主体性追求，而横向超越则是在"人—世界"结构中的互主体性的追求。②

3. 去蔽真理观。在"主体—客体"结构中，主体的观念与客观的事物相符合就是真理，而在"人—世界"结构中，人不但要关注在场的东西，还要让在场的东西"与不在场的'存在者整体'（'世界整体'）关联起来，结合为一"，从而让这一"个别存在者如其所是地显示自身"③。这才是真理。这里的去蔽是指把被遮蔽的不在场者呈现出来，从而把被遮蔽的在场与不在场的整体性呈现出来。可以说，符合真理论重在把握

① 张世英：《哲学导论》，第29页。
② 张世英在本体论与认识论部分提到了主体性，没有提主体间性，但其表述与主体间性内容相同。参见《哲学导论》第38—39页，但是在伦理观部分就提到了主体性与互主体性，参见《哲学导论》第245—246页。
③ 张世英：《哲学导论》，第65页。

一个已经与客观事物对照过了的概念性的本质，去蔽真理论，则是让虚（不在场）实（在场）的整体性呈现出来。

可以说，张世英的本体论与认识论部分的新内容由三点构成：一是事物的构成是一种虚（不在场）/实（在场）结构，二是达到虚的一面以及虚实合一的整体需要的不是思维而是想象，三是虚实结构的真理不是符合而是去蔽。

第四，哲学四部分的等级地位。张世英在本体论与认识论这两个西方哲学的基本部分中，通过区分"人—世界"和"主体—客体"两种方式得出了三大基本思想之后，也就决定了其他三个部分的等级定位。审美观正好与"人—世界"相契合相一致，因此占据了最高的位置。这里，诗化哲学，诗意想象，诗性语言，成为万物一体的哲学思想的最好表达。伦理观主要与"主体—客体"结构相联而处于较低的地位。但在这一部分里，又通过伦理与审美的关系，提出了一系列通向"人—世界"结构的问题。如：我与你（万物一体）和我与他（主客二分），"相遇的世界"（万物一体）和"被使用的世界"（主客二分），民胞物与（万物一体）和人类中心主义（主客二分），对话（万物一体）与独白（主客二分）……历史观在"人—世界"结构一方面呈现为由在场与不在场形成的中心与周边的关系，另方面呈现为古今对话中人的意义的寻求和人的境界的寻求。

张世英的一个中心（"人生在世"）、四个部分（本体论和认识论、审美观、伦理观、历史观）的体系，是一个颇为独特的体系，然而，正是这一体系，找到了西方哲学和中国古代哲学的结合点。

最后看余敦康的哲学体系，其《哲学导论》包括11讲：哲学是什么、轴心时代的突破、西方哲学（一）、西方哲学（二）、印度哲学（一）、印度哲学（二）、中国哲学（一）、中国哲学（二）、中国哲学（三）、中国哲学（四）、终极关怀。

余敦康的体系，从目录就显示得很清楚，首先追求什么是哲学，巡望古与今，游走东与西，每一文化，每一时代，每一哲学讲得甚有差异，没有一个标准。因此，哲学不能从定义出发，而要从实际出发，所谓实际，在余敦康那里，是哲学史的实际。余敦康通过雅斯贝尔斯、梁漱溟、金岳霖的论述，呈现了轴心时代（公元前800—公元前200年）在西方（准确点说应是地中海）、中国、印度同时出现的"哲学突破"（即在人类思想史上第一次出现了哲学），并认为只有这三个地方才有哲学。人类的哲学基本上就来自于这三种文化。这样，哲学原理，只能在这三个文化中寻找。只要理解了这三个文化的哲学，也就理解了哲学原理。而这三个文化的哲学核心，前面讲过了，余敦康依照金岳霖之说，归之为：西方是逻各斯，印度的梵我一如，中国是道。从这三个核心，各自产生出了一套哲学体系，各自的哲学体系有自己的发展历程。在讲清楚了这三套哲学体系之后，最后对什么是哲学作一总结：

> 虽然三大哲学系统不一样，但是都有共同性，这就是宇宙和人生的问题，我归结为天和人的问题。
>
> ……
>
> 不管三种哲学系统区别如何，都可以归结为天和人的问题，宇宙和人生的问题。在这个问题上有很多种思维模式，通过哲学史的了解，我们知道有三种：1. 天人对立，也就是主体和客体的对立。把客体作为研究对象，主体要找出其中的普遍法则、结构。这是西方哲学的传统。2. 天人同一，天和人是无差别的一体，这个是印度哲学传统中梵我同一主旨的核心。3. 天人既对立又统一。这是中国哲学的传统，我们通常说中国哲学讲天人合一，其实这个讲法不确切。中国哲学采取的是对立统一的中道方式，从对立中寻求合一，在合一中看到对立。
>
> ……
>
> 哲学家的终极关怀是什么？用西方哲学的话来说，说不清楚；用中国哲学的话来说，一点就明。哲学家的终极关怀，实际上可以归结为横渠四句。横渠是谁？宋代的一位理学家，叫张载，字横渠。他说过四句话："为天地立心，为生民立命，为往圣继绝学，为万世开太平。"这四句就是著名的横渠四句。它既说出了古往今来所有哲学家的终极关怀，也说出了他们的伟大抱负。没有这个抱负，你不要学哲学。一个哲学家，一个小小的人，他居然可以为天

地立心；天地有心没有？或者说宇宙有心没有？宇宙不是人，它能有心吗？因为它没有心，所以哲学家就要给它安一个心，这就是哲学家的功夫。生民就是人类，命可以说是人类的核心价值观；一般的人每天日子就这么过着，没有也不会去注意所谓安身立命的问题，但是哲学家要考虑，他要考虑人、人类的核心价值观，人类的命运。

为往圣继绝学，过去那些往圣先贤的学问，要继承，不能让它中断了；谁来继承，我，我就是这个中继站。火为什么能永远不灭？得继续往火里面添柴。每个哲学家就是把自己当作柴薪，奉献自己的一生，自己烧完了，还有后来的人继续，这叫薪尽而火传，哲学之火就是这样才能一直熊熊燃烧。这叫为往圣继绝学。目的是要干什么？要为万世开太平，为后来的人们缔造一个有秩序的世界。①

一句话，哲学就是关注天人关系的一种终极关怀。只是在这一终极关怀中，他显出了更偏爱中国哲学的天人既对立又统一的中道，而且用宋代哲学家张载的四句话作为哲学终极关怀的象征。余敦康的哲学体系讲起来很简单，先问哲学为何，然后把哲学展开为西方哲学、印度哲学、中国哲学，最后从三者中总结出共同的东西：哲学是一种对天人关系的终极关怀。

## 三、四本原理著作显出的理论转向的关键点

四本哲学原理著作呈现出了不同的哲学体系结构方式，但作为中国改革开放时代进入到新阶段的 20 世纪 90 年代后期和 21 世纪以来的哲学建构，四本哲学原理著作在呈现不同理论资源、哲学视野、体系结构、关键术语等诸方面差异的同时，又具有作为哲学在新时代革新和演进中显现的共同点。这共同点，可以说体现在两个方面：一是四本哲学原理著作的核心词所呈现出来的整体动向，二是四本哲学原理著作所依托的哲学资源而

---

① 余敦康：《哲学导论》。

展开的宏大的哲学视野。下面把这两个方面结合起来予以论述。

孙正聿《哲学通论》的核心词是：反思（reflection），叶秀山《哲学要义》的核心词是：存在（Being），张世英《哲学导论》的核心词是：在场与不在场（presence/absence），余敦康《哲学导论》的核心词是：终极关怀。当把这四个核心词从四本原理著作中抽离出来，放到一起，正好呈现出了中国改革开放以来哲学变革的主要思想和路径。

### （一）反思

"反思"是孙正聿哲学的核心，也是他关于哲学的定义（"哲学是一种'反思'的思维活动"）。反思，顾名思义，是对一种东西，拉开距离或保持距离进行思考。前面说过，正是由"反"所突出的这一"拉开距离"，让哲学思考站在了一个超越现实功利的中立的立场，用叶秀山和张世英的话来说，是摆脱现实偏见的自由的立场，让哲学从投身世界的政治型哲学回到反思世界的学术型哲学。在孙正聿《哲学通论》里主要包含了对两个方面的反思，一是对被现实公认为应是如此的常识进行思考，二是对新中国成立以来的教科书哲学进行思考。常识代表现实的观念、流行的观念、功用的观念，包括在整个社会中运行的政治哲学思想、人生哲学思想、实用哲学思想。而真正的哲学不是认同于这些常识，而是把自己区别于这些常识，并对这些常识进行反思，在这一点上，可以说，是让哲学从大众性回到精英性，从现实性回到超越性。新中国成立以来的教科书哲学就是一种具有常识性质的大众哲学，就是一种与现实功利紧密相联的实用哲学，从这一角度看，对常识的反思同时就是对新中国前期的教科书哲学的反思。新中国前期的教科书哲学主要来自苏联马克思主义哲学，为了对教科书哲学进行反思，孙正聿回溯与苏联马克思主义既有联系而又不同的马克思主义哲学文本本身。马克思主义哲学是在整个西方哲学源远流长的传统中成长起来的，孙正聿为了回到马克思主义哲学文本而进一步回溯到西方哲学。因此，孙正聿《哲学通论》的现实动力是对社会公认常识和教科书哲学的反思，但他进行反思的资源是马克思主义哲学文本和西方哲学文本所共有的反思立场。然而，"反思"的提出，为改革开放的哲学更新提供了一个方向和路径。

## （二）**存在**

从一种宏观的视野看，由"反思"进一步前行，特别是沿着"反思"内蕴的超越性和这一超越性的理论来源进一步前行，一个最可能的结果，就是走向西方哲学的核心：存在（Being）。而叶秀山《哲学要义》就代表了这一理所当然的结果。"反思"所具有的与常识、与现实、与功利拉开距离的超越性立场，从哲学传统看最正宗的就是西方哲学，因此，这一路向要走向彻底，就是走向西方哲学。而西方哲学的核心概念就是：存在（Being）。从这一角度看，可以说，叶秀山《哲学要义》是孙正聿《哲学通论》一种逻辑延伸。

Being（存在）是西方哲学的根本和基础。最难用某一汉语词（存在、是、有）来对译。民国时期的陈康因为对 Being 的西方内涵的洞悉和论述而卓立于中国现代哲学界。Being 在恩格斯关于哲学的体系性的著作中开始被遮蔽，在苏联型马克思主义哲学和中国型马克思主义哲学中更是被物质型存在所代替。因此，孙正聿从马克思主义哲学以及马克思主义框架中呈现出来的西方哲学出发，虽然仍要提存在第一，但这个被马克思主义化了的"存在"几乎没有 Being 味。改革开放以后的中国学术界在对西哲史的学术研究中，一个让西方哲学原本呈现的重要活动，就是对 Being 的学术讨论。叶秀山与整个西方哲学研究者一道，重新呈现了 Being 对于整个西方哲学的重要性和基础性，但叶秀山与其他人不一样的理论勇气在于，他把 Being 作为讲述哲学原理的基础。亚里士多德说，Being 是一个过去、现在、未来都要讲的问题。当叶秀山《哲学要义》把 Being 作为哲学原理的基础来讲，就把中国新时代的哲学改革向超越性方向的演进建立在了一个牢固的基础之上。存在（Being）和存在者（beings），是（Being）和是某物（beings），有（Being）和有物存在（beings），最能从一个本体论角度讲清楚哲学对现实的反思和哲学对现实的超越性。从哲学史来说，Being 让哲学的反思回到古希腊，再从古希腊往前展望，整个哲学的发展，特别是 19 世纪以来马克思主义哲学与西方现代哲学的分途（孙正聿表述为马克思主义哲学的实践转向和西方哲学的语言转向），以及随西方文化的扩张而来的西方哲学向各非西方文化的扩张而产生的世界性的哲学对话和哲学变异，都可以得到一个更深的理解。因此，回到 Being（存在），以 Being（存在）作为哲学原理的基础，在一个西方文化仍是世界的主流文化、哲学之为哲学其思维模式和框架在很大程度上仍受西方文化的重大影响的语境中，这种思想路径的开拓是中国哲学原理变革中的重要的一步。

### （三）在场与不在场

哲学的演进回到 Being（存在），就回到了西方哲学的本原。让人可以从最根本的地方去重思哲学的本质，并从一种新的出发点去思考哲学的展开。但 Being 这一最正宗的出发点又是西方型的，而不是中国型的，Being 对于中国人来说又是最难理解和最难表达的。能不能够既在根本上理解哲学的西方本源，同时又从这一西方的本源中看到一种世界哲学的普遍性，特别是看到西方哲学与中国哲学共同拥有的普遍性呢？张世英《哲学导论》做的正是这一工作。

张世英借助于海德格尔对 Being 的反思，不但看到了 Being（存在）与 beings（存在者）的结构，——这一结构主导了从苏格拉底、柏拉图到黑格尔的主客二分和现象—本质的思考，而且看到了 Being（存在）与 Dasein（此在）结构，——这一结构对 Dasein 的强调，不但引出与传统的符合真理观不同的去蔽真理观，进而由 Dasein（此在）与 Being（存在）的关系得出了在场（presence）与不在场（absence）结构。这一结构与中国哲学的有（presence）无（absence）相成，虚（absence）实（presence）相生正好契合。西方哲学的最根本的东西与中国哲学的最根本的东西在"在场"（presence）与"不在场"（absence）的结构里，得到了一种共性。虽然从哲学派别上讲，张世英的理论，第一，把"在场"（presence）与"不在场"（absence）的结构完全作了海德格尔式的解说，而忽略了德里达的解说，是可以讨论的。第二，把"在场"（presence）与"不在场"（absence）进一步总结为中国哲学天人合一的万物一体，从而既带上了很浓的中国哲学色彩，又抬高了审美在哲学上的意义，也因此形成了张世英哲学体系的基本面貌。这也是可以讨论的。第三，在把"在场"（presence）

与"不在场"（absence）结构与中国的显隐结构进行论述时，基本上是按照西方的方式论述，而对中国哲学的有无相成、虚实相生的内在精神的论述上，仍有很多方面是可以讨论的。但他通过"在场"（presence）与"不在场"（absence）结构而讲出了中西共同的天人合一的万物一体思想，不但在寻找中西哲学的共同、互通上建立了一个很好的起点，而且为走向未来的跨越中西的哲学原理的构建，给出了一个较好的支点。当我们看到，从"在场"（presence）与"不在场"（absence）结构出发，既可以回到西方哲学的 Being（有），也可以进入中国哲学的"无"，而"天下万物皆生于有，有生于无"（《老子·40章》），这个"无"就是不可道的"道"，那么，张世英的核心概念"在场"（presence）与"不在场"（absence）的结构在哲学原理变革上的重要意义就显示出来了。

### （四）终极关怀

"在场"（presence）与"不在场"（absence）结构可以沟通中西，在一个全球化的时代，要建立一个具有全球性普适意义的哲学原理，只有中国和西方就可以了吗？这不但是中国和西方以外的文化（如印度文化、伊斯兰文化、俄罗斯文化……）的学人要询问的，也是中国和西方学人自身要询问的。正是在这一全球化的背景下，余敦康《哲学导论》所提出来的问题显得重要起来。余敦康用了一个西方文化的词汇：终极关怀（extremely concern），但用了中国文化的注解："为天地立心，为生民立命，为往圣继绝学，为万世开太平。"一个终极性的万世性的哲学，当然不应当只是中国哲学和西方哲学，因此，余敦康加上了印度哲学。余敦康说，只有这三个地方才有哲学，这对于轴心时代（公元前800—公元前200年）而言，可以勉强说通，但对于轴心时代以后世界思想的复杂演进，则显得简单化了。虽然如此，余敦康在雅斯贝尔斯、梁漱溟、金岳霖等前哲的基础上，在中国哲学正需在全球化时代重建自身的重要关头，拈出终极关怀的宏大境界，提出中、西、印哲学的比较与汇通，对于开拓新时代里中国哲学原理变革的思路，无疑具有重要的意义。

正是从中国哲学原理变革的大视野上去看这四本哲学原理著作，反思（reflection）、存在（Being）、在场与不在场（presence/absence）、终极关怀（extremely concern），可以说既代表了四本著作各自的思路，又呈现出了四本著作在时代感召下形成的整体逻辑。

原载《中国政法大学学报》2010 年第 5 期

# 中国价值哲学四十年

吴向东*

中国的价值哲学随改革开放而兴起，经历了从探究价值本质到讨论评价问题再到深入研究价值观以及建构社会主义核心价值观这一不断深化的发展过程，形成了实践论基础上的主体性价值哲学研究范式。反思价值哲学四十年，追问它兴起发展的历史和理论背景，把握其研究历程的阶段性特征，分析其取得的主要成就及其未来发展的可能之趋向，由此中国价值哲学研究可以更好地形成自觉意识。

## 一、价值哲学为什么会兴起

对"文化大革命"的反思，需要价值哲学去回应。"文化大革命"十年浩劫，不仅彻底破坏了中国的经济、政治、文化、社会，而且严重创伤了人们的心灵，表现出对人的权利的践踏、人的尊严的蔑视、人的价值的贬低，以及对是非价值标准的扭曲。"文革"之后的"伤痕文学""反思文学"，通过揭露"文革"灾难，描述人们在"文革"中的悲剧性遭遇及其在人们灵魂深处留下的难以弥合的内在创伤，从而揭示"文革"的荒谬本质，表现出对人性和人的价值的深刻探索。这引发了 20 世纪 80 年代前期规模最大的对人性以及人道主义和异化问题的思想大讨论。在人道主义和异化问题的大讨论中，人道主义与马克思主义的关系问题成

---

* 吴向东，1966— ，男，北京师范大学哲学学院教授。

为焦点,人性、人的本质、人的尊严、人的价值等概念得到了彰显。汝信于 1980 年 8 月 15 日在《人民日报》发表《人道主义就是修正主义吗?——对人道主义的再认识》,指出"人道主义就是主张要把人当作人来看待,人本身就是人的最高目的,人的价值也就在于他自身"。研究人的价值、意义、尊严、人权问题,首先要回答有关价值的基本理论问题。

改革开放的实践,需要价值哲学的深度参与。"文革"的结束,意味着中国社会必将进行改革开放,随后四十年改革开放的历史实践证实了这一点。通过改革开放,中国社会建立社会主义市场经济和现代社会制度,推动现代生产方式和生活方式的变革,从而真正实现了中国三千年未有之大变局。在历史中展开的这场改革,首先需要新的价值观念的引领和推动,如丹尼尔·贝尔所说:"意识上的变革——价值观和道德伦理上的变革——会推动人们去改变他们的社会安排和体制。"① 实际上,正是利益、效益、竞争、理性、个人、主体性、"三个有利于"等一系列新的理念、价值观,开始推动着社会生活中的变革。同时,改革开放的实践也必定而且实际地引起社会价值观念的深刻变化与内在冲突。传统的与现代的、本土的与外来的、宗教的与世俗的、精英的与大众的文化价值观,交织在一起;利益与道义、效率与公平、自由与民主、个人与集体、普遍与特殊之间充斥着矛盾与紧张。正是改革开放和市场经济的建立,为价值哲学的兴起和发展提供了强劲的内在需求和丰厚的实践土壤。

真理标准的大讨论,直接导致价值哲学的生发。作为检验认识真理性标准的实践,是有目的有意识的人的活动,是追求价值和创造价值的活动。它本身的结构要素涉及价值问题。事实上,在真理标准讨论中,有人就提出了"实践目的是检验实践成败的标准"。同时,人类对任何事物的完整认识,都包括事实认识和价值认识两部分内容,而价值认识恰恰是马克思主义认识论中长期被忽略的问题。正是真理标准的大讨论,不仅在实践上拉开了改革开放的帷幕,在理论上也引申出了价值哲学的发轫。

---

① 丹尼尔·贝尔:《后工业社会的来临》,商务印书馆,1984 年,第 530 页。

## 二、价值哲学的发展历程

价值哲学四十年发展历程，根据其研究主题的转换，可分为三个阶段。

第一阶段，从 20 世纪 80 年代初到 90 年代初，集中研究价值概念。杜汝楫在《学术月刊》1980 年第 10 期发表《马克思主义论事实的认识和价值的认识及其联系》一文，提出了价值、真理与实践的关系问题。随后，学界围绕价值的特性与实质、价值与认识、价值与真理等问题进行了热烈讨论，发表了一系列论文，在此基础上，形成了系统论述价值论的若干专著 ①，对价值的本体论、价值的认识论、价值与真理的辩证法，或者对价值的本质、价值的创造、价值的认识、价值的实现、价值的作用等进行专门论述，说到底，就是回答什么是价值、价值的本质是什么。

第二阶段，从 20 世纪 90 年代初到 90 年代中期，集中研究评价。价值要通过评价来揭示和把握。人们正是依据评价的结果确定对事物的态度和自身的行为，调控活动过程，实际地创造价值和享受价值。所以，在探究价值的本质之后，价值哲学研究转向评价问题，并形成了若干专著 ②，主要讨论评价的发生、本质、类型、结构、过程、方法、科学化以及合理性等。

第三阶段，从 20 世纪 90 年代中后期开始到现在，集中研究价值观。价值观是价值哲学研究的起点和终点，是价值哲学理论体系的中心，同时也是哲学理论反映社会需求、表达时代精神、转向社会实践的主要环节。价值哲学研究在探究价值、评价之后，主要聚焦于价值观，表现为三个层面：（1）探讨价值观基础理论，包括价值观结构、价值观的功能与作用机制、价值观的核心、价值观的形成与发展规律、价值观的认

---

① 主要代表作有李连科的《世界的意义——价值论》，人民出版社，1985 年；李德顺的《价值论——一种主体性的研究》，中国人民大学出版社，1987 年；王玉樑的《价值哲学》，陕西人民出版社，1989 年；袁贵仁的《价值学引论》，北京师范大学出版社，1991 年等。

② 主要著作有马俊峰的《评价活动论》，中国人民大学出版社，1994 年；陈新汉的《评价导论》，上海社会科学出版社，1995 年；冯平的《评价论》，东方出版社，1997 年；何萍的《生存与评价》，东方出版社，1998 年等。

同。①（2）探究中国社会现代转型引发的价值观变革，以及对中国传统价值观和西方价值观的研究。②（3）探究社会主义价值观以及社会主义核心价值观。③

纵观价值哲学研究历程，可以发现其中包含着一些主要特点：第一，理论逻辑和实践逻辑的统一。价值哲学必然从追问价值本质开始，而价值只有通过评价才能予以揭示和把握。评价离不开价值观，并形成价值观。所以从价值概念到评价，再到价值观，本身包含着一种内在的理论逻辑。这一理论逻辑同时对应着改革开放的实践逻辑。在改革开放的实践中，我们首先通过内涵价值的科学真理观解决对与错的问题，其次通过"三个有利于"评价标准解决好与坏的问题，最后通过社会主义核心价值观，解决什么是社会主义、如何建设社会主义的问题。第二，价值哲学研究与马克思主义哲学研究的相互交融、相互促进。中国价值哲学研究由真理标准大讨论所开启，一开始就是在马克思主义认识论视域中进行的。随着马克思主义哲学研究的深入，主体性范畴、实践的观点、实践唯物主义等概念和理论的提出，深刻地影响到价值哲学诸基本理论问题的把握，并使得价值哲学研究超出认识论范围，上升到历史唯物主义或者实践哲学层面。同时，价值哲学研究取得的一系列成果，彰显了

---

① 主要代表作有陈章龙、周莉的《价值观研究》，南京师范大学出版社，2004年；袁贵仁的《价值观的理论与实践》，北京师范大学出版社，2006年；晏辉的《现代语境下的价值和价值观研究》，北京师范大学出版社，2009年；罗国杰的《马克思主义价值观研究》，人民出版社，2013年等。

② 主要代表作有赵馥洁的《中国传统哲学价值论》，陕西人民出版社，1991年；李明华的《时代演进与价值选择——中国价值观探讨》，陕西人民出版社，1992年；远志明的《沉重的主体——中国人传统价值观考察》，人民出版社，1993年；李嗣水、刘森林的《现代价值观念的追求》，中国科学技术出版社，1995年；江畅、戴茂堂的《西方价值观与当代中国》，湖北人民出版社，1997年；兰久富的《社会主义转型时期的价值观念》，北京师范大学出版社，1999年；戴茂堂、江畅的《传统价值观念与当代中国》，湖北人民出版社，2001年等。

③ 主要代表作有郁建兴、朱旭红的《社会主义价值学导论》，浙江人民出版社，1997年；马德普的《社会主义基本价值论》，中央编译出版社，1997年；袁贵仁、韩震主编的《新世纪中国共产党的价值观》，人民出版社，2003年；吴向东的《重构现代性：当代社会主义价值观研究》，北京师范大学出版社，2006年；孙伟平的《价值差异与和谐——全球化与东亚价值观》，湖南师范大学出版社，2008年；韩震的《社会主义核心价值观凝练研究》，北京师范大学出版社，2012年；韩震、章伟文的《中国的价值观》，中国社会科学出版社，2016年；杨耕、吴向东主编的《社会主义核心价值观：理论与方法》，四川人民出版社，2016年等。

马克思主义的价值维度，建构了马克思主义价值论，丰富了马克思主义哲学的理论内涵。第三，与国外价值哲学进行交流与对话。现代价值哲学源于德国哲学家洛采，并随后得到展开。中国价值哲学兴起之初，就注重对国外价值哲学的译介，特别是对现代西方价值哲学经典的翻译和梳理①，有力地推动了国内学者对西方价值哲学的认识，并将其转化为发展中国价值哲学的理论资源。除此之外，由于中国价值哲学与马克思主义哲学之间的内在渊源关系，中国学界对作为马克思主义哲学直接理论来源的德国古典哲学，特别是康德、黑格尔著作的翻译、研究同样为中国价值哲学研究提供了重要理论资源。同时，中国学者还积极组织国际价值哲学论坛，广泛参与国际交流与对话②，推动了中国价值哲学研究的国际化。

## 三、价值哲学的主要成就

中国价值哲学四十年，在价值本质、评价的合理性、价值观的结构、社会主义核心价值观的内涵与逻辑等一系列问题上形成了广泛的学术争论，取得了诸多的理论进展。就其核心而言，我认为这四十年的主要成就可归结为实践论基础上的主体性范式和社会主义核心价值观的理论建构两个方面。

第一，价值哲学实践论基础上的主体性范式。这一范式充分体现在对价值本质问题的解释上，其他诸价值问题的探讨归根到底都奠基于对价值本质的理解。对于什么是价值，尽管有很多争论，但中国价值哲学中占主导地位的是主客体关系说。价值被理解为客体属性和主体需要之间的满足和被满足的意义关系，这种价值关系表达的是主客体关系的主体性内容，其基础是人的实践。如李连科所说，价值来源于客体，取决

---

① 如李德顺主编的《价值论译丛》；江畅的《现代西方价值理论研究》以价值问题的内在逻辑为线索梳理了从摩尔的直觉主义价值论到杜威自然主义的发展；冯平主编的《现代西方价值哲学经典》，从先验主义、经验主义、心灵主义、语言分析的路向，介绍了现代西方价值哲学的热点、难点和重点问题。

② 20世纪90年代以来，中国学界多次举行中日价值论学术讨论会、价值哲学国际学术研讨会。江畅、吴向东先后担任国际价值学会（ISVI）会长，分别在武汉、北京、马切拉塔、西安等组织国际价值哲学论坛。田海平为现任国际价值哲学学会会长。

于主体，产生于实践。由此可以看出，中国价值哲学研究，实际上奠基于马克思主义哲学。在马克思主义哲学看来，实践是人的存在方式，并基于实践形成主体和客体的关系。正是在实践的基础上，由自然、社会和人构成一个属人的现实世界，这个世界是一个文化世界和价值世界。中国学界对价值的这种解释，即实践论基础上的主客体关系说，既不同于中国传统哲学的天道人性说，也不同于西方哲学的主观客观说或者理性主义论。在中国传统哲学看来，价值源于人性，人性体现天道，即所谓"天命之谓性，率性之谓道，修道之谓教"（《中庸》第一章）。西方对价值的解释，则有主观主义、客观主义和理性主义之分。主观主义应用或者借鉴心理学的知识来定义目的善；客观主义则强调事物具有内在的善，内在的善是对象具有的一种客观的和非关系性的性质；理性主义则强调无条件的善事物充当了其他善事物的价值条件。实践论基础上的主体性解释模式不仅暗合了中国改革开放和现代社会转型中主体性的实践要求，而且在理论上具有自己的优点：（1）既破除了中国传统哲学中的人性天道的整体主义价值解释，又避免了价值的主观主义与客观主义，同时也能对理性主义中的理性和人进行更进一步的追问和阐释；（2）能够非常有效地解释价值的具体性、历史性、社会性；（3）能够协调价值中的经验和先验要素。

　　第二，社会主义核心价值观的理论建构。中国价值哲学出场的背景蕴涵了它的鲜明的实践旨趣和历史使命，即直接参与促进价值观念和文化的变革，建构当代中国价值观。价值概念、评价问题的研究，为价值观念研究提供了基础和前提。事实上，中国价值哲学长期以来，梳理市场经济社会中的价值观，讨论道德的爬坡和滑坡，批判整体主义、自由主义、个人主义、消费主义、相对主义、虚无主义等价值思潮，探究社会主义价值观，进而提出凝练社会主义核心价值观。尽管"富强、民主、文明、和谐，自由、平等、公正、法治，爱国、敬业、诚信、友善"作为社会主义核心价值观，是由政府主导提出，但是价值哲学学者也参与其中，并随后对社会主义核心价值观的内在性质、核心价值观的内涵与内在逻辑、核心价值观与制度建设的关系、核心价值观与传统文化的关系进行了深入的探讨，得到一些鲜明的结论，为当代中国价值观进行了理论建构，深刻回答了为什么要提出社会主义核心价值观，怎样理解核心价值观的基本内容和哲学基础，如何培育社会主义核心价值观等实践中的重大理论问题。

## 四、价值哲学的未来展望

中国价值哲学取得的成就无疑具有时代性特征和阶段性特点。随着世界历史的充分展开，中国改革开放的不断深入，无论是回应、解答当代中国社会和人类发展的新矛盾与重大价值问题，还是价值哲学内部的广泛争论形成的理论空间，都预示着价值哲学未来的发展趋向。

第一，完善实践论基础上的主体性解释模式。前面说到主体性解释模式是中国价值哲学理论研究的重要成果，同时它也受到了批评和质疑，最主要的批评是指认这种解释模式属于近代主客二分的认识论框架。① 在我看来，作为四十年理论研究最主要的成果之一，实践论基础上的主体性解释模式不能被抛弃，应该看到它在中外理论比照中具有的解释性优势。但它的确需要被进一步完善，增强其理论包容性：（1）通过对人的主体地位和实践概念的解释，说明人的自成目的性和内在价值，以及主体间的价值关系。（2）通过对主体和实践结构的解释，包容价值中的主观性因素。目前在主客体关系说中，通过需要的客观化，价值被完全解释成客观存在。实际上，如康德所说，意愿是需要的基础，主体的情感是价值，至少是某类价值中的前提性要素。实践论基础上的主体性范式需要包容价值的主观性因素。（3）通过对主体和实践的解释，特别是对人与世界的关系性把握，生发出价值的超越性维度。通过增强包容性，实践论主体性模式可以实现理论的彻底性。

第二，深入探究新文明形态的价值理念与价值原则。这里有两层意思：首先，以社会主义核心价值观为主导的中国价值的建构是不可能一蹴而就的，它需要在新的实践背景上被深度建构和全幅拓展。这种价值

---

① 参见张岱年《论价值的层次》，《中国社会科学》1990 年第 3 期；《论价值与价值观》，《中国社会科学院研究生院学报》1992 年第 6 期。赖金良：《主体客体价值关系模式的方法论特点及其缺陷》，《浙江社会科学》1993 年第 1 期。

观表达的是一种可能的新的文明形态，其核心在于它所形成和具有的价值理性、价值思维和价值原则，或者说它在价值理性、价值思维和价值原则上所具有的实质性内涵，我把它们概括为实践合理性、关系思维、共同体思想。针对理性主义把理性理解成一种先验的绝对的本体，实践合理性强调基于人类实践活动而形成的理性是具体的、历史的、开放的、发展的。它调和情与理、价值理性与工具理性，其背后起支配作用的是关系思维。基于关系思维，我们需要强调共同体思想。所谓人与自然是生命共同体，构建人类命运共同体，正是共同体思想的展开。我们今天所说的共同体，是经过了市民社会、契约社会的洗礼之后的共同体，它强调的是作为有机体，具有共同利益、共同价值、共同责任，是利益共同体、价值共同体、责任共同体。其次，对科学技术的价值反思。21世纪以来，人工智能和基因工程的飞跃发展，将不仅深刻改变人们的生产方式和生活方式，而且极有可能改变或者重新定义"存在"概念，真切地在存在论层面上彻底改变人类和世界的存在性质。我们必须为科学技术进行价值立法，以避免作为人类创造物的人工智能等对人说"不"，从而控制世界的技术冒险。

第三，多学科研究的交叉与交融。如果说完善实践论基础上的主体性解释模式、深入探究新文明形态的价值理念与价值原则，分别是就理论维度、实践维度而言的未来展望，多学科研究的交叉与交融则是就方法层面而言的。价值和价值观本身就是具有普遍性和综合性的文化概念，需要多学科的交叉研究。马克思的哲学理论蕴涵着价值社会学方法。价值哲学在以往四十年的研究中，已经初步具有多学科交叉性质，特别是近些年来价值观问题研究往往表现为具体的道德、政治和科技规范问题研究，但是这种交叉远远没有达到充分和自觉的程度。在价值哲学未来的发展中，学科交叉与交融将会达到一种自觉意识的高度。价值哲学不仅与政治哲学、伦理学、科技哲学、经济哲学广泛交叉，还需要与心理学、社会学、文化学以及其他具体实证科学乃至技术科学相交融，从而实现价值理论直接与公共的政治、社会生活和个人的伦理、文化生活相融合。

原载《当代中国价值观研究》2018年第6期

# 中国经济哲学 40 年：发展进程与重心迁移

毛勒堂*

2018 年是中国改革开放 40 周年。经济哲学作为伴随改革开放实践而兴起的新兴学科，与改革开放进程同步伐、共频振。一方面，近 40 年的中国经济哲学研究因中国改革开放实践而开启，随中国改革开放实践进程而发展，伴中国改革开放实践深入而丰富和深化。在此意义上，当代中国的改革开放实践是我国经济哲学生发的实践根据，其在根本上历史地规范了经济哲学的研究定向和发展进程。另一方面，经济哲学则以自身特有的跨学科理论特质、综合的理论视野以及深度的人文价值关切融入改革开放的实践进程，为当代中国的现代化实践和社会主义市场经济建设提供了学理支撑、智慧支持和价值匡扶，从而经济哲学不仅成为今日中国学术版图中一道亮丽的风景，且现实地构成当代中国改革开放实践历史的有机组成部分，成为推动当代中国社会进步与发展的现实力量。今天，立足中国特色社会主义进入新时代的坐标，回顾改革开放以来近 40 年中国经济哲学的总体概貌、发展的历程与重心的转移，概括和梳理经济哲学研究的基本主题，总结和反思中国经济哲学研究的得失，并展望中国经济哲学的发展方向和前行目标，对于发展和繁荣中国经济哲学无疑具有重要意义。

## 一、20 世纪 80 年代中后期的起始阶段：对经济哲学合法性及性质的追问与探讨

中国的经济哲学研究，起始于改革开放之初的 20 世纪 80 年代。党

---

* 毛勒堂，1970— ，男，上海师范大学哲学系教授。

的十一届三中全会作出把党和国家的工作重心转移到经济建设、实行改革开放的伟大决策，确立了以经济建设为中心的改革开放政策和发展战略，实现了我国经济社会发展道路、发展战略、发展目标上的根本转变。这使得传统的计划经济模式被打破，通过改革开放发展社会主义市场经济，快速推动中国经济发展和社会现代化，成为当时的重大历史课题和迫切的现实任务。中国经济哲学正是在顺应这一历史任务和时代要求下而生发的，其旨趣和初心就在于以哲学理性审视社会主义市场经济建设，为中国现代化发展谋智慧支持。在这个意义上，我国的经济哲学是作为市场经济的哲学意识和市场大潮中的哲学之思而出场的，是社会主义市场经济建设的现实呼唤。那么，经济哲学是否具有合法性？其存在的依据何在？它又是如何可能的？这些问题成为改革开放初期中国经济哲学研究中初始遭遇的思想课题和理论任务。因而在初始起步阶段，我国的经济哲学研究主要围绕上述问题而展开，讨论的中心则是经济哲学的合法性及其性质问题。对于经济哲学的合法性问题，学界主要从以下方面进行论证与阐释。

第一，从中国经济社会转型的现实层面阐述经济哲学的必要性。"理论在一个国家实现的程度，总是取决于理论满足这个国家的需要的程度。"① 经济哲学在改革开放以后的中国兴起，乃是中国社会深刻转型的内在需要，特别是其契合了社会主义市场经济实践的现实要求。中国改革开放伟大实践，内在地要求"以经济建设为中心"取代"以阶级斗争为纲"，以社会主义市场经济取代传统的计划经济，以改革开放推动社会的全面进步。然而，改革开放不是轻而易举之事，其中充满着新旧力量的博弈，交织着错综复杂的观念纷争，伴随着"摸着石头过河"的艰辛步履，尤其是社会主义市场经济建设实践，这是前无古人的开创性实践，没有现成经验和模板可供借鉴。同时，面对深刻的社会变革要求和全新的经济实践任务，原有的与计划经济相适应的经济学说和哲学理论，则难以承担起应有的理论指导、智慧支撑和价值牵引的重任，从而在一定程度上陷于"经济学贫困""哲学贫困"的理论危机。正是在这

---

① 《马克思恩格斯文集》第 1 卷，人民出版社，2009 年，第 12 页。

样的现实背景和思想境遇中，经济哲学作为探寻社会主义市场经济理性的思想努力，以社会主义市场经济的哲学之思和经济智慧而现实地出场，获得了自己的存在根据。因此，面对改革开放初期中国经济哲学的合法性之追问，学界首先从中国社会的深刻转型和社会主义市场经济的全新实践的存在论层面予以了回答，阐述了经济哲学研究的必要性和迫切性。

第二，从思想历史传统方面阐释中国经济哲学研究的合法性。面对中国经济哲学合法性的追问，学界还通过对经济哲学思想史的回溯与发掘，阐释中国经济哲学的合法性。这主要是通过对古今中外的著名哲学家和经济学家著作及其思想的研究，发掘和阐释其中的经济哲学思想，从而指证经济学的哲学传统和哲学的经济学传统，并从宏观的思想史方面梳理出经济哲学思想的历史沿革和理论变迁，指证经济哲学的历史性存在维度，为中国经济哲学研究的合法性提供了思想史的依据，增强了中国经济哲学界研究的信心。

第三，从学科发展规律的角度论证经济哲学的合理性。对于中国经济哲学研究的合理性问题，学界也从学科发展的规律和趋势的角度予以阐述，认为经济哲学的出现符合科学发展的规律。譬如，在古代社会，因社会生产力低下和人们认识水平的狭窄性，在对事物的认识方面总体上呈现为混沌性、笼统性、表象化的特征，从而难以形成专门化的科学知识。至近代以后，人们把握自然事物和社会事务的能力大大增强，对人类所处的世界采取了精细化的分门别类的研究，呈现出专业化、领域化、细致化的研究特色和认识特征，形成了门类繁多的"分科之学"，从而包括物理学、经济学在内的许多现代自然科学和社会科学纷纷挣脱哲学怀抱而成为独立的学科。然而，科学发展不仅具有分化的发展特征，也具有综合的发展趋势。随着科学分化的日益深入，其所能把握到的知识就越发窄化，从而影响到对事物整体性和本质性的把握。这就要求在科学分化达到一定程度后或在科学分化过程中，必须自觉打破过度狭窄的学科壁垒，摒弃过细的专业分界，实现学科综合，以获得对事物之整体性、系统性和本质性的把握。在当代，一方面经济学不仅成为"经济学帝国主义"，而且变得日益抽象化、数学化，经济学的哲学维度不断丧失，远离了经济学服务于满足社会财富需要和个体全面发展的根本目的。另一方面，哲学则不同程度地远离鲜活的经济生活世界而变得日益抽象和乏味，沉溺于抽象的概念演绎和范畴推演，背离了哲学为人类建构和提供安身立命之所的根本宗旨和功效。因此，构建经济学的哲学之维，新铸哲学的经济之根，以获得对人类存在根基和生命意义的整体性把握，成为现代人迫切的思想任务，从而使经济哲学研究符合学科发展的规律和要求。

在经济哲学的性质问题上，尽管学界存在一定的认知差异，但这一时期大都把经济哲学归属为马克思主义经济哲学，将其规定为是运用马克思主义哲学的基本原理、一般方法和思维方式研究经济问题、总结经济经验、揭示经济规律，为社会主义市场经济建设提供哲学智慧。由此，经济哲学在学科性质上被视为一种应用哲学或交叉学科，且认为是马克思主义哲学在经济领域中的应用，是马克思主义哲学向经济学的渗透和交叉结合。

概观初始起步阶段的中国经济哲学研究，我们可以发现它是"以经济建设为中心"的社会实践产物，是社会主义市场经济的哲学自觉，是社会主义现代化建设大潮中掀起的哲学浪花。它开启了新时期中国经济哲学研究的帷幕，回应了对经济哲学研究的质疑，确立了经济哲学研究的合法性，为全面开展经济哲学研究奠定了思想共识和基础，并由此开辟出一个全新的思想空间和理论园地。同时，由于这一时期的经济哲学研究尚处在初始起步阶段，在总体上呈现出较为简略、粗放和狭窄的认识特点。譬如，对于经济哲学性质，基本上是把它视为应用哲学，而且是马克思主义哲学在经济领域中的单向应用。再如，在对经济哲学研究对象和范围的认识上，也存在一定的局限性，基本上将其限于社会主义市场经济范围。又如，对研究方法和路径上，也存在简单化的倾向，这集中表现在简单地把马克思主义哲学教科书的基本原理、哲学方法、体系框架运用到对经济问题的研究中，在研究方式上显示出僵硬和简单化倾向，导致经济哲学研究难以穿透经济现象，难以深入经济问题的本质并获得真理性认识，从而不能为经济实践提供切实的哲学智慧和价值牵引。所以，这一时期的经济哲学研究虽具有奠基性的意义，但也体现出稚嫩性的一面。

## 二、20世纪90年代发展阶段：对经济哲学体系建构的探索与思考

20世纪90年代至21世纪初，中国学界关于经济哲学的研究不断推进，并进入了快速发展的轨道。而这一阶段的研究和讨论则聚焦在经济哲学的学科性质及其体系建构问题。围绕这一中心主题，学界主要探讨并解答：何谓经济哲学？经济哲学的学科性质是什么？如何建构经济哲学体系？

关于经济哲学概念释义。在何谓经济哲学的问题上，学界进行了多方面的探讨与释义，提出了不尽一致的见解和主张，代表性的观点有：（1）作为理论哲学的经济哲学。这种观点认为，经济哲学从属于理论哲学，是经济事实和经济学的观念在哲学领域中的引申，其特点是以现代经济和经济学的眼光重新审视哲学的基本概念。所以，在经济哲学研究中，作为确定性的前提出现的是经济和经济学中的基本事实和概念，而作为变数出现的则是哲学的一些基本概念和观念，换言之，经济哲学的出发点是经济和经济学，落脚点是哲学。（2）作为应用哲学的经济哲学。这种观点认为，经济哲学在本质上属于应用哲学，并把经济哲学规定为是哲学理论在经济现象和经济学领域中的应用，即自觉运用一定的哲学观念、哲学思维方式和价值观念，去理解并揭示经济现象或经济学中出现的基本概念及其相互关系。所以，在经济哲学研究中，作为确定性的前提出现的是某种哲学理论，而作为变数出现的是经济事实和经济观念。（3）作为研究经济学世界观和方法论的经济哲学。这种观点认为，经济哲学是对经济学的方法论和隐含在经济学背后的价值观的揭示和反思，实质是对经济学家经济思想背后的哲学世界观和方法论的研究。所以，经济哲学主要是对各种经济理论的方法论和价值观的比较研究。（4）作为对重大经济问题和经济理论研究的经济哲学。这一观点认为，经济哲学是对诸如生产力、生产关系及其关系等重大的经济现实问题和理论问题进行哲学和经济学相结合的分析研究，以提出切实有效的理论和方法。所以，经济哲学不仅限于对经济理论的前提反思和批

判，更重要的是要直面经济实践中所面临的重大现实问题，并对之进行经济学和哲学相结合的批判揭示。（5）作为部门哲学的经济哲学。这种观点认为，部门哲学是对人类世界的某一领域、某一部门的哲学问题的哲学思考，经济哲学是一种部门哲学，它是关于经济活动和经济领域的哲学思考，是对经济活动中存在的需要哲学去解答的那些事实或问题的哲学。

　　当然，对于经济哲学的释义，远不止如上所述，还有诸如作为政治经济学的经济哲学、作为经济现象学的经济哲学、作为启蒙哲学的经济哲学等。①笔者认为，对经济哲学概念的把握，需要从哲学对经济生活实践和经济理论的反思和价值关切角度加以理解。一方面，经济哲学要关注形而下的经济现象及其本质和规律，把握经济的合理性；另一方面，经济哲学需要自觉确立形而上的人文价值关切，坚守经济生活的价值合目的性，从而寻求并实现经济的合理性和价值合目的性的统一，效率和公平的统一，经济发展和社会进步、人类幸福的统一。因此，经济哲学在根本上是对经济生活世界的哲学反思和意义追问，其旨趣在于立足人类自由和幸福的原则高度，对社会经济实践和经济理论进行哲学层面的深刻理性反思和深度的价值追问，以制定合乎经济理性和价值合目的性的经济制度和政策措施，实现经济规律和人的价值性的有机统一，从而使经济成为成就人之自由存在本质的现实基础，使哲学成为立足经济基础之上的"现世的智慧"。同时，从现有的经济生活出发，反思和突破旧有的哲学概念和哲学观念，摆脱不合时宜的哲学教条之束缚，推动人们的思想解放和社会进步。

　　关于经济哲学的学科性质。伴随学界对经济哲学概念及其具体内涵的规定和阐释，对经济哲学的研究对象和学科性质的讨论也一并深入展开。在经济哲学的研究对象问题上，学界进行了广泛的讨论并提出了不同的看法。有的学者认为，经济哲学的研究对象是社会经济现象和经济活动的普遍本质及其发展的客观规律；有的学者主张，经济哲学的研究

---

① 关于"经济哲学"概念的更多讨论，参见张雄、陈章亮主编《经济哲学——经济理念与市场智慧》第三章，云南人民出版社，2000年。

对象是经济科学，其旨趣是揭示内含于经济学本身中的"哲学性"问题，实质是对经济学之哲学基础的反思；有的学者提出，经济哲学的实质是经济学批判，它是系统地、严格地、彻底地对经济学的前提、意义、基本概念以及重要的经济现象进行哲学层面阐释的科学，因而经济学的前提和重要概念是经济哲学的主要研究对象。然而，这些讨论背后根本的分歧则集中于经济哲学是一门分支学科还是交叉学科。对此，有的学者主张，经济哲学是一门分支学科；有的学者坚持，经济哲学是一门交叉学科，且在各自内部又有不同的意见分歧。譬如，在主张经济哲学是分支学科的观点内部，有的学者认为，经济哲学是哲学的一个分支学科，是社会经济领域的形而上学，应归属于应用哲学；有的学者则主张，经济哲学的实质是元经济学，是经济学的元理论，因而是经济学的一个分支学科，应归属于经济学。在经济哲学是交叉学科的观点内部，有的学者主张经济哲学是线性跨学科即把哲学的基本原理、方法和价值原则运用到经济学中产生的综合交叉学科；有的学者认为，经济哲学是结构性跨学科即经济学和哲学相结合互交叉产生的综合学科。尽管学界对经济哲学学科性质的观点和认识难以达成一致性的共识，但其中引发和提出的观点与思考维度，拓展了经济哲学研究的思想空间，深化了人们对经济哲学的思想认识，推动了经济哲学的研究和发展。

关于经济哲学体系的建构。伴随学界对经济哲学及其学科性质的讨论，关于如何建构中国特色经济哲学体系的论题也随之浮现。对此学界进行了积极的探讨，提出了建设性的意见和建议。譬如，有的学者提出了经济哲学体系建构的重要性和迫切性问题，认为经济哲学若想要以一门独立的学科面貌立足学科之林，就需将经济哲学学科体系的建构作为重要任务，尽快建构起自洽的理论体系。有的学者提出建构经济哲学体系的成熟度问题，认为中国经济哲学研究还处于初步的阶段，研究基础还薄弱，尚不具备建构体系的基础和条件，经济哲学体系建构不能操之过急、揠苗助长，还是应当以问题研究为中心，特别是要致力于对中国现代化实践过程中凸显的重大经济问题和发展问题进行研究，揭示当代中国经济社会的发展规律，为当代中国的发展实践提供学理支撑和智慧支持。有的学者则提出了综合性的看法，认为经济哲学的学科体系建构与问题研究并不矛盾，二者并非彼此对立，而是可以并行不悖、相辅相成。事实上，对于经济哲学的体系建构方面，学界也进行了初步的探讨和尝试。有的学者从经济本体论、经济辩证法、经济认识论、经济价值论、经济历史观等方面确立经济哲学的内容体系；有的学者从经济物质论、经济规律论、经济方法论、经济认识论、经济文化论、经济关系论等方面确立经济哲学的内容体系；有的学者以经济主体与经济客体、经济认识与经济实践、经济现象与经济本质、经济时间与经济空间、经济利益与经济需要、经济系统与经济要素等基本范畴为内容建构经济哲学体系；有的学者则倡导以经济系统、经济发展、经济意识、经济方法、经济环境、经济伦理为基础内容建构经济哲学体系；等等。

审视 20 世纪 90 年代至 21 世纪初这一阶段的中国经济哲学研究，可以说经济哲学研究发展迅速，无论在研究的广度和深度，还是在研究的路径和方法方面，皆有显著的进展，其中在对经济哲学释义及其学科性质的研究和阐释方面更加深入、全面和系统，突破和改变了 20 世纪 80 年代中后期对经济哲学较为狭窄、粗浅的认识局限，并对经济哲学体系建构作了初步的尝试和有益的探索，为后来的研究提供了有益的思想积累和发展基础。然而，我们也必须指出，这一阶段对经济哲学体系的建构，在总体上并没有确立起来，且这一重要任务在后来的研究中一定程度上被忽视，至今依然是中国经济哲学研究中面临的一个突出问题。而这在一定程度上与 20 世纪 90 年代中国马克思主义理论发展背景相关，那时中国马克思主义理论界和学术界正处在对苏联传统的哲学原理教科书体系和政治经济学体系进行批判与反思的阶段，马克思主义哲学和政治经济学自身面临着范式转变和理论创新的问题，因而经济哲学作为经济学和哲学相结合的跨学科交叉学科，其学科体系的建构面临着更加错综复杂的问题，存在着以何种马克思主义哲学范式与何种马克思主义经济学范式相结合和交叉的问题，而这一问题是难以在短时间内得到合理解决的。因而，在后来的研究中，经济哲学体系建设问题一定程度上被阻碍了，从而在 21 世纪以来，以问题为中心的专题式研究成为经济哲学研究的主要路径。

### 三、21 世纪以来的丰富深化阶段：围绕中国现代性问题进行多维研究

进入 21 世纪以来，随着中国现代化进程的加速和社会主义市场经济的深度发展，一方面极大地调动了人们的主体能动性和创造积极性，使得中国社会生产力水平快速发展，特别是经济快速增长，社会财富与日俱增，大众的生活水平总体上得到明显提升，取得了举世瞩目的成就，产生了"中国震撼"的效应。与此同时，市场化生活世界中不同程度存在的人们的贪欲和物质主义价值追求日趋狂热和泛滥，导致诸如市场负外部效应、贫富差距、社会对立、生态灾难、意义危机等具有综合性和复杂性的现代性问题纷至沓来、规模呈现、应接不暇，深度地构成了当代中国社会的"存在之隐忧"。哪里有危机，哪里就有拯救！对这些现代性问题的反思和批判成为中国经济哲学研究的关注焦点和研究重点。因此，21 世纪以来的中国经济哲学研究除继续关注以往的研究主题和内容以外，研究的重心则迁移到对中国现代性问题的反思和批判，并开展了多层面、多角度和多方位的研究，取得了丰硕成果。

其一，对经济哲学基本范畴的研究。范畴是人们在实践基础上形成的对客观事物的本质和关系的概括，是客观世界规律性的内容在人的认识中的反映形式，其随着实践的发展而发生变化。范畴和概念是科学理论体系大厦之砖，所以范畴研究是建构科学体系的基础性工作，也体现该学科发展的程度。经济哲学作为一门新兴交叉学科，要确立起自己独立的学科体系和学科地位，就必须加强对基本范畴的研究。进入 21 世纪以来，基本范畴研究成为经济哲学研究的重要内容之一，学界对诸如"经济""经济人""经济自由主义""经济个人主义""经济效率""经济公平""经济正义""生产""劳动""货币""资本""财富""金融"等范畴展开了广泛而深入的研究和阐释，发表了一批富有创见的学术成果，为经济哲学体系建构和深入研究提供了良好的学术基础和思想积累。

其二，对经济哲学思想传统的研究。任何一门科学的建构、形成和发展，都离不开对历史上思想资源的自觉继承和创造性发展，以往的学术传统和学术思想往往构成后来学术发展的思想前提和理论资源。中国

经济哲学若希望获得一路繁花，就必须沉下心来走向思想史的深处，发掘和梳理历史上的经济哲学思想和智慧。进入 21 世纪以来，中国经济哲学界对散布在思想史上的经济哲学思想进行了更为广泛而深入的发掘和梳理，并力图揭示其中的思想脉络和发展逻辑。这集中表现在：通过对思想史的考察，深入阐述经济学的哲学传统和哲学的经济学传统，揭示出经济学和哲学之间的历史勾连和二者之间相辅相成的有机关系，并梳理其中的历史线索和发展脉络；考察和分析古代中西著名思想家的经济哲学思想，梳理内含于中世纪西方经院哲学中的经济哲学思想，揭示近代西方哲学与古典经济学之间的关联，分析当代科学哲学对当代西方经济学的影响，等等。通过对经济哲学思想史的研究，重现哲学和经济学之间的悠久历史关联，揭示经济哲学的历史向度，为 21 世纪以来的经济哲学研究提供了丰富的思想资源和方法论借鉴。

其三，对货币哲学、资本哲学、财富哲学和金融哲学的专题研究。随着当代中国式现代化建设的不断展开和市场经济实践的不断深入，社会生活的经济化程度不断加深，市场化的人际交往行为日趋广泛，从而使市场化的经济生活主导了人们的基本生活样式。而在经济化的生活世界中，货币、资本、财富和金融的作用和地位日益突出，人们对货币、资本、财富和金融的追逐日益变得疯狂和肆无忌惮。这在不同程度上动摇了固有的社会存在根基和价值秩序，引发社会的无序和动荡，消解生命的尊严和做人的意义。因此，立足市场化的经济生活世界场景，从哲学层面深度反思货币、资本、财富和金融的核心本质及其存在逻辑，阐发货币、资本、财富和金融的存在限度及其人学之维，进而引导人们培养积极健康的货币观念、资本观念、财富观念、金融观念，就成为现实的思想课题。鉴于此，中国经济哲学界对货币、资本、财富和金融进行了专题研讨，并取得了积极的理论成果和思想效应，改变了单纯从主流经济学视野看待货币、资本、财富、金融的狭隘眼光，确立从经济哲学的角度反思货币、资本、财富、金融的本质及其终极价值本体，监审货币、资本、财富、金融在建设中国特色社会主义中应该扮演的角色和发挥的功能，澄清货币、资本、财富、金融的深层本质，剖析市场化经济生活世界中货币异化、资本异化、财富异化、金融异化的实质及其根源，揭示了市场化交往关系中人们对货币、资本、财富和金融的价值迷误及其原因，批判了盛行于现代社会中的货币拜物教、资本拜物教、财富幻象和金融符号拜物教，从而对货币、资本、财富、金融的认识提升到了经济哲学的层面。[①] 这不仅推进了经济哲学理论研究，同时为中国特色社会主义市场经济实践健康发展提供了有益的思想观照和价值航标。

其四，对马克思经济哲学及其当代意义的研究。诚如前文所述，经济哲学在中国的兴起，具有深刻的现代性背景。随着中国现代化实践的深入发展和市场经济的深度推进，中国的"现代性隐忧"日趋凸显，"中国向何处去？"成为一个重大的时代之问。为应答这一时代课题，中国学界希望从马克思那里获得更多的思想智慧，提出"回到马克思""重读马克思"的学术口号，对马克思思想开展了整体性的重读和诠释。受此影响，中国经济哲学界也积极发掘和阐发马克思著作中的经济哲学思想，并取得了丰富的思想共识和理论成果，主要体现为：强调马克思是在经济学和哲学的创造性结合中创立了唯物史观和剩余价值学说，由此实现了思想史的哲学革命和经济学革命，创立了科学共产主义理论，从而为无产阶级改变自身命运和全人类的解放提供了强大的理论武器；认为马克思经济哲学是在批判和反思现代资本逻辑及其意识形态中建构而成的，从而资本逻辑批判和人类解放是其总问题域和理论核心，其中包含着迄今为止对资本运作和发展趋势的最为深刻的洞见，由此马克思经济哲学的当代价值集中体现在，为我们理解和把握身居其中的当代资本世界提供了重要的思想坐标和方法论指导；通过对马克思《资本论》的深度研究，认为《资本论》不仅是一部经济学著作，也是一部哲学著作，从而指证《资本论》的经济哲学性质，深入阐发了《资本论》的经济哲学思想，形成了大批研究成果。与此同时，学界还对恩格斯、列宁、毛泽东、邓小平等无产阶级领袖人物的经济哲学思想进行了发掘，拓展了马克思主义经济哲学的研究范围，丰富了马克思主义经济哲学的理论内容，并

---

[①] 关于货币哲学、资本哲学、财富哲学、金融哲学的更为具体广泛的讨论，可参见张雄、鲁品越主编《中国经济哲学评论·货币哲学专辑》，社会科学文献出版社，2005 年；张雄、鲁品越主编《中国经济哲学评论·资本哲学专辑》，社会科学文献出版社，2007 年；张雄、鲁品越主编《中国经济哲学评论·财富哲学专辑》，社会科学文献出版社，2012 年；张雄、鲁品越主编《中国经济哲学评论·金融化世界专辑》，社会科学文献出版社，2018 年。

为当代中国社会的发展实践提供了有益的思想资源和价值图景，促进了中国经济哲学研究的深入发展。

事实上，21世纪以来的中国经济哲学研究所关涉的内容和课题远不止如上所述，其中还有诸多的内容，如对生态危机和环境问题的经济哲学透视以及对生态文明建设的经济哲学反思，对社会公正、公平与效率、分配正义等问题的经济哲学追问，对社会贫困、可持续发展、和谐社会构建、中国道路等问题的经济哲学探析，对信息时代、信息文明的经济哲学检审，等等。可以说，在中国现代性发展过程中出现的重大现实问题上，皆不乏经济哲学的自觉介入和批判监审，也因此显现出经济哲学在当代中国实践中的积极在场。

概览21世纪以来特别是近十年的中国经济研究，就总体而言，一是注重专题性研究，从而使研究更加集中深入；二是研究关涉的主题内容更加丰富，内含经济哲学的理论、历史、现实等各个层面；三是问题意识更加突出，围绕中国现代性及其相关问题进行多维研究，具有强烈的现实感。但是，这一阶段对经济哲学学科体系建构和发展问题的关注有所忽略，集中于对经济哲学的专题性研究导致一定程度上对经济哲学学科整体发展的关注不够，使得经济哲学的"整体性"问题依然较突出。

毋庸置疑，近40年的中国经济哲学研究成绩斐然，成果丰硕，这特别体现在：一是经济哲学研究成果大量涌现，发表了逾千篇学术论文，出版了数量可观且富有学术性、创新性和影响力的经济哲学研究专著，译介了大量国外经济哲学著述，收获了可喜的经济哲学思想成果，并为中国经济哲学"更上一层楼"奠定了较好的学术基础和思想积累。二是搭建了国内经济哲学研究的学术平台，组建成立了全国经济哲学研究学会，聚集了一批专门从事经济哲学研究的专家学者，形成了一支老中青相结合的经济哲学研究队伍，特别是培养了一批青年学者。同时，研究条件得到了改善，研究氛围更加浓厚。三是确立了自己的学科地位，实现了从无到有、由微弱到凸显的学科发展局面，开辟了新的学科领域，为当代中国学术界和思想界提供了新的学科生长点，丰富了今日中国的学术版图和思想面貌，成为一道亮丽的学术风景。四是开辟了马克思主义哲学特别是马克思哲学的经济哲学向度，发掘了马克思主义经济哲学传统，阐发了其丰富内容及其当代价值，并因此积极推动了国内马克思主义哲学的深化研究。五是近 40 年的经济哲学研究，是紧贴着改革开放的历史脉动和艰难的现代化进程而展开的，是对其间出现的重大现实问题和艰深的思想课题而进行的理论解答和智慧之思，从而自觉为当代中国的改革开放实践提供了有力的思想支持和价值守护，经济哲学因此成为当代中国改革开放实践的有机组成部分。

然而，我们也必须清醒地看到，中国经济哲学研究和发展仍面临不少挑战。这集中表现在：一是经济哲学论域不够清晰，这使得如何推动经济哲学的进一步发展和深化研究成为一个突出的问题，因此亟待细致廓清和明晰经济哲学的论域，确定更加明确、更为合理的学科边界和范围，以促进和提升经济哲学研究的水平和层次。对此，需要进一步细致厘清和阐明诸如经济哲学与"哲学一般"，经济哲学与马克思主义哲学，经济哲学与经济学（包括理论经济学和规范经济学），经济哲学与马克思主义政治经济学，经济哲学与政治哲学、文化哲学等之间的关系，在此研究基础上对经济哲学的研究论域进行清晰的划界，确定经济哲学所研究的问题领域，使研究更加规范和深入。二是与国际经济哲学思想界的对话交流有待加强。在世界经济一体化、全球信息互联网的当今世界，物质的生产和精神的生产皆超越民族的片面性和局限性而具有世界性质。因而，中国经济哲学研究不能限于国内的研究视界，而是需要扩大研究视野，放眼国际经济哲学思想界，及时把握国际经济哲学的研究动态和发展趋向，批判借鉴和大力吸收有益的经济哲学思想理论，为中国经济哲学研究提供思想资源和方法借鉴。同时，需要积极推动中国经济哲学思想和研究成果的国际化传播工作，以推动中国经济哲学的国际化参与程度，从而在国际经济哲学的交流对话中实现中国经济哲学话语的积极在场。三是经济哲学体系整体性建设亟待加强。尽管近 40 年的经济哲学研究取得了巨大成绩，但是理论体系建设可以说依然薄弱。如果说在经济哲学起步阶段体系建设尚不具备基础，也不是十分迫切的话，那么这一问题在今天日益变得迫切和重要，它直接关系到未来经济哲学研究的扎实推进和深度发展。四是研究队伍有待进一步整合。虽然近年来经济哲学研究队伍在不断扩大，但在这支队伍中，以马克思主义哲学专业背景的人员居多，集经济学素质和哲学素质为一身的"两栖型"学者还是较少，从而总体上制约了经济哲学研究成果的质量和水平，所以如何培养和整合出一支高质量的经济哲学研究队伍成为重要的任务，它将直接关乎未来中国经济哲学研究的高度和水准。五是经济学家和哲学家的联盟有待加强。经济哲学的初衷是通过经济学家和哲学家的联盟，发挥经济学和哲学两门学科的优势，对当代人类社会面临的重大社会存在和发展问题进行整体性综合研究，以深入把握"社会现实"，为解答时代问题提供行之有效的思想方案。然而，现实的真实情况是，在经济哲学研究领域，参与的学者以哲学家尤其是马克思主义哲学研究者居多，经济学家的参与度不够、积极性不高，致使经济学家和哲学家的联盟关系不够紧密，即便有一些经济学家积极参与，也因其具有的专业学科视野的限制和影响，在具体的问题研讨中，哲学家和经济学家之间在"视域融合"方面存在一定问题，这在某种程度上削弱了经济哲学研究的力度和影响力。所以，如何既不断加强哲学家和经济学家的联盟，又能在研究中有效实现二者之间的"视域融合"，这是需要深入思考和面对的问题。

问题是化了妆的答案。尽管中国经济哲学研究存在一定的不足和欠缺，但这些问题本身就蕴含着发展的动力和前行的方向。中国经济哲学正是在回应中国改革开放实践进程中的重大问题而发端和发展的。同样，中国经济哲学的未来发展，除继续努力逐一解决上述一系列问题外，根本的路径还是要继续与时代问题对话，进行"问题式"研究。今天，中国特色社会主义进入新时代，中华民族正阔步迈向伟大复兴的新征程，中国经济哲学研究须自觉秉持以民族复兴为旨趣的研究进路和前行方向，竭力为建构新时代中国特色社会主义政治经济学提供哲学基础，为民族复兴伟业提供学理支撑和价值支持，并在此过程中建构起具有中国特色的经济哲学。相信随着学界持久的思想努力和智慧付出，具有中国特色的经济哲学研究范式必将历史地出场。中国经济哲学，生机勃发、前途光明、前景可期。

原载《中国社会科学评价》2018 年第 4 期

# 近20年国内文化哲学研究述评

臧公余　丁忠锋*

反思是为了更好地前行。回首近20年来国内盛行的诸多思潮与热点争论，"文化哲学"无疑是学界的主流话语之一。然而，综观文化哲学的整个研究领域，不难发现，作为一种新兴的学科或论域，文化哲学论者虽然具有一定程度的共同理论倾向，但在许多问题上仍存在严重分歧。本文拟从对文化哲学的"合法性"的论证、文化哲学的涵义及其研究对象两大方面，对有关讨论作简要述评。

## 一、对文化哲学"合法性"的论证

文化哲学"合法性"即文化哲学产生、发展的必然性和可能性。从方法论上讲，国内学者主要从认识的历史发展和社会的历史发展这两个角度对文化哲学的"合法性"展开论证。

### （一）从认识的历史演化对文化哲学"合法性"的论证

有学者认为，在世界哲学的典型意义上，从研究对象、问题域变换的角度看，哲学演化按"存在论——认识论——实践论"的次序逐步上升。这一过程有其内在的逻辑性，从一种形态到另一种形态的进展，实质是由于探询前一形态的问题的原因、认识进一步深化的结果，即由于探询存在问题的原因而进展到认识论，进而由于探询认识论问题的原因，

---

① 臧公余，1976—　，男，苏州大学管理学院硕士研究生；丁忠锋，1976—　，男，苏州大学管理学院硕士研究生。

再进展到实践论。据此规律预断：现代哲学的进一步发展，将是以探究实践的原因为理论驱动力并由此形成一种新的哲学形态——文化哲学。因为生活是引起人的实践的原因，对实践原因的进一步探讨，必将转向对生活及整个文化世界的思考，因此，以人生活于其中的文化世界为对象的文化哲学便必然成为未来的哲学形态。①

有学者认为，唯有人类学术思想发展完成如下三大转进和嬗变，文化哲学方有条件建立：一是从"超人文"到人文；二是从"非人文"到人文（文化是既不同于自然，又有别于神灵的存在方式，因而如果说同人相联系的文化可称为人文，那么自然和关于自然的科学可称为"非人文"，神灵和宗教可称为"超人文"）；三是从理性批判到文化批判。通过从"超人文"到人文的思想学术转换（始于文艺复兴），人的思想、生活归落于人自身，使文化获得了作为其生命和价值之活水源头的主体——人。而对一些人文问题的深入讨论和根本解决，最后势必依赖于对文化及文化观问题的真正解决。质言之，对重大人文课题的真正解决及其要求，自然会呼唤和期待文化哲学的产生和勃兴。从"非人文"到人文的思想学术境地，西方主要是在诸如历史学、民族学、人类学、神话学以及心理学等具体人文和社会科学领域中进行。这些具体人文学知识的增长，要求适合于自身特点的哲学本体论和方法论基础，要求从形而上层面对其进行综合和总结。这种综合和总结的过程势必成为促使传统哲学向文化哲学转变的契机。近代哲学发展的"认识论转向"，其实质是将哲学引向"理性的批判"。理性批判的中心任务和理趣，是思考自然科学知识的性质、成立的可能性和条件性，但它难以解释和指导与其性质相异的人文学科、文化及其发展。因此哲学对人类知识的批判范围必须从只对自然科学知识的批判扩展到对人文科学知识的批判，即把"理性批判"变成"文化批判"，建立扩大的"认识论"。当哲学批判对象转向文化时，其自身亦发生质的变化，哲学在这种深刻的批判中将使自己得到革命性改造和更新，产生出迥异于传统的新的哲学形态——文

---

① 周可真：《生活论——未来的哲学形态》，《江苏社会科学》1996 年第 3 期。

化哲学。①

有学者认为，文化哲学是对后现代主义哲学批判继承的必然结果。兴起于20世纪60年代的后现代主义哲学，在一定程度上适应了对近现代西方哲学的发展进行新的反思和变革的需要。它以逆向思维分析方法极力推崇边缘、解构、非理性、历史断裂等，这有利于人们对于社会生活和文化生活中非主流面的注意，提示我们在分析社会生活、文化生活时，应辩证地看待理性与非理性、崇高与平庸、结构与解构、历史的连续与历史的断裂等关系。这一方面无疑具有"思想启蒙"的作用，促进人们对现代哲学的进一步反思。但是，另一方面，它又具有矫枉过正、反向极端的片面性，它诉诸逆向思维分析方法，以拒斥形而上学、反对基础主义和本质主义的形式，否定了近现代哲学中的唯物主义的传统，继承了它的唯心主义传统；它消解了思维与存在对立统一的原则，否定一切真理性认识的存在，认为现象背后无本质、历史之中无规律；在世界观上是以推崇主体性、内在性、相对性为特征的唯心主义和形而上学。总之，后现代主义哲学作为一种"解构有余而建构不足"的理论思潮，犹如一柄达摩克利斯的双刃剑低悬在神州的半空，有其利必有其害。因此人类精神的进一步发展应充分重视后现代哲学所反映出的问题，同时，更重要的应努力重构现代精神和挺立人的主体性，在新的层次上超越后现代哲学所揭示及其进一步加深的人类迄今为止所面临的分裂与冲突的格局，进行人类知识的整合运动。如果说，后现代主义哲学是枚炸弹，仅重在"破"，那么新的时代精神应在破的同时，更重在"立"。对这种时代精神的把握，能荣膺此任的只能是日益兴起的以整体思维方法为特征、以完整的人的生成为己任的文化哲学。②

以上述观点为代表的学者们，总体上把文化哲学看作一种新的哲学形态、哲学范式或哲学理念，并从认识的历史演化的角度对其"合法性"进行论证。这是符合人类认识的辩证发展过程的。人类能动地反映世界的能力和方式并非一成不变、从来如此，而是一个发展变化的历史过程。

---

① 刘进田：《文化哲学导论》，法律出版社，1999年，第12—23页。
② 洪晓楠：《文化哲学思潮简论》，上海三联书店，2000年，第133—152页。

任何历史的认识都是历史演化的产物，认识活动不仅依赖于社会历史条件，而且包括前人既有的认识水平。一定历史发展阶段上的人类认识，在形式上，它继承了以往既有的认识方式和方法，同时又根据新的内容、要求，对其加以改造、补充和发展，并创造出一种新的认识形式。把文化哲学看作一种新的哲学形态，这主要是从人类思想认识的历史演化的大背景中着眼的，强调的是思想认识的历史继承性。因此，从人类思想认识的历史演化来论证文化哲学的"合法性"是值得肯定的。

但是，站在这一角度的论证也有一定的局限。着重从认识的历史演化论证文化哲学的合法性，往往容易看到文化哲学是人类思想认识演化的产物，而不容易看到文化哲学产生的社会根源。社会意识离不开社会存在。文化哲学同其他社会意识一样，归根到底是社会存在的反映，离开社会存在，它既不能产生也不能发展。文化哲学不仅是人类思想认识历史演化的产物，而且是社会历史发展的产物。因此，国内也有学者是从社会历史发展的角度来论证文化哲学的合法性的。

### （二）从社会的历史发展对文化哲学合法性的论证

有学者指出，文化哲学作为一种社会意识，是社会存在的反映，社会的历史发展是其存在、发展的根本原因，是其合法性的最终根据。人是文化的人，在人的存在领域中文化无所不在。但是，由于文化相对于政治、经济等现象而言，似乎是无形的、深层次的，因此，直到社会文化问题凸显出来才引起学者们自觉的关注、研究。从 19 世纪后期起，尤其是在 20 世纪，西方历史呈现极其复杂的情形。一方面，科学技术的发展速度有增无减，人类向大自然显示了前所未有的力量，也在前所未有的程度上改善了自己的生存条件；另一方面，人类对自然的技术征服和统治而带来的一系列人们所未曾预料的结果，不但被征服的自然在生态等方面重新恢复起自身的自然性正在并将继续无情地报复人类，而且人类用以征服自然的技术本身也愈来愈成为自律的和失控的超人力量。技术的异化促使一些普遍的异化的文化力量和社会力量的失控发展，结果，人在完全是自己的创造物的属人世界中，表面上是自由的，实质上从生产到消费、从工作到私人生活，均受着无形的异己的文化力量的摆布。

面对按照技术原则组织起来的庞大的社会机器，个人的渺小感、无能为力感油然而生。对于技术的异化所引发的文化危机和文化困境从另一方面凸显了历史的文化内涵和文化的重要性，引起了当代思想家和哲学家的极大关注，这使文化哲学的产生成为可能，乃至成为必然。①

有学者着重从近现代中国的社会历史发展来论证文化哲学在国内产生、发展的合法性。认为，从 1840 年鸦片战争开始，中国便被西方帝国主义的侵略强制地拉上了全球世界的历史舞台，从此以后，中国历史从其自我意识的唯一性和封闭的自我完满性中走出来，不得不成为世界历史的一部分。面对中华民族的生存和发展十分不利的现实处境和观念变化，中国人必然开始学习西方，并反省自身。一方面反思中国文化，探究这个文化的机妙之所在；另一方面对中西文化进行比较对照，以求寻找中国本身应该走的、也可能走的社会历史发展道路。中国的现代化不是在西方工业文明方兴未艾之时，而是在西方工业文明已经十分发达以至于开始展示自身弊端之时，因此我们不可避免地面临着文化价值观念的冲突。所以，我们需要一种宏观的、广阔的世界主义（或曰全球性的）文化视野。这种视野的宏观性和广阔性不是一种感觉性、零碎性和杂多性形成的机械主义的折中和凑合，而是应该达到系统的、通观的全面性和整体性。那么，时代为我们提出的对中华民族在当代的现实发展之路及其文化前景进行研究的问题，很自然地就不只是一个经济学问题或文化学问题，也不只是一个实证的文化学问题，而是一个文化哲学的问题。②

由此可见，学者们不论是从整个人类社会还是从中国社会，都是从社会的历史发展角度去论证文化哲学的合法性的。人类社会发展的历史，首先是物质生产发展的历史，由于物质生产的发展才出现了包括哲学、科学文化在内的社会意识。社会意识是社会存在的反映。虽然社会意识对社会存在具有相对独立性，但社会意识本身不具有独立的本质，它归根到底是社会存在的反映。因此，从社会存在的历史发展论证文化哲学的合法性无疑是符合历史唯物主义的精神的，是科学的。

---

① 衣俊卿：《文化哲学：未来哲学的自觉形态》，《社会科学战线》1999 年第 2 期。
② 李鹏程：《当代文化哲学沉思》，人民出版社，1994 年，第 11—13 页。

但是它也有一定的局限性。社会意识是社会存在的反映，这是从归根到底的意义上来说的，并不是说某个时代的社会意识只是对那个时代的社会现实的反映。实际上，任何社会意识的形成和发展都不是由单一因素造成的。社会意识的产生与发展除了社会存在的决定作用外，社会意识的相对独立性，特别是它的历史继承性是决不可忽视的。如果没有人类在历史上积累的思想材料和认识能力，现代人对当今世界的认识是决不会达到如此高的认识水平的。

总之，对文化哲学合法性的论证，上述两个角度虽有一定局限，但都有可取之处。论证的角度不同，揭示的层面也不同。从认识的历史演化来论证文化哲学的合法性，着重从思想认识的辩证发展过程来探讨文化哲学的产生和发展，使人更多地看到文化哲学的产生是人类从古到今思维方式转换的结果。从社会的历史发展来论证文化哲学的合法性，则着重从认识是社会历史条件的反映这一唯物主义观点出发，使人更多地看到文化哲学的产生是当代人类社会历史发展的必然结果。这两种论证所取得的成果，对于我们全面深刻地认识、了解以及进一步发展、完善文化哲学都是很有裨益的。

## 二、对文化哲学的涵义及其研究对象的探析

文化哲学的涵义及其研究对象问题直接关系到文化哲学的体系建构。就一门成熟的学科要求而言，文化哲学可能还要走很长的路，但是必须看到，只有使文化哲学的研究对象逐渐清晰、文化哲学学科内所拥有的基本概念、基本范畴逐渐明确，文化哲学才有实质性的学理创获。对这些问题，学者们作了如下一些探析。

有学者"把自觉地以整体文化世界为对象的哲学称为'文化哲学'"[1]。以此为思考轴心，认为文化哲学主要研究：文化的存在、文化的历史形态、文化的实在性、文化价值、文化的时间与空间等。[2]

有学者认为，"所谓文化哲学，就是从哲学视界出发，对文化作总体

---

[1] 李鹏程：《当代文化哲学沉思》，第1—2页。
[2] 同上书，第13—17页。

的根本的观念把握和建构。文化哲学是透过文化对象对人的本质和主体性的根本理解和设计，是关于人的自我意识和自我创造的最高智慧"①。其中文化虚灵心境世界与文化现实物境世界的矛盾是文化哲学的基本问题。

有学者指出，文化哲学就其形而上学的理论层面来说，直接与哲学接壤，具有哲学视野的广阔性和理论的深刻性；就其现实性来说，凭借着哲学的深刻性和总体性精神，文化哲学又是对具体文化理论成果和文化内在精神的理论概括、把握和理性重构。②

有学者认为，文化哲学是"关于历史的、现实的和未来的人的哲学，是人类对自己的文化发展史和文化传统进行全面的反省和反思的理论结晶"③。从对文化哲学的体系的要求看，可以分为文化发生论、文化结构论、文化发展论和文化动力论四大部分。

还有学者强调，文化哲学构成了各种具体文化理论研究的形而上学基础，同时又构成人们具体审视各种具体文化实践的基本价值参照。从这个角度说，对"文化是什么"这一中心问题的一切可能性回答，都有赖于并体现在文化哲学的前提性运思之中。按照这一要求，文化哲学必须关注并深刻把握人与现时文化世界的五重基本的对象性关系：人与自然、人与他人、人与社会群体、人与现存文化传统、人与动态发展的历史过程。④

有学者认为，"文化哲学不是用一种自足的哲学理性外在地审视文化现象的结果，毋宁说，它是作为生活世界的内在机理或人的生存模式的文化的自我启蒙和自觉显现"，"是形而上的理性思考同实证的文化批判内在统一的理论范式"。⑤其整个理论框架由三个相互关联的主题构成：

① 刘进田：《文化哲学导论》，第 1 页。
② 丁立群：《文化哲学何以存在》，《求是学刊》1999 年第 1 期。
③ 许苏民：《文化哲学》，上海人民出版社，1990 年，第 26 页。
④ 邹广文：《文化哲学的当代追求》，《求是学刊》1994 年第 5 期；邹广文：《关于文化哲学的基本问题》，《山东大学学报》( 哲社会科学版 ) 1991 年第 1 期；邹广文：《"文化哲学"的哲学定位》，《学术交流》1994 年第 5 期；邹广文：《试论文化哲学研究的现代意义》，《天津社会科学》1990 年第 4 期；邹广文：《新时期文化哲学研究检视》，《求是学刊》2000 年第 7 期。
⑤ 衣俊卿：《回归生活世界与构建文化哲学》，《求是学刊》2000 年第 1 期。

文化模式、文化危机和文化转型。①时代赋予了这三个主题不同的历史文化内涵。

从以上学者们对文化哲学涵义及其研究对象的探析中可见，他们对文化哲学的研究可归为三种形态②：

（1）文化的哲学研究。此形态文化哲学偏向于文化学的层面，其中文化与哲学的关系是外在的，是两个彼此各具完整规定性的事物之间的关系。而且，它是以文化为主，哲学为从；文化为载体，哲学为方法；强调的是对文化的哲学研究，从而构成一种"文化"的哲学。

（2）哲学的文化研究。如果说，第一形态文化哲学的"始作俑者"是文化，那么，这种形态的"始作俑者"恰恰是哲学自身。该形态强调哲学的文化本性，哲学在文化中寻找自身生存发展的土壤。与第一形态相比，在该形态中哲学与文化的关系仍旧是外在的，所不同的是，它是以哲学为主，文化为从；哲学为载体，文化为方法；强调的是对哲学的文化研究或扩张，从而构成一种文化的"哲学"。

（3）文化与哲学的互融互动：以人之生存模式为底蕴的文化哲学。在这种"文化哲学"中，文化已不是与经济、政治、科学、自然活动领域或其他具体对象相并列的一个具体的对象，而是内在于人的一切活动之中，左右人的行为方式的基本的生存模式，是人的生活世界的内在运行机制，是历史凝结成的稳定的生存方式，其核心是人自觉不自觉地建构起来的人之形象；在这种"文化哲学"中，哲学已不是一种给定的、静止的、僵死的理论体系，而是内在于人的一种生生不息地涌动着的理性活动和文化建构，为人的存在提供新的安身立命的精神支撑。这种形态的文化哲学不是用一种自足的哲学理性外在地审视文化现象的结果，而是作为生活世界的内在机理或人的生存模式的文化的自我启蒙和自觉显现。"互融"即文化哲学中的文化与哲学，并不是文化来侵袭哲学界域或哲学去侵袭文化界域，从而形成所谓"文化的哲学研究"或"哲学的文化研究"，是"共享同一界域"，在本质上内在地融为一体；"互动"即

---

① 衣俊卿：《回归生活世界的文化哲学》，黑龙江人民出版社，2000年，第141—147页。
② 荆学民：《文化哲学三形态检讨》，《求是学刊》2000年第7期。

文化哲学中的文化与哲学，并不是文化为主、哲学为从或哲学为主、文化为从，而是张力适度、相辅相成，从而构成一种文化与哲学"本质性关联"的"文化哲学"。

综上所述，近20年来，文化哲学在学者们的辛勤耕耘下，对上述各方面问题的探讨都取得了一定成就，使文化哲学已成为我国当代哲学研究的一支有生力量。但是，笔者认为至少仍存在值得我们注意的以下问题：

第一，研究主体的"各行其是"使得文化哲学研究成果很多，但尚缺少有实质建设意义的对话性成果。这不仅表现为研究内容多样、观点的对立、切入问题角度的迥然不同，甚至究竟什么是文化哲学也众说不一，尚未有定论。虽说在文化哲学研究的初始阶段，出现这种情形在所难免，然而须知，唯有加强讨论和对话，研究主题间的话语系统才会相互融合，有关文化哲学基本概念、范畴以及命题的理解才会趋于一致，由此才能推进讨论研究的深化。

第二，在研究方法上，虽然不少学者认识到文化哲学应对文化发展现实进行总体性理解和把握，但在具体操作时，总不免落入零敲碎打式的文化分析的窠臼。因此，在文化哲学实际研究过程中应克服这种应该运用的方法与实际运用的方法之间的差距。

原载《江南社会学院学报》2002年第1期

# 关于"西方马克思主义"的争鸣

叶汝贤　蒋　斌*

我国理论界对"西方马克思主义"的研究和介绍已有十余年的历史，但长期以来基本上是持批判的态度。近年来，不少同志开始就"西方马克思主义"问题提出一些新的看法和评价，特别是1987年以来，《马克思主义研究》《现代哲学》《人民日报》等报刊陆续发表争论文章，形成了一次全国性的、颇为激烈的"西方马克思主义"讨论热。这场讨论的意义是十分重大的。以下我们从四个方面介绍这场讨论的基本情况。

## 一、"西方马克思主义"概念是否科学？

这场讨论是以概念之争开始的。"西方马克思主义"这一概念最初由柯尔施在20世纪30年代提出，由梅洛-庞蒂在50年代加以明确表述，进而到了70年代在佩里·安德森那里发生了重大的变化，即不仅包括前二者所界定的马克思主义中一种强调辩证法和主体革命性的倾向，而且包括了结构主义的马克思主义、实证主义的马克思主义这一根本相反的倾向。根据安德森的解释，"西方马克思主义"传统的代表人物包括卢卡奇、柯尔施、葛兰西、本杰明、霍克海默、德拉·沃尔佩、马尔库塞、勒菲弗尔、阿多尔诺、萨特、戈尔德曼、阿尔都塞、科莱蒂、布洛赫和哈贝马斯，其中卢卡奇、柯尔施和葛兰西是创始人或奠基者；这一

---

* 叶汝贤，1936—2009，男，中山大学哲学系教授；蒋斌，1960—　　，男，广东省委宣传部副部长。

传统除了地域上的联系外还具有以下共同特征：（1）理论与实践脱离；
（2）受欧洲革命失败和俄国十月革命后消极发展的影响，都带有悲观
情绪；（3）以哲学探索为理论重点；（4）语言日益专业化和难以理解；
（5）受各种类型的欧洲唯心主义哲学的影响，并到马克思以前的哲学中
探寻马克思主义的渊源；（6）缺乏国际主义，彼此间没有理论联系。由
于国内目前流行的"西方马克思主义"概念同安德森的概念有相对较多
的相似之处，因此，概念之争主要集中在对安德森的概念的评价以及它
同国内流行的概念的关系问题上。

杜章智同志连续撰文对安德森的以及国内流行的"西方马克思主义"
概念提出批评，指责它是一个含糊的、可疑的概念，应予以抛弃，其理
由是：

（1）安德森的"西方马克思主义"概念带有严重的托洛茨基主义
倾向，这不仅表现在他在论述这一概念时对托洛茨基及其后继者的高
度评价上，而且表现在对这一概念本身的具体规定上：安德森是根据
正统托洛茨基主义历史编纂学的观点来确定他的"西方马克思主义"
在马克思主义发展中的坐标的；他的"西方马克思主义"理论家名单
是从托洛茨基主义观点出发确定的；他所列举的"西方马克思主义"
的共同特征实际上也是就这个名单上的理论家与托洛茨基主义传统相
比较而言的。

（2）目前国内流行的，亦即由徐崇温同志首先从国外引进并加以使
用的"西方马克思主义"概念，基本上是借鉴安德森的概念，虽然稍加
修改，但还是保留了后者的基本内涵，如创始者和理论家的名单、共同
特征等。这一基本内涵在安德森那里实际上是他的托洛茨基主义观点的
反映，因此徐对这一概念的借鉴是不合适的。

（3）由于徐崇温的"西方马克思主义"概念保留了安德森概念的基
本内涵，因此也承袭了安德森的概念的两个严重缺陷：一是他们所列举
的"西方马克思主义"理论家的名单极不完备，无法反映国外马克思主
义发展的现状；二是把马克思主义和非马克思主义混为一谈，把卢卡奇、
葛兰西、阿尔都塞这样一些杰出的马克思主义者同萨特、法兰克福学派
等与马克思主义关系较远的思想家相提并论，抹杀了两者之间的理论界

限和阶级界限。

（4）安德森的概念在国外并非被人们广泛接受使用，西方学者按照安德森的概念编辑和撰写的著作并不多，相反，不少学者对他的概念提出了尖锐的批评。而且，除我国之外的社会主义国家的学术界都没有采用"西方马克思主义"这一概念，而是对不同的人物和观点加以区别对待，分别进行论述和评价；西方近年来出版的一些专著也都根本没有采用这个概念，如 A·古尔德纳的《两种马克思主义》、D·麦克莱伦的《马克思以后的马克思主义》等等。

针对杜章智的上述批评，徐崇温同志也发表了一系列商榷文章，逐一加以反驳：（1）我国流行的"西方马克思主义"概念不单是借鉴了安德森的概念，而且也批判地借鉴了柯尔施和梅洛-庞蒂的概念，即恢复了他们从思想路线的角度来规定"西方马克思主义"特征的作法。（2）杜章智用于证明安德森概念的托洛茨基主义倾向所列举的几个论据，实际上只是涉及安德森对"西方马克思主义"所作的价值判断及其根据，而并不涉及"西方马克思主义"这个概念本身的具体规定，即不能证明他的概念本身带有托洛茨基主义的具体规定，而且，即使安德森本人有浓厚的"托派"色彩，我们也不可因人废言，认为连他所承袭和使用的"西方马克思主义"概念也沾染上了这种色彩。（3）徐认为他本人所使用的概念虽然吸取了安德森的概念在范围上有所扩大的特点，但两者之间有明显的区别：第一，安德森的概念是一个"地域性的概念"，而徐则认为"并不是一个单纯的地域性概念，而是一个意识形态概念"；第二，安德森的概念是一个"世代性的概念"，把"西方马克思主义"说成是"世代性"的"传统"，因而把一整代人的毕生都说成是"西方马克思主义者"，而徐则把它看作一种"思潮"，因而要求对这一代人彼此之间在思潮上的区别以及每个人毕生中从一种思潮到另一种思潮的前后变化作具体的分析；第三，安德森把"西方马克思主义"说成是"次于托洛茨基主义的有缺点的马克思主义"，而徐则认为它是"一股左的激进主义思潮，它所反映的……是小资产阶级的激进派的世界观"；第四，安德森不谈思想路线，只谈主题和关切问题，而徐则是从思想路线着眼去概括"西方马克思主义"概念的基本内涵。（4）与杜章智的批评相反，"西方马克思主义"概念目前正在西方学术界广泛流传着（徐列举了西方学者的 8 部著作为例），而且，早在安德森之前，就已经有人把从卢卡奇到阿尔都塞这样两种思想倾向包括到"西方马克思主义"这个概念中了，如意大利的巴斯蒂诺·丁伯纳罗在 1970 年出版的《论唯物主义》。

在如何看待、能否借鉴安德森的"西方马克思主义"概念的问题上，余文烈和慎之同志也撰文发表了同徐崇温基本相同的见解，并且进一步指出：（1）安德森的概念并非"含糊""可疑"，他对"西方马克思主义"的历史背景、理论形式、主题创新、范围界限和年代界限以及其他特征都作了明确的规定；（2）安德森并未一味推崇托洛茨基主义，而只是把托洛茨基一派称为"马克思主义的分支"；（3）概念在沿用中不断改变原来的涵义，这种状况历来如此。在安德森看来，西方马克思主义传统主要是同斯大林控制的官僚主义专政机器相对立的，而在资本主义与共产主义的对抗中，这一传统与苏联的马克思主义在根本点上又是一致的，据此，他的西方马克思主义概念不无道理地缓和"思想路线"的冲突，而突出其主题的创新。

## 二、如何看待西方马克思主义？

概念之争实际上已经涉及如何评价西方马克思主义这一实质性问题。这一问题包括两个既有区别又密切相关的问题：一是西方马克思主义是不是一股客观存在的思潮？二是西方马克思主义是不是马克思主义？关于这些问题的争论主要有以下几种观点：

1. "客观思潮——非马克思主义"说

徐崇温在《"西方马克思主义"》一书中，概括了"西方马克思主义"的五个基本特征：反对教条主义；存在两种相反的倾向，各自强调马克思主义的革命批判的一面或科学实证的一面；强调利用资产阶级思想的伟大成就；脱离有组织的工人运动；彼此缺乏联系和交流。并且认为"西方马克思主义"是一个客观存在的思潮，这股思潮是非马克思主义的。在近年的争论中，徐进一步强调和发挥了上述观点，并且反复强调要从思想路线出发去看待和解决目前所争论的各种问题：

（1）"西方马克思主义"中虽然包括明显对立的人物及其思想观点，但他们的思想又都具有作为一种思潮的共同特征：在政治方面，他们在对现代资本主义的分析和社会主义的展望上，在革命的战略和策略等问题上，提出了不同于列宁主义的见解；在哲学方面，他们都提出了不同于恩格斯、列宁所展开的辩证和历史的唯物主义的见解，而主张按照现代西方哲学中的某些流派的精神去结合、发挥和补充马克思主义，以"重新发现"马克思原来的设计。这就证明了他们在思想路线上的共同性和一致性，也证明"西方马克思主义"作为思潮来说并不是马克思主义的。而且，同一种思潮中又可以有不同思想倾向之分，如在同一个法兰克福学派中，就有以霍克海默、阿道尔诺为代表的"右"的倾向和以马尔库塞为代表的"左"的倾向之分。

（2）从思潮的角度考察"西方马克思主义"，仅仅是指出某人在某个时期的某部作品是否属于非马克思主义的"西方马克思主义"思潮，而不存在把某人的毕生都说成是非马克思主义者的问题；同样，尽管某人从其毕生的思想活动来看不失为无产阶级革命家、马克思主义者，但要是他在某个时期某一作品某个问题上的观点属于"西方马克思主义"思潮，那也是无法加以否认的事实。

（3）对于一种思潮是不是马克思主义性质的问题，必须根据它是不是用马克思的哲学世界观观察问题来作出判断，而"西方马克思主义"作为思潮来说之所以不是马克思主义，一个根本的原因就在于它背离了马克思的哲学世界观——实践唯物主义。至于说马克思主义基本原理必须同各国实际情况相结合，因而决定了当代马克思主义的多样化发展趋势的问题，这里应区分两种完全不同的结合：一种是马克思主义理论同各种革命实践的结合；另一种是马克思主义理论同现代西方哲学某个流派的哲学世界观的"结合"即折中混合，它所导致的不是马克思主义的多样化发展，而是"公说公有理、婆说婆有理"的真理多元化，"西方马克思主义"思潮中所包括的各个流派就是这种结合的产物。

2."非统一思潮——具体分析评价"说

对于在我国长期流行的关于西方马克思主义是一股客观存在的非马

克思主义思潮的观点，理论界早几年已有一些人提出了不同的看法，如有人提出"'西方马克思主义'不是一个统一的思想体系"①"应全面地、历史地评价'西方马克思主义'及其所提出的一些重大哲学理论问题"②；"应把'西方马克思主义'纳入马克思主义哲学史的宝库"③，等等。在最近两年的争论中，杜章智、张本等同志进一步对徐崇温同志的有关论点提出了商榷和批评，他们的主要论点是：

（1）目前流行的"西方马克思主义"概念所包括的人物及其著作是客观存在的事实，但这些人物的思想并不能概括为一种"思潮"。"思潮"一般是指"某一时期内反映一定阶级或阶层的利益和要求的一种思想倾向"④，即同一种思潮所代表的应是一致的思想倾向，而不应包括两种对立的倾向，否则就陷入自相矛盾。而且，无论是安德森还是徐崇温所概括的"西方马克思主义"的基本特征，都只是一些外在的特征，不能证明它存在内在本质的一致性从而构成一种独特的"思潮"。

（2）"西方马克思主义"包含众多的派别和庞杂的内容，其中人本主义和科学主义两大基本派别之间，在政治上和哲学上都存在重大分歧和争论，难于统一在一种思潮和序列之中；很多派别和人物的思想，前期与后期有着重大的变化，不可同日而语；特别是卢卡奇、葛兰西与萨特、弗洛姆等人相比较，本质上属于不同类型的思想家，不宜相提并论。因此，对于"西方马克思主义"的复杂情况，不宜笼统地归于一种"思潮"并加以定性，而应就不同方面、不同时期，对各个派别和代表人物的性质、归属和功过、是非问题，分别进行具体分析和评价。

（3）要研究当代西方马克思主义思潮，就不应局限在目前的"西方马克思主义"概念所界定的人物和流派范围内，而首先应该包括在西方工人阶级政党中占主导地位而又带民族特色的马克思主义；还应当包括东欧社会主义国家中的一些人物和派别的思想，如南斯拉夫的"实践派"，波兰的克拉科夫斯基，捷克的科西克等等，他们的理论观点同西方

① 张本：《"西方马克思主义"与当代西方马克思主义思潮》，《武汉大学学报》1985年第3期。
② 荣剑：《对"西方马克思主义"若干哲学理论问题的再认识》，《马克思主义研究》1986年第1期；张战生：《"西方马克思主义"刍议》，《马克思主义研究》1986年第1、3期。
③ 薛民、俊达：《关于西方马克思主义的几点思考》，《国内哲学动态》1986年第11期。
④ 《辞海》，上海辞书出版社，1979年，第3837页。

某些马克思主义政党或西方研究马克思主义的代表人物的理论观点有共同之处。

（4）判明各种理论是否真是马克思主义的，单凭对马克思主义基本原理的知识是不够的，更多地要靠对这些基本原理被应用的不同社会的具体情况的掌握，最终还要取决于实践的检验。理论与实际相结合的多样性决定了当代马克思主义的多样化发展趋势。对于"西方马克思主义"，不能一概认为它们没有实行马克思主义理论与具体革命实践的结合，它们的出现同西方国家某些共产党人总结无产阶级革命受挫的原因、反对社会主义的僵化模式、分析当代资本主义和科技革命的发展密切相关，它们在革命的战略策略、社会主义道路、建党学说和国家学说等方面提出了独到的见解，这正体现了马克思主义理论与具体实际相结合的特点。至于它们使马克思主义与某种唯心主义流派相结合，也是因为认识到现行马克思主义体系中有某种"空场"或被忽略的领域，可以由某种流派学说的某些方面来"补充"；而且这种结合是以马克思主义为主体的，并不是把两种世界观并列起来，折中混合。

3. "客观思潮——马克思主义"说

余文烈和慎之同志主张西方马克思主义是一股客观存在的思潮，但他们不同意把这一思潮看作非马克思主义的，同时也不赞成那种把卢卡奇、葛兰西、阿尔都塞等少数几位代表人物从这一思潮中分离出来，然后在整体上否认这个思潮属于马克思主义的观点，主张从整体上把它看作马克思主义的一个流派。他们认为，应从多样化的马克思主义的立场来平等看待西方马克思主义。马克思主义的多样化发展不仅体现于成功地夺取了政权的社会主义国家，而且包括当代资本主义国家内的多样化探索，西方马克思主义就属于这种探索之一，前一种类型可称为"武器批判"的马克思主义，而西方马克思主义则是开创了"文化批判"类型的马克思主义，体现了特定的民族精神和时代精神对马克思主义的文化抉择。因此，应从民族精神和时代精神的汇合点上去更好地认识西方马克思主义存在的必然性和理论价值。

## 三、如何评价卢卡奇、葛兰西和阿尔都塞？

在如何看待和评价"西方马克思主义"及其代表人物这个基本问题上，争论得最多的就是关于卢卡奇、葛兰西、阿尔都塞的思想评价的问题。

1. 卢卡奇是不是"西方马克思主义"的创始人？

徐崇温同志坚持认为卢卡奇的《历史和阶级意识》一书开创了"西方马克思主义"思潮，其理由是：（1）这本书是按照黑格尔主义去解释马克思主义，要求重新占有黑格尔关于人的自我意识的创造性概念，把阶级意识的主观方面恢复到马克思主义中，使马克思主义离开对自然和社会的实证主义研究，把人提到历史主体的地位而拒斥唯物主义决定论，并因此批判了恩格斯展开的自然辩证法和列宁展开的辩证唯物主义反映论。（2）这本书所体现的"黑格尔主义的马克思主义"同列宁的黑格尔研究存在着思想路线上的分歧；前者是根据黑格尔《精神现象学》的精神去否定历史决定论、自然辩证法和反映论；而列宁在《哲学笔记》等著作中则是通过对黑格尔《逻辑学》的研究，去维护历史决定论、自然辩证法和反映论，尽管他也强调意识的能动作用。（3）说这本书开创了"西方马克思主义"思潮，是就其客观影响而言，因而也是一个无法改变的客观事实，因此我们对卢卡奇的评价，不能以他是一个忠诚的共产党人为依据去否定这一事实的存在。

杜章智、张翼星等同志不同意把卢卡奇的《历史和阶级意识》的思想看作"黑格尔主义的马克思主义"，并当作"西方马克思主义思潮"的奠基之作，其主要论点是：（1）《历史和阶级意识》一书的基本立意和主导方面，是针对第二国际理论家对马克思主义传统的背离和歪曲，试图"通过更新和发展黑格尔的辩证法和方法论来恢复马克思理论的革命性质"，"曾在反对伯恩施坦和考茨基的修正主义和科学主义的斗争中起过重要作用，并且曾把大批青年知识分子争取到共产主义运动中来"，而不是用黑格尔主义来改造马克思主义。（2）这本书所强调的正是黑格尔哲学与马克思主义哲学相联系的那部分精华，即辩证法的生动的历史实践本质。如卢卡奇在书中提出的"总体性"概念，突出了人类物质活动存在的实践性、社会性，突出了人类社会运动高于自然过程这个特点，从而贴近马克思以人类社会实践为本体的思想，他的阶级意识概念，也并不是浅薄地强调意识、主观因素的重要性，而是侧重于对庸俗经济决定论的哲学基础——自然本体论的批判。（3）卢卡奇的《历史和阶级意识》同列宁的《哲学笔记》并非对立，而是有大体相同的理论倾向：第一，基本一致的时代背景和理论问题：都是为了揭示帝国主义时代的本质、批判第二国际的机会主义路线、推动无产阶级革命的发展、而深入探索唯物辩证法及其理论渊源；第二，大体相同的探讨重心——辩证法；第三，大致相近的探索途径——从黑格尔辩证法这个理论渊源上揭示马克思主义的深义；第四，方向一致的批判锋芒——即批判第二国际的"庸俗唯物主义"。而且，两人所阐述的辩证法的基本内容虽然各有侧重和特点，但并不互相排斥，而且包含着补充、发挥的含义。（4）不能因为卢卡奇的这本书对西方思想界产生了一些影响，就说它"开创"了"西方马克思主义"思潮，这是两个不同的概念，前者表示一种客观效果，后者则暗示有主观、能动的成分。

2. 葛兰西哲学是不是唯心主义的？

关于葛兰西的争论，主要集中在如何评价他的《狱中札记》一书的哲学倾向的问题上。徐崇温同志认为，葛兰西虽然是一个伟大的无产阶级革命家，但在哲学上却是唯心主义者。因为他所主张的"实践哲学""实践一元论"不符合马克思恩格斯的"实践的唯物主义"：他把第一性的存在即自然、物质归结为归根到底要依赖于人的实践的一个从属因素；把"实践哲学"说成是唯物论和唯心论的综合统一；不赞成并批驳唯物主义，认为它是宗教迷信的直接后果；把人类认识的主观形式同其客观内容混为一谈；用把辩证法的一切表现都溶解到人的实践活动之中的所谓"合理的辩证法"来否定、取代唯物辩证法；在反对第二国际的机械论、宿命论时否定了历史决定论，否定经济基础的首要性以及它对上层建筑的决定作用，等等。

田时纲同志对徐崇温的上述观点提出了不同的看法，认为从本质上整体上看，葛兰西无疑是个唯物主义者：（1）葛兰西哲学思想的总体特征是既反对历史唯心论，又反对庸俗决定论和机械论，反对教条主义；在反对马赫主义和克罗齐的历史唯心主义的斗争中，坚持了辩证和历史唯物主义基本原理，并强调实践在马克思主义哲学体系中的重要地位，虽然他对"物质""客观性""唯物主义"等范畴有误解，有些表述不确切，但这些失误是同他正确地看到并反对"传统唯物主义"在这些问题上的局限性联系在一起的，并且相比较而言是第二位的。

毛韵泽同志也认为，在葛兰西的著作中虽然有一些反对唯物主义的词句，但他所反对的是庸俗的、形而上学的唯物主义；从整体上看，葛兰西是一位杰出的唯物主义者，这表现在：（1）他始终把自然、物质、经济基础作为第一性的存在，一贯认为"一定的人的社会是以一定的物的社会为前提"；（2）他坚持认为意识形态是经济基础的反映，并随经济基础的改变而改变；（3）他强调理论的重要性，但并没有混淆理论与实践的关系，而且强调理论要符合实践的需要。

张本同志提出要从葛兰西写作《狱中札记》一书的指导思想出发去理解和评价他的哲学倾向。其指导思想就是：（1）他总是历史地、具体地按照客观事实的实际状况来看问题，因此他强调从理论上揭示历史运动的复杂性，正因为如此，他提出了"集群""历史集团""市民社会""领导权""有机的"这一类特殊用语或赋予其特殊的含义；（2）在意大利的现实生活中，在革命斗争的实践中，思想上的阻力主要来自经济主义、自发论、宿命论和机械唯物论，所以他特别强调人的意识、信念、意志的相对独立性和反作用；（3）由于以上两点，他提出了"意识形态领导权""联盟政策""阵地战""工厂委员会"等一系列革命战略和策略思想，并且主要是围绕这些主导思想来探讨哲学问题，因此，只有参照这些主导思想才能正确理解他的哲学思想。

3. 阿尔都塞是不是"结构主义的马克思主义"者？

这个问题也是争论的热点之一，大致有三种意见：

第一种意见认为阿尔都塞是结构主义者，他的马克思主义是一种"结构主义的马克思主义"。徐崇温同志认为，阿尔都塞不仅亦步亦趋地套用结构主义的理论框架和概念，更重要的是根据结构主义的"主体移心论"，把马克思主义解释成一种理论上的反人道主义，而且还把这一点作为他整个理论体系的核心，他关于科学同意识形态区分的理论，关于结构因果性的理论，他的反经验主义认识观，都同这种理论上的反人道主义有关，这就使他陷入了结构主义的巢穴。此外，不能因为阿尔都塞是共产党员，也不能根据他自己的表白而否认他是结构主义的马克思主义者，而是要根据他的理论的主要倾向去作出判断。

史超逸同志也撰文指出，结构主义对阿尔都塞的影响并非仅仅表现在"症候阅读法"这一"次要方面"，事实上，不仅他的理论、方法以及最主要的一些命题，如"症候阅读法""多元决定""马克思主义反历史主义""历史无主体"等，都深深打上了结构主义的烙印，而且特别是，他的理论的主要缺陷，正是在于以结构主义的方法把马克思主义变成一种结构主义的唯科学主义。

第二种意见不同意把阿尔都塞的思想归结为"结构主义的马克思主义"。顾良、杜章智等同志分别撰文指出：（1）阿尔都塞的《保卫马克思》《阅读〈资本论〉》两部书的主要目的在于维护马克思主义的科学性；受结构主义影响只是他整个思想发展中的一个方面或插曲，巴歇拉尔的科学哲学和历史认识论以及斯宾诺莎的唯理论对他的影响更为持久和深刻；（2）阿尔都塞虽然利用结构语言学建立了"症候阅读法"，但"症候阅读法"并不是他的基本理论范畴，受结构主义影响并不是他的理论的基本特征；（3）阿尔都塞受结构主义的影响只是表现在他早期的某些著作中，在他作了自我批评后，这种影响在他的晚期作品中已经消失。因此这些论者认为，对阿尔都塞的评价不能以偏概全，把他归结为"结构主义者"。

第三种意见认为阿尔都塞是唯科学论的马克思主义者。彭赟同志不同意把阿尔都塞说成是"结构主义的马克思主义"者，并且通过考察阿尔都塞思想的核心论题和理论渊源，提出他是一个唯科学论的马克思主义者，其理由是：（1）阿尔都塞的思想的核心论题是关于科学和意识形态之间的"认识论的断裂"的思想，其他一系列论题和观点都是从这一核心论题中派生出来的，因此，对阿尔都塞思想的评价，必须把每一个命题和论点都放到这一思想逻辑中加以考察，而不能用唯我所取的方法把他的一些命题抽出来同结构主义进行简单的类比。（2）阿尔都塞的思想有三大理论渊源，而这三大渊源对他的思想的影响并非均等，而是各有侧重：巴歇拉尔的科学观和科学哲学论直接引发了阿尔都塞的"认识论断裂"主题以及他对马克思哲学的性质、功能的种种论点和命题；斯宾诺莎的认识论影响了阿尔都塞认识论层次上的有关思想；而结构主义的方法则主要是他分析研究《资本论》所采用的方法。所以，不能因为结构主义认知方式对阿尔都塞思想某些方面的影响就把他的思想整个地归结为"结构主义的马克思主义"。（3）由于阿尔都塞思想中分别具有上述三大思想渊源的影响，而三大渊源又互相沟通，内在协调，在具体相关的观点上彼此吻合和接近，共同构筑了阿尔都塞的整体思想及各个命题，加之三大渊源又同属科学主义思潮，所以，阿尔都塞所阐释的马克思主义，是一种"唯科学论"的马克思主义。

## 四、简短的评论

我国学术界近年来关于"西方马克思主义"问题的讨论，就有关"西方马克思主义"概念、思潮、代表人物等问题展开了激烈的争鸣。这场学术争论谁是谁非固然重要，但更重要的是它引起了人们对当代国外马克思主义的普遍关注和理性反思，并且造成了一种"百家争鸣"的学术气氛。正因为如此，这场讨论不仅在国内学术界产生了很大的反响，而且还引起了国外学者的关注和兴趣。随着这场讨论的继续深入，必将有力地推动我国理论界对马克思主义哲学及其当代发展趋势的科学研究工作。

至于这场讨论谁是谁非，我们在这里暂不妄加评断。我们以为，要使这场讨论更进一步深入下去，有两个问题是值得重视的。

一是进一步探讨并明确划分马克思主义和非马克思主义的标准。目前争论各方之所以对"西方马克思主义"提出各自不同的理解和评价，一个重要的原因就是用以划分是否马克思主义的标准不尽统一，从而导致对"西方马克思主义"进行理论评价的前提和视角也不尽相同，有些同志侧重于强调实践检验的方面，有些则侧重于强调理论检验的一面。实际上，我们对一种理论思潮或学说完全可以有不同的评价，但我们用以评价的标准和依据可以是也应该是基本一致的，即争论双方应该用同一个标准去评价同一个问题。社会实践和马克思主义基本理论是人们普遍接受的、用以划分真假马克思主义的标准，这就为我们解决统一的标准问题提供了一个基本前提。问题在于如何把这两方面的检验有机统一起来。如何对这一标准的客观性、时代性、民族性等问题作出充分合理的解释和界定，以及在使用这一标准时应遵循哪些基本的方法论原则。只有首先解决这些问题，明确建立一个人们普遍接受和遵循的检验标准理论，对"西方马克思主义"问题的讨论和评价才能站在一个共同的基点上，依据同一个参照系，从而进行真正对等、合理和有效的交流或争论，避免各取所需、各言其是、各得其理的情况。

　　二是要把对"西方马克思主义"的研究评价同对马克思主义哲学体系的再认识联系起来。"西方马克思主义"的各个代表人物及流派，虽然在理论观点和思想倾向等方面有很大的差别，但他们有一个基本一致的理论意图，这就是从反对机械唯物论对马克思主义的歪曲出发，力图恢复或重构马克思主义哲学的基础及理论构架，而不是仅仅满足于把某些个别的思想、命题、要素等补充到他们所反对的传统马克思主义哲学体系中。针对这一基本情况，我们在研究和评价"西方马克思主义"的时候，首先应当考虑到它所带有的这样一种总体上的理论意图，也就是说，首先应当考虑的是它对传统马克思主义哲学基础和体系的批评是否正确合理，我们现在所理解的马克思主义哲学体系是否存在如它所说的那些局限因而是否需要改造和发展，而不是它所提出的各种思想能否纳入我们现行的哲学体系之中。只有这样，我们对"西方马克思主义"才有一种客观、公正的态度和理解；否则，如果是简单地用它本来所反对的那些东西来对它加以度量和裁定，无论所得出的是肯定的还是否定的结论，同样都是不够确切、深刻的。总之，我们要把研究"西方马克思主义"同研究马克思的马克思主义结合起来，同时又从当代的社会实践出发，把"西方马克思主义"的研究，纳入马克思主义在当代需要有一个大发展这一大趋势之中。

原载《马克思主义研究》1989 年第 4 期

# 西方马克思主义研究与中国马克思主义哲学建设

王雨辰*

西方马克思主义哲学自改革开放传入我国以来，对中国马克思主义哲学的创新和建设起了重要的推动作用。对此，张一兵先生曾经指出："最初接触这一新的理论领域，还是在读研究生的时候。其时是在徐崇温先生撰写的《西方马克思主义》（1982 年）中第一次听说了这个思想流派的。在当时的直觉中，有一种深深的震惊：研究马克思哲学还能这样出彩？"[1] 但是应该看到，在西方马克思主义哲学研究与中国马克思主义哲学建设的双向互动之间始终存在着两大难题尚未得到很好的解决，这既影响了我国西方马克思主义哲学研究进一步走向深入，同时也制约了中国马克思主义哲学建设对西方马克思主义哲学理论资源的借鉴和吸收。在笔者看来，这两大难题分别是中国的西方马克思主义哲学研究者应该用怎样的态度来看待中国的马克思主义哲学建设以及中国马克思主义哲学研究者应该以何种态度来看待西方马克思主义哲学。本文拟就上述问题进行一些探讨，以求教于学术界。

一

应该说，我国的西方马克思主义哲学研究原本就是中国马克思主义哲学建设的内在组成部分，事实上也对中国马克思主义哲学研究起到过

---

* 王雨辰，1967—　，男，中南财经政法大学哲学学院教授。
[1] 张一兵：《文本的深度耕犁：西方马克思主义经典文本解读》，中国人民大学出版社，2004 年，第 482 页。

巨大的思想解放作用。在当前我国西方马克思主义哲学研究的领军人物已经成为马克思主义哲学博士点的主要学科带头人的情况下，西方马克思主义哲学研究成为中国马克思主义哲学建设的内在组成部分似乎应该是一个理所当然和毫无疑问的问题；但事实上却并非如此，造成这种局面的原因我们大致可以从我国西方马克思主义哲学研究的历史、外部条件以及研究者本身等三个方面进行探讨。

首先，从我国西方马克思主义哲学研究的历史看，西方马克思主义哲学研究在我国的兴起并非起源于中国马克思主义哲学研究者的理论自觉，而是为了完成政治需要而带动起来的。对此徐崇温先生曾经指出，西方马克思主义这个专业的确立，"从一开始就是由努力完成政治任务所带动起来的：在 1977—1978 年间，胡乔木来中国社会科学院主持工作后不久，找学术情报、哲学等研究所的领导前去接受任务时说，中央某领导出访欧洲期间，接触到一种叫'西方马克思主义'的思潮，要我院搞一份材料出来供参考"①。虽然这个为完成政治任务被引进到中国学术界的西方马克思主义哲学在客观上起到了使学术界摆脱对马克思主义哲学教条主义理解的思想解放作用，但是在马克思主义哲学界，西方马克思主义哲学是被看作马克思主义哲学的"异端"，并被归结为一种非马克思主义理论性质的思潮，这种状况一直持续到 20 世纪 90 年代，从而导致了中国马克思主义哲学界对西方马克思主义哲学一直心存戒心。进入 21 世纪以后，随着对马克思主义哲学理论性质和理论内涵解释的日益个性化和多样化，西方马克思主义哲学研究获得了更为宽松的研究环境，但是我国的西方马克思主义哲学研究者似乎又走向了另一个极端，即强调西方马克思主义哲学真正读懂了马克思的哲学，是学术话语的马克思主义哲学理论；而俄国马克思主义哲学、中国马克思主义哲学则是走形变样的马克思主义哲学，是政治话语的马克思主义哲学，于是出现了借用西方马克思主义哲学的理论和方法来重新建构马克思哲学的现象。这种支配我国西方马克思主义哲学研究的"两极对立"的思维方式，决定了我们不能科学地把握中、西马克思主义哲学的关系，造成我国的西方马克

---

① 徐崇温：《徐崇温自选集》，重庆出版社，1999 年，第 1 页。

思主义哲学研究或者游离于中国马克思主义哲学建设之外，或者凌驾于中国马克思主义哲学建设之上。

其次，从我国西方马克思主义哲学研究所处的外部条件看，可以说把西方马克思主义哲学纳入中国马克思主义哲学建设中面临着政治和时空的双重阻碍。马克思主义哲学在我国既是哲学学科下的二级学科，同时也是意识形态的理论基础。虽然我国马克思主义哲学研究出现了日益个性化和多样化的格局，但作为意识形态理论基础的马克思主义哲学，还是主要定位于对马克思主义哲学的"辩证唯物主义和历史唯物主义"的解释模式；而西方马克思主义哲学恰恰是在批判和反思苏联"辩证唯物主义和历史唯物主义"的过程中产生和发展起来的。因此，虽然中国马克思主义哲学建设也借鉴和吸收西方马克思主义哲学研究的理论成果，但总的看它处于中国马克思主义哲学建设的边缘。同时，西方马克思主义哲学的理论主题与中国的社会发展阶段出现了明显的时空错位。西方马克思主义哲学的理论主题包括三个方面的主要内容，即对马克思哲学革命意义的阐发和哲学理论形态的探索、对当代资本主义的批判及对西方社会主义革命道路的探索。应该说，西方马克思主义哲学理论主题的第一个方面对中国马克思主义哲学研究起到了思想解放的作用；但西方马克思主义哲学的后两个主题——如对市场经济的批判、对消费主义文化和价值观的批判、对科学技术社会功能的反思、对意识形态问题的强调，不仅话语系统与当代中国存在隔膜，而且西方马克思主义哲学所批判的主题有不少是中国社会发展所经历的，这种时空的错位使得西方马克思主义哲学的理论观点难以和当代中国社会发展相结合。

最后，从我国西方马克思主义哲学研究者本身的理论研究方式和理论旨趣看，一方面我国西方马克思主义哲学研究者本身的理论研究方式呈现出三大特点：第一，研究者本身对马克思主义哲学的理解经历了从认同"辩证唯物主义与历史唯物主义"到认同"实践唯物主义"的变化，使我国西方马克思主义哲学的研究经历了"否定——否定与肯定并存——肯定"三个发展阶段，虽然在每一阶段对西方马克思主义哲学的认识和评价不同，但支配研究者的都是秉承"辩证唯物主义与历史唯物主义"同"实践唯物主义"两极对立的思维方式。第二，主要停留于就西方马克思主义哲学研究西方马克思主义哲学上，不能把西方马克思主义哲学研究同马克思主义哲学研究有机地结合起来，从而成为游离于中国马克思主义哲学研究之外的相对独立的学术圈子。对此陈学明教授在反思自己研究西方马克思主义哲学的历程时指出："刚开始时我把'西方马克思主义'的研究与对整个马克思主义的研究完全割裂开来，没有把前者视为后者的一个有机组成部分，这样，即使在'西方马克思主义'这个'圈子'内你显得满腹经纶、自成一家，但是'圈子'之外的人则完全可以对你不屑一顾、兴味索然。当今的马克思主义正面临严重的挑战，围绕着马克思主义有许多至关重要的问题需要回答，对'西方马克思主义'的研究必须瞄准这些重大问题。"[①] 这种做法研究的必然结局是我国的西方马克思主义哲学研究无法回应中国现代化和中国马克思主义哲学发展面临的重大理论和现实问题，西方马克思主义哲学研究无法成为推进中国马克思主义哲学建设中国的有效途径。第三，停留在以资料评介为主要内容的哲学史研究，不能把对西方马克思主义的哲学史研究与问题研究有机地结合起来，由此造成的结果是对西方马克思主义理论观点的追踪研究多，而提炼出的理论问题相对不足，这既制约了我国西方马克思主义哲学研究的理论深度，同时也不利于中国马克思主义哲学建设对西方马克思主义哲学研究理论成果的借鉴和吸收。另一方面从研究者的理论旨趣看，以促进中国马克思主义哲学建设为目的研究西方马克思主义哲学的自觉意识尚待形成，特别是近年来受"思想淡出，学术突现"的"去意识形态"思想观念的影响，我国西方马克思主义哲学研究者虽然强调了马克思主义哲学的学科意识，却也形成了画地为牢、自说自话的研究风格，由此造成的结局是研究者个体的研究对象越来越狭窄，对西方马克思主义哲学代表人物的思想研究越来越精细，而缺乏对西方马克思主义哲学的总体把握，西方马克思主义哲学研究越来越走向类似西方哲学学科的学院化研究。

可以说，正是上述三个方面的原因造成了我国西方马克思主义哲学研究和中国马克思主义哲学建设自说自话、各说各话的格局，不能形成

---

① 陈学明：《时代的困境与不屈的探索》，黑龙江大学出版社，2007年，第2—3页。

二者之间的有机互动，无法实现西方马克思主义哲学研究在当代中国的价值和意义。

<h1 style="text-align:center">二</h1>

我国的西方马克思主义哲学研究应该以怎样的态度看待中国马克思主义哲学建设，在本质上既是一个如何看待西方马克思主义哲学研究在当代中国的价值和意义的问题，也是一个如何辨识我们自身研究的合法性问题，不能不引起我国西方马克思主义哲学研究者的深思。

应该说，对西方马克思主义哲学理论观点和发展进程进行系统的研究和描述是非常必要和重要的，它是我们了解和把握西方马克思主义哲学理论和发掘其现代价值的必要前提，但是这既不是我们研究西方马克思主义哲学的最终目的和归宿，也无法突现西方马克思主义研究在当代中国的价值和意义。这是因为，我们研究西方马克思主义哲学的最终目的和归宿既不是，也不可能是在当代中国来发展西方马克思主义的哲学理论，也不应当将研究简单地停留在追求客观、准确地描述西方马克思主义哲学的理论观点和发展进程上，而只能定位于如何通过借鉴和吸收西方马克思主义哲学的理论资源，解决中国现代化实践进程中的重大理论问题和实践问题，如何服务于中国马克思主义哲学现代化和哲学建设上，这是由西方马克思主义哲学的理论特点和马克思主义哲学发展的内在规律所决定的。

和国外其他以借用马克思的理论和方法在资本主义框架内解决现实问题的理论流派不同，西方马克思主义哲学具有其特定的理论价值立场和理论目的，这突出体现在西方马克思主义理论家是以信仰马克思主义、探索马克思主义哲学的真谛和发展马克思主义哲学、追求无产阶级的自由和解放为价值追求的。从西方马克思主义哲学的产生和发展看，它起源于西方共产党内的理论家以及西方进步知识分子摆脱教条主义的指导思想，力图探索适合于西方的社会主义革命道路和社会主义模式，这必然会在马克思主义阵营内引发如何理解马克思哲学革命的意义和马克思的哲学实质的争论，早期西方马克思主义理论家卢卡奇、葛兰西和科尔施等正是围绕上述理论问题展开理论探索的。他们着重讨论了马克思哲学革命的意义、理论形态、理论体系、理论功能和使命以及社会主义革命方略等问题。由于当时共产国际的教条主义和政治强权，他们的理论探索受到了压制和批判，西方马克思主义哲学不得不逐渐在党外发展，并丧失了同有组织的工人阶级政治实践的有机联系，但是他们始终关注的是西方社会主义革命进程中面临的重大理论问题和实践问题，不仅形成了系统的当代资本主义理论，而且对马克思的历史唯物主义、资本主义的历史命运、社会主义的未来、阶级和国家问题以及生态问题等重大理论和现实问题展开了深入的探讨，他们这些理论探讨的根本目的在于如何根据时代条件的变化发展马克思主义哲学。西方马克思主义哲学的上述理论特点决定了我们必须把它置于整个马克思主义哲学发展进程中予以研究，脱离马克思主义哲学的发展和哲学建设，仅仅停留于客观描述其理论观点无法从根本上把握西方马克思主义哲学的理论特质。

马克思主义哲学发展的内在规律也决定了我们必须立足于中国现代化的具体实际研究西方马克思主义哲学。马克思主义哲学的本性是科学性和实践性的内在统一，20世纪马克思主义哲学正是通过世界化的运动过程，同各国具体实践和文化传统相结合，为自身的发展开辟道路，形成了马克思主义哲学的多形态、多流派发展格局，西方马克思主义哲学当然也属于马克思主义发展史的内在组成部分。马克思主义哲学发展的内在规律决定了中国马克思主义哲学的发展和建设必须立足于中国现代化的具体实际，回答现代化进程中的重大理论和现实问题。要凸显西方马克思主义哲学研究在当代中国的价值，必须强化以促进中国马克思主义哲学建设为目的来研究西方马克思主义哲学的自觉意识，使之成为中国马克思主义哲学建设的内在组成部分。

要使西方马克思主义哲学研究服务于中国马克思主义哲学建设，除了研究的价值立场要实现转换之外，还必须实现研究方法的转换。具体说包括如下三个方面的内容：第一，破除非此即彼的两极对立的思维方式，展开对东、西方马克思主义哲学的对比研究。应当承认，东、西方马克思主义哲学无论是在哲学形态、哲学主题和哲学理论体系等诸方面存在较大的差异，立足于其中任何一方否定另一方都不可能得出积极和科学的结论。因为东、西方马克思主义哲学本质上反映了东、西方社会在不同的社会发展阶段和文化传统下，对马克思哲学理论内容的不同选择，它们同属于 20 世纪马克思主义哲学世界化和民族化进程中的内在组成部分，都有其存在的合法性。因此，问题不在于揭示出他们在理论上的差异，更不在于要在它们两极中进行非此即彼的选择，问题的关键在于要立足于对当代资本主义的研究，搞清产生这种差异的内在原因，从而总结出马克思主义世界化和民族化的基本规律与内在机理，并通过比较研究扩大对马克思哲学的基本精神和内核的共识，为创立中国形态的马克思主义哲学奠定基础。第二，正确处理好学术性和现代性的关系，摆脱学院化的研究方式，使西方马克思主义哲学研究真正服务于中国现代化的实践。学术性和现实性的关系，体现在马克思主义哲学理论研究中也就是科学性和意识形态职能的关系问题。应该说在这个问题上我们一直摇摆于两极，或者意识形态淹没马克思主义哲学的科学性，或者片面强调马克思主义哲学的科学性而"去意识形态"，这两个极端都不符合马克思主义哲学的本性。当前我国西方马克思主义哲学研究的突出问题是由于"去意识形态"而导致理论研究与中国现代化实践之间的脱节，使西方马克思主义哲学研究越来越学院化，无法真正进入中国人的生活世界，成为中国马克思主义哲学理论创新的思想资源。第三，突出问题意识，注重研究与中国马克思主义哲学建设和中国现代化实践密切相关的西方马克思主义流派，把对西方马克思主义的哲学史研究与理论研究有机地结合起来。西方马克思主义哲学流派众多，从学术史的视角看，对他们的研究都是必要的。但是中国马克思主义哲学建设和中国现代化实践要求我们对西方马克思主义哲学流派的研究应该区分轻重缓急和有所侧重，应该把注重对马克思主义哲学基本理论问题研究的经典西方马克思主义和注重研究现实问题的分析学马克思主义、生态学马克思主义作为当前我们理论研究的重点。[①] 同时，在研究过程中应该突出问题意识，把对西方马克思主义的哲学史研究与理论研究有机地结合起来。应当瞄准中国现代化实践和中国马克思主义哲学建设所面临的重大理论和

---

[①] 参见王雨辰《日益模糊的西方马克思主义哲学图像》,《学术研究》2008 年第 1 期。

现实问题，把对西方马克思主义哲学的资料评介式的哲学史研究方式同基本理论研究方式有机地结合起来，通过史论结合的研究，从根本上提升中国西方马克思主义研究的理论水平，并使西方马克思主义研究真正起到服务于中国马克思主义哲学主义理论建设、服务于中国现代化实践的作用。

西方马克思主义哲学研究能否成为中国马克思主义哲学研究的理论资源和内在组成部分，不单单取决于西方马克思主义哲学研究者价值立场和研究方式的改变，而且也取决于中国马克思主义研究者以何种态度来看待西方马克思主义哲学。长期以来，西方马克思主义哲学被中国马克思主义研究者排斥于马克思主义哲学之外，其主要原因有如下三个方面。

首先，教条主义思想的束缚使中国马克思主义研究者将西方马克思主义哲学看作马克思主义的异端而予以排斥。长期以来，中国马克思主义研究者把我们自己所信奉的马克思主义哲学看作唯一正确的，并且又把它归结为几条哲学原理加以固定化和凝固化，并以此作为评判其他不同流派马克思主义哲学理论的标准。具体到对待西方马克思主义哲学上，不是去分析西方马克思主义哲学理论产生的社会历史条件和所处的文化传统，而是拘泥于简单对比二者在具体理论观点上的不同，以此否定西方马克思主义理论家的哲学创造。

其次，缺乏正确的马克思主义哲学发展观造成了不能科学评判包括西方马克思主义哲学在内的其他形态的马克思主义哲学的理论得失。长期以来，一方面我们把马克思主义哲学发展史看作革命领袖和革命导师的思想发展史，并且认为革命导师和革命领袖的具体理论观点是不容置疑的，进而把马克思主义哲学发展史划分为马克思主义哲学的创立时期（马克思、恩格斯）、第二国际的传播时期、以苏俄马克思主义哲学（列宁和斯大林）和中国马克思主义哲学（毛泽东、邓小平）为代表的发展时期。另一方面我们把马克思主义哲学发展史看作一个线性发展过程，看不到马克思主义哲学发展的过程实际上也是一个充满了正确与错误相互交织和斗争的过程，从而把马克思主义哲学发展史看作正确思想的发展史。应该说，这种马克思主义哲学发展观实际上存在着内在的缺失，突出体现在如下两个方面：其一，应当肯定革命领袖和革命导师的思想发展史无疑是马克思主义哲学发展史的主要内容，但是除此之外，不同历史时期的马克思主义哲学家对马克思主义哲学的理论探索无疑也是马克思主义哲学发展史研究的重要内容，把他们的理论探索排斥在马克思主义哲学发展史之外，或者同革命领袖和革命导师的思想对立起来都不符合马克思主义哲学发展史的事实。其二，把马克思主义哲学发展史归结为革命领袖和革命导师正确思想的线性发展过程，必将导致把马克思主义哲学发展史归结为"一线单传"的历史发展过程、认为革命领袖的具体理论观点是不容置疑的，这就势必使我们不能正确评判马克思主义哲学家，特别是那些对革命领袖和革命导师的思想提出过不同意见的马克思主义哲学家的理论探索，把马克思主义哲学的丰富发展过程简单化。事实上，由马克思、恩格斯所创立的马克思主义哲学由于其理论的科学性和实践性的特点，使之必然成为一种世界性哲学而向世界各国传播，从而形成马克思主义哲学发展的世界化和民族化的内在统一，马克思主义哲学是在与世界各国社会历史条件、文化传统相结合的过程中为自身的发展开辟道路，这一方面意味着马克思主义哲学发展必然形成多流派发展格局，另一方面意味着单纯地拘泥于研究马克思主义的理论文本或者对不同流派的马克思主义哲学理论文本进行比较，都不可能真正发展马克思主义哲学。只有从思想运动、社会运动和历史文化传统三个维度对马克思主义哲学展开研究，才能真正推动马克思主义哲学的建设。如果把马克思主义哲学发展过程看作世界化和民族化的发展过程，那么苏俄马克思主义哲学、西方马克思主义哲学和中国马克思主义哲学都是马克思主义哲学发展史的内在组成部分，它们都是马克思主义基本原理同各自国家的社会历史条件和文化传统相结合的产物，只有这样才能科学定位西方马克思主义哲学在马克思主义哲学发展史上的地位，真正意义上的科学研究才可能得以展开，西方马克思主义哲学才能真正成为我国西方马克思主义哲学建设的理论资源。

最后，对西方马克思主义哲学理论和我国西方马克思主义哲学研究的理论成果不了解以及缺乏平等对话是阻碍中国马克思主义研究者借鉴吸收西方马克思主义理论成果的重要原因。中国马克思主义研究者对西方马克思主义哲学的了解还主要停留于 20 世纪 80 年代的观念上。在他们看来，西方马克思主义哲学无非就是运用现代西方各种哲学对马克思理论文本进行中介阅读的结果，于是他们采用"黑格尔主义的马克思主义""弗洛伊德主义的马克思主义""结构主义的马克思主义"等称谓来称呼西方马克思主义[①]，这不仅不符合西方马克思主义哲学产生和发展的实际，而且看不到事实上无论是就对马克思的理论文本的把握看，还是就西方马克思主义哲学创造的理论成果看，中国马克思主义哲学研究水平同西方马克思主义哲学相比还存在很大的差距，这种对西方马克思主义哲学理论的不了解也导致了我们不能同西方马克思主义哲学展开真正意义上的理论对话。因为真正意义上的理论对话的前提，必须首先了解对方的理论观点，是对话双方了解、尊重对方的哲学原则和理论观点，承认和尊重对话双方的差异和理论个性，对话和交流的目的不是用一方否定另一方，而是通过考察不同哲学范式对同一理论和现实问题的研究路径，扩展我们研究的理论视野和价值参考系。而我们目前所谓的理论对话主要还停留于对西方马克思主义哲学展开理论批判上，理所当然也就无法得出科学的结论和积极的理论成果。

　　以上情况说明，要实现西方马克思主义哲学研究与中国马克思主义哲学建设的有机结合，既需要我国的西方马克思主义哲学研究者变革研究方式，在自觉树立以促进中国马克思主义哲学建设为目的的价值立场的同时，客观上也要求中国马克思主义研究者摆脱教条主义思想的束缚，立足于马克思主义哲学世界化和民族化的宏大历史视野，以更加积极的态度了解和把握西方马克思主义哲学理论观点，实现中、西马克思主义哲学的有机互动。

原载《南京大学学报》2009 年第 5 期

---

① 参见王东《马克思学新奠基》，北京大学出版社，2006 年。

# 哲学的中国要求有中国化的哲学

潘梓年 *

一八四二年，马克思曾说过这样的话：我们的哲学要成为世界的哲学，世界也将成为哲学的世界。[①] 马克思这句话目前正在中国实现着。由于有了中国共产党的领导，由于有了毛泽东著作那样的使马克思列宁主义的普遍真理和中国的革命实践相结合的典范，马克思列宁主义哲学一进入中国，就使中国人民的革命事业面目为之一新，就开始了马克思列宁主义哲学中国化和中国马克思列宁主义哲学化的过程。中国人民民主革命和社会主义革命的相继胜利，以及社会主义建设的辉煌成就，就是这个哲学在中国所开的灿烂之花，所结的丰硕之果。目前中国人民正在社会主义建设事业上大跃进而特跃进，将使这个哲学在中国开出更美丽的花朵，结出更为高产的果实。

一九五七年十二个社会主义国家共产党和工人党代表的莫斯科会议宣言中说："在实际工作运用辩证唯物论，用马克思列宁主义教育干部和广大群众是共产党和工人党的迫切任务之一。"一年以来，中国人民在党的宣传鼓动和组织领导下，学哲学、用哲学、边干边学、边学边用的群众性运动，已在全国工厂、农村、部队、机关、学校中普遍展开，形成一股奔腾澎湃的洪流，在我们面前展示出一幅百花齐放、争奇斗艳的美丽画图：中国即将成为哲学的中国。干部、群众、不只是在努力贯彻党的政策，完成党和政府交给他们的社会主义建设的宏伟计划，而且还在

---

* 潘梓年，1893—1972，男，中国科学院哲学研究所所长、研究员。

① 参见《马克思恩格斯全集》第 1 卷，人民出版社，1956 年，第 121 页。

努力学习辩证唯物主义，提高自己的哲学理论水平，把哲学掌握到自己手里当作阶级斗争和生产斗争的有力武器，打击反动言行，巩固无产阶级政权，克服落后思想，提高生产指标。从而使改造旧中国创造新中国的革命事业逐季、逐月、逐日地跃进再跃进。中国共产党正就是贯彻着莫斯科会议宣言所指出的这一项任务，这将使中国成为哲学的中国。

哲学的中国要求有中国化的哲学。最近这一时期，中国自然科学方面的许多尖端科学有了许多发明创造，其中有许多已打破了世界纪录，要求中国的哲学工作者及时总结这方面的新成就，使自然辩证法获得新的内容和新的发展。同时，中国的社会面貌也在日新月异；体制的改变，新的教育方针的制定和贯彻，两参一改新经验的推广，工农商学兵五结合的公社化的全国风行，使整个社会结构、人与人的关系、人的思想状况起了许多根本性的变化，使人的物质生活和精神生活都在掀起各种各样的飞跃。这些都在要求中国的哲学工作者及时概括这种新变化，研究和解决新变化所提出的新问题，使历史唯物主义和辩证逻辑获得新的内容和新的发展。

社会主义建设事业的飞跃前进对马克思列宁主义哲学中国化提出的问题是够多的。例如，上层建筑、经济基础、生产关系、生产力等历史唯物主义的基本范畴，在我们社会的剧烈变化面前，应该如何理解才能成为社会存在的接近真实的反映，就是一个很可以讨论的问题，这一问题，过去也有过一些讨论，但联系着实际的讨论是不够的。现工厂中的两参一改，农村中公社化，国家体制中的许多权力下放，机关干部包括领导干部的参加生产劳动，都对这一问题的讨论提供了很多材料，我们可以根据这些材料来进行研究、讨论。

又如矛盾有对抗性与非对抗性之分，又有敌我矛盾和人民内部矛盾之分，又有主要与次要之分，这些区分是否一致的——这样的问题，和它们的相互转化所根据的一定条件又是怎样的问题，也是可以联系几十年来中国革命斗争的实际经验来加以研究。

再如逻辑方面一直在争论着的也有不少问题。这些问题不管是关于形式逻辑的还是关于辩证逻辑的，或是关于两者之间的关系的，我看，如果能到近几年来实际斗争经验中收集一些材料来讨论研究，会比光靠引经据典来互相诘难有成效得多。

再如中国生物学者关于遗传学上摩尔根派与米丘林派之争，在过去也一直没有争得清楚。现在农业园艺方面已有许多培育新品种和大量增产的实际经验，很可以从哲学视点来加以总结。看它对两派之间争论的解决能否提供某些帮助。最近中国各地高等院校师生对心理学资产阶级学术观点的批判，大体上虽说已驳倒了"生物化"的主张，但要说已解决了问题，我看还早了一点。在这方面，哲学工作者也是有事可做的。近几年来，微观世界、宏观世界都有了很多很大的新发现。热核子的裂变一直是无法控制的，现在也已经能够控制了，地心吸力也可冲破了，在这些方面，中国科学家也做了一些工作，有了一些成就。以上种种，都对哲学研究提出了不少亟须研究解决的新课题。

中国将要成为哲学的中国，哲学也必须要有中国化的哲学，这已是摆在我们面前的事，已是提到哲学工作者的议事日程上来的事了。哲学大有可为！这真是对我们莫大的鼓舞，同时也是莫大的压力。

原载《哲学研究》1958 年第 7 期

# 中国马克思主义哲学范式转换研究析论

王南湜 *

  在 20 世纪临近结束之际，中国哲学界特别是马克思主义哲学界出现了一阵回顾与展望的持续性热潮。这一热潮主要内容是要对几十年的哲学研究作一回顾、反思，并试图通过反思，总结经验，以更好地规划新世纪的哲学研究方向。大概从 1995 年开始，各种以"世纪之交的马克思主义哲学"之类题目为名的研讨会便接连召开，一直持续到 21 世纪初。在此期间，各种以"世纪之交"为名目发表的文章，据不完全统计，更是有数百篇之多。一直到了 2006 年，仍有人以"世纪之交"为题撰文。这一热潮并非单纯是对于世纪之交这一时间节点的某种情怀，而更是包含着人们对于哲学研究方式转变的期待。换言之，人们认为，世纪之交并非单纯新旧世纪之交替，同时也是不同的哲学研究方式之交替。也正是在这一时期，中国马克思主义哲学界提出了哲学研究的范式转换问题，不仅寻求哲学研究范式的转换，而且试图从马克思主义哲学发展的历史上，进而从整个哲学发展的历史上为范式转换的可能性和必要性作论证，而这就涉及了哲学上的一系列根本性的重大问题。尽管由于受知识储备及时间局促等条件限制，这些讨论尚欠深入，但无论如何，中国马克思主义哲学范式的转换仍不失为一个重大的理论问题，因而对此问题的研究作一番考察和评论亦有重要的意义。

---

\*  王南湜，1953—  ，男，南开大学哲学系教授。

## 一、哲学范式转换问题研究的简单回顾

中国哲学界对研究范式或思维范式的讨论，大体上可以分为三个阶段。第一个阶段是在 20 世纪 80 年代初步提出哲学研究的范式问题，第二个阶段是在世纪之交明确地提出马克思主义哲学研究的范式转换问题，第三个阶段则是在近一时期对这一问题所作的新的反思。

在第一个阶段，中国哲学界从库恩的《科学革命的结构》一书中借来了"范式"这一概念，并将之用于对思维方式及其转换的描述。这一时期哲学界虽然进行过对于研究范式问题的论说，但一般而言并不是关于整个哲学思维方式的。例如，于文军在 1989 年撰文指出："历史唯物主义作为一门科学，它的突破与进展当然也首先要取决于新研究范式的确立"，而此处所说的"新的研究范式的主要内涵是从主体的实践角度，探讨历史主体对社会历史过程的超越问题"。[①] 此外，人们也在中西哲学比较、不同哲学家思想方式比较的意义上使用范式一词。如姜澄清的《〈易〉的思维范式与东方审美思维》一文便是前一种意义上使用范式一词的，而译文《康德之后的两种思维范式——谢林与费希特的对立》（泽迈克著），则是在后一种意义上使用这一概念的。[②]

第二个阶段始于 1998 年。这一年，国内哲学界正式提出研究范式转换问题。最早论述这一问题的，据笔者考察，应该是王书明、耿明友、陶志刚等三人发表于 1998 年的《困惑中的进步——浅谈马克思主义哲学思维范式的当代转型》一文。在该文中，他们明确提出了以下论点："在向市场经济转型的过程中，马克思主义哲学也在困惑中开始了思维转型，即经历了从本体论范式向认识范式，再向人学范式的转换。"[③] 在这一年，高清海、徐长福二人也发表了《力求哲学范式的及早转换——对世纪之

---

① 于文军：《历史主体对历史进程的超越与现代历史唯物主义的研究范式》，《长白学刊》1989 年第 5 期。
② 姜澄清：《〈易〉的思维范式与东方审美思维》，《贵州文史丛刊》1994 年第 3 期；M. J. 泽迈克：《康德之后的两种思维范式——谢林与费希特的对立》，《世界哲学》1988 年第 6 期。
③ 王书明、耿明友、陶志刚：《困惑中的进步——浅谈马克思主义哲学思维范式的当代转型》，《佳木斯大学社会科学学报》1998 年第 1 期。

交哲学发展的主张》一文，提出了"哲学范式转换是指哲学的思维方式、观念系统、理论格局、社会功能的总体性变迁"，而"哲学范式转换在其内在方面的含义是从'物'转向'人'，在其外在方面的含义是从'一'转向'多'，并且二者不可分割"。①随后，在1999年，王南湜发表了《启蒙及其超越》《论哲学思维的三种范式》，高飞乐发表了《百年历程：哲学的价值论转向》②，对哲学范式转换问题作了进一步的讨论。在进入21世纪的最初几年间，还有一批相关论文问世，深化了这一讨论，主要有衣俊卿的《论世纪之交中国哲学理性的走向》，徐长福的《新时期马克思主义哲学的演进态势》，邹诗鹏的《生存论转向与马克思的实践哲学》，刘怀玉的《论马克思的现代哲学范式革命》，仰海峰的《生产理论与马克思哲学范式的新探索》。③

第三个阶段集中于2008年。在这一年，对这一问题的研究在沉寂了一段时间之后，随着纪念十一届三中全会召开30周年，又掀起了一个不小的高潮，关于这一问题发表了相当数量的一批文章。这些文章主要有孙正聿的《对作为"范式"的哲学教科书的检讨与反思》《伟大的实践与实践的哲学——改革开放以来的中国马克思主义哲学》，汪信砚的《当代中国马克思主义哲学的研究范式》，郭湛的《从主体性到公共性——当代中国马克思主义哲学的走向》，孙利天的《马克思主义哲学研究认识论转向的意义——纪念改革开放30周年》，李成旺的《西方逻各斯中心主义传统与马克思哲学的革命》，胡梅叶的《从实践唯物主义到生存论——我国马克思主义哲学研究范式演变的回顾与反思》，何中华的《论改革开放新时期马克思主义哲学研究范式的重建和变革》，张再林的《"殷鉴不

---

① 高清海、徐长福：《力求哲学范式的及早转换——对世纪之交哲学发展的主张》，《哲学动态》1998年第12期。

② 王南湜：《启蒙及其超越》，《天津社会科学》1999年第3期；《论哲学思维的三种范式》，《江海学刊》1999年第5期；高飞乐：《百年历程：哲学的价值论转向》，《中共福建省委党校学报》1999年第4期。

③ 衣俊卿：《论世纪之交中国哲学理性的走向》，《求实》2001年第1期；邹诗鹏：《生存论转向与马克思的实践哲学》，《现代哲学》2002年第1期；刘怀玉：《论马克思的现代哲学范式革命》，《哲学动态》2003年第9期；仰海峰：《生产理论与马克思哲学范式的新探索》，《中国社会科学》2004年第4期；徐长福：《新时期马克思主义哲学的演进态势》，《学术月刊》2001年第2期。

远"：当代中国的哲学建设必须直面由现代范式向后现代范式的理论转型》等。① 在这些文章中，人们对思维范式转换问题又从新的理论立场作了审视，在很大程度上拓展了这一问题的研究视域。

## 二、"范式"与"范式转换"概念使用的分析

虽然国内学界所使用来描述哲学研究方式变化的"范式"一语都源于库恩的《科学革命的结构》，且这 20 多年来有这么多的学者撰文讨论哲学研究范式以及范式转换，但"范式"这一概念没有一个为人们所共同肯定的明确定义，人们往往是在相当不同的意义上使用着这一概念。为了使下面的论述具有比较确定的含义，我们需要对学界使用"范式"及"范式转换"概念略加辨析。

粗略地梳理一下 20 多年来国内学界对"范式"及"范式转换"概念的使用，大致分为四种情况。

第一类是在"哲学的基本思维方式"的意义上使用的。如王书明等所说的"从本体论范式向认识范式，再向人学范式的转换"②，高飞乐所说的"从本体论哲学范式到认识论哲学范式再到价值论哲学范式的变革"③，徐长福所说的从"物"的哲学范式向"人"的哲学范式转换④，凌新所说

---

① 孙正聿：《对作为"范式"的哲学教科书的检讨与反思》，《河北学刊》2008 年第 2 期；孙正聿：《伟大的实践与实践的哲学——改革开放以来的中国马克思主义哲学》，《社会科学战线》2008 年第 5 期；李成旺：《西方逻各斯中心主义传统与马克思哲学的革命》，《学术月刊》2008 年第 4 期；孙利天：《马克思主义哲学研究认识论转向的意义——纪念改革开放 30 周年》，《江苏社会科学》2008 年第 4 期；郭湛：《从主体性到公共性——当代中国马克思主义哲学的走向》，《中国社会科学》2008 年第 4 期；胡梅叶：《从实践唯物主义到生存论——我国马克思主义哲学研究范式演变的回顾与反思》，《社会科学战线》2008 年第 7 期；张再林：《"殷鉴不远"：当代中国的哲学建设必须直面由现代范式向后现代范式的理论转型》，《人文杂志》2009 年第 1 期；汪信砚：《当代中国马克思主义哲学的研究范式》，《中国社会科学》2008 年第 2 期；何中华：《论改革开放新时期马克思主义哲学研究范式的重建和变革》，《理论学刊》2008 年第 11 期。
② 王书明、耿明友、陶志刚：《困惑中的进步——浅谈马克思主义哲学思维范式的当代转型》，《佳木斯大学社会科学学报》1998 年第 1 期。
③ 高飞乐：《百年历程：哲学的价值论转向》，《中共福建省委党校学报》1999 年第 4 期。
④ 徐长福：《新时期马克思主义哲学的演进态势》，《学术月刊》2001 年第 2 期。

的"由哲学范式向科学范式的转变"①衣俊卿所说的"在西方哲学史上一直存在着两种不同的哲学范式，一种是追求普遍性知识的、思辨的理论哲学或意识哲学范式，另一种是关注生命的价值和意义的实践哲学或文化哲学范式"②，冯平所说的"看世界的哲学"与"改造世界的哲学"③，孙正聿所说的"由朴素实在论思维方式向实践论思维方式的转换"④，汪信砚所说的"以马克思主义哲学中国化为范式开展当代中国马克思主义哲学研究"⑤，何中华所说的"马克思主义哲学研究发生了两大转变：一是由知识论向本体论的过渡，一是由本体论向存在论的过渡"⑥，以及笔者所说的范式转换，所论及的"范式"一语大体上都是指"哲学的基本思维方式"。第二类是在研究进路或侧重点意义上使用的。如金民卿所说的"重读马克思哲学的基本理论范式大致可以概括为五种，即实践唯物主义解读、实践人道主义解读、人学解读、文本解读、文化解读"⑦，王素瑛所说的"文本的解释性对话与时代的问题式对话是马克思主义哲学研究中的两种不同的对话范式"⑧，袁凌新所说的"教科书体系的马克思主义哲学"与"学术化的马克思主义哲学"⑨，张华所说的"研究范式上由体系研究向问题研究转变"⑩，韩庆祥所说的"文本解读""对话比较""中国化取向"等三种创新范式⑪，吴元梁所说的"可以把马克思主义哲学界已经出现的研究范式分为问题研究范式、文本研究和解释范式、比较与对话范式"⑫等，所说的"范式"大致上都是在研究路径或侧重点一类意义上使用的。

① 凌新：《试论马克思理论范式的转变——从阿尔都塞的"总问题"概念谈起》，《江汉论坛》2003年第10期。
② 衣俊卿：《马克思主义哲学演化的内在机制研究》，《哲学研究》2005年第8期。
③ 冯平：《面向中国问题的哲学》，《中国社会科学》2006年第6期。
④ 孙正聿：《对作为"范式"的哲学教科书的检讨与反思》，《河北学刊》2008年第2期。
⑤ 汪信砚：《当代中国马克思主义哲学的研究范式》，《中国社会科学》2008年第2期。
⑥ 何中华：《论改革开放新时期马克思主义哲学研究范式的重建和变革》，《理论学刊》2008年第11期。
⑦ 金民卿：《国内马克思哲学研究的几种理论范式》，《理论前沿》2000年第1期。
⑧ 王素瑛：《文本关注与时代关注——马克思哲学研究中两种对话范式比较》，《重庆职业技术学院学报》2007年第3期。
⑨ 袁凌新：《马克思主义哲学研究范式检讨》，《理论导刊》2008年第5期。
⑩ 张华：《马克思主义哲学面向未来的发展机制——马克思主义从冲突到和谐的转化机制研究》，《徐州师范大学学报》（哲学社会科学版）2008年第4期。
⑪ 韩庆祥：《回到马克思哲学本性的基地上探寻哲学发展之路》，《哲学动态》2008年第5期。
⑫ 吴元梁：《马克思主义哲学研究范式的争鸣与反思》，《江海学刊》2008年第1期。

第三类是在笼统的研究风格之类意义上使用"范式"概念的。如贺善侃所说的"现代哲学研究范式……在研究方向上，要强化面对现实生活的研究；在研究方法上，要倡导对话型研究方式；在研究视野上，要确立先导性研究目标"[①]，张定鑫所说的"提倡个性化研究范式"[②]，便是在一种比较笼统的研究风格之类意义上使用的。第四类是在以重大问题为研究对象的意义上使用的，如吴宁所说的"马克思主义哲学研究的生态范式"："马克思主义哲学蕴涵着丰富的生态思想，马克思主义哲学研究的生态范式必然开启马克思主义哲学的生态视阈，有利于建设社会主义生态文明。"[③]

在第一类意义上使用"范式"概念者，人数较多，甚至可以说，大多数学者提到"范式"概念时，都是在这一意义上使用的。在第二种意义上使用"范式"概念的研究者人数也不少。相比较而言，在第三、四种意义上使用"范式"概念的研究者就只有很少人了。

## 三、"范式"及"范式转换"概念使用的合法性问题

事实上，可能是由于"范式"及"范式转换"概念使用上的多义化甚至随意化，引起了一些学者的疑虑，并进而质疑这一组概念使用的合法性。这使得我们也不能不对这一问题作一些简单的辨析。

有代表性的质疑是卜祥记在《马克思主义哲学研究范式辨误》一文中提出来的。在这篇文章中，他把国内哲学界借用库恩的范式概念的情况归纳为三类："其一，在一般的但也是空泛的意义上把'范式'理解为'代表着一个特定共同体的成员所共有的信念、价值、技术等构成的整体'"；"其二，在比较通俗易懂的意义上把'范式'理解为特定的世界观"；"其三，在比较稳妥安全的意义上把'范式'理解为特定的方法论，

① 贺善侃：《论哲学创新及研究范式的转换》，《上海师范大学学报》（哲学社会科学版）2005年第6期。
② 张定鑫：《提倡个性化研究范式——对推进马克思主义哲学当代形态建构的一些思考》，《江西财经大学学报》2004年第2期。
③ 吴宁：《当代马克思主义哲学研究的生态范式》，《学术研究》2008年第9期。

即库恩所说的'技术'因素。"对这三类使用情况，他逐一进行了质疑。[①]

笔者以为，如我们前面所指出的那样，卜祥记所说的"范式"概念使用上的宽泛化现象的确是存在的，且如此宽泛的使用易使这一概念失去确定性，因而对之进行批评是有意义的。但我们也不能因为人们的宽泛使用而否定继续使用这一概念的合法性。而且，我们也不能简单地责怪中国学者错用了这一概念。事实上，这一概念使用上的含混性，库恩自己要负很大的责任。正如一位学者所指出的那样，"范式"一词在其《科学革命的结构》中的含义就多达 21 种[②]，且其后期又对"范式"概念做了某种修改或再解释。[③]既然库恩自己对"范式"概念的使用就存在着极大的含混性，后来的研究者在借用这一概念时也就很难以一种清晰的方式使用了。况且，笔者以为，尽管国内学界在这一概念的使用上存在着某种程度的含混性，但总体上仍有某种确定性，即大部分学者都是在"哲学的基本思维方式"这一意义上使用这一概念的。更重要的是，这种意义的"范式"及"范式转换"概念的确能够比较好地描述几十年来中国马克思主义哲学所发生的重大变化。因此，我们所要做的不是抛弃这一概念，而是尽可能在一种确定的意义上使用。在本文下面的论述中，我们将"范式"概念限定在"哲学的基本思维方式"的意义上，而不采用其他意义上的使用方式。

## 四、哲学思维范式转换的表述问题

如果我们把"范式"概念限定在"哲学的基本思维方式"的意义上，那么，不难看出，在这一以上使用"范式转换"的论者，无论是认为这一转换是"从本体论范式向认识范式，再向人学范式的转换"，"从本体论哲学范式到认识论哲学范式再到价值论哲学范式的变革"，从"物"的哲学范式向"人"的哲学范式转换，从追求普遍性知识的、思辨的理论

---

[①] 卜祥记：《马克思主义哲学研究范式辨误》，《学术月刊》2009 年第 4 期。
[②] 拉卡托斯等编：《批判与知识的增长》，华夏出版社，1987 年，第 77 页。
[③] 孟强：《从表象到介入——科学实践的哲学研究》，中国社会科学出版社，2008 年，第 79—83 页。

哲学或意识哲学范式向关注生命的价值和意义的实践哲学或文化哲学范式的转换，从"看世界的哲学"向"改造世界的哲学"的转换，还是"由朴素实在论思维方式向实践论思维方式的转换"等等，所欲说明的问题都是指中国马克思主义哲学在大半个世纪的形态演变。关于这一形态演变，各位论者所指内容大致相同，但在具体如何表述这一演变过程时，则在阶段划分和名称上有所不同。我们可以先将这一形态演变作一简单的直观描述，然后再进一步讨论如何表述问题。

论者们一般认为，中国马克思主义哲学的第一种存在形态主要存在于改革开放前的计划经济年代，当以各种版本的马克思主义哲学教科书为其典型代表。这一哲学的最突出特征是对人的能动性或主体性的抹杀，而表现方式则是将人类历史或社会生活自然化，也就是说，表现为抹平自然观与历史观的区别，把历史观化归为自然观之推广或扩展。这种自然化的典范是斯大林的《辩证唯物主义和历史唯物主义》，在那里，他将马克思主义哲学规定为"辩证唯物主义和历史唯物主义"，并认为辩证唯物主义是马克思主义哲学的自然观，而作为历史观的历史唯物主义则是作为自然观的辩证唯物主义的推广。论者们也大都认为，从 20 世纪 80 年代中国社会进入改革开放阶段以来，哲学体系的改革也提上了议事日程，而且哲学研究也的确发生了变化。但一些论者把这一时期只视作一个过渡性阶段，另一些论者则将之描述为一个独立的阶段，并认为这一阶段的特点是对马克思主义哲学作认识论的解释。这主要表现在两个方面，一是认识论研究成了 80 年代哲学研究的中心问题，另一则是这一阶段研究问题的方式都是以认识论框架为典范的，即是在主客体对立的框架中进行思考。而在关于 20 世纪 90 年代中期以来中国马克思主义哲学范式变化问题上，论者们的意见则似乎比较一致，即大都认为中国马克思主义哲学在这一时期发生了一些重大变化，出现了新的研究范式。但如何表述这种范式，则名目繁多，诸如人学范式、人类学范式、价值论范式、生存论范式、文化哲学范式、实践哲学范式等等。

一般而言，把中国马克思主义哲学的范式演变描述为上述三个时期的变化过程，是能为大多数论者所接受的，不同主张之间的差异则在于名称和诸阶段之间的关系问题上。

关于阶段划分上的不同主要在于，一些论者将之分为三个阶段，另一些论者则将之简单地分为两个阶段，而其中的不同又主要在于如何处理第二阶段。划分为三阶段者，又有三种处理方式。一种是将第二阶段与另两个阶段并列，一种是将第二阶段视为一个过渡性阶段，另一种则是进而又将第二阶段与第一阶段归并为一个与第三阶段并列的更大的阶段。因此，就许多论者将第二阶段视为过渡性阶段或将之与第一阶段合并为一个更大阶段而言，两阶段论与三阶段论之间似乎也没有实质性差别。就此而言，总体上的两阶段划分或许是一个更易为大家接受的划分方式，因为它也包含了进一步划分的空间。

关于各阶段的名称，虽然论者们提出了诸多方案，但名称似乎也不是一个原则性的问题。这从各位论者用来标示所主张转向的哲学范式的词语的类似性上，就可以看出来。诸如"人学""价值论哲学""'人'的哲学""实践哲学""文化哲学""改造世界的哲学""实践论思维方式"等，所指向的大致上是相同的哲学研究方式：既不是从一个设定的客观的本体（精神的或物质的）出发，亦不是从主体自身的确定性出发，去解决哲学问题，而是从人的存在出发，从人的生活和实践出发，去理解和解决哲学问题。既然实质相同，用何种名称表述，就是一个次要的问题了。当然，笔者认为，尽管各种表述都有其合理性，但用从理论哲学范式到实践哲学范式来表述这一转变过程要更好一些。因为当马克思批评以往的哲学家都只是解释世界，而要求将改变世界视为根本之时，他是将实践活动放在了首位，而将理论活动视为从属于实践活动的，这就在某种意义上接续了亚里士多德的与理论哲学不同的实践哲学传统。因此，将马克思哲学视为一种全新的实践哲学，而将它所批评的传统哲学归结为理论哲学，当能更好地表达马克思本人哲学革命的实质和中国马克思主义哲学理论形态转换的实质。

## 五、当代中国马克思主义哲学范式转换研究之问题

如果我们用从理论哲学到实践哲学的转变来表达中国马克思主义哲学的范式转换，那么，不言而喻，这是哲学思维方式的一种根本性转换。

在西方哲学史上，如果说是柏拉图开创了形而上学即理论哲学范式，而马克思则从根本上开始了对这一范式的反拨的话，那么这一转换是在两千多年的历史中完成的；而在中国，则由于种种原因，这一转换过程被压缩在短短的半个多世纪之中。如此急速的观念变迁，不可避免地是极其粗线条的。这种急速的粗线条转变的结果，便是会留下许多问题需要人们去逐步消化。这些问题大致上可分为两个方面的：一是总体上如何对马克思主义哲学及其思维范式转型的理解问题给出清晰而系统的规定；二是如何在实践哲学范式的视阈中，重构一系列任何一种哲学都不可避免地要给予某种解答的重要问题。因此，如果我们前面描述的范式转换说能够成立，那么，对这些问题的解决将会构成中国马克思主义哲学范式转换之深入发展的趋向或理论空间。

### （一）哲学范式转换带来的总体性问题

哲学范式转换所带来的问题首先是总体上的问题，主要包括相互关联的两个方面的问题。一是如何规定实践哲学思维范式，二是如何理解马克思实践哲学的独特性。

关于如何规定实践哲学思维范式。笔者在一篇文章中曾对诸种实践哲学的含义作了一些辨析，认为在作为第一哲学和思维范式的意义上，马克思哲学与其他现代哲学有着根本性的不同。① 这种提问题的方式包含着一个前提，那就是我们能够用实践哲学来涵括现代哲学，或者说，用转向实践哲学来表达哲学思维范式的转变。但是，由于实践哲学一语的含混性以及人们使用中的多义性，学界似乎至今还未达成一种对于哲学范式转型如何规定的共识。有不少论者在谈及实践哲学时，似乎往往不是在本文所理解的意义上，而是对之作一种比较随意的理解。于是乎，许多超越实践哲学范式的主张便被不断地提了出来。例如，已有人提出一种"后实践哲学"的主张。尽管这种声音在哲学界尚不响亮，但在美学界，一种"后实践美学"的主张却似乎要势头大得多。这里并不是说人们此外不能再提出"转向"问题，而是说，人们应该静下来对所使用

---

① 王南湜：《马克思哲学在何种意义上是一种实践哲学》，《马克思主义与现实》2007 年第 1 期。

的概念作一些澄清，尽量能够在共同的含义上使用这些基本概念，否则，只是自话自说，恐怕就很难推进思想的深化。

关于如何理解马克思实践哲学的独特性。虽然笔者曾对马克思哲学在何种意义上是一种实践哲学作了一些辨析，但这一工作毕竟是十分简单的。如果我们肯定哲学从马克思以来发生了一种从理论哲学到实践哲学的转换，且马克思哲学是一种实践哲学的话，那么，实践哲学便不是像葛兰西所说的那样是马克思哲学的别名，而是一种共名，从而在同为实践哲学的基础上，如何区别马克思哲学和其他实践哲学便成为一个重大的基本问题。不少论者指出，实践哲学有着一个极为广泛的谱系。倪梁康说实践哲学包括"黑格尔以后的现代哲学"，哈贝马斯说实践哲学包括卢卡奇、葛兰西、布达佩斯学派、萨特、梅洛-庞蒂、南斯拉夫实践派的哲学，以及批判理论，也包括美国实用主义，伯恩斯坦说它甚至包括像克尔凯郭尔这样的哲学家的思想。[①] 面对如此庞大的哲学家群，如何将马克思哲学从中区分出来，显然是一项极为复杂、繁难的工作。但这一工作又是极其必要的。如果说人们往往用一种极为简单的方式将马克思哲学与其他哲学区分开来，那么，在实践哲学范式中，这种简单的方法已不存在。例如，在以往的哲学范式中，人们或者可以一方面用"唯物主义的"将马克思哲学与唯心主义哲学区别开来，另一方面用"辩证的"将马克思哲学与旧唯物主义哲学区别开来。在后来，人们则多用"实践的"一语将马克思哲学与以往各种哲学区别开来。但在实践哲学范式中，这些简单的区分方式不再有效，因而我们必须通过具体的研究寻找其间的实质性区别。

## （二）实践哲学视阈中的诸哲学问题

思维范式的转换是哲学思想中根本性的变化，因而不可避免地要对所处理的诸问题产生根本性的影响。对于哲学中的诸问题而言，思维范式犹如马克思所说的，"这是一种普照的光，它掩盖了一切其他色彩，改

---

① 倪梁康：《欧陆哲学的总体思考：海德格尔思想比较研究·主持人话语》，《求是学刊》2005年第6期；哈贝马斯：《现代性的哲学话语》，译林出版社，2004年，第72页；Bernstein, Richard J, *Praxis and Action*, University of Pennsylvania Press, Philadelphia, 1971, p.123.

变着它们的特点。这是一种特殊的以太，它决定着它里面显露出来的一切存在的比重"①。下面择其要者略举几例。

关于实践哲学的基本问题。哲学思维范式的转换也必然导致哲学基本问题的变化。黑格尔认为："近代哲学的原则并不是纯朴的思维，而是面对着思维与自然的对立"，"这种最高的分裂，就是思维与存在的对立"。②而近代哲学的"全部兴趣仅仅在于和解这一对立，把握住最高度的和解，也就是说，把握住最抽象的两极之间的和解"③。恩格斯也指出："全部哲学，特别是近代哲学的重大基本问题，是思维和存在的关系问题。"并认为，虽然这一问题"其根源在于蒙昧时代的愚昧无知的观念"，"但是，这个问题，只是在欧洲人从基督教中世纪的长期冬眠中觉醒以后，才被十分清楚地提了出来，才获得了它的完全的意义"。④这也就是说，古代哲学，依汪子嵩、朱德生等人之见，之所以表现为一般与个别事物之关系问题⑤，是由于其自我意识尚未觉醒，尽管一般之物只能是思维的产物，却被当成了与个别事物一样的存在者。因此，古代哲学基本问题与近代哲学基本问题之差异只在于自我意识觉醒与否，一般与个别的关系其实只是思维与存在关系问题的一种未自觉的表现形式而已。无疑，哲学基本问题的这种变化是与哲学思维范式的转换内在相关的。古代哲学的思维范式决定了其基本问题只能是一般与个别之关系问题，而近代哲学的思维范式则决定了其基本问题为思维与存在之关系问题。但无论古代哲学还是近代哲学的思维范式，都属于理论哲学的思维范式，因而哲学基本问题具有内在的类似性。但实践哲学与理论哲学是截然相反的哲学进路，一旦哲学思维范式转换为实践哲学，则亦必然导致基本问题的重大转换。事实上，在理论哲学之中，无论是古代哲学还是近代哲学，其基本问题实质上都是思维与存在之间的二元关系。而在实践哲学之中，如果我们把理论与实践理解为人的两种基本活动方式的话，则

---

① 《马克思恩格斯选集》第2卷，人民出版社，1995年，第24页。
② 黑格尔：《哲学史讲演录》第4卷，商务印书馆，2013年，第8页。
③ 同上书，第6页。
④ 《马克思恩格斯选集》第4卷，人民出版社，1995年，第223—224页。
⑤ 汪子嵩：《亚里士多德关于本体的学说》，人民出版社，1983年；朱德生等：《西方认识论史纲》，江苏人民出版社，1983年。

理论哲学中的二元性关系转变为了理论、实践与实在之间的三元性关系。在这种三元性关系中，"实在"的含义大致上接近于二元关系中"存在"的含义，表示一种与思维不同的东西；而"理论"则比二元关系中的"思维"更少一些抽象性，大致上意指用语言表达出来的思想。其间多出来的一元是"实践"，其含义为人的一切实际性活动。如何解决这种三元性关系，就构成了实践哲学必须持续探讨的问题。

　　此外还有实践哲学中唯物主义的意蕴、辩证法问题、真理问题等等。如果实践哲学范式中哲学基本问题发生了相应的转换，从思维与存在的二元性关系转变成了一种理论、实践与实在的三元性关系，则唯物主义与唯心主义的含义也必然要重新界定。这一转变，同样也必然会导致辩证法、真理等问题内涵的改变。

原载《学术研究》2011 年第 1 期

# 当代中国马克思主义哲学新形态的探索与建构

张传开　单传友 *

作为思想中的时代，改革开放以来的马克思主义哲学构成了中国特色社会主义道路的有机组成部分，分享着中国特色社会主义的实践特色、理论特色、时代特色和民族特色；作为"文明的活的灵魂"，改革开放以来的马克思主义哲学又以中国特色、中国风格、中国气派塑造着中国道路，推进着中国特色社会主义建设。从这个角度讲，改革开放以来马克思主义哲学的发展就是不断探索与建构当代中国马克思主义哲学新形态的过程。[①]

从马克思主义哲学形态的探索与建构来看，改革开放以来马克思主义哲学的发展大致可分为逐次递进而又前后交叉的四个阶段：一是"实践意识"的觉醒阶段，时间大约从 20 世纪 70 年代末到 80 年代中后期；二是"体系意识"的重构阶段，时间大约从 20 世纪 80 年代末到 90 年代

---

\* 张传开，1951—　，男，安徽师范大学马克思主义学院教授；单传友，1982—　，男，安徽师范大学马克思主义学院副教授。

[①] 相关讨论可以参见张传开：《关于马克思主义哲学形态的思考——重读〈关于费尔巴哈的提纲〉和〈德意志意识形态〉》，《哲学动态》2010 年第 2 期；《中国化马克思主义哲学新形态探索的逻辑进程》，《安徽师范大学学报》2010 年第 4 期；《中国马克思主义哲学新形态探索的基本经验》，《安徽师范大学学报》2012 年第 6 期。关于改革开放以来马克思主义哲学发展的全面梳理，参见于永成、贺来：《改革开放 40 年来马克思主义哲学研究的回顾与展望》，《广东社会科学》2018 年第 4 期；杨学功：《从真理标准讨论到哲学教科书体系改革》，《中共天津市委党校学报》2010 年第 1 期；《"问题意识"凸显和领域（部门）哲学勃兴》，《中共天津市委党校学报》2010 年第 2 期；《从"领域分设"到"路径分化"》，《中共天津市委党校学报》2010 年第 3 期。

初；三是"问题意识"的凸显阶段 [①]，时间大约从 20 世纪 90 年代到 20 世纪末；四是"形态意识"的呼唤阶段，时间大约从 21 世纪以来，特别是党的十八大以来。因此，改革开放以来马克思主义哲学的发展是从"实践意识"发展到"体系意识"、从"体系意识"转变到"问题意识"、从"问题意识"提升到"形态意识"的过程；是中国特色、中国风格、中国气派的马克思主义哲学新形态的过程。

## 一、"实践意识"的觉醒

改革开放初期的"真理标准问题"和"人道主义和异化问题"两次大讨论恢复了实践的权威，催生了"实践意识"。"实践意识"不仅构成了当代中国思想解放和改革开放的哲学基础，而且构成了马克思主义哲学在当代中国发展的新的历史起点。

首先，两次大讨论恢复了实践范畴在马克思主义认识论中的地位和作用。随着实践范畴的内涵、结构、要素等问题的讨论，实践与认识的关系、认识的本质特征及其过程等问题成为学界关注的焦点。就具体进展而言，研究成果主要体现在两个方面：一是在认识的本质问题上实现了"双重转向"，也就是从消极反映论转向能动反映论，从能动反映论转向积极构建论；二是实现了认识论研究的范式转换。随着实践观带来的对马克思主义哲学主题、性质、对象、任务、特点和功能等基本问题的重新审视，随着哲学各分支学科的相互渗透和相互促进，随着对西方哲学认识论发展方向进行总体思考，马克思主义认识论研究实现了范式转换，形成了生活认识论、历史认识论、创造认识论、社会认识论、全息认识论等研究范式。

其次，两次大讨论从两个方面助推了马克思主义价值论成为热点问题。一方面，认识论的研究必然涉及价值论问题。学界认为，实践目的（观念）范畴是事物的外部尺度和实践主体内在尺度的统一，是真理和价值在观念上的统一。实践活动不仅仅是检验主观思维是否符合客观

---

[①] 相关讨论可参见孙正聿《从"体系意识"到"问题意识"——九十年代中国的哲学主流》，《长白学刊》1994 年第 1 期。

实在的过程，也是主体价值的实现过程。由此，价值问题合乎逻辑地提了出来。另一方面，"人道主义和异化问题"关注人的价值、目的和意义等问题，本身就属于价值论的研究领域。随着人的本质、属性、价值、目的等问题以价值论的形式得到深入探讨"人道主义和异化问题"的讨论转化为价值论研究，并成为学界热点。学界从事实与价值的分离出发，指出社会实践不仅是真实性（事实的真理）的标准，而且也是合理性（价值的真理）的标准。这就拓展了实践是检验真理唯一标准的含义，开启了马克思主义价值论研究。由此发端，经由"价值认识与价值真理""价值本质与方法""价值评价与价值观""价值观与社会主义核心价值观""价值观与普世价值批判"等问题的讨论，马克思主义价值论研究取得了长足的进展，并日益成为一门显学。

最后，两次大讨论推动了马克思主义哲学本体论和历史观研究。从本体论来看，关于实践目的范畴能否纳入马克思主义实践观的争论，以比较隐匿的方式提出了物质范畴和实践范畴的内在关系问题，即，实践是纯客观的，还是主观和客观的统一？在历史观领域，物质范畴和实践范畴的关系问题则表现为"外部自然界"和"人类世界"、历史发展的客观规律性与主体能动性、历史决定论与主体选择论之间的关系问题。尽管相对于马克思主义认识论和价值论研究而言，本体论和历史观领域的讨论在 20 世纪 80 年代中期还不占主导地位，但这些问题随着马克思主义哲学"体系意识"的提出而走向前台。

## 二、"体系意识"的重构

两次大讨论带来了"实践意识"的觉醒，引发了主客体之间实践关系、认识关系、价值关系、历史关系等问题的讨论。由此，学界开始反思传统马克思主义哲学体系，目标直指传统教科书的体系框架、理论内容与思维方式。就体系框架而言，把马克思主义哲学分成辩证唯物主义和历史唯物主义两个组成部分，并认为辩证唯物主义是基础，历史唯物主义是辩证唯物主义在社会历史领域中的推广和应用，是否是马克思主义哲学的历史原象？就理论内容而言，把马克思主义哲学分成唯物论、辩证法、认识论、历史观四大板块，是否体现了马克思主义哲学革命的实质？就思维方式而言，传统教科书认为马克思主义哲学是系统化、理论化的世界观和方法论，是关于自然界、思维和社会历史领域根本规律的概括与总结，这是否是近代哲学的思维方式？

因此，在20世纪80年代后期到90年代初，马克思主义哲学研究由"实践意识"推进到"体系意识"。学界以实践范畴作为基本观点重新理解马克思主义哲学体系的各个部分，并形成了马克思主义哲学是实践唯物主义的初始表达。

学界认为，马克思的新世界观是实践的唯物主义，只有从实践范畴理解世界观，才能在根本上克服旧唯物主义把人的实践排除在世界之外的致命缺陷；在认识论上，只有引入实践范畴，才能凸显"能动的反映论"和"积极的建构论"；在辩证法上，只有引入实践范畴，才能超越脱离人的抽象的物质辩证法，辩证法的本质才是革命的和批判的；在历史观上，只有引入实践范畴，才能克服自然与历史的对立，才能实现客观规律性与主体能动性的辩证统一、历史决定论与主体选择论的辩证统一；在思维方式上，只有引入实践思维，才能突破传统的本体论思维方式。因此，实践的观点是马克思主义哲学的基本观点，马克思恩格斯创立的新唯物主义是一种新的哲学形态，实质是实践唯物主义。实践唯物主义准确地表述了马克思主义哲学唯物论、辩证法、认识论和历史观的基本内容，集中表达了马克思主义哲学的特殊规定性。

马克思主义哲学研究的"体系意识"，还表现在马克思主义哲学史研究和重新编写马克思主义哲学教科书体系的成果中。就马克思主义哲学史研究而言，一方面，实践范畴的讨论开启了马克思主义哲学研究，也推动了马克思主义哲学史的学科建设。学界既系统梳理了马克思恩格斯以来的马克思主义哲学史的发展历程，又着力研究了马克思恩格斯某一特定时期的哲学思想。另一方面，由于实践范畴与"人道主义和异化问题"的讨论大多涉及马克思的早期文本，特别是《1844年经济学哲学手稿》，因此马克思早期哲学思想成为马克思主义哲学史研究的重点，先后出版了一系列研究成果。

就重新编写马克思主义哲学教科书而言，贯彻实践唯物主义原则成为马克思主义哲学教科书体系改革的主导方向。① 但对实践唯物主义的具体理解则存在着巨大差异，集中表现在实践范畴与马克思主义哲学本体论的关系上，形成了马克思主义哲学物质本体论、实践本体论、物质实践本体论、实践中介论、实践超越论等代表性观点。正是这些不同理解，使马克思主义哲学教科书体系改革陷入了困境。肖前先生曾指出，"实践范畴在整个体系中的核心地位也不能刻板地体现在每一章每一节内容的叙述上。究竟如何做到真正把实践的观点作为首要的和基本的观点贯穿于马克思主义哲学教材的整个体系，这不论在理论上、逻辑上或是在表述上都还存在着不少矛盾和困难，需要经过哲学界同志们进一步的共同探讨才能逐步地加以解决"②。如何根据时代变化和社会实践的要求，编写出既符合马克思主义哲学基本精神，又体现中国马克思主义哲学研究最新成果的教材，成为马克思主义哲学界义不容辞的责任。

## 三、"问题意识"的凸显

进入 20 世纪 90 年代中后期，实践唯物主义的讨论一度陷入了困境。随着社会主义市场经济的迅速发展，人们的经济生活、政治生活、文化生活乃至思维方式、价值观念等都发生着重大变化，马克思主义哲学研究亦与时偕行：一方面着力推进重大基础理论问题的研究；另一方面转变研究重心，将目光聚焦于变革时代涌现的新的社会现实问题。马克思主义哲学研究从"体系意识"转向了"问题意识"，具体表现为三个方面：一是文本问题意识的转向；二是基础理论问题意识的转向；三是现实生活问题意识的转向。

---

① 高清海先生率先以主客体关系为基本线索编写了《马克思主义哲学基础》，人民出版社，上册，1985 年；下册，1987 年。该书从实践观点出发去理解一切哲学问题，展现了马克思主义哲学世界观、认识论和方法论的统一。作为国家哲学社会科学基金"七五"规划重点课题"马克思主义哲学原理体系改革"的最终成果，肖前主编、黄楠森和陈晏清副主编，全国高校马克思主义哲学专业博士点共同编写的《马克思主义哲学原理》，贯彻了实践唯物主义的基本原则，代表了中国马克思主义哲学教科书体系改革的基本方向和整体水平。进入 21 世纪后，作为马克思主义理论研究和建设工程重点教材的《马克思主义哲学》，代表了马克思主义哲学教科书改革的最新成果。

② 肖前主编：《马克思主义哲学原理》上册，中国人民大学出版社，1994 年，"前言"第 II 页。

　　文本问题意识的转向主要基于两个原因：第一个原因是，《马克思恩格斯全集》历史考证版（MEGA2）得以编辑出版，国内对这一新版本渐次引进，以及学者们对欧美和日本等国外马克思主义哲学、马克思学相关研究成果的译介，这些都引发了马克思主义哲学界的高度重视；第二个原因是，"实践的唯物主义"的文本依据和文本支撑有所不足。我们看到，实践唯物主义论者的主要文本支撑是《关于费尔巴哈的提纲》和《德意志意识形态》。随着研究的不断深入，领域的不断拓展和整合，单凭个别文本的理论发掘日显力不能逮。也就是说，文本依据不充分，论证力也不够。于是，在"回到马克思""走进马克思""走近马克思""重新理解马克思""回到整体的马克思"的研究与论争中，马克思主义哲学研究的文本问题意识开始显现并不断加强。文本问题意识有三种彰显方式：一是表现在文本研究的方法论上，学界力求改变传统"原理反注原著"的解读方式，摆脱传统教科书体系的"前见"，致力于对马克思主义哲学文本的独立解读。二是表现在文本研究的内容上，学界主张不能仅局限于《关于费尔巴哈的提纲》和《德意志意识形态》，而应着眼于马克思主义哲学的全部文本，既要研究经典作家公开发表的著作，也要研究没有发表的著作和大量的笔记、手稿等。三是表现在文本研究的解读路径上，学界注重从马克思主义哲学形成的内在学理、深层语境、出场路径来发掘马克思主义哲学的精神实质，并呼吁"重建马克思学"和"创建中国马克思学"。随着学界对《德意志意识形态》《1844年经济学哲学手稿》《德谟克利特的自然哲学和伊壁鸠鲁的自然哲学的差别》（博士论文）和《资本论》及其手稿等的深度研究，马克思主义哲学研究的文本学派开始慢慢形成，并呈现出不断发展的趋势。

　　基础理论问题意识的转向实际上是对马克思主义哲学基础理论问题研究的推进。因为，正是基于两次大讨论所催生的"实践意识"，正是基于"对实践的理解"这个重大基础理论问题的发展，实践唯物主义作为马克思主义哲学的实质才得以提出，马克思主义哲学研究的"体系意识"才得以萌生。而当实践唯物主义在本体论上陷入僵局时，重大基础理论问题的纵深推进就成为"体系意识"自我超越的路径之一。重大基础理论问题的推进首先表现为马克思主义哲学本体论研究，学界主要围绕传统教科书体系关于本体论的实质、马克思主义哲学本体论的多重内涵和多重视角等问题展开。应该说，本体论问题是马克思主义哲学基础理论的根本性问题之一，也是争论最多且最难以达成一致的问题之一。其次，由于本体论直接关涉哲学观问题，哲学观、"元哲学"和马克思哲学革命问题成为学界共同关注的热点问题，不仅马克思主义哲学界对之作了积极探讨，西方哲学界和中国哲学界也对此问题作了积极而富有成效的探讨。整个哲学界共同对哲学观、马克思哲学革命和"元哲学问题"的探讨，不仅深化了人们对马克思主义哲学本体论和马克思哲学革命的理解，而且为马克思主义哲学、西方哲学、中国哲学的积极对话、融会贯通搭建了平台。

现实生活问题意识的转向是 20 世纪 90 年代马克思主义哲学研究最显著的特点。从人们的现实生活出发，关注现实生活问题，不仅是生活实践对马克思主义哲学的召唤，也是实践唯物主义论争摆脱困境的必由之路，还是马克思主义哲学文本研究的目的和归宿，更是马克思主义哲学观的本质要求。因此，从根本上说，文本问题意识和基础理论问题意识的转向从属于现实生活问题意识的转向。

现实生活问题意识的转向主要表现在两个方面：一是部门哲学的兴起；二是马克思主义哲学研究重心的转移，即从关注哲学体系的构建，转向从现实生活问题出发阐释马克思主义哲学。就部门哲学而言，经济哲学、历史哲学、文化哲学、社会哲学等部门哲学日渐成熟和完善，一方面回应着现代化建设的要求，另一方面为马克思主义哲学的发展寻找新的理论生长点。就马克思主义哲学研究重心转移而言，随着社会主义市场经济的发展，人们的现实生活实践发生着巨大变化，也出现了诸多问题。这些问题既需要通过进一步的改革开放实践加以解决，也需要从理论上加以批判与阐释。马克思主义哲学研究走出体系的论争，关注现实生活问题，并形成具有时代特征的自我理解，彰显了马克思主义哲学研究的时代特色。比如，强调从总体上理解人的生存、发展、价值、动力和意义的向度，论证出马克思主义哲学是人学；强调人的生存、生活是首要实践的向度，论证出马克思主义哲学是生存实践唯物主义、生活哲学；强调主体间的交往实践的向度，论证出马克思主义哲学是交往实践唯物主义；强调实践中的价值关系的向度，论证出马克思主义哲学是价值哲学；强调实践活动发展维度的向度，论证出马克思主义哲学是发展哲学；强调哲学的功能在于为美好生活提供规范指导的向度，论证出马克思主义哲学是政治哲学；等等。马克思主义哲学是"生存实践哲学""生活哲学""交往实践哲学""价值哲学""发展哲学""人学""政治哲学"等诸多提法，不仅是当代中国马克思主义哲学研究超越自身困境、面向社会生活的创新之路，也是学者们试图基于自己的知识结构、思维方式、认知取向和研究兴趣，走向个性化和多样化学术研究的建构之路。这不仅为当代中国马克思主义哲学新形态的构建提供了多维视角，也为中国特色社会主义现代化建设提供了许多颇富价值的启示。

## 四、"形态意识"的呼唤

进入 21 世纪后，随着改革开放的进一步发展，中国特色社会主义建设取得了巨大成就。经济上取得的巨大发展，需要我们在文化精神、意识形态建设等领域取得同步发展。建设中华民族共有的精神家园，探索作为"时代精神上的精华"的"当代中国哲学"，成为整个哲学界共同努力的方向。如何面对时代问题，秉持世界视野，充分吸收优秀思想资源，构建当代中国马克思主义哲学新形态，从而在"当代中国哲学"和精神家园的建设中发挥主导和核心作用，成为新世纪马克思主义哲学研究最强烈的呼声。由此，马克思主义哲学研究从"问题意识"提升到了"形态意识"。

从"问题意识"向"形态意识"的提升，一方面反映了马克思主义哲学研究对现实问题的关注，另一方面反映了伴随着中国特色社会主义的伟大成就，探索中国特色、中国风格、中国气派的马克思主义哲学成为学术研究的"思想自觉"。在"形态意识"主导下，"马克思主义哲学当代性""资本与现代性批判""历史唯物主义与中国问题"等成为学界讨论的热点。

建构当代中国马克思主义哲学新形态，首先要回答的是马克思主义哲学的当代性问题。苏东剧变之后，一方面，马克思主义遭遇巨大挑战，西方关于社会主义失败、马克思主义失效的声音和论调不时泛起，国内也有某些对马克思主义存疑的杂音；另一方面，国外马克思主义诸多学者，从当代资本主义批判和阐发马克思主义本真精神方面，积极捍卫马克思主义的当代性，甚至一些非马克思主义学者也纷纷"走近马克思"，甚至提出了"没有马克思的遗产，也就没有将来"（德里达语）等发人深思的论点。面对这种复杂局面，中国学者如何以中国为主体捍卫和发展马克思主义，成为马克思主义哲学研究义不容辞的重任。学界从马克思主义哲学文本研究、理论与实践的交汇点、与西方哲学的对话、当代资本主义批判等多种路径阐释了马克思主义哲学的当代意义。

阐说马克思主义哲学当代性不能回避"资本与现代性问题"。一方面，在当前中国特色社会主义发展进程中，正面临着资本与现代性问题的挑战；另一方面，对资本与现代性的批判是马克思主义哲学的出场路径，当代国外马克思主义同样基于马克思哲学的批判精神，吸收各种思想资源，展开了资本主义现代性的批判。如果说在 20 世纪 90 年代，马克思主义哲学回应现实问题，无论是以部门哲学的方式，还是以重心转移、寻找马克思主义哲学创新点的方式，都还表现出对现实生活中某个具体领域、某个具体问题的哲学阐释，那么对资本与现代性的关注，则体现出学界对现代生活的整体把握和诊断。学界立足马克思哲学的现代性批判与中国现代性的建构问题展开了充分讨论。就具体研究成果而言，学界大体上经历了三个阶段：第一个阶段是在描述性意义上指出了现代性的基本维度和特征（市场经济、自由民主、个体自由等）；第二个阶段在批判性意义上揭示了现代性的历史起源和内在限制。现代性起源于西方资本主义社会，西方现代性的基本原则是资本原则和理性形而上学。现代性的内在限制在经济、政治、文化、社会生活的各个方面都有所表现；第三个阶段则是重新思考现代性与中国道路的关系问题。马克思的现代性批判清楚地告诉我们，现代性发端于西方，西方现代性有其独特的历史文化起源，现代性并不等于西方现代性，现代性与西方现代性的关系是普遍与特殊的关系、一与多的关系。马克思哲学中蕴含着不同于西方现代性的丰富的现代性思想，主要表现为对现代性哲学基础的反思；学界需要继续丰富和发展马克思的现代性思想，赋予其当代性和生命力。

基于此分析，学界认为现代性本身是复杂的、多元的；在复杂现代性和多元现代性视域下，基于中国独特的历史文化条件和发展道路，建构中国现代性就成了理论上的必然要求。

马克思的现代性批判方法是历史批判，即是从历史起源的角度澄清其前提，这就带来了人们对历史唯物主义的重新思考。历史唯物主义中的"历史"既是解释的对象，又是解释的原则。说其是解释的对象，指的是要"唯物"地解释历史，从物质资料生产方式的变迁角度解释历史的变迁；说其是解释的原则，指的是历史分析的方法，从物质生产实践所形成的客观历史解释世界。历史唯物主义既需要"唯物"地看待历史，也需要"历史"地看待世界。尽管学界在什么是历史唯物主义问题上还存在着"广义狭义说""解释原则说""存在论变革说"等不同解释，但马克思主义哲学形态是历史唯物主义的见解成为了学界的主流观点。

从历史唯物主义的历史分析方法来审视中国道路，我们可以看到中国决不可能走资本主义道路，资本主义文明有着独特的经济社会条件和历史文化条件，中国道路不可能简单地复制西方发达资本主义的模式；我们还可以看到中国道路植根于中华民族五千年的文明史中，植根于中国近代以来的发展历程中，植根于中国共产党带领全中国人民进行革命、建设和改革的历史实践中。因此，中国道路不可能简单地延续中国历史文化的"母版"，不可能简单地套用马克思主义经典作家的"模板"，也不可能是其他社会主义国家实践的"再版"。中国道路是历史的，也是现实的；是民族的，也是世界的；是中国人民的，也是世界普惠的。中国道路作为新的文明样态既需要在理论上进行阐释，更需要在哲学上加以提炼。

新的文明样态呼唤新的哲学形态。中国特色社会主义已经进入新时代，中国特色社会主义道路不仅使中华民族实现了从站起来、富起来到强起来的历史性飞跃，而且为社会主义重新注入了生机与活力，为广大发展中国家的现代化道路提供了中国经验、中国智慧和中国方案。但学界对于中国道路、中国经验、中国智慧和中国方案的研究还不充分，还存在着"声音比较小""有理说不出""说了传不开"的现象，这就迫切需要学术界提出新概念、新范畴和新表述，解读新实践，构建新理论。"这是一个需要理论而且一定能够产生理论的时代，这是一个需要思想而且一定能够产生思想的时代。"①"中国道路的哲学阐释""中国道路的前提性反思""中国道路与人类文明""中国道路与人类命运共同体"等成为学界共同关注的问题。

中国道路既是马克思主义哲学的研究对象，也是马克思主义哲学创新的基本视域。其一，近年来马克思主义哲学理论来源的"康德与黑格尔之争"，并不仅仅是一个理论问题，而且是一个关涉中国发展道路的问题。中国道路不可能是西方启蒙道路的翻版，只有深入中国的社会现实中才能开启中国式的启蒙。其二，文本研究中的"《资本论》热""《大纲》(指《政治经济学批判大纲》)热"等关注的是资本原则的内在限制，是资本辩证法的自我扬弃，落脚点在于如何走出一条既利用资本又限制资本的中国道路。其三，基础理论研究中的唯物史观与世界历史、唯物史观与政治经济学批判、唯物史观与辩证法等问题，马克思主义政治哲学与价值哲学所关注的自由平等、公平正义、伦理价值等问题，无不体现了学界对于中国道路的现实关怀。

中国道路与马克思主义新形态的建构是一个双向推进的过程。中国道路的实践创新是马克思主义哲学新形态建构的源头活水，马克思主义哲学形态的理论创新则为实践创新提供了行动指南。习近平指出，"实践没有止境，理论创新也没有止境。要使党和人民事业不停顿，首先理论上不能停顿。我们要根据时代变化和实践发展，不断深化认识，不断总结经验，不断进行理论创新，坚持理论指导和实践探索辩证统一，实现理论创新和实践创新良性互动，在这种统一和互动中发展 21 世纪中国的马克思主义"②。唯有在理论创新与实践创新的辩证统一和良性互动中，才可能有马克思主义哲学新形态的真正建构，才可能发展 21 世纪中国的马克思主义。

## 结　语

总之，马克思主义哲学的当代发展植根于中国特色社会主义的伟大

---

① 《习近平关于社会主义文化建设论述摘编》，中央文献出版社，2017 年，第 73 页。
② 习近平：《辩证唯物主义是中国共产党人的世界观和方法论》，《求是》2019 年第 1 期。

实践，中国特色社会主义道路又不断推动着马克思主义哲学的创新与发展。当代中国马克思主义哲学形态的探索与构建，是中国特色社会主义道路的必然指向。一方面，中国特色社会主义道路需要以马克思主义为指导，这就需要对马克思主义作出科学诠释。从改革开放初期的"实践意识"到 20 世纪 80 年代末 90 年代初的"体系意识"，实践唯物主义的提出，重在突破传统教科书体系的束缚，探索马克思主义哲学的原初形态，为改革开放的批判精神和探索精神提供理论支撑。另一方面，中国特色社会主义道路需要以发展着的马克思主义为指导，这就需要在不断变化的社会实践中，根据马克思主义的立场、观点和方法不断研究新情况，解决新问题，不断丰富发展马克思主义自身。从 20 世纪 90 年代的"问题意识"到 21 世纪的"形态意识"，建构当代中国马克思主义哲学新形态的提出，重在突出当代中国马克思主义哲学的实践特色、理论特色、时代特色和民族特色，为中国特色社会主义道路提供理论支撑。

原载《哲学动态》2019 年第 1 期

# 构建当代中国马克思主义哲学学术体系

孙正聿*

任何一门学科的实质内容、研究水平和社会功能，无不集中地体现为该门学科的学术体系。学术体系的系统性和专业性，是该门学科成熟的标志；学术体系的权威性和前沿性，是该门学科实力的象征；学术体系的主体性和原创性，则不仅是该门学科成熟的标志和实力的象征，而且是该门学科的特色、优势和自信的体现。反思当代中国马克思主义哲学学术体系，目前在"学术命题、学术思想、学术观点、学术标准、学术话语上的能力和水平同我国综合国力和国际地位还不太相称"①。这就要求我们以马克思的"改变世界"的世界观为"活的灵魂"，并以"不忘本来""吸收外来""面向未来"的理念、视野和担当，加快构建具有主体性、原创性的当代中国马克思主义哲学学术体系，让世界知道"学术中的中国"。

## 一、构建以"实践"为核心范畴和解释原则的<br>当代中国马克思主义哲学学术体系

自 1949 年中华人民共和国成立以来，当代中国马克思主义哲学逐步形成了以哲学原理教科书为主要标志的马克思主义哲学的学术体系和教材体系，并在对马克思主义哲学基本原理、基本范畴和对马克思主义哲学经典著作、马克思主义哲学史的研究中，构建了以辩证唯物主义和历

---

* 孙正聿，1946— ，男，吉林大学哲学基础理论研究中心教授。
① 习近平：《在哲学社会科学工作座谈会上的讲话》，人民出版社，2016 年，第 15 页。

史唯物主义为基本理念和实质内容的马克思主义哲学学术体系。

作为马克思主义哲学学术体系的辩证唯物主义和历史唯物主义，其核心理念和解释原则，是把"哲学"定义为"理论化、系统化的世界观"，并把"世界观"解释为"关于整个世界的根本观点"，由此把马克思主义哲学阐释为关于自然、社会和思维发展的普遍规律的"科学世界观"，并形成了以"物质"、"矛盾"和"规律"为核心范畴和实质内容的马克思主义哲学学术体系。这个学术体系主要包括：（1）以"物质"为核心范畴的唯物论部分，其主要内容是以物质与意识的关系来论述"世界的物质统一性"；（2）以"矛盾"为核心范畴的辩证法部分，其主要内容是以"三大规律"和"五对范畴"来论述"物质的运动规律"；（3）以"反映"为核心范畴的认识论部分，其主要内容是以意识对物质的能动反映来论述"认识的运动规律"；（4）以"社会存在"为核心范畴的唯物史观部分，其主要内容是以"社会存在"和"社会意识"的辩证关系来论述"历史的发展规律"。

关于辩证唯物主义和历史唯物主义的学术体系，首先需要认真思考的是，当代中国马克思主义哲学并不是照搬苏联模式的哲学教科书体系：不仅从马克思、恩格斯、列宁的哲学思想中梳理和提炼出一系列主要的学术命题、学术思想和学术观点，对其进行比较系统的阐述和论证，而且着力地从毛泽东的《实践论》《矛盾论》等著作中梳理和提炼出一系列的哲学范畴、哲学命题和哲学原理，具体地阐发其学术思想和学术观点，初步形成了具有中国特色、中国气派和中国风格的马克思主义哲学学术体系。这主要体现在：（1）以"一切从实际出发""实事求是""没有调查就没有发言权""反对本本主义""理论联系实际""知行合一"等哲学范畴和哲学命题为核心理念，作为构建中国化马克思主义哲学学术体系的"活的灵魂"；（2）以矛盾的"普遍性与特殊性""同一性与斗争性"，事物矛盾的"内因与外因""共性与个性"，复杂事物的"主要矛盾与次要矛盾"，把握矛盾的"主要方面与次要方面"，分析矛盾的"两点论与重点论"等为基本范畴，构建了具有世界观和方法论意义的唯物辩证法的学术体系和话语体系；（3）以"认识和实践"的辩证关系为立足点和出发点，以"直接经验与间接经验""感性认识与理性认识""相对真理与绝对真理""理论与实践"等一系列哲学范畴和哲学命题为基本内容，构建了"能动的反映论"的马克思主义认识论的学术体系和话语体系；（4）以"人民群众是历史的创造者"为核心理念，以"历史的唯物主义与历史的唯心主义"的根本对立为出发点，以"生产力与生产关系""经济基础与上层建筑"的辩证关系和矛盾运动为基本内容，构建了马克思主义唯物史观的学术体系和话语体系。这表明，以毛泽东哲学思想为标志的中国化马克思主义哲学，既赋予了辩证唯物主义和历史唯物主义的马克思主义哲学学术体系以一系列新的哲学范畴、哲学命题、哲学思想和哲学观点，又为构建具有主体性和原创性的当代中国马克思主义哲学学术体系指明了"中国化"的前进方向，并奠定了"中国化"的理论基础。因此，在对以辩证唯物主义和历史唯物主义为实质内容的马克思主义哲学学术体系的理解和阐释中，不能局限于对传统教科书的唯物论、辩证法、认识论和唯物史观的"四大板块"的理解和阐释，而应当深刻地把握以毛泽东哲学思想为典范的中国化马克思主义哲学的基本理念和思想内涵，着重地阐发中国化马克思主义哲学的哲学命题、哲学思想和哲学观点。

需要认真思考和深入探索的是：作为马克思主义哲学中国化的里程碑之作，毛泽东的《实践论》《矛盾论》并不是相互割裂的"认识论"和"辩证法"，而是"实践论的矛盾论"与"矛盾论的实践论"的统一。这个"统一"，是"尊重客观规律"与"发挥主观能动性"的统一，是"理论源于实践"与"理论指导实践"的统一，是"实事求是"与"解放思想"的统一。这个"统一"，既有生动鲜活的实践内涵，又有深刻睿智的哲学思想；既用现实活化了理论，又用理论照亮了现实，从而实现了以"实践"为核心理念，又以"实践"为根本目的的"世界观"和"方法论"的统一。这深刻地启示我们："实践"是马克思主义哲学中国化的毛泽东哲学思想的基石和灵魂，也是构建当代中国马克思主义哲学学术体系的基石和灵魂。改革开放以来的中国马克思主义哲学，正是以实践观点的思维方式重新理解和阐释马克思主义哲学，实现了以"实践唯物主义"为标志的"范式转换"。这个"转换"，不是否定了以"辩证唯物主义和历史唯物主义"为标志的马克思主义哲学学术体系，而是以"实践"为核心范畴和根本理念重新建构了当代中国马克思主义哲学学术体系和话语体系。

　　"改革开放是我们党的一次伟大觉醒，正是这个伟大觉醒孕育了我们党从理论到实践的伟大创造。"①在这个"伟大觉醒"和"伟大创造"的历史进程中，当代中国马克思主义哲学承担起了推进社会解放思想和实现自身思想解放的双重使命，并以"检验真理的实践标准"的大讨论为引导，形成了以"实践"为核心范畴和根本理念的马克思主义哲学的学术体系和话语体系。这突出地表现在：（1）从"实践"出发去理解人与世界的关系，而不是像马克思所批评的旧唯物主义那样，只是"从客体的或者直观的形式"去看待人与世界的关系，从而把作为"世界观理论"的马克思主义哲学阐释为"实践的唯物主义"；（2）从"实践"出发重新理解和阐释"思维和存在的关系问题"，而不是像马克思所批判的全部旧哲学那样，把作为"哲学基本问题"的"思维和存在的关系问题"当作离开实践的"纯粹经院哲学的问题"，从而以实践观点的思维方式去阐释马克思主义哲学的"哲学观"和"真理观"；（3）从"实践"出发去理解"主体和客体的关系"，以马克思的"全部社会生活在本质上是实践的"这个根本理念去阐释主体与客体的认知关系、价值关系和审美关系，从而以实践观点的思维方式实现了马克思主义哲学的存在论、真理论和价值论的"三者一致"；（4）从"实践"出发去理解"辩证法"，以马克思的"在对现存事物的肯定理解中同时包含否定的理解"去阐释辩证法的"批判本质"，并以列宁的"辩证法也就是认识论"的学术命题去揭示人与世界之间的各种矛盾关系，从而以实践观点的思维方式实现了列宁所指认的辩证法、认识论和逻辑学的"三者一致"；（5）从"实践"出发理解"人的历史活动与历史发展规律"的辩证关系，以马克思的"人们自己创造自己的历史"的实践观为立足点，从人的历史活动出发去看待历史规律，着力探索"现实的人及其历史发展"的文明进程，从而实现了以马克思的实践观为基础的世界观、认识论、价值论和历史观的"唯物论"与"辩证法"的统一。

　　一种哲学理论是否具有"研究范式"的意义，其主要标志就在于它

———————

① 习近平：《在庆祝改革开放40周年大会上的讲话》，人民出版社，2018年，第4页。

是否以自己的核心范畴为解释原则而构建了特定的、自洽的概念框架和范畴体系。确认和评价一种"研究范式"，主要是对其核心范畴确立的解释原则和概念框架的确认和评价。"实践唯物主义"的研究范式，凸显了"实践"的核心理念和解释原则，以实践观点的思维方式阐释和论证了人与世界、思维与存在、主体与客体、真理与价值、历史活动与历史规律、能动论与决定论等一系列重大的哲学问题，形成了一系列新的哲学范畴、哲学命题和哲学观点，从而为构建当代中国马克思主义哲学学术体系奠定了具有"研究范式"意义的学术基础。

## 二、构建以"改变世界"为鲜明特点的<br>当代中国马克思主义哲学学术体系

"哲学家们只是用不同的方式**解释**世界，而问题在于**改变**世界。"① 镌刻在马克思墓碑上的这句名言，深刻地揭示了马克思的哲学革命的实质，深切地体现了马克思主义哲学的鲜明特点，明确地展示了马克思开辟的哲学道路。构建当代中国马克思主义哲学学术体系，首要的前提就是切实地把握马克思主义哲学的鲜明特点，以"改变世界"的根本理念作为解释原则，系统地阐释和论证马克思主义哲学的学术命题、学术思想、学术观点的"术语的革命"，深入地揭示和展现其精神实质和思想内涵。离开马克思主义的"改变世界"的哲学革命和鲜明特点，就会淡化马克思的哲学革命所实现的哲学"术语的革命"，就会模糊马克思主义哲学的学术命题、学术思想、学术观点所具有的革命性的理论内涵，就会丢失构建当代中国马克思主义哲学学术体系的"灵魂"，因而也就无法构建真正属于马克思主义哲学的学术体系。

马克思的"改变世界"的哲学，首先是改变了全部以往哲学的"世界观"。由于不是从"实践"出发去理解人与世界的关系，从前的一切唯物主义"只是"从客体的或者直观的形式去看待人与世界的关系，而唯心主义则是抽象地发展了人的能动的方面，因此全部以往的哲学都只能

---

① 《马克思恩格斯选集》第 1 卷，人民出版社，2012 年，第 140 页。

是"解释世界"的"世界观"。马克思从"全部社会生活在本质上是实践的"这一根本性的学术命题出发，提出"凡是把理论引向神秘主义的神秘东西，都能在人的实践中以及对这种实践的理解中得到合理的解决"①。这表明，"实践"既是马克思主义哲学"世界观"的核心范畴和解释原则，又是马克思主义哲学批判和超越全部旧哲学的立足点和出发点。"实践"范畴的真实内涵，深刻地揭示了人与世界的独特关系——人对世界的否定性的统一关系，即"人为自己构成世界的客观图画"并以"自己的行动改变世界"的关系，而不是动物式的肯定性的统一关系，即以本能适应自然而生存的关系，因此，马克思主义哲学是"改变世界"的世界观。"实践"范畴的解释原则，是以实践观点的思维方式理解和阐释人对世界的否定性统一关系，既揭示了人与世界之间全部矛盾的根源，又揭示了人与世界之间否定性统一的现实基础，因此，马克思主义哲学是"实践唯物主义"的世界观。改革开放以来，中国马克思主义哲学界所概括和阐释的"实践唯物主义""实践观点的思维方式""实践本体论"等学术命题和学术观点，从不同的角度阐发了马克思"实践"范畴的根本理念和解释原则，对于深入理解马克思主义哲学的"改变世界"的世界观，具有不可否认的学术价值。然而，对于构建当代中国马克思主义哲学学术体系来说，还必须具体地、深入地阐述马克思主义哲学的"改变世界"的世界观，从解释原则上确立起构建当代中国马克思主义哲学学术体系的核心理念和概念框架。

马克思关于"改变世界"的世界观，是"在批判旧世界中发现新世界"的世界观，是以辩证法的批判本质为"活的灵魂"的世界观，是"在对现存事物的肯定理解中同时包含否定的理解"的世界观。"批判性"是马克思的"改变世界"的世界观的本质特征和鲜明特点。在写于1843年的《〈黑格尔法哲学批判〉导言》中，马克思就明确提出："**真理的彼岸世界**消逝以后，**历史的任务**就是确立**此岸世界的真理**。人的自我异化的**神圣形象**被揭穿以后，揭露具有**非神圣形象**的自我异化，就成了为历

---

① 《马克思恩格斯选集》第1卷，第136页。

史服务的**哲学**的迫切**任务**。"① 对此，马克思还具体地指出："对天国的批判变成对尘世的批判，**对宗教的批判**变成**对法的批判，对神学的批判**变成**对政治的批判**。"② 这就不仅为构建以"改变世界"为鲜明特点的当代中国马克思主义哲学学术体系提出了"迫切任务"，而且为构建这个学术体系提供了研究思路。从学术命题、学术思想和学术观点的角度看，构建当代中国马克思主义哲学的学术体系，就要在深刻阐释辩证法的"理论思维""批判本质""合理形态"的基础上，以"现实的历史"为对象，以对"现代化"的反省为聚焦点，深入地揭示和阐发"现实的人"与"现实的历史"的辩证关系、"人的历史活动"与"历史的发展规律"的辩证关系、"文明的逻辑"与"资本的逻辑"的辩证关系、"人的存在方式"与"人的历史形态"的辩证关系、"人的全面发展"与"社会的全面进步"的辩证关系，以及"理论"与"实践"和"理想"与"现实"的辩证关系，从而以"改变世界"的世界观构建当代中国马克思主义哲学的学术体系。

马克思的"改变世界"的世界观，是以"人民群众是历史的创造者"为主体的世界观，是以"人类解放"和"人的全面发展"为价值理想的世界观。"人民性"是马克思的"改变世界"的世界观的主体依据和鲜明特点。马克思明确地提出，"真正的哲学"之所以是"时代精神的精华"和"文明的活的灵魂"，就在于它是"自己的时代、自己的人民的产物"，就在于它汇集了"人民的最美好、最珍贵、最隐蔽的精髓"，就在于它把人民关切的时代性问题作为哲学研究的主题。特别值得我们认真思考和深切理解的是：马克思的哲学是以"从事实际活动的人"而不是以"抽象的人"作为自己的"出发点"；马克思的哲学是以"人类社会或社会的人类"而不是以"抽象的存在"作为自己的"立足点"；马克思的哲学是以"人的全面发展"而不是以"人性的复归"为"归宿点"。马克思主义哲学的"出发点"、"立足点"和"归宿点"，显示了马克思主义哲学关切人类命运的博大情怀，"为绝大多数人谋利益"的道义力量和"改

---

① 《马克思恩格斯选集》第 1 卷，第 2 页。
② 同上。

变世界"的最深层的人民性品格。"人民对美好生活的向往，就是我们的
奋斗目标。"当代中国马克思主义哲学的学术体系，从根本上说，就是把
人民对美好生活的向往升华为探索时代性问题的哲学思想，把"人民的
最美好、最珍贵、最隐蔽的精髓"升华为塑造新的时代精神的哲学理念，
把人民关切的时代性问题升华为提供精神指引的哲学概念体系。这就需
要我们深入地研究新时代我国社会主要矛盾，深入地研究"创新、协调、
绿色、开放、共享"的新发展理念，深入地研究"构建人类命运共同体"
的哲学理念，从中提炼出新的哲学命题、哲学思想和哲学观点，构建以
"人民"为核心范畴的当代中国马克思主义哲学学术体系。

　　马克思的"改变世界"的世界观，是从"现实的历史"出发的世界
观，是致力于从现实的"物和物的关系"揭示现实的"人和人的关系"
的世界观，是"关于现实的人及其历史发展"的世界观。"现实性"是马
克思的"改变世界"的世界观的真实基础和鲜明特点。马克思主义哲学
的"改变世界"的"现实性"，集中地、深刻地体现于马克思的理论巨著
《资本论》。哲学家们总是将其思想聚焦于破解"存在"的秘密，然而，
马克思所批评的"哲学家们"却总是把"存在"视为某种超历史的或非
历史的存在，因而只能以追究"世界何以可能"而"解释世界"。与此相
反，马克思则把"存在"视为"现实的历史"的存在，致力于探索"解
放何以可能"而"改变世界"。对于这种原则性区别，马克思在《哲学的
贫困》中做出了生动而深刻的对比："如果说有一个英国人把人变成帽
子，那么，有一个德国人就把帽子变成了观念"，"这个英国人就是李嘉
图"，"这个德国人就是黑格尔"。① 这就是说：作为经济学家的李嘉图是
把"人"归结为"物"，并因而把"人和人的关系"归结为"物和物的关
系"；作为哲学家的黑格尔则是把"人"归结为"观念"，并因而把"人
和人的关系"归结为"观念与观念的关系"。与此相反，马克思的《资本
论》不是把"人和人的关系"归结为"物和物的关系"或"观念与观念
的关系"，而是致力于从"物和物的关系"以及"观念与观念的关系"中
揭示"人和人的关系"，从而构成了恩格斯所指认的"关于现实的人及

---

① 《马克思恩格斯选集》第 1 卷，第 216 页。

其历史发展"的马克思主义哲学。以马克思的"改变世界"的世界观构建当代中国马克思主义哲学学术体系，就要从"现实的历史"出发，以马克思的《资本论》为典范，以《资本论》所实现的"术语的革命"为理论思维的起点，着力地从当代世界的"物和物的关系"揭示当代人的"人和人的关系"，以新的哲学命题、哲学思想和哲学观点构建"关于现实的人及其历史发展"的马克思主义哲学。这是坚持和深化马克思主义哲学的"改变世界"的"现实性"的实质性内容。

马克思的"改变世界"的世界观，是作为"批判的武器"和"行动的指南"的世界观，"它提供的不是现成的教条，而是进一步研究的出发点和供这种研究**使用**的方法"。① 坚持问题导向是马克思主义的鲜明特征，不断地推进实践基础上的理论创新是马克思主义哲学的"改变世界"的世界观的生命力之所在。作为人类文明史上最伟大的思想家，马克思的最伟大的理论成果就是他的"两大发现"："发现了人类历史的发展规律"，"还发现了现代资本主义生产方式和它所产生的资产阶级社会的特殊的运动规律"。② 对全人类来说，最重大、最艰巨的理论问题在于发现人类社会的发展规律；对现代人类来说，最重大、最艰巨的理论问题在于发现作为"现实的历史"的资本主义运动规律。马克思的"两大发现"，不仅深刻地体现了马克思的"改变世界"的世界观的创新性品格，也不仅强烈地显示了马克思的"改变世界"的世界观所取得的创新性成果的巨大价值，而且为我们以马克思的"改变世界"的世界观研究和回答时代性问题提供了强大的思想武器。习近平在《在纪念马克思诞辰200周年大会上的讲话》中提出，学习马克思，就要学习和实践马克思主义"关于人类社会发展规律的思想""关于坚守人民立场的思想""关于生产力和生产关系的思想""关于人民民主的思想""关于文化建设的思想""关于社会建设的思想""关于人与自然关系的思想""关于世界历史的思想""关于马克思主义政党建设的思想"。③ 立足当今的时代和当今的

---

① 《马克思恩格斯选集》第4卷，人民出版社，2012年，第664页。
② 《马克思恩格斯选集》第3卷，人民出版社，2012年，第1002页。
③ 参见习近平《在纪念马克思诞辰200周年大会上的讲话》，人民出版社，2018年，第16—24页。

世界，特别是立足新时代中国特色社会主义的伟大实践，不断地提炼出有学理性的新理论和概括出有规律性的新实践，就会丰富和发展马克思主义的这些具有重大现实意义的基本思想，形成以新的哲学命题、哲学思想和哲学观点构成的当代中国马克思主义哲学学术体系。

## 三、构建具有"主体性、原创性"的当代中国马克思主义哲学学术体系

"我们的哲学社会科学有没有中国特色，归根到底要看有没有主体性、原创性。"①构建当代中国马克思主义哲学学术体系，"活的灵魂"是马克思的"改变世界"的世界观，根本目标则是实现当代中国马克思主义哲学的主体性和原创性。

当代中国马克思主义哲学的主体性和原创性，首先是以"不忘本来"为坚实根基的，是以"守正创新"为建设方向的。当代中国马克思主义哲学的"本来"，从根本上说，就是我们所坚守的马克思主义哲学。中国特色社会主义进入了新时代，这意味着马克思所创建的"改变世界"的马克思主义哲学获得了新的时代内涵，当代中国的马克思主义哲学应当展现出新时代的真理力量。这就要求我们以"守正创新"的哲学理念，重新阐释马克思的"改变世界"的哲学及其开辟的哲学道路，重新阐释马克思主义哲学所实现的哲学"术语的革命"，重新阐释马克思主义哲学经典著作中所提出的哲学命题、哲学范畴和哲学原理，重新阐释这些哲学命题、哲学范畴和哲学原理在马克思主义哲学史中的具体内涵和深化发展，重新阐释这些哲学命题、哲学范畴和哲学原理在当代中国马克思主义哲学研究的历史演进和范式转换中的时代内涵和思想内涵，从哲学理念、哲学命题、哲学范畴、哲学原理上，为构建具有主体性、原创性的当代中国马克思主义哲学学术体系奠定"守正创新"的"阶梯"和"支撑点"。

以"不忘本来"和"守正创新"为坚实基础和建设方向的当代中国

---

① 习近平：《在哲学社会科学工作座谈会上的讲话》，人民出版社，2016年，第19页。

马克思主义哲学的主体性和原创性，又必然和必须是以中华民族自己的哲学传统、哲学理念、哲学精神和哲学思想为根基的。"中华民族有着深厚文化传统，形成了富有特色的思想体系，体现了中国人几千年来积累的知识智慧和理性思辨。这是我国的独特优势。"①中国哲学在中华文明的发展过程中，既形成了自己的特有的概念体系和表达方式，又凝练出了集中体现中华文明的中国哲学理念和中国哲学精神。以"究天人之际，通古今之变"和"为天地立心，为生民立命"为己任的中国哲学，构建了以天地、内外、物我、人己、理欲、仁智、义利、道器、性命、礼义、知行等为基本范畴的富有中国特色和中国风格的哲学范畴体系，形成了以天人合一的宇宙观、革故鼎新的发展观、自强不息的人生观、知行合一的实践观、人类大同的理想观为主要标志的中国哲学精神。中国哲学的范畴体系及其所体现的中国哲学精神，奠定了中华民族最为深沉和最为持久的文化自信，既是"我国的独特优势"，又是当代中国马克思主义哲学主体性、原创性的不可或缺的根基和源泉。作为理论形态的人类自我意识，中国哲学的范畴体系及其所蕴含的中国哲学精神，并非仅是中国哲学家个人的体悟和思辨，而且深层地蕴含着中华民族对人与自然、人与社会、人与自我的生命体验和理性思辨。"中华民族的生命历程、生存命运和生存理想具有我们的特殊性，我们的苦难和希望、伤痛和追求、挫折和梦想只有我们自己体会得最深，它是西方人难以领会的"，因此"应当把哲学研究的主要精力转移到创造中国自己的当代中国哲学理论方面上来。"②这种"转移"，并不是简单地以中国哲学的范畴体系"置换"西方哲学的范畴体系，而是以中华民族的体验和思辨去寻求创建人类文明新形态的哲学理念，为实现中华民族的伟大复兴和构建人类命运共同体提供精神指引和行为准则。

构建当代中国马克思主义哲学学术体系，不仅必须以"不忘本来"为坚实根基、以"守正创新"为建设方向，而且需要以"吸收外来"为重要的理论资源。在历史已经转变为世界历史的我们的时代，构建当代

① 习近平：《在哲学社会科学工作座谈会上的讲话》，第17页。
② 高清海：《中华民族的未来发展需要有自己的哲学理论》，《吉林大学社会科学学报》2004年第2期。

中国马克思主义哲学学术体系，更需要以"哲学对话"的方式吸收世界哲学的研究成果，形成富有时代内涵的哲学命题、哲学思想和哲学观点。进入 21 世纪以来，当代中国马克思主义哲学在"中、西、马对话"的过程中，不仅比较全面、比较深入地研究了现代西方哲学的科学哲学、分析哲学、文化哲学、语言哲学、价值哲学、政治哲学、经济哲学、生态哲学，以及胡塞尔为代表的现象学、海德格尔为代表的存在哲学、伽达默尔为代表的解释学、维特根斯坦为代表的分析哲学、杜威为代表的实用主义哲学、福柯和德里达等为代表的"后形而上学"，而且比较全面和深入地研究了自卢卡奇、葛兰西、柯尔施以来的"西方马克思主义"，具体地探讨了他们所提出的一系列的哲学命题和哲学观点，深入地反思了这些哲学命题和哲学观点所体现的哲学理念和哲学思想，在回应当代各种哲学思潮中，升华了当代中国马克思主义哲学对包括哲学观、真理观、价值观、正义观、自由观等哲学基础理论的理解与阐释，推进了当代中国马克思主义哲学对人与自然、人与社会、人与自我关系的把握与研究。值得认真思考的是，在自觉地"吸收外来"的过程中，我们不仅需要以"广泛而深刻的一致性"去看待当代哲学所面对的时代性的哲学问题，而且必须以"广泛而深刻的矛盾性"去对待马克思主义哲学与其他当代哲学思潮对时代性的哲学问题的不同理解，坚守马克思主义哲学的"改变世界"的哲学立场，并真正构建具有主体性、原创性的当代中国马克思主义哲学。

构建具有主体性、原创性的当代中国马克思主义哲学学术体系，不仅需要以"不忘本来"为坚实根基、以"吸收外来"为理论资源，更要以"立时代之潮头""发思想之先声"的视野和胸怀"面向未来"。20 世纪中叶以来，特别是进入 21 世纪以来，人类社会发生了空前的重大跃迁，社会信息化、经济全球化、政治多极化、文化多样化、个体社会化深刻地改变了当今的世界和时代。这就要求我们从哲学的高度把握以当代人类实践活动为基础的人与世界的关系，以当代人类的科学发现和技术发明为内容的世界图景，以当代人类的社会生活为根基的社会思潮和价值追求，以当代人类文明形态变革为导向的标准与选择。这是当代中国马克思主义哲学所面对的时代性的人类性问题。"中国特色社会主义进入了新时代"，这就要求我们对"新时代"的时代内涵做出有学理性的理论概括，对"新时代"的伟大实践做出有规律性的理论升华，对"新时代"的发展理念做出有深度的理论阐释，对"新时代"的文明内涵做出有引领性的理论论证。这是构建具有主体性、原创性的当代中国马克思主义哲学学术体系的带有根本性的"问题导向"。习近平同志指出："理论创新的过程就是发现问题、筛选问题、研究问题、解决问题的过程。"[①]发现当代人类所面对的各种现实问题，筛选关乎人类前途命运的重大现实问题，研究这些重大现实问题所蕴含的重大理论问题，从而为解决这些重大现实问题和重大理论问题提供具有塑造和引导新的时代精神的哲学理念和哲学思想，这是"面向未来"的当代中国马克思主义哲学的历史使命。

总之，构建当代中国马克思主义哲学学术体系，必须以马克思"改变世界"的世界观为"活的灵魂"，必须坚持"问题导向"的理论思维，从而不断提升捕捉和把握时代性问题的理论洞察力、分析和提炼时代性问题的理论概括力、阐释和论证时代性问题的理论思辨力、回答和解决时代性问题的理论思想力，形成由具有时代内涵和思想力量的学术命题、学术思想和学术观点所构成的当代中国马克思主义哲学学术体系。"实践没有止境，理论创新也没有止境。"以中国特色社会主义的伟大实践活化当代中国的马克思主义哲学研究，又以源于中国特色社会主义伟大实践的哲学理论照亮当代中国和当代世界的现实，并引领人类文明新形态的变革，这是构建具有主体性、原创性的当代中国马克思主义哲学学术体系的根本方向。

原载《哲学研究》2019 年第 4 期

---

[①] 习近平：《在哲学社会科学工作座谈会上的讲话》，第 20 页。

# "对话"范式与当代中国马克思主义哲学创新

#### —— 基于新中国 70 年学术研究现状的反思

王海锋*

不同思想理论或学说之间的对话，是学术思想不断创新发展的不二法门。当代中国马克思主义哲学的理论创新，在现实的维度上，是马克思主义哲学与中国的革命、建设和改革实践相结合的结果；在学术理论的维度上，在相当大的程度上则是马克思主义哲学与西方哲学、中华优秀传统文化（主要是儒学）以及国外马克思主义"对话"的成果。新中国成立 70 年来，中国马克思主义哲学创新之一在于，摆脱苏联哲学原理教科书的束缚，走出自我的理论独尊和思想封闭，积极展开与各种学术思想的"对话"，形成了"对话"的研究范式，并在这一范式的引导下日益走近世界学术舞台中央，为中华民族的伟大复兴和人类的发展贡献了思想智慧。我们认为，融通古今中外各种学术理论资源，展开积极的思想"对话"必将推动当代马克思主义哲学不断发展，但是，基于"对话"范式的学术理论资源的借鉴，则要注意诸多问题。这里我们主要从三个方面加以分析。

## 一、中国马克思主义哲学与西方哲学的"对话"

中西方的文明对话古已有之，但真正来说，近代以来的文明对话更具价值。从马克思主义哲学传入中国的视角来看，马克思主义哲学本就

---

* 王海锋，1979— ，男，中央民族大学哲学与宗教学学院副教授。

是诞生于西方的学术，但在与中国具体实际的结合中，在变革中国的同时实现了理论的发展，并跃升为中国道路探索的重要思想智慧。近代以来，"中国向何处去"的问题时刻困扰着中国学人，向西方学习（思想的、制度的、技术的）知识便成为有效路径之一。不同于20世纪初学术界的热情高涨，新中国成立初期的"向西方学习"相对呈现出"沉寂"的景象，这是特殊的历史境遇造成的。

打破上述景象的，则是改革开放。20世纪70年代末，伴随着中国的改革开放，以往被批判为"西方资产阶级学说"的西方哲学代表人物、著作及其思想均被引入，并在中国人渴望获得西方学术思想滋养的助推下，在80年代末呈现出一派欣欣向荣的景象。与之相应的是，在当代中国马克思主义哲学界，也出现了类似的情景。"以亚（里士多德）解马""以康（德）解马""以黑（格尔）解马""以海（德格尔）解马"等研究方式纷纷涌现，尤其是在世纪之交的"中国学术向何处去"的追问中，这种与西方哲学对话，进而在马克思主义哲学"学理化"的进程中实现其理论的创新成为一股热潮，从而开辟了一条中国马克思主义哲学与西方哲学"对话"创新的逻辑理路。

在我们看来，新中国成立70年来学术界在马克思主义哲学的研究中引入西方哲学思想资源，并积极展开对话，主要基于如下的考量。

一是满足马克思主义哲学研究学理化的要求。客观地讲，改革开放以来，马克思主义哲学之所以能够取得如此巨大的成就，其关键因素之一就在于，学术界摆脱苏联传统原理教科书的束缚，在"学术理论"的层面对马克思主义哲学展开学理化探讨。按照学者们的理解，马克思主义哲学作为以人类解放为旨归的哲学思想，蕴含着深刻的思想资源。作为西方近现代哲学思想的代表，马克思哲学思想的内容、思维方式以及解释框架，尤其是使用的概念、范畴、话语方式等，均与西方哲学思想有着深刻的渊源。因此，学者们认为，现有的研究就不能局限于对马克思思想的研究，而是要将马克思与亚里士多德、费尔巴哈、黑格尔、海德格尔、哈贝马斯等西方思想家进行比较研究，以便凸显马克思哲学思想的时代价值。更为关键的是，伴随着学界对基于苏联传统哲学原理教科书的批判，在文本解读基础上从物质本体论转向实践本体论、从实践本体论转向生存本体论，也就是对马克思主义世界观、认识论、辩证法和历史观进行了拓展性研究。在这种研究场域中，一些学者开始强调马克思主义哲学的"西方属性"，希望将其思想纳入西方整体的思想史背景之中，揭示其思想所蕴含的"继承性和独特性"特质，在比较对话中凸显马克思、恩格斯等思想家的理论价值。例如，对于马克思实践观的反思，一些学者在概念变迁的意义上，将实践概念诞生的源头追溯至亚里士多德，并由此在西方哲学的话语体系和观念变迁中重新审视"实践"的真实内涵。再如，在马克思政治哲学的问题上，学者们在西方整个政治哲学尤其是近代卢梭以来的政治哲学谱系中探索其主要观点、核心问题的演变过程，从而在近代以来西方政治思想史的背景下对马克思的政治哲学思想加以考察。更有甚者，在马克思主义哲学经典文本的阐释中，借助伽达默尔解释学的原则和方法论，对其展开研究，形成了马克思主义哲学研究的"文本—文献学"的创新路径。当然，真正对马克思主义哲学的学理化做出贡献的是，学术界在德国古典哲学的思想史境遇中对马克思主义哲学所做的探索。学者不仅在宏观层面比较了马克思与黑格尔的继承性和差异性，更在微观层面比较了两者在辩证法、历史观、现实观、政治哲学观等方面的异同，从而既深化了马克思主义哲学思想的继承性，又呈现了马克思主义哲学思想的独特性和科学性。应该说，上述的"对话"具有重要的价值和意义。这种"对话"极大地深化了我们对马克思主义哲学思想的认识，拓展了其理论来源，从纵向和横向两个方面展示了其思想的内在魅力和当代性。

二是满足中国道路探索的实践要求。正如前面所说，当代中国马克思主义哲学的创新既是学术界理论自觉的成果，更是现实社会发展的结果，即马克思主义哲学与中国国情世情相结合、与中国的具体问题相结合，最终实现了以发展着的理论指导新的实践，以新的实践推动理论的发展。当然，这也是马克思主义哲学之所以能够在中国扎根的根本原因。新时期马克思主义哲学与西方哲学的对话其实也遵循着这样的规律。改革开放以后，伴随着社会主义市场经济的展开，我们在现实的层面遭遇到一系列问题，政治体制改革的问题、经济改革的问题、文化体制创新的问题、精神文明建设的问题、消费主义兴起的问题、公平正义的问题、价值观变革的问题，等等，这些都需要从理论上做出回答。一方面，我们理所当然地要依靠马克思主义哲学理论；但另一方面，我们则需要向西方学习，引介西方的学术理论资源，进而为破解中国问题提供思想指南。例如，伴随着社会主义市场经济的发展，人的生存方式问题成为学界关注的焦点。学者们发现，海德格尔的"生存论"阐释和马克思对人的自由解放的关注具有异曲同工之妙。于是，在生存论的视域中，开掘马克思的思想资源，丰富当代马克思主义哲学的思想内涵，开拓马克思主义哲学的问题域就成为必然的选择。再如，一些学者发现，中国在从农业社会迈向工业社会乃至信息化社会的过程中所出现的问题，其实西方在迈向现代化的路上也遭遇过，如消费主义的问题、大众文化的问题、现代性危机的问题、生态文明的问题、公平正义的问题，等等，因此，积极地引入西方学术理论资源并展开"对话"，就成为必然。中国的马克思主义哲学界在"问题"层面上展开的"对话"，拓展和深化了马克思主义的问题域。事实证明，这样一种"对话"的确丰富了理论资源，开拓了理论视野，使中国马克思主义哲学的研究从"学术创新"转向"问题破解"，从而大大丰富了马克思主义哲学的思想内容，进而推动了中国道路的探索。

三是满足中国学界与西方学界进行学术交流，推进中国学术走出去，增强中国学术影响力和话语权的要求。客观地讲，纯学术意义上的马克思主义哲学研究与西方学术界的对话，实则是改革开放以后的事情。随着改革开放的深入，西方学术思想被大规模地引介，中国学者也积极阅读、研究西方学术经典著作，并试图在对"西方理论"研究上，与西方学者一比高下。例如，国内的康德研究，逐步从文本译介转向对康德某一范畴（如"想象力""物自体"）、命题（如"为理性划界"）的理解，并在这些问题上发表独到的见解；参加国际性的学术研讨会，进行学术交流。在马克思主义哲学界，则是通过马克思与康德、黑格尔、海德格尔、伽达默尔、哈贝马斯等人的比较研究，与西方解读类似问题的学者展开平等"对话"。较之于改革开放前的冷战思维主导下的"敌对"格局中的"二元对立"，改革开放后相对"超意识形态"层面的"对话"，使得中国学术在与西方学术展开同台竞争中，逐步走向世界，大大增强了中国的学术影响力和话语权。

在上述意义上，当代中国马克思主义哲学界展开的与西方哲学的对话具有重要的价值。例如，使马克思主义哲学研究摆脱简单依赖以哲学原理教科书为阐释框架的研究范式，形成了以马克思主义哲学为指导的部门哲学或应用哲学的学术图谱，深化了马克思主义哲学的学理性，使之能够自信地与当代西方学术对话。但同时，我们也应该看到，学术研究中出现的"以亚（里士多德）解马""以康（德）解马""以黑（格尔）解马""以海（德格尔）解马"等研究方式，在使当代中国马克思主义哲学更具学理性的同时，导致其不同程度地退回到"观念论"哲学的境地，导致本来已经超越"思辨形而上学"或"经院哲学"的马克思主义哲学重返"形而上学化"或者"经院化"的致思理路。从本质上讲，马克思主义哲学的伟大之处在于，它不再简单地是从概念到概念的思辨理论，而是关注社会现实生活的学说，是以人的自由和全面发展为目标的、改变世界的哲学。但是，过度的"西化阐释"导致的结果是，马克思主义哲学越来越被打扮得像西方传统的形而上学（或思辨哲学），并越来越远离自身的理论旨归，这实则不是彰显而是矮化了其理论的伟大意义。同时，由于一些学者对于以西方哲学为代表的西方学术缺乏必要的反思和批判，因此我们的研究几乎成为西方学术的"搬运工"。正如有学者所评价的："虽然这种学术'搬运工'或'学徒工'的工作，对于当下中国学术资源的引进，对于构建中国学术的多元结构和生态等，都是有重要意义的，但它的意义主要在于引进，而非原创。如果不能把这种引进变成资源的消化和方法的习得与会通，从而转化为对于中国本土问题的深耕和探究，那就只能长期充当西方'学术搬运工'的角色。"① 因此，我们倡导应该以理性批判的视野审视西方哲学并与之展开平等的对话。恰如有学者所指出的，"'以西学解马'可以分两种：一种是以西方近代哲学为资源，对马克思主义哲学作一种'启蒙主义'式的解读；一种是以西方现当代哲学为资源，对马克思主义哲学作一种'后现代主义'式的解

---

① 徐俊忠：《关于毛泽东研究的几个问题——"毛泽东与当代中国丛书"序言》，载宋婕《中国革命的现代变奏——毛泽东革命思想研究》，社会科学文献出版社，2015年，第4页。

读"①，并认为这种解读完全不符合马克思主义哲学的本性，最终只能导致对马克思主义哲学本质的背离。对此，我们亦有同感。

因而，我们主张，在西风劲吹、西方学术思潮此起彼伏的历史关头，马克思主义哲学理所当然地要展开与西方哲学的对话，并在对话中丰富和发展当代中国马克思主义哲学。但值得注意的是，这种"对话"应该是摆脱"学徒"心态②，以"问题"为中心的，以"现实问题"为切入点的，以推动学术理论繁荣和现实变革为目的的。

## 二、中国马克思主义哲学与儒学的"对话"

新中国成立 70 年来的历史经验表明，马克思主义哲学之所以能在中国扎根、开花、结果，在现实层面，得益于马克思主义哲学与中国具体问题的结合；在理论层面，一个重要的因素就是得益于其与中华优秀传统文化（尤其是儒学）③的"对话"（会通融合）。这实则也是当代中国马克思主义哲学创新的"对话"范式的另一维度的表现。习近平总书记在《在文艺工作座谈会上的讲话》中指出："中华优秀传统文化是中华民族的精神命脉，是涵养社会主义核心价值观的重要源泉，也是我们在世界文化激荡中站稳脚跟的坚实根基。增强文化自觉和文化自信，是坚定道路自信、理论自信、制度自信的题中应有之义。"④这启示我们，在理论层面，推动当代中国马克思主义哲学的创新必然依赖于其与中华优秀传统文化（尤其是儒学）的"对话"——会通融合。

梳理学术界关于马克思主义哲学与儒学关系的讨论，大致包括："排斥说"、"会通说"、"并存说"、"综合说"以及"主辅说"，等等。在每种论说背后，其实隐含着不同的理论旨趣和价值追求。在我们看来，马克思主义传入中国顺利实现中国化，儒学进入现代并顺利实现创造性转化，

---

① 陈学明、马拥军、罗骞、姜国敏：《论新时期中国学界理解马克思主义哲学的三种路向》，《学术月刊》2017 年第 3 期。
② 吴晓明：《中国学术要有自我主张》，《人民日报》2017 年 6 月 19 日。
③ 为了论证更为集中，对象更为明确，文中我们主要分析具有代表性的"马克思主义哲学与儒学"的关系。
④ 习近平：《在文艺工作座谈会上的讲话》，《人民日报》2015 年 10 月 14 日。

其中一个重要的原因就在于，马克思主义哲学与儒学在一定程度上实现了会通融合。例如，中国早期马克思主义哲学家（如李大钊、陈独秀、蔡和森、李达、瞿秋白等）基于自身的儒学理论背景，以"中国向何处去"为核心问题，逐步接纳和认同了马克思主义（尤其是唯物史观），进而创新性地发展了马克思主义，使其成为中国思想变革的先声，成为指导中国革命的指导思想。同时，在这一历史进程中，中国的儒学研究者则以马克思主义为思想资源，发展出了各自的理论体系，实现了儒学的创新性发展。

改革开放以来，在思想解放和现实变革的双重背景下，当代中国马克思主义哲学与儒学的关系则呈现出更为复杂的局面。一方面，当代中国马克思主义哲学逐步摆脱苏联哲学原理教科书的羁绊，走向哲学自我的反思和理论建构，因而不再拘泥于自我的文本解读，而是逐步转向理论的"对话"，这就包括了与儒学的"对话"。由此，马克思主义哲学延续其积极向儒学借鉴理论资源的传统，希冀在"对话"中继续发展马克思主义哲学，成为学界的共识。另一方面，面对社会主义市场经济的崛起和社会的巨大变革，儒学研究者意识到，已有的现实根基已经发生了翻天覆地的变化，例如，在理论层面，西方哲学、国外马克思主义哲学的引入，中国化马克思主义哲学等，都是其发展中不得不面对的思想资源。因而，儒学向作为当代中国哲学的马克思主义哲学靠拢就成为当务之急，于是，马克思主义哲学与儒学的会通融合就成为新时期的主要学术态势之一。

当然，在这过程中出现了一些问题，如"儒学热"和"国学热"引发的儒学对马克思主义哲学的挑战，集中表现为试图以儒学来取代马克思主义哲学，最极致的表现是"政治化儒学"或"儒学国家化"。又如，少部分马克思主义哲学研究者急于为现代化的中国提供精神资源，积极向儒学靠拢导致的失却立场的"马克思主义儒学化"问题。再如，少部分马克思主义哲学研究者强行以马克思主义为标准，不加以区分地对儒学进行强制阐释，导致"儒学马克思主义化"的问题。客观地讲，这些现象的发生，表面上看，似乎促进了二者的会通融合，但实际上却阻碍了马克思主义哲学的中国化和儒学的现代化。

我们认为，在一定意义上，当代中国马克思主义哲学就是马克思主义哲学与中华优秀传统文化会通融合的结果，它体现了当代中国的哲学或者哲学在当代中国的形态。因而，任何试图以儒学来取代马克思主义哲学的路子都是走不通的，因为它违背了历史事实，也不符合历史发展的规律。恰如有学者所深刻指出的，一个多世纪的中国现代化历程表明，任何一种思想和学说在中国的合法性不是以是否儒学化来证明的，而是由它是否解决了中国的现代化问题来证明的。我们不能简单采用儒学的话语系统，将马克思主义是否儒学化作为评判马克思主义中国化是否成功的标准。① 在这个意义上，实现马克思主义哲学的中国化和儒学的现代化，关键的节点就在于，能否在会通与融合中破解中国现代化问题乃至人类性的现实问题。

具体来讲，在理论层面，马克思主义哲学与儒学的会通融合，关键在于破解如下的问题。

一是对马克思主义哲学和儒学各自思想性质、特征的基本定位和判断。客观地讲，经典马克思主义哲学和儒学是代表两种不同文明类型的理论话语体系，其所关心的问题有着不同的侧重点。例如，儒学是诞生于传统农业社会的思想体系，马克思主义哲学则是人类进入工业化社会所产生的理论体系。对此，我们应有清醒的认知，以便找到新的切入点。正如有学者所指出的："儒学与马克思主义是两个不同时代、不同阶级的思想体系，它们之间存在着根本的对立，否认这种对立是错误的。但它们之间除有对立的一面外，还有互相契合、互相补充的一面……从整个人类文化的交往、发展看，马克思主义、马克思是现代西方文明的主要代表，中国传统文化、孔夫子是古代东方文明的主要代表，马克思主义与中国传统文化相结合，马克思与孔夫子相结合，实质上是东西两大文化、文明相结合。"② 在这个意义上，"对话"的前提是对各自的理论有所熟悉，进而指出其异同，找到会通融合的切入点。

二是基于上述判断基础上的二者会通的"结合点"的选择。毫无疑

---

① 何萍：《考察马克思主义中国化与儒学关系的方法论》，《中国社会科学报》2014 年 3 月 26 日。
② 许全兴：《关于儒学复兴的若干思考》，《贵州社会科学》2010 年第 2 期。

问，作为人类自我意识的理论表达，不同思想在某种程度上总是存在相通之处的。作为西方文明之集大成的马克思主义哲学和作为中华传统文化集大成的儒学虽然有着各自的关注点，但在一定程度上也存在着共同的聚焦点。例如，儒学关心伦理层面的人的成人、成圣问题；马克思主义哲学则关心现实世界的变革和人的解放问题。二者似乎都把"人的自由与全面发展"放在理论的中心。因此需要指出的是，马克思主义哲学与儒学的会通，不是能不能会通的问题，而是如何会通的问题。在我们看来，关键是要找到"结合点"。正如有学者所指出的："从哲学传统上找到马克思主义哲学与中国哲学的结合点，使中国马克思主义哲学进入中国哲学传统之中，是中国马克思主义哲学被认同为中国哲学的关键。"①

　　可喜的是，新中国成立 70 年来，中国学界在一些方面找到了"结合点"，并已经取得了丰硕的成果。例如，1949 年中华人民共和国成立后，冯友兰、贺麟等儒学大家逐步在思想上和学理上认同、接受了马克思主义，并以马克思主义的立场、观点和方法，对中国传统哲学做了新的理解和阐释，形成了各自的理论体系。又如，学术界对儒学思想中蕴含的价值观、人生观、民本思想等做了深刻揭示，以之来补充和完善马克思主义哲学的价值观、人生观和民本思想，极大地丰富了马克思主义哲学的思想内涵。又如，有些学者认为，在社会主义市场经济条件下，如何将传统儒家论及的"义利之辨"思想融入马克思主义哲学，使之转化为适应市场经济、当今社会之需要的"义利统一"或道义与效率统一的原则，使儒学的创新与马克思主义的创新确实可以形成"健康的互动"。②再如，有学者认为，进一步推进马克思主义与儒家终极关怀价值系统之间的深度融合，同样是当代中国文化建设重要的时代课题。在这方面，儒家终极关怀的价值系统或可为面向未来进一步拓宽马克思主义终极关怀的渠道或路径、扩大马克思主义终极关怀对普通民众的影响提供某些具有启发意义的借鉴。③也有学者强调，也许马克思主义对儒学可以有以下两个方面的纠正：儒学必须特别重视"经济基础"的问题，在这方

① 李维武：《马克思主义哲学与中国传统哲学的结合点》，《理论视野》2008 年第 12 期。
② 李存山：《儒学创新与马克思主义创新——和杜维明先生对话》，《哲学动态》1999 年第 4 期。
③ 李翔海：《马克思主义与儒家终极关怀比较探析》，《中国特色社会主义研究》2015 年第 5 期。

面儒学是十分欠缺的；必须克服儒学过于重视"人治"，而无视"法治"，也就是说要克服"道德至上主义"。那么，儒学对马克思主义是否有可补充和纠正之处呢？至少也有两点：一是"要重视传统"；二是在马克思恩格斯的著作中具体讨论人的道德修养问题不多，但在儒学中这方面的论述特别丰富，也许马克思主义可以从中吸取某些有益的理念。① 这些都表明，超越"应该"层面的探讨，并找到切实的"结合点"才是会通融合的关键。

当然，这种会通融合对研究者的知识储备也是一个挑战。例如，中国早期马克思主义者之所以能够从容地将儒学与马克思主义哲学进行"对接"，一个根本的原因在于他们既熟谙中华优秀传统文化尤其是儒学，又及时地接受了马克思主义哲学的洗礼。又如，一些学者认为，从基本立场、思想内容、发展路径、解释方法等角度梳理，当代儒学的发展形成了保守主义儒学、马克思主义儒学、自由主义儒学、理性主义儒学四大流派并存之格局。作为马克思主义哲学的研究者，能不能对上述四大流派及其思想做出深入的理解与把握，进而找到真正的"结合点"，恐怕并非易事。②

这里需要特别指出的是，要客观面对日益兴起的"儒学热"。我们应该清晰地意识到，作为一种诞生于农业文明时代的理论体系，在与其所适应的传统社会结构已经整体性地发生剧变之后，我们是否还需要流连于过去？换句话说，建立在传统农业文明基础上的儒家学说有着与之相配套的社会结构，在历史的变迁中，一旦这一结构（如宗族制度）走向瓦解，其所依赖的社会现实基础必然发生变革，那么其理论的当代现实根基又何在？其理论现代转化的方向何在？这都需要我们做出探索和回答。因而，对于当代中国儒学来说，只有适应时代的变迁，创新性发展和创造性转化才是上策。正如《中共中央关于繁荣发展社会主义文艺的意见》所指出的，中华优秀传统文化是中华民族的精神命脉，是我们屹立于世界文化之林的坚实根基。坚守中华文化立场，坚持古为今用、推陈出新，秉持客观

---

① 汤一介：《传承文化命脉　推动文化创新——儒学与马克思主义在当代中国》，《中国哲学史》2012 年第 4 期。
② 李承贵：《试析当代儒学流派的基本格局及其走向》，《天津社会科学》2012 年第 4 期。

科学礼敬的态度，努力实现创造性转化和创新性发展。①

在我们看来，对处在社会转型期的中国而言，在理论层面所面临的问题是理论如何满足现实的需要问题。因而，我们认为，马克思主义哲学与儒学的"对话"，就不单纯是理论创新的需要，更是现实变革的需要。事实将证明，只有以"问题"（理论的或现实的）为中心或"切入点"，即在面对中国现代化进程中的重大理论和现实"问题"时，从各自的理论资源出发，发挥各自的理论优势，才能在学科协同中实现会通与融合。

## 三、中国马克思主义哲学界与国外马克思主义的"对话"

纵观整个马克思主义哲学的发展，我们可以看到这样的图景：马克思主义经典作家创立马克思主义哲学，以列宁为代表的苏联革命家和哲学家所发展的马克思主义哲学，东欧政治家和思想家发展的马克思主义哲学，西方思想家所发展的马克思主义哲学，中国共产党的历代领导人和学者所发展的中国化的马克思主义哲学等，正是基于经典马克思主义哲学所实现的马克思主义哲学与各国具体实践相结合，才使得马克思主义哲学迸发出无限的生机和活力。自马克思主义传入中国，中国化的马克思主义哲学正是依据马克思主义的观点、立场和方法，适度接受苏联哲学教科书所确立的基本原理，并创造性地与中国的革命、建设、改革的实践相结合，在与国外马克思主义哲学理论的"对话"中逐渐"构建了以辩证唯物主义和历史唯物主义为基本理念和实质内容的马克思主义哲学学术体系"②、话语体系，取得了理论的"制高点"和"话语权"，使得"马克思主义哲学研究在中国"成为基本共识。

毫无疑问，中国马克思主义哲学界与国外马克思主义的"对话"自马克思主义传入中国就已经开始，且取得了一些有代表性的成就。在改革开放之前，"对国外马克思主义研究主要停留在初步译介上，研究虽然

---

① 《中共中央关于繁荣发展社会主义文艺的意见》，《人民日报》2015 年 10 月 20 日。
② 孙正聿：《构建当代中国马克思主义哲学学术体系》，《哲学研究》2019 年第 4 期。

不能说完全没有，但尚未真正展开"①。从学术的层面看，真正的"大规模的、系统性的"理论对话则是改革开放以来的事情。具有代表性的事件是 1982 年徐崇温主编的《西方马克思主义》的出版。在此后近 40 年的历史中，中国的国外马克思主义的研究犹如雨后春笋般地出现，并在与中国马克思主义哲学研究的互动中，开辟了当代中国马克思主义哲学理论创新的新天地。

梳理改革开放 40 年来学术界关于国外马克思主义的研究历程，大致可以划分如下几个阶段：第一阶段是译介阶段（1982—1992 年）。学术界开始译介早期国外马克思主义学者的学术理论著作，最具代表性的是"国外马克思主义和社会主义"系列丛书的出版，这套书为学界全面认知国外马克思主义研究现状、研究的问题以及方法论原则等提供了重要的思想资源。不过需要注意的是，在此一时期，对国外马克思主义学者著作的译介和思想的研究，主要目的在于将国外马克思主义的理论视为西方资产阶级的思想加以批判。当然，不可避免的是，这种"开拓视野、加深了解"的批判也顺带推动了其与中国马克思主义哲学的"对话"。第二阶段是思想阐释阶段（1992—2002 年）。这一时期，学界对待国外马克思主义思想的态度由简单"拒斥和批判"转变为"理性对待和研究"，因此，一大批由国内学者撰写的关于研究国外马克思主义的论著出版。尤其是复旦大学国外马克思主义与国外思潮研究中心、南京大学马克思主义社会理论研究中心、黑龙江大学文化哲学研究中心（主攻东欧马克思主义）等专门研究机构的成立，以及在这一过程中形成的对法兰克福学派的研究、对东欧马克思主义的研究、对西方马克思主义的研究等成果，极大地推动了中国的国外马克思主义研究。第三阶段是国外马克思主义研究的蓬勃发展时期（2002—2012 年）。这一阶段一个标志性的事件是，根据中共中央、国务院《关于进一步加强和改进大学生思想政治教育的意见》和中共中央《关于进一步繁荣发展哲学社会科学的意见》精神，2005 年，国家增设马克思主义理论一级学科及所属二级学

---

① 张亮：《国外马克思主义哲学研究 70 年：回顾与展望》，《武汉大学学报》（哲学社会科学版）2019 年第 4 期。

科，尤其是将"国外马克思主义研究"增设为二级学科。我国的国外马克思主义研究迅猛发展起来，国家社会科学基金、教育部人文社会科学研究项目、各高校博士生学位论文的选题，都以"国外马克思主义研究"为主要方向。一大批有关国外马克思主义人物、思想研究的论著出版，整个研究呈现出欣欣向荣的景象。第四阶段（2012年至今）是理论研究的自觉阶段。此时一个显著的标志是，随着时间的推移，学者逐渐意识并追问，我们极力推动国外马克思主义的研究，其根本目的何在？是仅仅为了将其作为对象加以研究，还是为了丰富和发展当代中国马克思主义哲学？是为了学术的研究，还是满足现实的需要？基于这些思考，学术界形成这样一个局面：一部分人开始理论地反思国外马克思主义研究的旨归；另一部分人在逐步从国外马克思主义的研究中抽身出来，回归马克思主义哲学经典文本的解读与阐释，试图在"平等对话"中重新审视马克思主义哲学和国外马克思主义研究，并创建"有我"的马克思主义哲学。具体体现为两点：一是受到过国外马克思主义哲学滋养的部分学者转向马克思主义哲学基础理论问题的探索和现实问题的观照，并做出了"独特"的理论阐释，丰富和发展了马克思主义研究的问题域；二是以"问题"为中心的学术对话占据了上风，以单纯的文本译介和人物为个案展开的研究逐步为学界所淘汰，而那种译介文本和研究文本、人物的研究方式则被逐步视作从事国外马克思主义研究必备的一个阶段和过程，而不是最终目标。

回顾1978年以来中国的国外马克思主义研究的历程，我们可以清晰地看到，国外马克思主义已经成为整个当代中国马克思主义哲学研究谱系中不可或缺的组成部分。它不仅拓展了当代中国马克思主义哲学研究的视野和深度，深化了问题意识，而且将这一研究引入新的阶段。宏观地看，这些价值体现在，一是在思想史的维度中深化了我们对马克思主义哲学理论的理解，丰富了其思想的内涵。例如，卢卡奇对历史唯物主义方法论原则的反思，科耶夫对马克思与黑格尔关系的思考，阿尔都塞对意识形态的探讨，等等，都为学界所关注，并借鉴其思想资源，深化了对马克思主义哲学思想的理解。二是在与现实问题的互动中，拓展研究的视野。国外马克思主义的成就之一在于，国外学者们看到了所处时代的现实对于马克思主义的挑战。因而，基于对马克思主义经典文本的解读，国外马克思主义者"适度地"以马克思主义观点、立场和方法为指导，对其所关注的问题做了独到的阐释，有效地拓展了马克思主义的问题域。例如，对大众文化的研究、对日常生活的探讨、对消费的关注、对城市问题和空间问题的讨论、对金融资本的关注，等等，这些都不同程度地启迪了中国的马克思主义哲学研究者——应该紧跟时代的变迁，关注现实生活世界中出现的问题，跳出单纯的经典文本的解读或原理的阐释，探寻新的理论生长点或问题域。三是问题导向的确立。我们能清楚地看到，当代国外马克思主义对马克思主义基本理论的反思、对当代资本主义的新思考以及对社会主义的新探索有着独到的理解。尤其是国外马克思主义学者能够紧紧围绕"问题"（理论的或现实的）展开学术研究，在历史与现实的钩沉中不断彰显马克思主义哲学的当代价值，等等，这些对于当代中国马克思主义哲学研究，不无裨益。

当然，这并不意味着国外马克思主义代表了马克思主义哲学正统，我们研究的路子就应该严格按照他们所指出的路来走，相反，对其要保持清醒的认识和理论自觉。例如，不能仅看到其理论观点，更要看到其理论的时代背景和根本主张，尤其是要通过对思想本质的把握，认识到其理论的本质属性，认清其是否歪曲了、拔高了或者矮化了马克思主义哲学。例如，按照戴维·麦克莱伦的看法，"西方马克思主义是一种针对马克思主义在西方的失败所做的哲学思考"[1]；"西方马克思主义主要是一种力图修正马克思主义的尝试，向前，它力图回到它的黑格尔源头，向后，则试图吸收晚近社会学方法尤其是韦伯所给予的启发"[2]。倘若果真如此，我们不仅要问，马克思主义哲学在西方失败了吗？它是一种韦伯意义上的社会学吗？这种"哲学思考"究竟要将马克思主义哲学引向何方？他们是"如何修正马克思主义的"？是否歪曲了马克思主义哲学？等等。如果我们对这些问题视而不见，那么，我们很可能就会"一叶障目不见泰山"，甚至把马克思主义哲学引向错误的研究路向。

---

[1] 戴维·麦克莱伦：《西方马克思主义》，载特伦斯·鲍尔、理查德·贝拉米主编《剑桥二十世纪政治思想史》，任军锋、徐卫翔译，商务印书馆，2016年，第242、255页。

[2] 同上。

这启示我们，如果我们对国外马克思主义的研究缺少立场、缺少批判性、缺少主见，那么我们只能被国外马克思主义牵着鼻子走，无论讨论的问题还是所使用的方法论原则，都可能背离马克思主义哲学。倘若有人将国外马克思主义对马克思主义哲学的理解视作根本标准，那么，以其为标准的"衡量"就可能会遇到更大问题。在这个意义上，我们倡导在国外马克思主义的研究中，依然要以马克思主义观点、立场来讨论和分析问题，在积极借鉴其理论资源的同时，对其一些流派、说法，要时刻保持警惕。

按照我们的浅见，判断一个所谓的国外马克思主义学派或者（一位）学者是不是真正的马克思主义学派或学者，大体有五个指标：一是它们或他是否以马克思主义的观点、立场和方法分析资本主义制度确立后人类所遭遇到的问题？二是它们或他是否依然保持对资本主义制度的批判，并对人类在超越资本主义之后创造出的文明新类型充满信心？三是它们或他是否认同社会主义的道路，并将之视为人类走向美好未来的新大道，或者承认社会主义开辟了人类文明发展的新的可能性或维度？四是它们或他是否认为，人民才是社会历史的创造者，一切应该以人民为中心，应该维护广大人民的根本利益？五是它们或他是否认为，人类的文明、文化是多元的而不是一元的，西方并不是世界文明或文化的中心？回答好上述问题，并以此为基本坐标，我们的国外马克思主义研究或许才有"未来"可言。

我们甚至可以做出这样的断言，真正对当代中国马克思主义构成冲击和挑战的，并不是西方某个新自由主义的理论流派，更不是保守主义性质的儒家学说，而是部分"披着马克思主义外衣"，即以新自由主义为底色的所谓的"国外马克思主义思潮"。因为，它使得一部分中国的学者忽略对马克思主义经典的阅读，忽略对国外马克思主义诞生的思想和时代背景的考察，而简单迷恋其理论观点，甚至未经批判地加以接受，置其价值取向与理论指向于不顾，而以之为准绳裁剪马克思主义哲学基本原理，并以之衡量中国的现实，分析中国发展中遇到的各类问题。

应该说，中国的国外马克思主义研究的兴起，绝对是具有重要价值的学术事件。历史的经验和教训告诉我们，只有当我们对国外马克思主义研究所取得的成就、存在的问题开始做出理性的思考和探索的时候，当我们对未来的国外马克思主义研究将不再是单纯的"照着讲"的学术史梳理，而是基于思想史的、观照现实的、"接着说"的思想创造的时候，当给我们理性自觉之后，把国外马克思主义仅仅作为一种思想资源而不是思想指南的时候，我们的国外马克思主义研究才走上了正道。

## 余　论

新中国成立 70 年来，中国的马克思主义哲学并没有局限于自我的理论反思，而是在与各种思想资源的"对话"中实现了理论的创新与发展，由此在理论自觉与主体自觉中形成了"对话"的研究范式。尽管可能存在着这样或那样的问题，如"对话"不充分、对话"主题"不集中、"对话"论域不对焦等，但不能否认的是，在"对话"范式主导下的中国马克思主义哲学极大地彰显了马克思主义哲学经典原理的基本价值，开拓了研究的问题域和理论论域，贴近了现实的巨变和流变，使得当代中国马克思主义哲学成为中国建设和改革的有力理论武器。

需要注意的是，这种"对话"范式不仅仅体现在上述我们所讨论的论域之中，还有几种马克思主义哲学与其他学术理论的"对话"值得我们关注。一是当代中国马克思主义哲学与中国早期马克思主义开创者所开辟的中国马克思主义传统的关系。例如，艾思奇、李达、冯契、李大钊、瞿秋白、陈独秀等中国早期马克思主义开创者对马克思主义的阐释与创新，弄清"马克思主义哲学在中国"的历史进程及其表现。二是当代中国马克思主义哲学与三种主要理论思潮的关系。这主要是指以新自由主义为底色的西方学术思潮，以保守主义为核心的儒学复兴思潮，以所谓"回归马克思"为旨趣的"碎片化马克思主义理论"的思潮。三是当代中国马克思主义哲学与各类社会思潮的斗争。如与新自由主义、民主社会主义、新左派思潮、复古主义思潮、新儒家思潮、民粹主义思潮等社会思潮的斗争。四是马克思主义哲学与社会学、法学、经济学等乃至自然科学（实验心理学、生物学、考古学、大数据分析）等的"对话"。关于这点，在我看来，至关重要。因为，在当前的时代境遇下，没有任何一个学科可以单独破解人类遭遇到的问题，学科交叉、"超学科"意义上的问题研究才是正道。限于篇幅的关系和笔者的学识，在这里，我们只将问题提出来，待以后有精力的时候再加以研究。

哲学家冯友兰强调："我们现在所讲之系统，大体上是承接宋明道学中之理学一派。我们说'大体上'，因为在许多点，我们亦有与宋明以来底理学，大有不相同之处。我们说'承接'，因为我们是'接著'宋明以来底理学讲底，而不是'照著'宋明以来底理学讲底。"① 由此，他提出了学术研究的"接著讲"和"照著讲"的方法论原则。在我们看来，"对话"范式中的当代中国马克思主义哲学，就是通过"对话"，从掌握原理回到学术研究，从学习知识走向思想创造，从"照著讲"走向"接著讲"，将中国的马克思主义哲学研究从一种地域性知识的生产推向一种"世界性知识"的生产，真正使得马克思主义哲学成为具有"世界历史意义"的"世界的文学"② 以及助力构建人类命运共同体的思想智慧。

当然，需要指出的是，真正引导"接著讲"的，不单纯是理论需要，而是现实的需要。在我们看来，隐含在"对话"范式背后的隐性逻辑只能是"现实"的逻辑或实践的逻辑。当现实向人们提出问题的时候，回归文本，重启对话，只是手段，而不是目的。只有回答并破解现实提出的问题，才是理论创新的根本目的！

原载《教学与研究》2019 年第 10 期

---

① 冯友兰：《新理学》，《贞元六书》（上），华东师范大学出版社，1996 年，第 5 页。
② 《马克思恩格斯选集》第 1 卷，人民出版社，2012 年，第 404 页。

# 中国哲学

有关中国哲学研究的文献分为以下 3 辑：第 1 辑，新中国中国哲学研究的整体性述评。第 2 辑，新中国中国哲学领域比较受到关注的问题或方面有六个，即"文革"前关于"抽象继承法"的问题以及新时期的传统哲学范畴研究、现代新儒家研究、郭店竹简研究、中国哲学合法性讨论、"天人合一"问题，本辑是对这六个方面研究的述评。第 3 辑，包括了四个方面：一是关于少数民族哲学研究的评述，专门选入这些文献，意在强调缺少了少数民族哲学的中国哲学史是很不完整的；二是对中国学者的中西哲学比较研究的梳理，这在有关中国哲学研究的综述中往往被忽略；三是台湾与大陆在儒学研究上的对话互动；四是欧美和日本的中国哲学研究的述评以及有关讨论。

# 学习中国哲学史三十年

任继愈[*]

我从事中国哲学史的教学、研究工作，按时间累计，不止三十年，抗战时期，在昆明西南联大时，就开始讲授中国哲学史和从事有关这方面的专题研究。但是，真正用科学方法来研究中国哲学史，应当说是从1949 年开始的。实际上，中国哲学史作为一门科学，是解放后在党的关怀下逐渐建立起来的。这门科学在发展中，一方面是取得了很大的成绩，另一方面也走过不少的弯路。如何恰如其分地估计这门科学的历史和现状，促进它的进一步发展，是每一个从事这门科学的同志都十分关心的问题。这篇文章打算就这个题目谈谈个人的一些感受。

## 解放前的中国哲学史研究

现代意义的"哲学"这个概念，在封建时代并不存在，因为那时还没有现代科学的分类和社会分工，还不曾有过现代意义的"哲学"这样的学科，只有约略相当于哲学的一些部类。中世纪的欧洲只有神学一门学问，其他门类都是神学的仆从，哲学包括在神学里面。古代中国主要是"经学"一门学问，它不像欧洲中世纪神学那样挂出神学招牌，它是一门经天纬地、无所不包的学科。中国古人认为，一切原则、规律以及解决问题的具体办法，经学中都讲到了，有什么疑难问题，只要到"五

---

[*] 任继愈，1916—2009，男，国家图书馆馆长。

经"或"六经"中去找，都能找到答案。中国的经学不具神学之名，而有神学之实。

封建社会的哲学史名著，如《明儒学案》《宋元学案》，其中大部分讲的是中国哲学问题（也包括经济学、伦理学、教育学、历史学以及其他学科的内容），但不具哲学和哲学史之名。严格地说，进入近代后，才有近代涵义的哲学和哲学史。

近代中国出现了资产阶级，到了"五四"时期，开始了波澜壮阔的新旧思想交锋。这时期中国哲学史也有了新的发展。

"五四"前夕，胡适出版了《中国哲学史大纲》（上）。这部书得到当时提倡新文化的进步人士蔡元培的赏识，随后又得到社会的广泛重视，胡适也自称它是开山之作。这部书在1954—1955年全国性的批判胡适实用主义的运动中受到了批判。批判了他的唯心史观，驳斥了他的实用主义观点，并指出了他的其他方面的错误，很多文章的意见是对的，这里不再重复。我们要指出，胡适这部书的确有胜过以前封建学者的地方。胡适打破了封建学者不敢触及的禁区，即"经学"。"经"是圣贤垂训的典籍，封建社会的一切成员，只能宣传它，解释它，信奉它，不能怀疑它，不准议论它，更不能批判它。尧、舜、禹、汤、文、武、周公、孔子都是圣人，只能膜拜，不能非议，这是封建社会的总规矩（西方中世纪对《圣经》也是如此）。据时人的印象，读了胡适的《中国哲学史大纲》，使人耳目一新。作为一部哲学史，表达方式有条有理，这只是形式，时人认为"新"的地方主要在于它不同于封建时代哲学史书的代圣贤立言，为经传做注解，而敢于打破封建时代沿袭下来的不准议论古代圣贤的禁例。他把孔丘和其他哲学家摆在同样的地位，供人们评论，这是一大变革。至于胡适标榜的明变、求因等，所谓寻找中国哲学史的规律的狂言，不过是空洞的议论，没有什么价值，二十年前人们已批判过了，可以存而不论。只要把胡适的哲学史与封建时代的《宋元学案》《明儒学案》对比一下，显然就可以看出两者的差异。黄宗羲被认为是封建社会第一流的学者，他的两部"学案"汇集了相当丰富的资料，今天仍然不失为研究宋明理学的有用的参考书，但它有一个致命的弱点，就是不敢大胆非议圣人。而资产阶级的学者胡适的《中国哲学史大纲》则敢于非议圣人，这是时代赋予研究者的胆识，不单是胡适的功绩。只有当社会进入资本主义时代，才能用批评的态度评论封建社会的人和事。处在封建社会里面的人，大都是看不清也不允许去看清封建社会的。这就是所谓历史的和阶级的局限性吧。

继胡适之后，冯友兰写的《中国哲学史》，是一部完整的著作，不像胡适的著作有头无尾，资料也丰富。这是沿着胡适开辟的道路继续向前走的书。这部书出版后，也对社会影响了若干年，但已不像胡适的第一部书问世时那样给人以新鲜感觉了。继胡适的《中国哲学史大纲》以后，出现的性质相近或相似的其他著作，有梁启超、萧公权、钱穆等人的政治思想史、学术史等。这些著作，比封建时代的哲学史都不同程度地有所前进。但是，总的说来，这些都不能算作阐明中国哲学史发展规律的科学著作。中国哲学史虽在大学及学术界有此一门科目，但没有能够成为一门科学。

解放前，在历史学领域内，有几位前辈开拓荒地的功劳是不可磨灭的。郭沫若、范文澜、翦伯赞、侯外庐、杜国庠等同志都在不同的方面运用历史唯物主义的观点方法，对中国的古代社会、古代历史以及古代思想进行了卓有成效的探索。材料虽也是人们常见的"五经"、《二十四史》，但经过一定的科学分析，人们透过各种现象的迷雾，看到了一些真相，或者说更接近于真相。我不是说这几位前辈的著作毫无可以讨论的地方，已成定论，而是说，虽然他们的著作有些缺点和错误，但他们走的方向道路是一条阳关大道，他们的作品是运用历史唯物主义进行探索的教材，具有示范作用。如果没有这些前辈们解放前的一些著作作为标本，解放后的一些新手在学习并运用马克思主义进行探索的路上不知要遇到多少困难，要走多少弯路。

## 学习用马克思主义研究中国哲学史

解放后，党十分关怀知识分子的成长，积极帮助他们学习马克思主义的基本理论。解放初期北京大学、清华大学哲学系的教师和一些马克思主义哲学工作者，定期（每两周一次）举行讨论会。北京大学哲学系教师们过去基本上都未曾接触过马克思主义，这样的讨论会是一个很好的学习方式。经常参加的，北京大学有汤用彤、贺麟、郑昕、洪谦、朱光潜、胡世华、齐良骥、任继愈等人，清华大学有金岳霖、冯友兰、张岱年、任华、邓以蛰、王宪钧等人。当时研究马克思主义多年的艾思奇、胡绳、侯外庐、何思敬等同志常来参加，徐特立同志有时也来参加。讨论会人数不多，自由参加，不拘形式，每一次有一位作中心发言，其他人围绕这个中心问题自由发言。金岳霖同志讲过形式逻辑，胡世华同志讲过数理逻辑，郑昕同志讲过康德，贺麟同志讲过黑格尔。发言多的是艾思奇、胡绳、何思敬几位同志。他们除了介绍马克思主义、毛泽东思想外，还给大家解答一些问题。当时我们没有接触过马克思主义，什么是历史唯物主义还很不清楚。通过这样的学习、交流，获益很多。后来，艾思奇、胡绳同志还兼任北京大学哲学系的教授，系统地讲授马列主义、毛泽东思想。当时，还成立了一个新哲学会，会长是李达同志。在这个学会里分中国哲学史、外国哲学史、逻辑、中国近代思想史、辩证唯物主义与历史唯物主义等几个组。这个组织除了举行大型的报告会外，也为北大、清华两校的哲学系编写教学大纲，编选资料，后来出版的《中国近代思想史资料汇编》，就是这时开始编选的。龚自珍和魏源开始被写进中国哲学史，在这以前对刘逢禄、廖平还有人讲，龚、魏则被忽视。

当时我们的学习，基本上是用从延安带来的办法。马克思主义者从来不采取教训人的态度，一些旧社会过来的唯心主义者，也没有顾忌地提出问题讨论。那时还没有提出过"不戴帽子、不抓辫子、不打棍子"的口号，但大家实际上做到了"三不"，记得艾思奇同志曾主张形式逻辑就是形而上学，但与会的逻辑学教师们都提出不同的意见，争执了很久，讨论了若干次。最后艾思奇同志放弃了他的意见，也认为形式逻辑不等于形而上学。

学习马克思主义，光讨论不行，更重要的是必须系统地阅读、钻研马克思主义的经典著作。解放前，在国民党统治区里，这些书是被禁止的，不得公开发行。解放后，学习条件变了，我们有充分的时间，也能够读到马、恩、列、斯的重要著作。那时全集还没有译出来，但也可以读到一些外文本（如英、德、俄文本）。

除了书本的学习，还参加了社会活动、群众工作。经常在京郊参加一些农村的社会活动，还到全国各地参加土地改革运动，上述北大、清华的教师们除年老体弱者外，差不多都参加过这类社会实践活动。作为一个中国哲学史研究者，不了解中国的农民，不懂得他们的思想感情，就不能理解中国的社会；不懂得中国的农民、中国的农村，就不可能懂得中国的历史。我自己深切感到，由于参加了土地改革运动，与农民共同生活在一起，思想感情有了很大的变化，从此真正感到过去儒家讲的"修身、齐家、治国、平天下"以及"天地万物一体之仁""亲亲而仁民，仁民而爱物"都是假的。即使古人真正这样想的，也救不了天下，救不了人民，只能把旧中国拖向苦难的深渊。解放后不久，我对我多年来最敬重的一位教授，也是我的老师说：你讲的儒家、佛家的那套哲学，我不相信了，我要重新学习。

经过了三年恢复时期，国民经济有了发展，国家开始大规模、有计划地建设。文化教育事业也有了大的调整。1952年院系调整，全国各大学的哲学系都取消，合并到北京大学，组成一个哲学系。这时的哲学系教授、副教授共有四十多人，人才济济，得未曾有。教材建设也在这时开始。

苏联派了不少哲学专家来我国，学制也进行了改革。他们的教材、教学方法、教学组织机构被介绍过来，我们一齐接受了。北京大学哲学系先后来过几位苏联专家。我们今天哲学系四十岁以上的教师大都听过苏联专家讲课。苏联那时还没有系统的中国哲学史教材，而西方哲学史的教材却被系统地介绍到我国来了，并发生了广泛的影响。

我们可以读到马、恩、列、斯的全部著作，也有了辅导、解释这些著作的一些书籍。这使人们对马列主义有了更多的了解。但是也不能不指出，苏联的学风也给中国的学术界、哲学界带来一些消极影响：

第一，苏联对欧美的传统哲学有偏见，特别是苏联在卫国战争后，对德国的古典哲学有偏见，因而不能客观地对待，不那么实事求是。

第二，苏联教学中只讲正面的，不讲反面的，参考书也只限于正面的，导致学生思想简单化，只讲唯物主义，少讲唯心主义，甚至不讲唯心主义。用这样的方法，讲马列主义已经不行，讲哲学史就更加不行。

第三，苏联学术界的习惯，只允许有一种讲法。遇到学术界有争论的问题，由政治局派人来作出结论，学术界按照结论来执行。最明显的例子如日丹诺夫在西方哲学史讨论会上的发言，成了研究哲学史的唯一指导方针，不允许讨论商榷。这是用行政手段来解决学术问题，把学术问题当成政治问题来对待，对科学发展有害无益。而这些消极影响，也波及中国的学术界。

总起来说，通过解放初期这段系统认真的学习，历史唯物主义被广大学者所接受，并把它运用于一切社会历史领域内。中国哲学史这个阵地也被历史唯物主义所占领，逐渐地成为一门崭新的社会科学。

## 中国哲学史研究的成就

三十年来，就作品来说，出版了通史、断代史、专题研究、论文集等，但纯属中国哲学史范围的不到十种。就人力来说，与我们的任务相比，研究中国哲学史的专业队伍还是十分薄弱的。尽管这样，我们的成绩还是很大的。

首先，我们毕竟有了一支研究中国哲学史的专业队伍，也拥有一大批业余爱好者。建国以来有几次关于中国哲学史的讨论，如对孔丘的评价问题，除了专业人员以外，社会上很多人参加了讨论。这样一支队伍，在解放前是不可能想象的。这支队伍也正是今后进一步发展中国哲学史的主力军。

同时，中国哲学史作为一门科学，在马列主义、毛泽东思想指导下建立起来，已得到全国的公认。从孔丘到孙中山，进行了初步的描绘。不同的研究者分别做出了不同的甚至相反的结论，应当承认这是科研工作的正常现象。人们对从古到今各个时代的重要哲学家和流派进行了初步的分析，虽然这种分析是粗略的，有时是片段的。对几个重要的哲学家还进行过比较广泛的讨论，比如对孔丘、老聃、庄周、王夫之等人都开展过全国性的讨论，对哲学史方法论也进行过多次讨论。这些讨论虽然不可能得到一致的结论，却进一步确立了马克思主义的立场、观点、方法的领导地位，开阔了人们的眼界，使参加者从不同的意见中吸取营养，无疑能够推动学术研究的深入。

对各个重要哲学家或学派摸了摸他们的特点、性质以及他们的基本主张，是唯心主义还是唯物主义，在当时是进步还是保守、反动，他们的自然观、认识论、方法论、社会历史观有些什么内容，等等。如果把这种工作看作研究哲学史的最终目的，当然不对，但为了进一步开展研究，摸摸上述情况，则是不可缺少的。可能分类分得不妥当，可能把性质看错了，这不但是可能的，而且是不可避免的。常常看到对同一个哲学家或学派持有相反的意见，在研究中出现分歧，这不是混乱，恰恰是这一门学问兴旺发达的标志。

解放后的中国哲学史打破了旧哲学史的框框，把军事辩证法和自然科学中的哲学思想，如医学、农学中的哲学思想吸收进了哲学史，不但丰富了中国哲学史，也为自然辩证法的历史提供了可备参考的材料。

三十年来，中国哲学史不能不受中国的政治经济发展的总形势的影响。中国政治上的安定团结或动荡不安，马列主义的原则是否得到正确的贯彻，直接关系到中国哲学史的发展、停滞，甚至倒退。

国民经济正常发展的时期，也正是我国政治生活正常进行、党的政策较能得到正确贯彻的时候。这时，学术上可以开展正常的争论，学术活动可以比较健康地进行。相反，人为地制造紧张，打棍子、扣帽子的时候，也就是学术停顿的时候。

建国以来，在全国范围内发动了几次大论战，直接与中国哲学史有关的，有对电影《武训传》的批判，有对胡适实用主义的批判。通过这些批判，人们把学到的理论武器用到战场上，历史唯物主义与历史唯心主义开展正面的交锋，不论是参战的还是观战的，都受到马克思主义的教育，锻炼了理论队伍，也提高了识别历史唯心主义的能力。

1957年以后，国内国际形势起了变化，把反对修正主义当作头等大事来抓。马克思主义与修正主义水火不相容，真正的马克思主义当然要反对修正主义。问题是不能把不是修正主义的东西当作修正主义来批判、斗争。今天回顾一下，至少可以说有把政治问题与学术问题弄混的情况。有时候往往把人民内部的不同意见当作敌我问题来处理，由此造成的损失是惨重的，甚至是无法弥补的。有些全国性的大批判，如关于思维与存在的同一性的问题，关于合二而一的问题，关于人口论的问题等，都是以讨论开始，以批判告终的。

这种风气造成了学术界的不安定、不团结。学术界（中国哲学史也在内）出现极不正常的现象，有一派人"一贯正确"，是专门批判别人的；另一派人则是只能受批判，无权答辩，成了学术上被专政的对象。关锋的《反对哲学史方法论上的修正主义》一书，集中表现了这一时期的恶劣学风。

全国范围内从 1957 年以后直到"四人帮"的垮台，近二十年来，一贯反右倾机会主义，不反对"左"倾机会主义。于是，"左"倾思潮泛滥成灾。三年困难时期，"左"倾的棍子不得不有所收敛，学术界又有点复苏。这时中国哲学史和社会科学的其他学科一样，也有些前进。由中共中央宣传部领导的教材编写工作开始了，这时大学文科教材有两百多种上马，有教科书和教学用的资料，中国哲学史也在内。这一时期举行过山东的孔子讨论会、湖南的王船山讨论会，都是主办单位邀请全国哲学史界的人士参加的。这一时期，学术空气比前些年大批"右倾"时期活跃，批判孔丘和赞成孔丘的言论都得到发言的机会。

"四人帮"在"文化大革命"中大搞影射史学，为其篡党夺权的阴谋服务。这十多年，中国哲学史处于混乱、倒退的局面。这是有目共睹的，这里不再多说。这只是前进中的逆流，历史终归要前进的。

除了上面所说的一些情况以外，关于哲学史方法论方面的论文，三十年来，发表了不少。比如关于哲学史的对象与范围的问题，关于唯物主义与唯心主义在人类认识史上的作用问题，关于推动哲学思想发展的动力的问题，关于自然科学在哲学中的重要作用问题，等等。像这些重大问题，解放前不可能提到研究的日程上来，而今天则受到哲学史工作者的普遍关心和重视。能够提出这类问题，本身就意味着研究工作的深入，理论水平有了普遍的提高，表明面临着新的起点。

## 存在的问题

三十年来，中国哲学史的研究虽然取得了很大成绩，但也有不少问题，其中有些问题的性质甚至是严重的。这些问题如果得不到应有的重视，将会给这一科学带来严重的后果。

首先，我们对中国哲学史的研究应该批判封建主义的任务重视得不够；中国哲学史的研究范围绝大部分是封建时代的意识形态，这些意识形态当然是有着进步与落后、唯物与唯心之分。过去我们在研究中坚持哲学史的党性原则，一般注意了赞扬进步的、唯物的，批判落后的、唯心的，却忽视了具体地分析和批判这些意识形态中的封建主义的糟粕。"四人帮"炮制的"法家进步、儒家反动"的公式就是钻了我们工作中的这个空子，他们以赞扬法家为名，贩卖封建专制主义的私货，大搞封建法西斯专政。现在看得很清楚，阻碍我国社会主义发展的，除了资本主义以外，还有大量的封建主义的东西。过去由于没有认清中国的这个历史特点，往往在批资本主义的口号下给封建主义留下了后路，甚至错误地把封建主义的东西当作社会主义的东西。我们搞中国哲学史的人好些是专门或者主要研究封建时代意识形态的，应该自觉地把批判封建主义的任务担负起来。当然，这种批判不是简单从事，而是在详细占有资料的基础上做出科学分析。只有这种以科学分析为特征的批判才能有助于人们认清封建主义的实质，也才能使中国哲学史这门科学在促进"四化"中发挥应有的作用。

其次，在我们的研究中形式主义、教条主义相当严重。我们这些年来，习惯于在马列主义经典著作中找现成的答案，不少文章和著作，缺少有说服力的具体分析。天长日久，也逐渐安于这种多引用少分析，甚至不分析的研究方法。习惯于用马列主义著作中的结论代替作者的分析，实际上是背离了马列主义的根本原则——对具体问题作具体分析。这样的学风不改变，将使我们的中国哲学史研究不能深入，不能有力地开展学术讨论和国际学术交流。历史唯物主义是马克思主义的划时代的贡献，但是，如果脱离了具体分析，不顾时间、地点、条件，把几条原则或个别词句生搬硬套，把马克思主义的词句当成包医百病的灵丹，或当作驱疫防邪的符咒，那不是尊重马克思主义，而是糟蹋了马克思主义。这种思想上的懒汉作风不仅使这门科学的发展受到影响，也使研究者本人在一定程度上丧失思考和辨别的能力，容易受骗上当，被别有用心的人牵着鼻子走。"四人帮"搞的那一套儒法斗争史居然欺骗了不少人，教训是深刻的。

前些年，"四人帮"横行时代，制造了一种"恐古病"，一提到"古"，就好像犯了大罪。实际上在"四人帮"横行以前，早已有了这种苗头。当时错误地解释和滥用了"厚今薄古"的口号。在研究问题时不应言必称尧舜，不要当古人的奴隶，不要颂古非今，这当然是正确的。但是如果把这一原则不看对象、不加分析地在研究历史、哲学史的广阔领域中当作法律来采用，则有害无益。因为历史总是"古"的多，今的少。对古的东西一概不予重视，那只能导致文化虚无主义，否定了我们的文化优良传统。应当实事求是，如实地总结历史经验。历史经验多就多写，少就少写，有多少算多少。不能因为它是"今"的，就硬把它拉长，也不能因为它是"古"的，就硬把它压缩。有些哲学史著作在写作之前就规定，近代部分不得少于一半的篇幅，这种不从实际出发的做法显然是错误的。

还有"古为今用"这个口号也被歪曲和滥用了。全面地、正确地理解这个口号，可以避免一些脱离实际的空谈。如果把它作为一条法律，也会把狭隘的实用主义当马列主义来"用"。"四人帮"横行时期的很多文章，都是打着这个旗号来贩卖实用主义货色的。他们把历史看成百依百顺任人打扮的女孩子，好像历史不是客观存在，而是主观的东西，又走上了六十年前胡适走过的那条邪路。影射史学也经常是躲在"古为今用"的大旗下，进行鬼蜮活动的。

中国哲学史的研究工作，三十年来在马克思主义指导下取得了巨大成绩。但也应看到三十年的光阴，人们的工作时间还不到十五年，有一半的时间浪费了。已经取得的成绩距离科学的哲学史的要求还差得远。我们仅仅对重要的哲学家和流派做了初步的普查工作，简单地分了分类，并没有深入研究。不仅是重大的专题、详尽的断代史有待于进一步努力，就是对某一问题、某一人物、某一学派、某一部书等，也都缺乏深入的研究。经验表明：没有广泛的、深入的普查，就不可能准确地总结出规律来。断代史是通史的基础。对各个断代摸不透，看得不准，要想写出一部有科学性的哲学通史，是不可能的。衡量一部哲学史有无价值及价值大小，不在于篇幅的长短，而在于它揭示的哲学史发展的规律性的深度和广度。

中国各个历史时期的哲学的发生、发展，不是孤立的，不是与它同时代的其他学科没有关系。一个时代的思潮，反映了时代的脉搏，比如魏晋时代的哲学，与文学、艺术，以至宗教，都相互关联，相互渗透，相互影响。如果哲学史与它同时代的其他上层建筑、意识形态对不上号或格格不入，这样的哲学史即使它自身言之成理、持之有故，也不能算作科学的哲学史、马克思主义的哲学史。

用这样的标准来衡量我们过去所做的工作，深深感到摆在我们面前的任务还很艰巨。例如资料工作还得加强。今天我们研究中国哲学史手头必备的资料本来就很少，基本上依靠解放前商务印书馆、中华书局出版的书籍，解放后出版的原始资料很少，就是这些出版物，在"文化大革命"中由于受到破坏，也已经为数不多，靠这极其有限的原始资料开展科学的研究那是太困难了。由于没有进行原始资料的积累和整理工作，因此连整理资料的人才也没有得到充分锻炼的机会。今天我国四十岁以下的研究人员和大学教师，对原始资料的鉴别、校勘、训诂的基本功，比起老一辈的专家要差得多，即使是阅读和理解能力也低得多。这一差距要花相当长的时间才能弥补起来，短期是不行的。此外，三十年来新发现的考古发掘的资料还未来得及整理，有的则未消化。旧的资料，有些过去认为是伪书的，今天要给它重新估价。近三十年来，国外学者对中国哲学史也有不少的研究成果，我们还未能及时吸取其有用部分。

理论的准备也要加强。三十年来我们的理论界有很大的进步，马克思主义已深入人心，但也应看到我们的理论水平还不太高。我自己深感没有学好，不善于运用马克思主义作为指导来解决中国哲学史的具体问题。哲学史研究者不能不受全国理论风气的影响。1957 年以后，理论界的极左思潮和各种混乱，不能不影响到哲学史界。例如，把阶级斗争当作历史发展的唯一动力，在哲学史界也有反映。学术界长期以来不大习惯于心平气和地讨论问题，一有争论就说是两条路线的斗争。"恐古""恐修"达到神经衰弱的程度。这些多年积累下来的顽症，不是一年两年可以治好的。这些缺点都不利于马克思主义的正常发展。理论水平决定哲学史的水平，理论水平不高，哲学史的水平也高不了。

有了理论，有了资料，还要锻炼以理论驾驭资料的本领。三十年来，我们也吃尽了理论与资料脱节的苦头。五十年代有一个时期学术界曾流行过"以论带史"的口号，它的意思大概是提倡用理论统率历史资料。记得在北京大学文科各系曾出现过"以论代史"的倾向，空论太多，史料不足，往往用马列的词句代替科学的论证和分析。这种做法，有时可以取得一时的胜利，但不能说服对方。五十年代我们批判胡适的实用主义的烦琐考据时，强调理论的重要，这当然是对的。但从此出现了轻视资料的偏向，这就不对了。因此，把材料与理论有机地统一起来，是我们长期努力的方向。

原载《哲学研究》1979 年第 9 期

# 中国大陆地区中国哲学研究 60 年的回顾与反思

郭齐勇 *

首先，我们要对"中国哲学"做出界说。按学科分类，过去称作"中国哲学史"的学科，现称为"中国哲学"。但使用"中国哲学"一词，又容易误会为指我国整个的哲学学科门类或一级学科。本文所指"中国哲学"一般指相当于今天所谓二级学科的"中国哲学"，即"中国哲学史"。但又不尽然，我们特别要说明的是，仅仅以知性的态度解析"中国哲学"是不够的，"中国哲学"至少有两个层面：第一个层面是作为意义世界的"中国哲学"，即意在发掘其中蕴含的终极意义、人生价值理念与境界，特别是其中蕴含的"天人之际""性命之源"等中华文化的根源性，总体的或分别的"道"与"理"等，此即中华民族的精神信念、核心价值的层面，是活着的、流转的，在今天的世界与中国国民的社群人生中仍然起着安身立命积极作用的层面；第二个层面才是作为学科建制的或知识与学术层面的"中国哲学"，即可以断代或分门别类或个案地作学术性的研究并与外国哲学作比较研究的知识层面的内容，亦相当于海外中国学家或汉学家作为学术研究对象的"中国哲学"。

其次，我们强调"三个 30 年"的观念。讨论近 60 年来学术史的发展，不能不上溯此前的 30 年或 40 年，如果把百多年作为一个整体，作为我国人文学或社会科学的学科范式建构的历史来看，更能说明当代学术史的全貌。当然，我们讨论问题总有重点，现在研究的重点是 1949 年10 月以来的 60 年，只是不要忘了，需要把这一甲子之前的 30 多年作为

---

* 　郭齐勇，1947— ，男，武汉大学哲学学院教授。

背景或前史。讨论近 60 年来我国大陆学术的发展，重点当然是改革开放以后的 30 年。但是，前 30 年绝不是没有意义的。后 30 年所以能深入讨论，真正有了学术性，原因很多，有一部分问题意识则是源自对改革开放之前的 30 年诸多问题的反思。前 30 年的成果并不都是一无是处的。

　　学术分工的细化使得学科意识不断加强，各学科开始不断强调自身的主体性，学科自身的研究对象、方法等得到了极为深入的探讨。哲学史与思想史之间的差别也开始为学者所关注和讨论。一般而言，哲学史研究以哲学形上学、宇宙观、人生观、价值观、哲学问题与方法的探讨为中心，侧重分析各哲学系统的内在逻辑及其所面临的困难以及哲学理论的演进、发展；而思想史研究则更重视思想观念与政治、经济、文化等社会历史因素之间的互动，即特定历史情境对某一思想观念之形成的影响及思想观念反过来如何作用于社会现实，也即所谓"思想变迁的历史意义"[1]。但必须注意的是，近百年的中国哲学史研究与中国思想史研究始终是纠缠在一起的，常常是相互交叉的，虽然梁启超、蔡尚思以及 20世纪 80 年代学界对哲学史与思想史的关系问题已进行过专门的讨论，但并未从根本上解决这一问题。中国哲学史与中国思想史之间的界限是模糊的，基于此，以"中国哲学思想史"作为讨论的主题，似更能全面地反映近 60 年来中国哲学史研究的发展演变。另一方面受现代解释学等思想的影响，不少学者在强调中国哲学史研究的自主性的同时，也强调哲学问题的提出和解答及其历史文化背景之间的紧密关联，因而主张以哲学史与思想史相结合的方式来开展中国哲学史的相关研究。[2]

## 一、60 年可分为两大阶段五小阶段

　　中国哲学（史）学科建立于 20 世纪初，始于王国维、梁启超，有受日本影响的谢无量等，本土主义的钟泰等，但以受英美影响的胡适、冯友兰为代表，以 30 年代冯友兰两卷本的《中国哲学史》为里程碑。冯友兰在抗战末期的《新原道》等是这一传统的延续，且更有发展，中国化

---

① 黄俊杰：《史学方法论丛》，台湾学生书局，1984 年，第 245 页。
② 参见郑宗义《明清儒学转型探析·序》，香港中文大学出版社，2009 年。

了。从 20 世纪 20 年代末到中华人民共和国成立前夕，虽有汤用彤、张岱年等人的创制不容忽视，但具有标志性的成果却是以郭沫若、侯外庐为代表的马克思主义思想史家以唯物史观为指导的有关中国哲学思想的系列著作，颇有创造性，这成为中华人民共和国成立后前 30 年本学科的主要依据或基础。简言之，1949 年前主要有胡—冯、郭—侯两种范式，而此后 30 年主要流行的是郭—侯范式。

改革开放之前的 30 年可以分为两个小阶段，1949 年至 1966 年是所谓十七年，为第一阶段。典型的事件有 1957 年 1 月北京大学中国哲学史讨论会等，明显反映出教条主义对中外哲学史研究的干扰、打压。60 年代初期前后，有关孔子、庄子、王夫之哲学的讨论，是学术回暖的表现。1966 年至 1977 年为第二阶段，"文革"期间评法批儒，进一步是非淆乱，"极左"的氛围之下不可能有真正的学术研究。

就出版的相关著作来看，由侯外庐、杜国庠、赵纪彬和邱汉生等人于 20 世纪 40 年代初至 60 年代初完成的《中国思想通史》无疑是这期间最重要的中国哲学史、思想史研究成果，至今仍有广泛的影响，并由人民出版社于 2008 年再次改版重印。这部《中国思想通史》确立了以唯物史观和辩证唯物主义来研究中国哲学思想史的基本范式，强调思想史与社会史的结合，"本着历史与逻辑相统一精神，对中国思想史的内涵、演进、特色等进行了系统的分析和论述"①。这部以思想史命名的著作有着很浓的哲学史的味道，因而在 20 世纪 80 年代初作为《中国思想通史》的缩写本出版的《中国思想史纲》的上册，就曾以《中国哲学简史》为书名于 1963 年由中国青年出版社出版。同时期出版的中国哲学思想史方面的著作基本没有超出这一范式，如 1963 年出版的《中国古代思想史》（杨荣国著）等。此外还值得注意的是 1952 年在海外出版的《中国思想史》（钱穆著），该书的特色在于，注重由中西思想之不同论中国古代思想，力图"从中国思想之本身立场来求认识中国思想之内容，来求中国思想本身所自有之条理组织系统、进展变化"②。该书限于对哲学之狭隘的

---

① 张岂之：《〈中国思想通史〉简介》，《华夏文化》2008 年第 3 期。
② 钱穆：《中国思想史·序》，台湾学生书局，1985 年。

西方化的理解，认为中国并无西方意义上的哲学，因而不是以"中国哲学史"而是以"中国思想史"来命名，但就内容而言这部中国思想史更近于中国哲学史。60 年代初期出版、1979 年再版的由任继愈主编的《中国哲学史》四卷本，虽然带有时代烙印，但是其作为一套以马克思主义为指导、用简单清晰的线索和逻辑系统而完整建构的中国哲学通史，无疑有其重大意义和价值。

20 世纪 50 年代之后，受苏联日丹诺夫关于哲学史定义的影响，中国哲学思想史的研究表现出十分明显的教条主义倾向。"文革"期间政治环境恶化，评法批儒、批林批孔，学术研究政治化，缺乏最基本的客观独立性，哲学史、思想史变成了儒法斗争史、政治思想史。

改革开放以后，1978 年至 1979 年中外哲学史界著名的芜湖会议、太原会议，1981 年杭州宋明理学讨论会等，都是历史记忆中值得珍视的。改革开放 30 年来中国哲学界的发展大致经历了三个小的阶段（即整个 60 年的第三至五阶段），并在多个方面取得令人瞩目的成就。

第三阶段约为 1978 年至 1990 年，本学科研究进入复苏期。第一，以思想解放为背景，本时段中哲史界的主要倾向是摆脱受苏联日丹诺夫影响的唯物主义与唯心主义、辩证法与形而上学"两军对战"的教条主义模式，批判"评法批儒"等引起的思想混乱，避开"阶级斗争""路线斗争"等政治话语，以黑格尔—马克思的"逻辑与历史相统一"的哲学史观与列宁《哲学笔记》的有关论断为方法论主调，受哲学界"认识论"转向的影响，用"螺旋结构""历史圆圈""范畴研究""哲学史是认识史"等路数来重新架构或解读中国哲学，力图从泛政治化走向学术，虽不免新旧杂陈，却仍有不少振聋发聩之作。张岱年先生问题史的《中国哲学大纲》虽在 20 世纪 60 年代以宇同名义印行，但只是在这一阶段才起作用的。第二，这一阶段的另一重大背景为"文化热"，借助对外开放的机缘，在海内外学者共同推动的"传统文化与现代化关系"的讨论高潮中，学界开始重新省视中国哲学的智慧，主潮虽是启蒙理性，形式多为宏观泛论或宏大述事，但仍有不少揭示中国哲学底蕴与特质的创新论著问世，令人耳目一新。以上两个脉络是并行且交叉的。前一脉络以冯契先生的《中国古代哲学的逻辑发展》及"智慧说"三部曲与萧萐父、李锦全主编的《中国哲学史》及萧先生的论著为代表。后一脉络以李泽厚先生的中国古代、近代、现代思想史论之三部曲及汤一介、庞朴先生的论著为代表。这期间的中国思想史研究主要是继承和发展侯外庐等的研究成果，仍然以哲学思想作为研究的主要内容，代表性的论著有何兆武等的《中国思想发展史》以及张岂之主编的《中国思想史》。

在这一阶段，第一代学者冯友兰、吕澂、蒙文通、张岱年、王明、冯契、朱谦之、严北溟、任继愈、石峻、杨向奎等先生等老当益壮，在整个中国哲学的理解阐扬、儒释道的创造转化及培养人才方面堪称楷模。第二代学者朱伯崑、萧萐父、汤一介、庞朴、李泽厚、李锦全、张立文、张岂之、潘富恩、卿希泰、余敦康、牟钟鉴、楼宇烈、杜继文、杨曾文、方立天、方克立、刘文英、蒙培元、陈俊民、崔大华先生等在各自领域中各有开拓与建树，产生了数量众多的高水准研究著作。当然，我们所讨论的阶段不是死板、机械的。如任继愈先生主编的《中国哲学发展史》先秦至魏晋四卷的初版为 1983 年至 1994 年，跨我们所谓第三、四阶段。又，这三个阶段中的佛教史、道教史的研究是其中值得重视的方面，进展很大。有关情况，张海燕先生有较系统、全面的介绍。①

第四阶段约为 1991 年至 2000 年，相对而言是潜沉读书与走上学术性研究的时期，方法论与诠释方式多样化的时期，学问分途与个案研究为主的时期，进一步受到现代西方哲学各思潮的影响，与海内外中国学真正对话的时期。在这一阶段，前文所述的第二代学者非常活跃，笔耕不辍，同时涌现出了一大批中青年学者。第三代学者的代表人物陈来、杨国荣等崭露头角，创获尤多。陈、杨等著述颇丰，不限于宋明理学。他们对从先秦到现代的整个中国哲学都有精到的研究，特别是他们有较好的西方哲学的背景与训练。也有学者对思想史研究为哲学史研究所主导的状况开始感到不满，力图摆脱"大号哲学史"的中国思想史写作方式，受年鉴学派等西方史学思想的影响，开始转而强调所谓"一般的思想史"，论著方面无疑以葛兆光的《中国思想史》为代表。

第五阶段约为 2001 年至今，以社会层面的"国学热"与学术层面的

① 详见张海燕《二十世纪的中国思想史研究》，《中国史研究动态》2002 年第 1 期。

"中国经典的现代诠释"为背景，重建"中国文化"的根源性与"中国哲学"学科的自主性或主体性的时期，逐步摆脱西方社会科学与哲学方法之束缚的时期，有思想的学术与有学术的思想相结合的时期，对"五四"以来相沿成习、似是而非的诸多看法与思维定式予以拨乱反正、摧陷廓清的时期。这一阶段仍在继续。中国哲学的方法论更加多元，中外学术的交流更加立体化，研究更加精细，个案与精专研究成果丰硕，队伍不断扩大，新生力量逐渐增加，涌现出虎虎有生气的"可畏"的第四代学者。

不少中国哲学的学术研究与人才培养机构（学科点或研究所，包含涉及三级学科如易学、佛道教等的中心或所）设置、建构起来并在继承中创新，例如北京大学、武汉大学、复旦大学、中国社会科学院、中国人民大学、中山大学、南京大学、华东师范大学、南开大学、山东大学、四川大学、北京师范大学、中央民族大学、浙江大学与浙江省社会科学院、厦门大学、苏州大学、陕西师范大学、西北大学、吉林大学、黑龙江大学、上海师范大学、上海市社会科学院、首都师范大学、深圳大学、四川师范大学等的相关机构已成为中国哲学思想史研究的重镇。目前已有 5 个中国哲学的国家级重点学科、20 多个中国哲学学科的博士点，集聚和培养了大批后继人才。中国哲学史学会、中华孔子学会等相关民间社团及各地社团亦开展了丰富多彩的学术活动。

各层次、各专题的中国哲学学术会议频频召开，儒佛道藏等经典的资料性的整理工作深入展开，各断代各流派相当多的重要哲学家的全集或资料长编或年谱、学案等陆续被整理出版，学者们发表、出版了大量学术论文、专著，研究成果的数量和品质都较过去有了突破性的进展，学术争鸣、研讨、交流日益频繁，中外哲学（及汉学、中国学）与宗教间的对话逐渐加强。

牟宗三、唐君毅、徐复观、陈荣捷、劳思光、余英时、傅伟勋、杜维明、成中英、刘述先、陈鼓应、安乐哲的学术成果，在本学科都有较大影响。

不少学者的研究成果具有很强的问题意识与方法论自觉，做到了中外互动、古今会通。不少学者第一手资料的功夫扎实，重视海内外已有的研究成果即研究前史，在此基础上提出创新性见解并给予翔实的分析、论证，十分可喜。研究的领域进一步扩大，从多个维度，从东亚及世界的历史背景上展开，重视断代、思潮、流派、地域、师承、人物的多样性，各个时段的思潮、流派、人物、著作与哲学问题的研究都有许多成就。

自 1978 年以来，改革开放的 30 年是中国社会大发展的时期，也是中国哲学界取得令人瞩目成就的重要阶段。古人以 30 年为一世，中国哲学界的同仁在这一世中取得的成就已经到了可以总结和需要总结的时候了。为此，张立文、陈来、杨国荣、郭齐勇等先生已着了先鞭，以近 30 年为中心，旁及前后左右，从中国哲学的研究方法、心态、资源、制度、趋向、成就与不足等方面作了小结与反省。①

## 二、后 30 年转暖或兴起的八大领域

各个时段的人物与哲学问题的研究都有许多成就，相比较而言，传统哲学与当代的关系、经与经学、佛教、道家与道教、宋明理学、现当代新儒学、出土简帛中的哲学思想研究、从政治哲学的视域研究中国哲学等，已成为热门或显学。把中国与周边的越南、朝鲜半岛、日本的哲学思想史作为一个整体来研究，也是富有创新性的思路，这种研究业已开展。

第一，传统哲学与当代

中华民族及其文化在数千年里形成了自己的精神系统、信念信仰、终极关怀、思考与行为方式、伦理生活秩序、价值理念、审美情趣。这些东西固然随时更化，不断变迁，但是，仍然有其一以贯之的精神，这

---

① 详见郭齐勇《近二十年中国哲学研究的三大转变》，《天津社会科学》1999 年第 3 期；郭齐勇：《略谈当前中国哲学研究的趋向》，《光明日报》2007 年 8 月 14 日理论版；陈来：《中国哲学研究三十年回顾（1978—2007）》，《天津社会科学》2008 年第 1 期；张立文、段海宝：《中国哲学三十年来的回顾与展望》，《社会科学战线》2008 年第 3 期；杨国荣：《中国哲学 30 年（1978—2008）的反思》，《中国哲学年鉴》（2008），哲学研究杂志社，2008 年；秦平、郭齐勇：《中国哲学研究 30 年的反思》，《哲学研究》2008 年第 9 期；郭齐勇、廖晓炜：《六十年来中国哲学思想史研究的思考》，《文史知识》2009 年第 9 期。

是中华民族及其文化融合起来且可大可久的根据。中国传统哲学从来就是多元多样的。儒家、道家、墨家及诸子百家，道教和佛教及中华各民族历史的上层、下层的各种文化与诸流派，作为文化资源都是瑰宝，在今天都有其价值与意义。

30年来，大多数研究者逐渐扬弃了清末直至"文革"期间我国大陆流行的"文化决定论"与妄自菲薄、视自家文化如粪土、把传统与现代绝然对立起来的看法，重视对传统哲学资源的客观理解与评价，以同情的理解的态度，发掘中华人文精神的内在价值，阐发、调动这些内在价值，使之在我国现代化建设中发挥健康、积极的作用。学者们十分注意挖掘传统哲学的当代价值，以多元开放的心态，对传统哲学作创造性的转化。

第二，经与经学的研究

"五经"或"十三经"研究的复兴是近30年中国学术界最为重要的事件。经是中国文化的根，是中华民族智慧的结晶，经与经学当然是中国哲学乃至中国经典之最重要的内容。

《书经》《诗经》、三《礼》（《仪礼》《周礼》《礼记》）、《周易》《春秋》经及其三传（《左传》《公羊传》《榖梁传》）、《四书》等经典中包含了中国哲学本体论与形上学，中国古代宗教、哲学、道德、社会、伦理、政治、历史的最根本的理念与架构，是中华文明的精华所在与源头活水。对有的单经的细节的研究，现在还处在准备（尤其是人才准备）阶段，但经与经学研究的全面复兴是指日可待的事情。近30年来，《易》学、《礼》学、《四书》学已得到长足的发展，出现了不少专家、专著（尤其是博士论文）、研究机构或刊物（辑刊）。

第三，佛教研究

随着与海内外哲学、宗教学界交往的日益频繁，30年来的佛教研究不断深入发展。在佛教典籍的整理编纂方面，由任继愈先生担任负责人的卷帙浩繁的《中华大藏经》（正编）已经出版，续编正在加紧编纂中。佛教史研究成就斐然，有关中国佛教及其重要流派（如唯识、天台、华严、禅、三论、净土等）的通史或断代史研究与有关佛教重要思想人物的研究之专著、专论层出不穷，学者们注意了包括敦煌卷子与日本等地新材料的运用，与西方、印度、东亚佛教学者的联系日益增多。有关地方佛教史的研究越来越受到重视，藏传佛教、西藏密宗是新的热点。佛教经典及诠释史、佛教哲学理论与组织制度、中印佛学比较、佛教中国化过程、佛教人生哲学与伦理学、佛学与中国文化及现代生活世界的关系研究，是这一领域新的重心。

第四，道家与道教研究

有关道家老子、庄子、列子、文子、稷下道家、战国与汉代黄老道家及《淮南子》之文本诠释、哲学解析、个案研究和比较研究，竹简本、帛书本与传世本《老子》《文子》研究，马王堆帛书《黄帝四经》研究等，尤其是关于道家形上学、自然哲学、修养论与政治哲学的研究不断深化，成果非常丰富。自20世纪90年代出现道家道教文化研究热以来，有关道教各教派、道教全史及断代史或著名人物的系统研究逐步展开，全真道研究成为道教流派研究的热点。学者们重点探讨道教教义并予以现代阐释。从学科交叉和实际应用的层面上展开研究，是道教研究的新趋势，例如学者们分别从宇宙论与人生哲学、音乐、医学、科技、养生、气功，或管理学、政治学、伦理学、社会学、教育学、心理学、文学等学科来发掘道家道教的文化资源。中国道协组织专家进行的令人瞩目的《道藏》点校本重大专案即将完成，这将成为道家道教文化研究和传播的重要里程碑。

第五，宋明理学研究

宋明理学在中国哲学中占据重要地位，乃是因为它是儒释道三教长期碰撞、融合而重建的哲学，呈现出比汉唐时期更高更精致的精神形态与哲学义理，特别是它的形上学、境界论与工夫论。而且它在很长的历史时段对东亚史与世界史带来深刻的影响。30年来，学者们对宋学、宋元明学术与理学的关系，宋学与汉学（清学）的关系，宋明理学的范畴、哲学体系、理论特色，学术人物与学术群体，地域、派别、师承谱系和学术流变等都有十分深入的讨论。关于宋明理学与社会政事、教育师道的关系，理学的民间化及其与书院史、乡约的关系，宋明儒家知识人的政治社会作为，明清之际新哲学的兴起等，也日益受到学界重视。由于宋明儒学的复杂面相和思想成就，它与佛家、道家、经史文学、科学、商业、社会、政治、法律等的相互关系或联系，宋明理学在朝鲜、日本、越南等国家或地区的民间传播及当地朱子学、阳明学及其后学的复杂性，宋明思想在中国周边国家或地区的影响、不同走向以及与当时西学的结合，都已成为重要的考察对象或研究内容。在一定意义上，宋明儒学本身所具有的现代性还需要重新探讨，对元代学术的研究还应加强。

第六，现当代新儒学研究

这是 30 年前没有的领域。学界对现当代新儒学思潮和人物及其理论与实践的研究，活跃了关于文化、思想、学术的思考并提出了诸多问题。（1）跳出传统文化与现代化二元对峙的模式，并由此反省现代性，重新思考东亚精神文明与东亚现代化的关系，现代性中的传统、现代性的多元倾向和从民族自身资源中开发出自己的现代性的问题。（2）促进了跨文化比较、对话和融合，有助于"文明对话"，发挥"文化中国"的作用。文明对话与沟通如何可能呢？首先是民族文化精神的自觉自识。如果某种非西方文明或所有的非西方文明失掉了本己性，成为强势文明的附庸，恰恰使文明对话成为不可能之事。（3）努力参与"全球伦理"的建构。"己所不欲，勿施于人"的原则有助于国家间、宗教间、民族间、社群间、个体间的相互尊重，彼此理解与沟通。儒家的"为己之学"及"仁义礼智信"等核心价值观具有现代意义，在环境伦理、生命伦理的建构上亦有发展的空间。（4）就道德勇气、担当精神、友爱、宽容、人格独立与尊严等自由主义的基本价值而言，就民主政治所需要的公共空间、道德社群而言，儒学可以与现代民主，与自由主义相沟通。（5）从精神信念、存在体验的层面肯定儒学具有宗教性和超越性。中华人文精神完全可以与西学、与现代文明相配合，因而求得人文与宗教、与科技、与自然调适上遂的健康发展。

第七，出土简帛中的哲学思想研究

王国维先生有"二重证据法"之说，即地下材料与传世文献的相互印证。20 世纪 90 年代出土的湖北荆门郭店楚简，上海博物馆藏的楚竹书，其哲学思想非常丰富，尤其关于孔门七十子、战国儒道等诸子百家的资料弥足珍贵。20 世纪 70 年代出土的山东临沂银雀山汉简、湖南长沙马王堆汉简与帛书、河北定州八角廊汉简，学术价值颇丰。以上简帛文献是研究先秦两汉诸家学说之流变、先秦两汉中国人之宇宙观念与伦理思想的宝贵资源。在与海内外文字学、考古学、历史学与简帛学等学者的切磋中，哲学界极为重视这些新材料与检视这些新材料的新方法，出现了不少学术成果，丰富了经、子之学的研究。

另外，云梦睡虎地秦简、江陵天星观楚简、江陵九店楚墓、江陵张家山汉简、荆门包山楚简等，有很多关于当时民间信仰及官方法律文书的文字。2006 年，湖北的考古专家又在云梦发掘出一批汉简，基本上是法律文书，与睡虎地、张家山的材料相呼应与补充，而且还有类似《说苑》一类的书。我国有深厚的法律文化传统，值得我们重视，历史上观念、制度与民间习俗的相互联系及其具体内容，也应是哲学史工作的题中应有之义，这意味着我们日益重视价值观念的生成及其与日常生活的联系。2008 年至 2009 年，清华简与北大新收藏西汉简，包含有丰富的经学、子学与哲学史资料。

第八，从政治哲学的视域研究中国哲学

中国古代的社会政治论总是与中国古代的天道论及人道论紧密地结合在一起的。目前哲学界非常重视中国政治哲学的研究，尤其是以西方政治哲学、正义理论来分析研讨之。马克思主义、自由主义与传统主义的对话，社会结构的变迁与社会秩序的重建，政治与法律问题的凸显，现代政治学、伦理学的挑战，都激发了本学科同仁去加强对中国古典政治哲学的梳理与阐释。当然，西方政治哲学不只是公共政策问题，更重要的是认同问题与制度问题。民族文化身份认同问题是最重要的问题。

中国古典政治哲学不仅仅重视价值或古人所谓的"义理"，而且重视公正有效的社会政治、法律之制度架构或制度建设。可以说，典章制度、各类文书即使不属于严格意义上的"哲学"，但典章制度之学也一直是中国学术的重心之一，这些在儒家经典以及后来的大量史料或文献中可以得到印证。中国古代哲人的政治观念与制度追求，历代政治哲学思潮尤其是明清与民国时期的政治哲学思潮的产生、发展及其变迁与影响，现代政治哲学的基本理念与中国古代政治观念的差异、会通、超越等，这些都已成为学界的难点问题，富有挑战性。

### 三、重要的是研究范式的转移

与 30 年来所取得的具体成就相比，中国哲学研究范式的转移则具有更为重大的意义。

"范式"的概念和理论，是由美国著名科学哲学家托马斯·库恩在 1962 年出版的《科学革命的结构》一书中系统阐述的。范式指常规科学所赖以运作的理论基础和实践规范，是从事某一科学的研究者群体所共同遵从的世界观和行为方式。

改革开放以前的 30 年里，中国哲学学科受苏联哲学的影响，遵循的主要是唯物主义与唯心主义、辩证法与形而上学两军对战的研究范式。这种两军对战的研究范式源于日丹诺夫在 1947 年苏联哲学界召开的关于亚历山大洛夫所著《西欧哲学史》一书讨论会上的发言。日丹诺夫在发言中提出："哲学史就是唯物主义与唯心主义斗争的历史。"这显然是对马克思、恩格斯思想的教条化理解，是对马克思主义精神的歪曲。

在这一范式的影响下，中国哲学史上的所有思想家，都必须要贴上"唯物主义""唯心主义""辩证法""形而上学"的标签；并武断地认为唯物主义哲学代表的是农民阶级和中小地主阶级等社会进步力量，唯心主义则代表奴隶主阶级或大地主阶级等腐朽落后的反动力量；主张对任何哲学家的思想都要划定阶级属性，追溯其阶级背景，把阶级斗争的分析贯彻于整个哲学史的研究过程中。

这一范式在解释中国哲学问题时遇到了极大的困境，它不能客观真实地反映中国哲学的原貌，造成了对哲学史上大量哲学家思想的误解、歪曲，不利于中国哲学智慧的开发与中国哲学学科的健康发展。

改革开放就是要打开国门，自信地与海外交往。随着改革开放的深入，大陆中国哲学界与港台和海外学术界的交流也日渐频繁，人们思想不断解放，眼界不断打开，这种"削足适履"式的生搬硬套越来越让学界无法忍受。

"实事求是"是改革开放的理论基石。只要我们实事求是地看，就会发现中国传统哲学有着天、地、人、物、我之间的相互感通、整体和谐、动态圆融的观念与智慧。华夏族群长期的生存体验形成了我们对于宇宙世界的独特的觉识、"观法"和特殊的信仰与信念，那就是坚信人与天地万物是一个整体，天人、物我、主客、身心之间不是彼此隔碍的，即打破了天道与性命之间的隔阂，打破了人与超自然、人与自然、人与他人、人与内在自我的隔膜，肯定彼此的对话、包涵、相依相待、相成相济。与这种宇宙观念相联系的是宽容、平和的心态，有弹性的、动态统一式的中庸平衡的方法论。中国传统哲学中亦有一种自然生机主义与生命创造的意识，把宇宙创进不息的精神赋予人类。中国哲学的境界追求，把自然宇宙、道德世界与艺术天地整合起来。把充实的生命与空灵的意境结合起来。中国哲学特别是汉民族哲学中有着异于西方的语言、逻辑、认识理论，有自己的符号系统与言、象、意之辩，这是与汉语自身的特性有联系的。以象为中介，经验直观地把握、领会对象之全体或底蕴的思维方式，有赖于以身"体"之，身心交感地"体悟"。这种"知""感""悟"是体验之知，感同身受，与形身融在一起。我们要超越西方一般认识论的框架、结构、范畴的束缚，发掘反归约主义、扬弃线性推理的"中国理性""中国认识论"的特色。中国传统的经学、子学、玄学、佛学、理学、考据学等都有自己的方法，这些方法也需要深入地梳理、继承。总之，"中国哲学"的主体性与学科范式，需要在与西方哲学相比照、相对话的过程中建构。我们当然需要自觉、自识与自信，中国哲学的智慧绝不亚于西方，但民族精神的自我认同与创造性转化的工作又不能太急躁。

我们对于中国传统哲学自身的特性及治中国哲学的方法学，仍在摸索之中。我们应有自觉自识，发掘中华民族原创性的智慧与古已有之的治学方法，予以创造性转化。目前我们特别要强调"中国哲学"学科的自立性或自主性。时至今日，中国哲学靠依傍、移植、临摹西方哲学或以西方哲学的某家某派的理论与方法对中国哲学的史料任意地"梳妆打扮""削足适履"的状况已不能再继续下去了。

另一方面，西方现象学、解释学给我们提供了新的视域与方法。30年来，有关中国经典诠释学方面的讨论更加深入。傅伟勋的"创造的诠释学"，黄俊杰以孟子为中心的"经典诠释学"及东亚经典的诠释学，汤一介创建"中国解释学"的构想，成中英的·"本体诠释学"，李明辉的康德与儒学的互释，刘笑敢的"反向格义""两种定向""三种身份"说，还有借现象学解释的路子，如张祥龙、陈少明等所做的工作等，都有启迪新思的作用。

有关文本、概念、范畴的解读、整理的方法则需进一步结合中国哲学文本的特性，避免牵强附会和削足适履。我们应力图发掘中国哲学之不同于西方哲学的特性与价值，力图改变依傍、移植、临摹西方哲学的状况，但中西哲学的交流互渗已是不刊的事实，且也有助于逐步发现"中国哲学"的奥秘。"中国哲学"学科的生存与发展，必须保持世界性与本土化之间的必要的张力。包括中国哲学的研究方法，也需要借鉴欧美日本，当然不是照搬，而是避免自说自话。

在新近关于中国哲学的方法论检讨中，我们提出中国哲学绝不是排他的，无须借鉴的，不考虑中外哲学事实上已存在与发展着的创造性融会的。果如此，那就成了"自说自话"，不可能与其他类型的哲学对话与沟通。"中国哲学"学科的完善与发展，仍然离不开中外哲学的多方面的更加广泛深入的交流、对话与沟通。今天，我们的解释学处境是在中外古今之间，故针对"以西释中"回到所谓"以中释中"的理路、提法，都是不妥当的，其"中""西"都是流动的、变化着的。①

人类凡是有传统的文明与宗教，无不以"爱"立教，儒家以"仁爱"立教及其当代意义更加为人们重视。梁启超的《新民说》发表的时候，中国积贫积弱，欧风美雨，坚船利炮，列强宰割，中国社会解体，中国文化处于危机之中。开发民智的启蒙无疑具有伟大意义。但随之而来，全盘西化成为主潮，中国百事不如人成为主调，"文化决定论"成为思维定式，中国文化，特别是儒家文化成了替罪羊。清末民初以来，对自家文明传统的非理性的践踏、毁辱成为主潮。一百多年过去了，我们需要

---

① 详见郭齐勇《哲学史方法论学习札记》，《武汉大学学报》（社科版）1984 年第 4 期；郭齐勇《中国哲学：保持世界性与本土化之间的必要的张力》，《天津社会科学》2004 年第 1 期；郭齐勇《"中国哲学"及其自主性》，《文史哲》2005 年第 3 期；郭齐勇《中国哲学的自主性与哲学对话》，《中国哲学年鉴》（2006），哲学研究杂志社，2006 年；郭齐勇《建构中国哲学的方法论反思》，《学术月刊》2007 年第 3 期；郭齐勇《内在式批判与继承性创新》，《河北学刊》2009 年第 2 期。

重新检讨。例如，关于"公"与"私"、"公德"与"私德"、"人治"与"法治"的习见，我们还要下功夫去澄清。

改革开放30年来最重要的范式转换，是对中国传统哲学与文化之心态与立场的变化。多数中国人不再持仇恨、斗争或贬低中国文化的立场，心态逐渐健康起来。当然也不排斥有的人仍然持"全盘西化"的观念与"文革"大批判心态。今天，中国崛起，文化自觉显得更为重要。我们拿什么走上世界，拿什么建构自家的文明与精神家园？现在，我们到了扬弃启蒙，发掘自家文明精华的时代了！

以"仁爱"为中心的"仁、义、礼、智、信"核心价值系统的重建，以"温良恭俭让"为教养主调的新的礼乐文明的提倡，对健康法治社会的形成，对科学发展观的贯彻与和谐社会的建构，对中国的长治久安，尤为重要。文明教养，养育心、性、情、才，对现代性与文明对话，极有意义。无论是过去的宣扬仇恨，从亲情仇恨始，达至全社会人人自危；还是今天的放任利欲，彻上彻下的声色犬马及自我中心，不顾他人，都是有缺失的，对国民，特别是青少年、子孙辈之性情、心理的健康发展和中国文化的传承，危害太大。如要真正接纳西方的优良传统与正面价值等，要真正走上健康的现代化，不可能没有文化认同、伦理共识与终极关怀，而这主要在中国哲学文化的资源中，需要我们做调适工作。由于百年来中国哲学资源遭到太多的误解与践踏，故在一定的意义上，我们不妨说：中国哲学资源可能提供给现代社会的积极因素，无论怎么估价都不会过高。

中国哲学或中国哲学史当然不同于中国学术史、中国思想史，其研究范围、对象与方法有区别。中国哲学更重视哲学形上学与哲学问题的讨论。但另一方面，中国哲学研究者并不排斥，相反更重视哲学思想、理念对社会民俗、政治与各种社会制度的作用与影响。这种关怀与对哲学理念的关怀相辅相成。

## 四、问题与前景

当前的中国哲学研究也存在不少的问题或缺失。

第一，学科间交叉、对话不够。由于学科体制分科太细的毛病与从业者学养的限制，文史哲之间、中西方之间、儒释道之间显得壁垒森严，各说各话，甚至相互贬损。因此，学者们宜打开门户，加强彼此的沟通理解。学科间的交叉、互动与整合显得格外重要。以西方哲学为主要研究对象的学者王树人、张祥龙先生对中国哲学的研究成果，常常给人以新的启示。

第二，学术品质与水准，对古典的研读能力的下降。当前学科评价体系的问题等所带来的泡沫及学风的问题，导致论著的数量猛增但学术规范失序，出现了不少的平庸、人云亦云、水准低下之作，有的论著充满新的名词概念但与所论问题不沾边。相比较而言，博士学位论文的品质相对好一些，但近年来博硕士生的培养品质呈现下滑的态势，值得我们警惕。学术品质是学术研究的生命线。更为根本的还是要下功夫对中国哲学第一手资料进行整理、研读，要提高研究者的古文字水准与古文献训诂的能力，首先要识字、断句，把原文与注笺一字一句读懂，要提倡经典会读，下力培养一代一代学者对原著原典的解读能力。从国家民族之长远发展来看，需要一代一代地培养国学的通专人才，对这些人才的培养需要从娃娃抓起，夯实基础，适当背诵。需要从小学与经史子集的素养的角度，而不是急功近利地从所谓某一个二级学科的角度来培养后学。

第三，现实向度不够。虽然我们不能苛求理论、历史的研究专家们及其研究都必须与现代生活密切结合，但我们仍希望大部分学者增强时代感、现实关怀与参与意识。例如，从理论与实际的结合上阐明马克思主义中国化过程中、中国现代化过程中、可持续发展与和谐社会建构过程中，中国哲学的参与及其地位与作用的问题，在文化自觉与文化重建过程中如何指导与提升民众对中国经典的学习需求问题等，都迫切需要专家们的参与。

第四，面向世界的能力尚待加强。中国哲学的世界化、中国哲学研究的国际化尽管有了长足的进步，但对话与交流能力仍需加强，除专家之间的对话，纠正海外学者长期以来的一些误解与错谬外，包括让外国（不仅指西方）民间了解中国哲学经典与智慧等工作，都有很大的空间。

除了与西方、东亚的交流之外，还应加强与南亚、中东、非洲、南美洲的交流。应该推动政府设立基金或奖学金，鼓励外国青少年来中国学习传统中国文化、语言与哲学。

第五，问题意识和理论深度还有待提升。我们生活在现代社会，因此对中国哲学史料或经典的诠释，要有强烈的问题意识，而且不能只停留在思潮、个案等材料的研究中，要提升其中的哲学理论与问题系统，重视中国哲学自身的内在理路、精神、气韵、情采，中国哲学理论与问题的建构，揭示中国哲学的精义、特性。

第六，关于少数民族的哲学与古代科学中的哲学的研究还比较薄弱。我们研究的主要是汉语或汉族的哲学史，当然这本身即是历史上中华各民族间与文化间融合的产物。少数民族哲学表现了中华民族这个民族主体的多样性。我们应当充分尊重与重视不同时期蒙古族、藏族、维吾尔族、回族、彝族、苗族、土家族等民族哲学与宗教的特色，下力气搜集、整理、研究各民族哲学的资料，培养少数民族哲学史研究专家，充分发挥他们的积极性、主动性。还应注意发掘中国古代科技典籍和天、地、数、农、医与乐律学的重大成就与特性，历代科学思想中的哲学问题，古代科学与思维方式的关系等。

第七，中国哲学史研究在少数重要人物（如孔、孟、老、庄、程、朱、陆、王）及其著作上扎堆的现象急需改变，有许多在历史的某时段某地域颇有影响的人物、学术共同体、著述等都没有得到很好的发掘、整理与细致的研究。中哲史上有很多二三流的人物，其实也非常了不起，在某时某地很有影响，但近百年来少有人专门深入研究过，亟待我们结合东亚史、地域文化思想史去开拓，首先要下功夫把第一二手资料整理、出版。

中国哲学或中国哲学史当然不同于中国学术史、中国思想史，其研究范围、对象与方法有区别。中国哲学更重视哲学形上学与哲学问题的讨论。但另一方面，中国哲学研究者并不排斥对社会、制度的理解与民间社会的关怀，这种关怀与对哲学理念的关怀相辅相成。因此我们非常注意历史上哲学思潮的民间性与社会影响。中国传统民间社会空间较大，我们对传统社会的了解还相当教条化。例如，费孝通先生的"差序格局""人情社会"论，有一个适用的范围，但现在无条件地普遍使用，不利于我们对中国传统社会的深入理解。中国古代知识人的理念与古代制度的关系，除了他们对专制制度的疏离、排拒、反抗之外，似乎还应当看到知识人在传统社会的有人性的制度建构中的积极作用，这涉及有益于民众权益与百姓私人空间的保护等问题。对中华制度文明，我们还太陌生，认识极为肤浅，缺乏多学科交叉的深入研究，包括土地、赋税与经田界，养老恤孤、救荒赈灾等对社会贫弱者的关爱，教育考试与文官制度中给予农家与平民子弟受教育权与参与政治权的机会保证，中华伦理法系有关容隐制度对隐私权的保护，监察制度，契约文书中涉及的民商法律等，都有很多宝贵的历史经验与合理层面，可以成为现代制度的资源，予以创造性转化。这也是中国哲学的题中应有之义。

我们的任务是彰明中国哲学之为中国哲学的自身的哲学问题、精神、方法、范畴、特点、风格与传统，深度建构、阐发中华民族几千年来的哲学思维发展史，体现中国人的哲学智慧、超越境界、身心修炼、言说论辩的特色及其与欧洲、印度等哲学智慧的异同和世界上几大哲学传统在中华文化区的碰撞与交融。

瞻望未来，我们预计中国哲学界将会在中国哲学学科主体性的确立，中国经典诠释的多样性，中国哲学范畴、命题与精神、智慧的准确把握，西方哲学的中国化与中国哲学的世界化，中国哲学的创造性转化，中国哲学智慧对现代化的参与及对人类社会的贡献等方面继续取得重要进展。

原载《儒家文化研究》第 5 辑，生活·读书·新知三联书店，2012 年

# 曲折·转变与新进展

## ——中国哲学 70 年研究历程回顾

王中江　姚裕瑞[*]

回顾中华人民共和国成立以来中国哲学研究的历程和轨迹，大体上经历了从"转向和缺失"到"转变和重建"的过程。前 30 年因其独特的国内外环境充满着特有的曲折与探索，是中国哲学研究困顿和曲折演进的 30 年，伴随着改革开放的开启，中国哲学研究走上了学术化道路。这表现为一系列的转变：从单一的、他律的泛意识形态化写作到多元的、自律的和学问本身的探讨；从简单化的反传统到对传统的同情理解、认同与创造性转化；从外在性范式的接受到方法范式的创新和哲学学说的新建构。中国哲学研究 70 年的发展和转变，是 70 年来中国社会、政治、经济、文化整体发展和转变的一部分。如今，站在 70 年的时间节点上回顾这一历程，反省中国哲学研究中的曲折性，回顾中国哲学研究的转变和发展，对于中国哲学研究的未来发展具有重要的意义。

我们将 70 年来的中国哲学研究整体上划分为两大阶段：第一大阶段是从 1949 年到 1978 年，这是中国哲学研究的"转向和缺失"阶段；第二大阶段是从 1978 年到现在，这是中国哲学研究的"转变和重建"阶段。在每个阶段内部的不同时期，又有其侧重点和一定的差异。70 年来中国哲学的演变非常复杂，这一回顾并非事无巨细地描述和说明，而主要是通过一些例证和案例，对 70 年的发展历程做出整体性和宏观性的概括，以此把握 70 年来中国哲学研究的轨迹，认识中国哲学研究在各个阶

---

\* 王中江，1957—　，男，北京大学哲学系教授；姚裕瑞，1993—　，女，北京大学哲学系博士生。

段的状况，保持其历史记忆并产生新的想象和预期。

## 一、中国哲学研究的探索与曲折（1949—1978 年）

1949—1978 年的中国哲学研究是曲折变化和演进的 30 年，因独特的国内外环境，中国哲学研究逐渐偏离了学术自身的发展轨道，失去了自律性和自我性，走过了"转向和缺失"的 30 年历程。这一阶段的中国哲学研究，大致可分为三个时期。

第一个时期是从 1949 年到 1956 年。这一时期的主要任务，是改造和批判旧的哲学体系，以探索和建立中国哲学研究的新方法和新范型。

1949 年 7 月，中国新哲学研究会筹备会在北京成立，这标志着中国哲学研究范式转换的开启。该会议提出，中国新哲学研究会成立的宗旨，即是"团结全国哲学工作者和传播马克思主义哲学与毛泽东思想，以期正确认识新民主主义社会发展的规律，并批判吸收旧哲学的遗产，在文化思想战线上展开对于各种错误思想意识的批判"[①]。革命的胜利使得马克思主义哲学成为中国哲学研究的指导思想，批判"旧哲学"的话语体系，以建立起"新哲学"，成为整个中国哲学界迫切的任务。

1950 年前后，有组织的知识分子思想改造运动全面铺开。知识分子纷纷响应号召，加入对自身"改造""批判"的大军。冯友兰、金岳霖等一批早已负有盛名的哲学家，此时也拿起"新哲学"的武器对自己过去的唯心主义哲学进行猛烈的检讨和抨击。冯友兰首先对准了自己的"新理学"："我以前所讲的新理学，可以说是中国旧哲学的回光返照。其社会影响是与革命有阻碍的……不仅妨碍了自己的进步，也妨碍了别人的进步。"在系统地学习了毛泽东的《实践论》并亲身参加了一些革命实践之后，冯友兰认识到了自己哲学史观的"错误"："我写过一部中国哲学史，在现在看它的立场与观点都是错误的……是资产阶级历史学的方法……是空中楼阁的反动哲学"，这种哲学史工作"不过是为了材料而材料""在知识的范围内打圈子"，不了解哲学史的规律也得不到哲学史的真

---

① 中国社会科学院哲学研究所编：《中国哲学年鉴 1982》，中国大百科全书出版社，1982 年，第 298 页。

相。①金岳霖也对自己过去的哲学立场做了彻头彻尾的检讨。他说自己一直有非常浓厚的纯技术观点，注重抽象分析方法，但经过学习改造，认识到了这种学风是脱离实际的，是与"新哲学"格格不入的。"辩证唯物主义与旧哲学本质上不同。旧哲学是形而上的，根本上是反科学的，而辩证唯物论是科学的哲学，它硬是真理"，"我现在要打碎我的蜗牛壳，肃清多年来支配我生活的资产阶级腐朽思想"。②在两种不同的思维方式的碰撞下，哲学家们非常真诚地放弃了自己原来的思想，他们开始改造旧有的思想立场，一场中国哲学界的"革命"与"转向"正在悄然展开。梁漱溟在1951年参加完土地改革的工作后，也写下《两年来有了哪些转变？》的检讨文章，说三年来整个中国有了很大改变，自己也发生了"打破纪录"的转变，不仅改变了自己的理论立场，也转变了原有的哲学思想，在目睹了共产党于建国上的种种成功后，"乃生极大惭愧心，检讨自己错误之所在"③。贺麟也对自己1949年以前的学术工作进行了真诚忏悔，说自己曾经宣扬神秘化的直觉和直觉化的唯心辩证法，要求把儒家思想宗教化，与西方资产阶级唯心论结合来抵制马克思主义；但经过思想改造，"深切痛恨自己过去的反科学、反唯物辩证法的直觉思想"，希望自己能"去掉旧包袱、争取新成就……在思想上、生活上、学术研究工作上可以引起一个根本的改造"④。

在转变与改造自我的同时，哲学家们也在积极地探索新的研究方法和范式。如何在新的时代形势和思想立场下重新认识和评价历史上的哲学人物与哲学观点，构成了这一时期哲学史书写和研究的重点。在1950年发表的《中国哲学底发展》一文中，冯友兰即开始尝试着运用阶级分析的方法来重新评价历史上的哲学人物。在他的书写中，孔子的形象发

---

① 参见冯友兰《一年学习的总结》，《人民日报》1950年1月22日；《学习〈实践论〉的收获》，载《三松堂全集》第14卷，河南人民出版社，2000年，第397页。

② 金岳霖：《金岳霖文集》第4卷，甘肃人民出版社，1995年，第23—38页。

③ 参见《梁漱溟全集》第6卷，山东人民出版社，2005年，第875—876页。

④ 参见贺麟《两点批判，一点反省》，载《哲学与哲学史论文集》，商务印书馆，1990年，第452—468页。朱谦之也提到，自己解放后世界观发生了转变，经过思想改造，认识到"艺术和教育都是有阶级性的"，自己以前的"超阶级思想"是根本错误的，过去的"个人英雄主义"是万万要不得的。朱谦之还专门写了《实践论——开辟了新认识论的门径》《实践论——马克思主义辩证认识论底新发展》等文章。

生了翻天覆地的转变：孔子摇身一变，成为"奴隶主贵族的代言人""唯心主义的反动派"，变成了落后的、保守的、应当遭到批判的对象。与孔子命运类似，孟子、庄子也被看成"神秘主义的代表"，老子被定性为"没落的贵族底隐士"，程颐、朱熹被评价为"客观唯心主义的人物"，而程颢、王阳明则成了"主观唯心论的代表"，3 世纪末叶到 19 世纪中叶的中国哲学"大抵都是地主统治阶级底哲学"……唯有墨子因为"是孔子的反对者"，韩非"代表了新兴地主阶级利益"，王夫之等"最接近辩证唯物主义的系统"而受到有限的推崇。[1] 冯友兰的这篇文章并非个例。在 1949 年以后相当长的一段时期内，中国哲学史全都是这么被公式化地书写的。[2] 历史人物被塑造成一个个的阶级的化身，思想史料被肢解为冷冰冰的遗产、对象，中国哲学史变成一部唯物与唯心的"两军"交战史。1955 年汤用彤也主动地检讨道："在这部书中我没有能够认识作为宗教的佛教唯心主义的本质，没有能够认识它是麻醉人民的鸦片。我只是孤立地就思想论思想、就信仰论信仰，这显然不能正确地认识佛教在中国文化思想领域中所起的反动作用，因此对于佛教的估价也不可能是正确的。"[3]

　　1949—1956 年间的改造和转向无疑是"彻底"的。在经历了最大规模的"大批判"和"大改造"后，哲学家们纷纷"转变"了，他们"尽弃所学而学焉"，从立场、观点到方法均发生了翻天覆地的转换。这是一场无数知识分子的精神自肃运动，是中国哲学从炼狱中求得"新生"的大洗礼。应当肯定，在以马克思主义为指导和新的理论范式和研究视点下的中国哲学研究，显示出了一定的活力和生机。但过于单一、绝对甚至是照搬苏联教科书的统一模式来加以理解和阐释的偏向，却也造成了中国哲学研究在一定时期内的问题与误区。丰富多彩的哲学史面貌开始被单一的、一元论的哲学史观所取代。中国哲学的形象变得千篇一律。

---

① 冯友兰：《中国哲学底发展》，载《三松堂全集》第 12 卷，河南人民出版社，2000 年，第 9—63 页。

② 冯契在 20 世纪 50 年代发表的文章中也提到："一切理论有其阶级立场……孔子是个没落的贵族，《老子》的作者是个土财主之流的人物。旧日的士大夫，虽然可说是中间层的组成分子，却是大半和统治者一鼻孔出气的。"参见冯契《斥中和思想》，载《冯契文集》（增订版）第 11 卷，华东师范大学出版社，2016 年，第 157 页。

③ 汤用彤：《汉魏两晋南北朝佛教史》下册附《重印后记》，中华书局，1955 年。

第二个时期是从 1956 年到 1966 年。这一时期的主要任务，是反思中国哲学研究存在的主要问题与误区，进一步探索和重建中国哲学研究新的方法与范式。经过一段时间的思想整合和对于具体人物的批判运动，理论建设和范式转型的使命和任务在此时也变得越来越迫切。

1957 年前后，一股"反思"的春风悄然而至，中国哲学界迎来了一丝难得的转机。1956 年首次公开了毛泽东"百花齐放，百家争鸣"的主张，指出"人民内部有宣传唯心主义的自由"①，这一信号迅速被学界视为允许"自由鸣放"的契机，哲学家们也纷纷开启了一股"反对教条主义"的风气。"反思"首先围绕着如何评价唯心主义的问题展开，对于唯心主义的过度批判和否定，引发了哲学家们的不满。1956 年 10 月，郑昕在《人民日报》上发表文章《开放唯心主义》，提出允许大学开设唯心主义课程、允许一部分人坚持唯心主义的建议②；同月，冯友兰发表《关于中国哲学史研究的两个问题》，指出"唯物主义和唯心主义之间不只有斗争，也有相互吸收和转化"③；1957 年 1 月，朱伯崑在《我们在中国哲学史研究中所遇到的一些问题》中指出，"曾经对历史上的唯心主义采取全盘否定的态度，是过于简单化了……（唯物和唯心）二者很难说哪一方面是基本的"④；贺麟、陈修斋更是直接提出，"唯心主义中也有好东西"，"唯心论不是完全消极的，它促进着唯物论的发展，是不容否认的事实"⑤……一时间，要求肯定唯心主义的合理因素、呼唤重新评价唯物与唯心关系的声音纷涌而来。反思、争鸣的空气弥散于整个中国哲学领域。

有关"中国哲学史"该如何书写和继承的问题，也在这场反思中得到了关注。如果说哲学史不过是唯物和唯心的斗争史，那么整个中国哲学就变成了"错误大全"，这种"公式化"的书写和"批判式"的研究，

---

① 陆定一：《百花齐放、百家争鸣》，《人民日报》1956 年 6 月 13 日。
② 郑昕：《开放唯心主义》，载《中国哲学史问题讨论专辑》，科学出版社，1957 年，第 1—10 页。
③ 冯友兰：《关于中国哲学史研究的两个问题》，载《中国哲学史问题讨论专辑》，第 11—23 页。
④ 朱伯崑：《我们在中国哲学史研究中所遇到的一些问题》，载《中国哲学史问题讨论专辑》，第 30 页。
⑤ 贺麟：《关于对哲学史上唯心主义的评价问题》，陈修斋：《对唯心主义哲学的估价问题》，载《中国哲学史问题讨论专辑》，第 203—204 页。

引发了哲学家们的质疑。1956 年 11 月，冯友兰在中国人民大学发表演讲《中国哲学史中思想的继承性问题》，提出哲学史上的许多命题包含两层意义：一是"抽象意义"，一是"具体意义"。"具体意义"与哲学家所处的社会状况直接相关，具有鲜明的阶级性，而"抽象意义"可以为一切阶级服务，它不属于上层建筑的范畴；中国哲学研究既要注意哲学命题的"具体意义"，也要注意其"抽象意义"，"必须两方面都适当地照顾"。① 这一所谓"抽象继承"的说法迅速引发争议，"哲学遗产的继承问题"开始走入人们的视野。据研究者指出，冯友兰提出"抽象继承法"具有深层的含义，它是对于中国传统文化价值的迂回的保护，也是在政治化的写作方式下对于中国哲学学科"生命"和"意义"的隐晦的争取。②

反思的声音、观点不断汇集，并在 1957 年北京大学主办的"中国哲学史问题"座谈会上达到了高潮。1956—1957 年间的这场"反思"，是中国哲学发展历程中一次难得的探索与尝试，是对于政治化的写作方式和一元论的哲学史观的一种突破，也是对于中国哲学研究范式转向和重建的一次有益的探索。思想改造中过火、激烈的一面始终在困扰着哲学家们，过度地批判历史上的唯心主义，不仅否定了他们以前工作的价值，也否认了哲学家的人格和这门学科存在的意义。因此贺麟提出"唯心主义中也有好东西"，冯友兰认为"中国哲学史命题具有抽象的意义"，这些艰难的"辩护"与"抗争"，既是对于 1949 年以后单一化、片面化学术研究而造成的哲学史内容单调和贫乏的不满，同时也是对于他们自身价值和学术自律与尊严的有限度的肯定与回归。

但是这场反思却很快遭遇了挫折。1957 年下半年，由于国内外政治形势的风云动荡和党内对"资产阶级右派浮出水面"的估计，"反右"运动很快便延伸至学术领域，中国哲学界"反对教条主义"的思潮被"批判修正主义"的口号所代替。反思的成果和结论没有被继承下来，反而导向了下一轮更大规模的批判。在愈演愈烈的批判运动影响下，1960 年

---

① 冯友兰：《中国哲学遗产的继承问题》，载《中国哲学史问题讨论专辑》，第 273—280 页。
② 参见乔清举《20 世纪 70 年代末中国哲学界对于冯友兰"抽象继承法"的批判》，《儒学与文明》第 2 辑，大象出版社，2018 年。

前后，学术领域的批判范围也在不断地扩大，批判的焦点和领域在不断深化，受牵连的人物越来越多，任何具体问题的学术探讨都会被升级为批判的导火索。[①] 在 1962 年出版的《中国哲学史新编》第一册中，冯友兰对 20 世纪 30 年代写下的两卷本《中国哲学史》做了彻头彻尾的检讨。在序言中他写道："哲学史不是也不可能客观主义地处理它的对象，哲学史本身也是阶级斗争的一种工具……哲学史工作的任务，在于从无产阶级的立场出发分析这些思想……对他们做出恰如其分的评判和估价。"[②] 在这本凝聚了冯友兰一直以来"重写"中国哲学史心愿的著作中，显然已经彻底接受了把哲学史研究作为一种"思想武器"、一项"政治任务"来看待。即便如此，《中国哲学史新编》的出版依然不可避免地招来非议。学术的讨论被轻易地置于政治的语境中了，早已越过原有学术讨论的范围。愈发单一、绝对和教条化的哲学观与哲学史观，已经容不下更加冷静、客观和中立的学术探讨与分析。中国哲学的形象变得单调乏味。

应该说，1957 年前后的这场"反思"，本是中国哲学领域一次难得的积极探索，但是它的成果没有被继续下去。在当时的中国，学术与政治的捆绑问题，是所有学者都无法回避的课题，无论是反思的开始、高潮还是被迫中断，都与对这一问题的理解有关。在 1956—1966 年间，学者们并非没有注意到哲学观点与政治观点之间的复杂性，如贺麟就曾指出，"哲学史上的斗争和政治斗争是不同的"，将政治与学术简单混同的做法是"片面狭隘地理解哲学的党性和学术不能脱离政治，把历史上的唯心主义的大哲学家都当成哲学上的敌人来处理"，这种做法造成了"主观主义与教条主义的偏向"。[③] 但遗憾的是，这一说法在当时并未引起应有的重视。在"学术就是政治"或"学术从属于政治"的

---

① 如冯友兰的几乎所有观点和学说都被一一放大并反复剖析，他的"抽象继承法"被看成"超党性""超时代的绝对"，他的"仁是普遍性形式"的说法被定性为"超历史、超阶级的抽象方法"而受到讨伐。参见关锋《批判冯友兰先生的"抽象继承法"》，《哲学研究》1958 年第 3 期。

② 冯友兰：《中国哲学史新编试稿》，载《三松堂全集》第 7 卷，河南人民出版社，2000 年，第 14—15 页。

③ 贺麟：《哲学与哲学史论文集》，第 478—481 页。

惯性思维下，人们习惯性地认为，哲学史的研究和书写本就应该是为革命斗争和国家建设服务的，因此政治与学术"松绑"的意见在当时很难产生影响。而正是在这一学术与政治捆绑的进一步加剧中，中国哲学的转向与探索历程陷入了困顿与挫折。发展到 1964—1965 年前后，教条主义的哲学史研究淹没了"学术自律"的意识，一场更大的风暴即将来临。

第三个时期是从 1966 年到 1978 年。"文革"期间，中国哲学研究走过了曲折与困顿的 10 年。简单粗暴式的政治批斗、极端盲目的"批林批孔"和"评法批儒"充斥于学术领域，在学术的政治化和泛意识形态化走向极端的过程中，中国哲学也彻底脱离了正常的学术轨道，丧失了作为一门学科的独立性与真诚性。

1973 年前后，由于被视作"林彪反革命修正主义路线"的"思想武器"和"理论基础"，孔子和儒家再度成为被批判的中心。批孔"檄文"大量涌现，孔子的"天命论""鬼神观""认识论""历史观"，以及"克己复礼""德刑对立""中庸之道"等全部被拎出，并予以极端性地否定和推翻。[①]"评法批儒"的斗争也随之而来。1975 年，北京大学儒法斗争史编写小组发表文章指出："儒法斗争贯穿两千多年，一直影响到现在……批判历史上的儒家，也就是批判现实中的儒家。"[②]为了配合意识形态领域这场思想路线的斗争，中国哲学史教材纷纷被改写或重写。杨荣国重新修订了《简明中国哲学史》，赵纪彬重订了《论语新探》，方立天和张立文等合撰了《中国哲学史讲话》。在这些哲学史教科书中，历史上的所有人物统统被肢解进了"儒法斗争"的框架内，而古代思想的演变历程被强行统一成了儒法两家的交战史——"儒法斗争"和"尊儒反法"成为"文

---

① 参见湖北人民出版社编《孔丘反动教育思想批判》，湖北人民出版社，1975 年；杨荣国《孔子——顽固地维护奴隶制的思想家》，《中山大学学报》1973 年第 1 期；袁伟时《孔子反动教育四议》，《中山大学学报》1973 年第 1 期；冯友兰《论孔丘》，人民出版社，1975 年；冯天瑜《孔丘教育思想批判》，人民出版社，1975 年。在《论孔丘》的序言中，冯友兰写道："尊孔与批孔不是一个学术问题，而是一个现实的政治斗争的问题……从尊孔到批孔，从觉得好像是灾难，倒觉得却是幸福，这是一种思想改造上的转变。"
② 北京大学儒法斗争史编写小组：《儒法斗争史概况》，人民出版社，1975 年，第 1 页。

革"期间中国哲学史书写与研究的唯一线索。① 林彪为何会与孔子联系在一起？现实的政治斗争如何与历史上的儒法斗争发生关系？对于这些荒唐的事情我们无法用理性来解释。"文革"的动乱使得前 10 多年所有问题被充分暴露并推向极致，学术的政治化与意识形态化经过"反右"斗争在此时已经达到了顶点。虽然"儒法斗争"在历史上并非全无依据，但在极端非理性和绝对式的讨论下，所谓"尊儒反法"——过分尊崇法家和全盘否定儒家——却只能是对于真实的哲学史面貌的扭曲与肢解。这种独断论式的写作并不能为中国哲学带来任何的突破与创造，反而造成了这一时期中国哲学研究的极端贫乏与无聊。在"文革"期间，整个中国哲学学科都面临着自身意义丧失的严重问题。

与此同时，冯友兰、朱伯崑、金岳霖等一批老一辈哲学家，也纷纷被扣上了"资产阶级反动学术权威"的帽子。我们不仅看不到哲学家任何有创造性的学术成果，他们仅余的一些文字也不过是盲目的、荒谬的、不加反思的自我批判与批斗；更为糟糕的是，连学术研究的刊物都被一一停办，哲学研究失去了发表成果的园地。在极端化的学术与政治的捆绑中，知识分子被严重地"非知识分子化"了，他们的学术真诚、良知、独立和规范都受到了严重的摧残。在"文革"期间发表的几篇长文中，冯友兰接受了学界对于自己的所有指控：他不仅批判了两卷本的《中国哲学史》，也批判了《中国哲学史新编》；他不仅接受了关锋的观点彻底否定孔子的思想，甚至连自己一直到 20 世纪 60 年代初还在坚持的"抽象继承法"和"普遍性形式说"，也全盘地否定了。② 在时势的迫使下冯友兰迷失了自己。事实上在"文革"期间，整个知识阶层都面临着自身意义全然丧失的严重问题。③

---

① 在《论孔丘》中冯友兰甚至写下："无论什么时代，研究历史都是为当时的现实斗争服务的。历史上有儒法斗争，历史学中也有儒法斗争，我过去的中国哲学史工作也反映了儒法斗争。我尊儒反法，就是为当时的政治上的尊儒反法服务的。"参见冯友兰《论孔丘》，人民出版社，1975 年，第 49 页。

② 冯友兰：《对于孔子的批判和对于我过去尊孔思想的自我批判》，《北京大学学报》（哲学社会科学版）1973 年第 4 期。

③ 朱谦之在 1967 年写成的《世界观的转变》（又名《七十自述》）中也说道："我之所以不惜写这几万字的七十自述，就是作为我自己一生的总结。让革命的知识分子以我为鉴戒，以后不再走资产阶级世界观下个人英雄主义的路。"

"文革"的教训无疑是惨痛的。中国哲学研究在"文革"中逐渐"缺失"的过程，一方面是哲学学科独立与意义的瓦解，另一方面也是知识阶层独立价值与人格的丧失。应该说，知识分子的命运浮沉，和这门学科的命运总是休戚相关，他们对于历史人物的评价与评判，与他们自己的相互批判和自我认知交织在一起。冯友兰的遭遇当然并非个例。"学术"与"政治"、"一元"与"多样"的关系在相当一个时期内没被处理好，留下了一些应该总结的经验教训。因此当我们回顾这一段历程，在中国哲学研究这一"非正常"的时代，不同知识分子的命运和抉择虽不尽相同，但都是时代的缩影，他们的学术生涯同样告诫着我们：如果不能从单一的、他律的研究模式中摆脱出来，那么学术的自由与思想的多元便无法成为可能。而这一切，都要等到"文革"结束以后才能真正有所改变了。

## 二、学术回归、"反传统"与中国哲学叙事的转变 （1978—1990 年）

改革开放的开启，为中国哲学的"转变和重建"带来了重要契机。摆脱了政治化的写作方式和单一的、大一统的泛意识形态束缚的中国哲学研究，终于改弦更张，迎来了属于自己的新生命。在学术化的写作方式中如何更好地转变和重建、确立自身，成为40年来中国哲学研究和探索的新的主题。20世纪80年代中期以后，一股社会文化思潮在学术领域开始兴起，对于传统文化的继承和发展问题走进了学者的视野。文化的讨论推动了中国哲学研究的不断深入，但"反传统"和"西化"的叙事方式为中国哲学带来了诸多的问题与争议。正是在不断地检讨、反思如何对待"传统"的讨论声中，中国哲学学者迈出了独立自主地探寻自身发展道路的下一个征程。

1978年12月，十一届三中全会的召开，是改变中国历史命运的关键时刻，中国哲学迎来了一次"转变自我"的重要契机。在新修订的《中国哲学史新编》的自序中，冯友兰郑重地写下："经过两次折腾，我得到了一些教训……路是要自己走的，道理是要自己认识的，学术上的结论是要靠自己的研究得来的……吸取了过去的经验教训，我决定再继续写《新编》的时候，只写自己在现有的马克思水平上对于中国哲学和文化的理解和体会，不依傍别人！"①冯友兰清醒地认识到，中国哲学不应该用外在于学术的观念来为自己进行定位，而应该从这门学科本身来发现它的价值与意义。历经"文革"的动乱和粉碎"四人帮"的数次"折腾"，哲学家终于复出和回归了，他们反省学术良知的不幸丧失，开始遵循自己的内心，"修辞立诚"地书写中国哲学。

正是在哲学家们的反思和反省声中，中国哲学学科的"回归学术"运动拉开了帷幕。1979年10月，"中国哲学史方法论问题讨论会"在山西太原召开。作为"文革"后第一次全国性的学术研讨会，这次会议被视为是对前30年中国哲学研究的一次集中性的反思。反思首先从"批林批孔"开始，随后深入到对于"日丹诺夫哲学史定义"的重新认识、对于唯物主义与唯心主义关系的重新评价、对于哲学观点与政治逻辑的重新梳理，百余名老中青学者参与了这场反思。在汪子嵩等人看来，日丹诺夫关于哲学史"是唯物主义和唯心主义斗争史"的定义，不仅造成了哲学史研究"乱贴标签"的错误，也为中国哲学的书写带来了长期简单化、公式化和符号化的弊病，因此必须用列宁所说哲学史"是人类认识发展的历史"的看法，来重新纠正和反思日丹诺夫模式。②任继愈也指出："学术界经常把哲学观点与政治观点混同起来，给人们造成一种印象：政治进步，哲学唯物；政治反动，哲学唯心。这个毫无根据的主观框框不打破，就既不能认识唯物主义，也无法识别唯心主义。"③在结束了长达10年的动乱之后，哲学家们终于试图挣脱出政治化和意识形态化的束缚了，伴随着"阶级斗争为纲"向"以经济建设为中心"的巨大转变，如何突破单一的政治化写作方式，如何探索出属于中国哲学自己的研究方法和道路，成为摆在哲学家们面前一项崭新的课题。

在张岱年看来，哲学概念和哲学命题应该包含两层含义：一为"阶

---

① 冯友兰：《〈中国哲学史新编〉自序》，载《三松堂全集》第8卷，河南人民出版社，2000年，第4页。
② 汪子嵩：《谈怎样研究哲学史》，载《中国哲学史方法论讨论集》，中国社会科学出版社，1980年，第1—14页。
③ 任继愈：《批判"影射史学"，恢复哲学史的本来面目》，《哲学研究》1978年第3期。

级意义"，一为"理论意义"。对于历史人物和哲学观点的评价，不应该拘泥于某个哲学家的"阶级意义"或"阶级分析"，也不能执着于对某些哲学思想是唯物还是唯心的反复纠缠，而应该深入哲学思想的"理论意义"中，"正确理解每一个时代的每一思想家的哲学学说的真实含义，对于每一思想家的哲学命题进行全面的历史的辩证的分析"①。张岱年对于哲学命题"理论意义"的强调，一定程度上是对于冯友兰"抽象继承法"的一种补充与说明，同时是对于前 30 年研究中滥用"两个对子"和过度使用阶级分析方法的突破与纠偏。② 这一对于"历史的辩证的方法"的强调，在 20 世纪 80 年代初期的中国哲学界形成了重要影响，它为当时的中国哲学研究带来了崭新的气象，也成为改革开放新时期中国哲学学者最早开始探索自身研究方法与范式的起点。在 1983 年出版的《中国哲学史方法论发凡》中，张岱年延续并发展了这一观点，他继续写道："哲学思想发展的历史与概念、范畴的发生、发展、演变的历史是一致的，要注意概念、范畴发展演变的历史。我们要根据这一点来研究中国哲学史。"③ 中国哲学研究的"概念范畴分析方法"浮出了水面。

应该说，20 世纪 70 年代末到 20 世纪 80 年代初的这场"回归学术"的反思运动，无论是对于知识阶层的独立意识，还是对于中国哲学学科的重新认同和自我建构来说，都是一场有益的"拨乱反正"的思想解放运动。在摆脱了教条主义和自我封闭之后，哲学家们开始多元化地构建自己的方法和学说了。多元化的探讨和思想的迸发重新焕发活力，失落已久的个性化特征终于得以重建。从外在性地接受一种模式到自觉反思哲学史研究的方法和范式，从单一的、他律的泛意识形态化写作到多元的、自律的和学术本身的探讨，中国哲学学科在反思中走上了正途。接下来所要面临的问题，便是如何更好地"确立自我"和"发展自身"的问题。什么才是真正的"自我"？如何在自律的轨道中找到适合于自身发展的道路，成为中国哲学学者所要解决的当务之急。在新的时代课题面

①　张岱年：《论中国哲学史研究中的理论分析方法》，载《中国哲学史方法论讨论集》，第 126—127 页。
②　参见乔清举《当代中国哲学史学史》下，上海古籍出版社，2014 年，第 518—519 页。
③　张岱年：《中国哲学史方法论发凡》，中华书局，1983 年，第 70 页。

前，怎样更好地评价古代哲学中的历史人物和思想传统的问题，开始走进了人们的视野。在 1980—1985 年间，一批有关"孔子重评"的文章开始大量涌现：李泽厚的《孔子再评价》、刘蔚华的《孔子研究中的方法论问题》、庞朴的《评三年来的孔子评价》和《中庸评议》等，就是这一时期的产物。在这些重评文章中，孔子都不再以"反动"、"吃人"、落后腐朽或面目可憎的形象示人了，全盘否定式的激烈抨击和片面公式化的政治书写很难再看到，而代之以"还孔子以本来面目""把孔子真正作为一个历史人物来研究"的呼声踊跃兴起。[①] 且在重评孔子的同时，要求对老子、孟子、庄子、朱熹、王阳明等进行"平反"的声音陆续出现，汉唐哲学、魏晋玄学、宋明理学、近现代哲学等统统得到了重新评价与审视。任继愈还提到：对于哲学家只做笼统的阶级分析不足以说明各家各派的个性，因为评价一个哲学家应该主要看他提出了什么新范畴、解决了什么新问题、在人类认识史中起到了什么新作用，"哲学史工作者的任务是把古代哲学思想用现代语言讲清楚，既不增加也不减少"[②]。

不增不减地评价传统既是对于前一阶段研究的拨乱反正，同时也构成了新研究的起点。作为一门与传统学术密切相关的学科，对于"传统"（传统人物和传统思想）的认识和评价，其实直接关联着对于"中国哲学"自身的重构与理解。因此走出了泛意识形态化的中国哲学学者，当他们开始重新建构自身的时候，首先所要面临和解决的正是如何评价"传统"的问题。正如任继愈所说，在 20 世纪 80 年代初期，"传统"曾一度被看成一种客观的、历史性的、有优有劣或好坏参半的"遗产"，不增不减地评价传统成为这一时期的主调。在 1985 年中华孔子研究所（即中华孔子学会的前身）成立大会的开幕词中，张岱年即向整个中国哲学界发出呼吁："尊孔的时代已经过去了，盲目反孔的时代也已经过去了"，我们的任务是对"孔子和儒学进行科学的考察，进行历史的辩证的分析"。[③] 历史的辩证的态度和客观科学的考察，是 20 世纪 80 年代上半叶对待传统研究的主流声音。

---

① 侯外庐：《孔子研究发微》，《孔子研究》1986 年第 1 期。
② 《任继愈学术论著自选集》，北京师范学院出版社，1991 年，第 449—451 页。
③ 参见庞朴主编《20 世纪儒学通志》（纪年卷），浙江大学出版社，2012 年，第 251 页。

但是在 1985 年前后，对待"传统"的态度却发生了变化。20 世纪 80 年代中后期，一股社会文化思潮的兴起对中国哲学研究产生了重要影响，这便是发生在 1985—1988 年间围绕着"应以何种态度对待传统"所展开的文化讨论。在 1985 年前后，随着"中国文化书院筹委会"的成立，中国思想和学术界正式形成了旗帜鲜明的三派（或三个学术团体），三派围绕着"传统与现代化的关系、中西古今文化的比较、当代中国文化发展战略诸问题"展开了激烈的讨论。在以"走向未来丛书"为代表的一派学者看来，中国古代传统不能自发地产生科学与启蒙，因此必须高举西方"科学主义"的大旗才能引领中国文化走向现代化；而在"文化：中国与世界丛书"为代表的一派学者看来，中国文化的现代化必须倚赖于"人文精神"的现代化，因此他们拿起西方人文主义和人文学术的武器向中国传统发起猛烈的冲击；唯有"中国文化书院派"的老一辈学者仍然对传统抱有相当的肯定与同情，但是这一派学者"并不居于潮流的中心"。[1] 这场文化讨论开启了 20 世纪 80 年代对于"传统"的进一步反思与争鸣，它为长期处于闭塞的中国思想和学术界带来了强烈的震动与冲击。

正是在 20 世纪 80 年代中后期的这场文化讨论中，"反传统"和"西化"的思潮开始登上历史的舞台。在"走向未来丛书派"的代表人物金观涛等人看来，中国传统文化是一个超稳定、封闭性的系统，它根本不可能产生任何的科学与启蒙，因此只有依靠引进外来传统，才能创造出过去中国人民不曾有过的现代的民族文化心理结构。[2] 这一对待"传统"的反思和期待迅速引发新一代年轻学者的反响与共鸣，"重新估定一切价值"成为这一时期知识分子群体共同的思想趋向与特征。据有研究者指出，这场以"反传统"为鲜明特质的文化讨论，实质上反映了 20 世纪 80 年代知识分子群体对于国家快速步入"现代化"的渴求，它是改革的不

---

① 陈来：《思想出路的三动向》，载甘阳编《八十年代文化意识》，上海人民出版社，2006 年，第 565—571 页。

② 参见金观涛、刘青峰《兴盛与危机——论中国封建社会的超稳定结构》，湖南人民出版社，1984 年。

断深入和思想领域的复杂性在文化方面的反映和呈现。① 于是大批青年学者纷纷将矛头对准了传统文化，他们通过学习和引介西方学术著作和思想理论来评判传统，通过文化的比较与改造，试图为现代化方案的重新设计提供文化上的合法性。② 正是在这一号称"新启蒙运动"的"反传统"思潮中，20 世纪 80 年代初期兴起"客观的"和"历史主义"的态度不再普遍，而"批判传统"与"全盘西化"的思潮开始成为整个中国学术界的主流声音。

"反传统"的思潮也影响到了中国哲学史的研究与书写，批判式的研究和否定式的写作成为这一时期中国哲学叙事的主要特征。不再把哲学泛化为政治斗争的中国哲学学者，开始着眼于将哲学与文化联系起来，探讨中西文化的差异、评价中国传统思维方式优缺点的文章也在这一时期大量涌现。在蒙培元看来，"传统思维方式缺乏近代工业社会和科学思维的基础"，而这些恰恰是现代社会所不能超越的内容，因此"所谓现代化，首先应是观念和思维方式的现代化"。一些我们过去认为是中国传统思维方式特色或优势的说法（如"经验性""整体性""直觉性""意向性""稳定性""和谐性"等），在此时已统统被视为负面的价值或具有消极性意义的东西来重新认识和评价了。③ 反思和检讨传统的态度是如此的普遍和激烈，以至于古代人物和思想传统全都不再以温情脉脉的形象示人，他们开始变得面目可憎。"传统"还一度成为阻碍现代化发展的障碍，文化落后被认为是近代以来中国落后和退步的根源。甚至有学者提到，先秦"中庸"的和谐观念是一个"论不过'中'，变不出'理'的封闭和谐体系"，因此把这么一种"带有明显缺陷的传统和谐理论原封不动地带入世界文化宝库"，"是不明智与不科学的"。④

应该说，20 世纪 80 年代的这场"新启蒙"运动，一方面在为中国

---

① 参见皮迷迷《改革开放 40 年中国哲学发展历程回顾——转变、范式及多样性形态》，《哲学动态》2018 年第 12 期。

② 参见许纪霖等《启蒙的自我瓦解：1990 年代以来中国思想文化界重大论争研究》，吉林出版集团有限责任公司，2007 年，第 3—12 页。

③ 蒙培元：《论中国传统思维方式的特征》，《哲学研究》1988 年第 7 期。

④ 邓红蕾：《论中国传统和谐理论的创造性转折——先秦儒家中情观新探》，《哲学研究》1987 年第 1 期。

哲学带来了西方现代性的各种思想资源的同时，另一方面也暗含着自我否定、自我解构的危险。极端性地批判传统和不加反思的文明"二分"，使得中国哲学研究再次陷入到了"西方文明中心论"和"反传统叙事"的困境之中。而到了 20 世纪 80 年代末期，"传统叙事"与"启蒙叙事"的对立已经达到了最高程度的紧张，"反传统"和"西化"的各种问题充分暴露了出来，并在 1988 年间以《河殇》为代表的"文明二分法"中达到了极点。在《河殇》的作者看来，中国封建社会的文化是宗法性、动物性的，而西方的文化和文明才是科学的、理性的和更高级的。"地理环境对以黄河流域为中心的中华文化形成了一种隔绝机制，造成了内向的、求稳定的文化类型"，"五千年过去了，亚细亚的太阳陨落了……它已不能教给我们，什么是真正的科学精神，什么是真正的民主意识"，走下去只能是"自杀"。① 这些文字在我们今天读来仍然令人感到震惊！本应属于广义的社会批判的内容，却被简单地化约为两种不同颜色的文明差异，从而造成了对于中国传统的非理性的诬蔑。越来越极端和偏激的"反传统"倾向使得整个中国哲学界对"传统"的理解都呈现出了严重的偏向。这大概是 20 世纪 90 年代初期，对待"传统"的态度会突然发生转变的原因之一吧！

我们回顾 20 世纪 80 年代，在中国哲学重新复苏和返回自身的过程中，中国哲学学者是带着"检讨""反思"传统的立场进入中国哲学的"自律性""自主性"研究中的。这种检讨性和反思性的态度，既是西方近代以来"反传统叙事"和"启蒙叙事"的延续，同时也是改革开放初期中国学人迫切地希望步入现代化进程的内在驱动。这一真诚的反思和学术化探讨本是值得肯定与期待的，然而令人遗憾的是，越来越偏激的"反传统"倾向却使得我们对传统的理解再次陷入严重的偏向之中。正如许纪霖所说："1980 年代是一个真诚的、激情的年代，也是一个开放的、混沌的年代。"② 在反思与突破、机遇与挑战、真诚与开放并存的时代氛围下，中国哲学学者带着重新转变对"传统"态度的使命再次踏上了新的征程。

---

① 参见巴蜀书社编《〈河殇〉批判》，巴蜀书社，1989 年。
② 许纪霖：《启蒙的命运——二十年来的中国思想界》，《二十一世纪》1998 年 12 月号。

## 三、文化认同、出土文献与中国哲学的同情理解和"走出疑古时代"（1990—2000 年）

进入 20 世纪 90 年代，中国哲学"转变和重建"迈上了一个新的台阶。随着文化争鸣的退却，对待"传统"态度的巨大转变成为 20 世纪 90 年代初期的一个重要转向和特征。对于传统的批判式研究和否定式写作在 1990 年以后几乎中断，同情地理解和复归传统最终成为主流。伴随着出土哲学文本的不断增加，中国哲学的学理化研究和专门化探讨也取得重要进展。经学的不断认同和复兴，为更加深入、内在地理解"传统"提供了可能。在较强的传统文化价值认同的学术范式下，中国哲学学者掀开了进一步激活传统和建立起中国哲学"主体性"的新的篇章。

20 世纪 90 年代初，"文化热"落下帷幕，"反传统"与"西化"的思潮开始逐渐退却。文化争鸣的中断使得学术界一时陷入了沉寂，但也正因为如此，能使一些学者对于一个世纪以来中国传统所走过的道路进行深刻的反思。20 世纪 90 年代初，一场以"反对文化激进主义"为名，检讨和反思"20 世纪 80 年代"的学术思潮开始兴起。在一些传统主义者和新传统主义者看来，"文化激进主义"在 20 世纪 80 年代的再次当道为中国文化和学术界带来了"灾难"，传统在当代的不幸遭遇引发了他们的忧虑。①1993 年，在《东方》杂志的创刊号上，陈来发表了《二十世纪文化运动中的激进主义》一文，他写道："1980 年代的文化思潮实际上是"五四"以来以西方文明优于东方文明、以传统与现代水火不容、要求彻底打倒整个中国传统文化的'文化激进主义'在新历史条件下的重新活跃"，"对文化传统的全盘否定使文化的继承与建设皆不可能，也无法为良性的政治秩序准备一个稳定的文化生态环境……其结果只能是千百年积累的文化遗产变成废墟"，"如果不在学术思想方面发生建设性

---

① 这一反思最初以可追溯到 1988 年余英时在香港《二十一世纪》上发表的《中国近代思想史上的激进与保守》一文，该文对 20 世纪的"文化激进主义"进行了系统的反思和反叛，在 20 世纪 90 年代初的特定氛围下引起了知识界的热切讨论。

的根本变化，是不可能促进中国变革和进步的"。①

"国学热"的兴起成为对待"传统"态度转向的又一个信号。20 世纪 90 年代初期，在"弘扬传统文化"政策的推动和学界自发的学术转向的影响下，中国哲学与文化界掀起了一场"国学"研究的热潮。从民间"读经热"的出现，到大众传媒对于"传统文化"的宣扬，再到高校"国学院""儒学院"的纷纷设立，各种各样为"传统"正名和辩护的立场也陆续兴起。仅从当时学界出版的各种杂志和丛书的名称中（如《国学季刊》、《国学研究》、《东方》、《原道》和《国学丛书》等杂志），我们即可窥探到这一"国学"热潮在当时的盛况。尽管对于"国学"之名存在争议，但多数学者基本赞同：20 世纪 80 年代的"反传统"思想是存在严重问题的，"传统"并非一无是处的"死物"，它是有价值、有生命力的"有机体"；中国传统也不是固定不变的东西，它会随着我们不断地理解，特别是那种突破性理解而得到转化与转生。激进反传统的命题被彻底颠覆了，一场有关"传统"态度的转向与革命运动应运而生。

在反思、转变对待传统态度的同时，中国哲学学者也在重新审视本土文化与西方哲学与文化的关系。长期以来运用西方范式来解释中国传统哲学的做法引发了学者的不满。不少学者指出，近代以来我们依靠临摹、移植西方哲学的研究方法，或以西方某家某派理论对中国哲学史料任意削足适履，这样的做法不仅造成了中国哲学研究"附会"和"误读"的毛病，也长期埋没，甚至牺牲了中国哲学自身的"问题意识"、"思考方式"和"内在结构与旨趣"，给中国哲学研究带来了一种整体性的伤害。②于是要求改变"以西释中"范式、要求回归中国哲学"本土化"语境的诉求开始不断出现。与此同时，一种新的文明观的生成和传入，也客观上推动了"中西"态度的转向。20 世纪 90 年代初期，以雅斯贝尔斯"文明轴心论"为代表的多元文明观开始在中国学界产生反响（如萨义德

① 陈来：《二十世纪文化运动中的激进主义》，载李世涛主编《知识分子立场：激进与保守之间的动荡》，时代文艺出版社，1999 年，第 293—308 页。

② 如朱伯崑指出："以为用西方近现代某一流派的哲学解释中国传统哲学，便走上了现代化的道路，实际上其对中国传统的阐发成为西方某一哲学流派的注脚，没有摆脱欧洲文化中心论的影响。"参见朱伯崑《谈传统与创新》，载《朱伯崑论著》，沈阳出版社，1998 年，第 102 页。

的"东方主义"和柯文的"中国中心观"等）。这种轴心理论将"多元文化"和"差异性"视为一种当然的设定，于是中国哲学学者不再把"西方"看成唯一的"标准"或"尺度"，在多元性的视角下他们要求超越西方文明中心论的叙事模式，改变把中国古代哲学"边缘化"的做法。伴随着"反传统叙事"的逐渐松动，"全盘西化"的叙事方式也开始失去了它们的市场。

走出了"西方中心论"和"反传统叙事"困境的中国哲学学者，开始以较强传统认同的方式来理解、研究"中国哲学"。20 世纪 90 年代初期兴起的一场有关"儒学与宗教关系"的讨论，即可看作这一转向的一个典型实例。我们知道，在儒学与儒教的发展史上，有关儒家与宗教关系的问题一直是一个十分复杂且具有争议性的话题。在 20 世纪相当长的一段时间内，由于把"宗教"与"迷信"画等号，中国哲学学者对于"儒学"的态度也因为其与"宗教"的关系而受到牵连。不少学者出于对儒家价值的保护而坚持主张"儒学"不是"儒教"，直到 20 世纪 80 年代末期还有学者延续这一思路。① 但到了 20 世纪 90 年代初期，对这一问题的理解却发生了翻天覆地的变化。随着"传统"认同的不断增强，诸多学者开始重新肯定儒学的"宗教性"，或直接认为"儒学就是宗教"。② 不过此时的这种肯定却不是为了批判儒家，恰恰相反，肯定儒学与宗教的关系就是肯定它有高于一般"学"的价值，而认为儒学不是宗教或不具有宗教性，在此时反而是贬抑了儒学的价值。儒学与儒教关系的变化、与"宗教"地位的高下和对于"传统"态度的转向息息相关。

事实上，在 20 世纪 90 年代出现的几乎所有哲学史问题的讨论中，"传统"都不再被视为应该被暴露和颠覆的对象。要求为传统正名、为传统赋予活力的声音不绝如缕，对于"传统"的同情理解成为这一时期中国哲学研究的主要特征。无论是 20 世纪 90 年代初期有关"中国传统思维方式"的探讨，还是随后兴起的"传统与现代化""人文主义和民族精神""天人合一与主客合一"，抑或是所谓"新仁学"、"新道家"或"和

① 参见任继愈主编《儒教问题争论集》，宗教文化出版社，2000 年。
② 参见牟钟鉴《中国宗法性传统宗教试探》，载《儒教问题争论集》，第 262 页。

合学"的讨论，都把"传统"视为富有魅力的符号，传统开始以一种温情脉脉、亲切可人的姿态重新示人。蒙培元虽然仍在继续探讨"中国传统思维方式特点"的问题，但他所谓"意向性"、"内向性"、"体验型"或"自我超越性"的描述，在此时已经不再是负面的评价或"落后"的象征。① 如果我们稍微检索一下这一时期有关孔子和儒家的文章，更不难发现在这一时期，不仅 20 世纪 80 年代末还风靡一时的"否定性批判"消失了，20 世纪 80 年代初期曾颇为流行的"客观性"研究态度以及于此态度之下在评价古人优缺点时各打五十大板的做法也变得十分罕见，而代之以完全肯定性的评价、彻彻底底的同情、深入其中的好感甚至是对儒家自发的和强烈的认同与信念，仅从文章的题目中就能看出这一倾向。

在较强传统文化认同的学术范式下，先秦哲学和宋明理学的研究也在 20 世纪 90 年代取得了重要进展。在先秦儒学方面，有关孟子"性善论"、"四端说"、"养气论"和"王道政治"等的问题引发广泛讨论，对于儒家伦理学和"亲亲相隐"的争论也浮出水面，黄俊杰的《孟学思想史论》、李景林的《教养的本原：哲学突破期的儒家心性论》、陈来的《古代宗教与伦理——儒家思想的根源》、邵汉明等的《儒家哲学智慧》先后引发关注。在宋明理学方面，随着概念范畴分析方法受到重视，对于宋明理学中核心概念（如理与气、道与器、已发与未发、心与性、良知、本体与功夫）的梳理和研究工作取得突破，蒙培元的《理学范畴系统》、张立文的《宋明理学研究》等成为必读的参考书；对于理学中不同流派核心人物的研究也被开拓出来，陈来的《朱熹哲学研究》《有无之境：王阳明哲学的精神》和杨国荣的《心学之思——王阳明哲学的阐释》等成为颇具代表性的成果。在道家哲学方面，陈鼓应在 1990 年提出了"道家主干"一说，随后董光璧倡导"当代新道家"，儒道关系和道家哲学的重要性问题开始受到关注；② 此后许抗生、陈鼓应、王中江等在建构"新道家"方面进行了诸多探索与开拓；王博的《老子思想的史官特色》、刘笑敢的《庄子哲学及其演变》和冯达文的《回归自然——道家的主调与

---

① 参见蒙培元、邝柏林主编《中国传统哲学思维方式》，浙江人民出版社，1993 年。

② 陈鼓应：《论道家在中国哲学史上的主干地位——兼论道、儒、墨、法多元互补》，《哲学研究》1990 年第 1 期；董光璧：《当代新道家》，华夏出版社，1991 年。

变奏》等也纷纷崭露头角，这些新观点和新成果的出现开创了道家哲学研究的新局面。此外，李存山有关中国传统哲学中"气论"与"仁学"的研究也开始走进学者的视野。

而"经学"在20世纪90年代的复兴和转向，可以视为"传统认同"的一个自然而然的结果。作为曾经四部学问中地位最尊、影响最深的一门学术，近代以来经学的衰落与传统的断裂密不可分。因此，不少学者认为，要想真正理解中国古代的传统与哲学，就必须恢复经学的研究。自20世纪90年代开始，伴随着传统认同的不断增强，"经学"也在中国古典学术领域全面回归——经典注疏尤其是汉唐注疏重获关注，经学制度和一些单经学史的整理和研读工作也取得重要进展。与此同时，"建立中国经典解释学"的声音开始浮出水面。如果说中国传统学术中存在着一个历史悠久且庞大的经典解释体系，而古人的大量思想正是通过这一体系表达出来的（"中国哲学史就是一部经典诠释史"）[1]，那么如何发掘出一套不同于西方解释学传统的"中国经典解释学"或"本土经典解释理论"，便成为汤一介等学者思考的重点。[2] 在随后将近30年的时间内，有关"中国经典解释学"的讨论不断深入和扩展，傅伟勋的"创造的诠释学"，黄俊杰以孟子为中心的"经典诠释学"，成中英的"本体诠释学"等陆续受到关注。"经典解释学"的提出与"经典研究"的深入交相辉映，在这一新的学术动向下，不少学者开始重新思考：我们能否将经典文本纳入中国哲学的研究视域中？经学与哲学有何关系？以及如何将经学问题与当代哲学或现代生活相互打通？这样的思考进一步消解了古今在生活经验和价值观念上的隔膜感，增强了中国哲学学者对"传统"在情感与学理上的认同。[3]

20世纪90年代的中国哲学领域还有一种动向不可忽视，这便是出土哲学文本的突破与进展。我们知道，出土文献虽然在20世纪初期开始便被不断发现（如甲骨文出土、敦煌文献重见天日，20世纪70年代以

---

① 参见魏长宝《经典诠释学与中国哲学研究的范式问题》，《哲学动态》2003年第1期。
② 参见汤一介《三论创建中国解释学问题》，载《中国文化研究》2000年夏之卷，第16—20页。
③ 参见皮迷迷《改革开放40年中国哲学发展历程回顾——转变、范式及多样性形态》，《哲学动态》2018年第12期。

后银雀山汉简、定州汉简、马王堆帛书、睡虎地秦简、张家山汉简、郭店楚简、上博简、清华简、北大简等陆续发现），但直到 20 世纪 90 年代以后，这一研究才被真正突显出来。新史料的发现总是难得的历史机遇，大批来自地下的文献与资料重见天日，为中国人文学术带来了一次重大的突破与契机。一批与古代哲学和思想有关的"六艺类"与"子学类"文本，引发了中国哲学学者的关注。近 30 年来，大批中国哲学学者纷纷投入这一新的学术热潮之中，成为 20 世纪 90 年代以后中国哲学学科又一个新的知识增长点。这些研究成果不仅极大地推动了先秦子学尤其是道家和儒家的新进展，同时也深刻影响，甚至改变了我们对"传统"的诸多理解与研究方式。其影响表现为以下几个方面。

其一，出土文本的发现加深了对"传统"的进一步认同与确信。我们知道，20 世纪初期的中国学术界曾经被一种"疑古"思潮所笼罩：《老子》被推至汉代，《文子》等被视为"伪书"，《礼记》被看作"晚作"，中国早期经典文明的真实性更是受到了莫大的质疑。但随着出土文献的发现，近代疑古派所谓"晚出"或"伪作"的全盘否定之说已渐渐被多数学者所抛弃了。例如，郭店简《老子》的发现，打破了《老子》晚于《庄子》的"晚作"说；竹简本《文子》《晏子》《尉缭子》《六韬》《盖庐》《鹖冠子》《归藏》《缁衣》等的出土，使得大量"伪作"之说不攻自破；尤其值得注意的是，近一个世纪以来海内外中国学研究怀疑、不承认儒家"六经"在先秦已经产生，或将"六经"的定型及其解释学的出现推至汉代的看法，也得到了相当程度的纠正——出土楚简中有关"六经"的大量解释和记载，恰恰是儒家经典文明早成的一个很好的证明。出土文献一方面印证了古代文本尤其是经典文献的可靠性，另一方面也证明了早期思想与历史记忆的真实性。于是"重建古史"和"走出疑古时代"的呼声陆续兴起，"改写"甚至"重写中国学术史"的诉求成为 20 世纪 90 年代以来影响颇大的思潮。摆脱"疑古"思维方式的冯友兰的"释古论"也重新获得了关注。①

---

① 参见李学勤《走出疑古时代》，辽宁大学出版社，1994 年；李学勤《重写学术史》，河北教育出版社，2002 年；李学勤《谈"信古、疑古、释古"》，载陈明主编《原道》第 1 辑，中国社会科学出版社，1994 年，第 310 页。

　　其二，出土文本的研究也为"传统"带来了一些新的认知与理解。我们知道，面对千古未见的简帛思想史新文献和与传世本差异或大或小的不同抄本及异文，诸多研究成果在很大程度上弥补，甚至改变了我们对"传统"的原有认知。① 例如：在道家哲学方面，马王堆帛书《老子》和郭店简《老子》的释读与研究，对确立《老子》成书时间、纠正传世本《老子》讹误、恢复《老子》文本原貌乃至重新认识《老子》的核心思想，具有重要推进作用。丁四新的《郭店楚竹书〈老子〉校注》即为这一方面的代表之作；而老子之后道家宇宙论和形上学的发展演变，则通过郭店简《太一生水》和上博简《凡物流形》《恒先》等有了不同于以往的新记忆。王中江、白奚、陈静的相关研究揭示了这一线索。此外，马王堆帛书《黄帝四经》的出土还推进了我们对于黄老道家政治哲学的认知，有关老子到黄老一系的演变过程以及道家"法哲学"和公共理性等问题成为新的研究热点。代表性成果如曹峰的《近年出土黄老思想文献研究》和王中江的《根源、制度和秩序：从老子到黄老》等。在儒家哲学方面，楚简中有关"子思"一系的部分篇章不仅填补了"孔孟之间"这一段儒家学术史的空白，其与《礼记》所载"孔门七十子后学"文献的对比与互证，也为我们进一步理解孔门后学的心性论、伦理学和政治哲学带来进展和突破。陈来的《竹帛〈五行〉与简帛研究》、李存山的《从郭店楚简看早期儒道关系》、王博的《简帛思想文献论集》和梁涛的《郭店竹简与思孟学派》等均为这一领域的成果。此外，对于帛书"易传类"文献与孔子"十翼"的比较研究，推进了我们对战国末年至汉代初年易学思想的新认知；对于东周信仰和神意论的研究与探讨，则丰富了我们对东周子学思想谱系复杂性、多元性发展脉络的理解。丁四新的《周易溯源与早期易学考论》、王中江的《简帛文明与古代思想世界》等都是这一领域的代表性成果。在这些犹如层峦叠嶂的各个侧面中，不同于以往思想史记忆的新面貌均得到了一定程度的呈现。出土哲学文本的研究为中国哲学带来了强烈的刺激与源源不断的活力。

---

① 杜维明也提到："郭店楚墓竹简出土以后，整个中国哲学史、中国学术史都要重写。"参见杜维明《郭店楚简与先秦儒道的重新定位》，载《郭店楚简研究》（中国哲学第 20 辑），辽宁教育科学出版社，1999 年，第 4 页。

其三，新材料和新视域的不断涌现，也为中国哲学的"学理化"研究和"专门化"探讨提供了空间。20世纪90年代以来，中国哲学研究的专人专书层出不穷，中国哲学史的"分阶段"梳理取得长足进展，各流派重要哲学家的个案研究和人物评传陆续出版，陈来的《朱熹哲学研究》、郭齐勇的《熊十力哲学研究》、王中江的《理性与浪漫：金岳霖的生活及其哲学》、杨国荣的《王学通论：从王阳明到熊十力》和张学智的《贺麟》以及董平等的《陈亮评传》等都是这一时期的作品。对局部和个案的分析深入哲学衍化的各个环节，使哲学史的全貌呈现出更为细致的品格。正如不少研究者所指出，与20世纪80年代的学风颇为不同的是，20世纪90年代呈现出了明显"细致化""专门化"的学术取向。在文化争鸣的热度退却以后，"思想家淡出，学问家凸显"，各种宏大、抽象的文化主张，如20世纪80年代探讨中国文化的特征、中国思维方式的特点、中西文化的异同、传统文化对现代化的积极或消极作用等，落实到对于具体文本和学术问题的考察上。中国哲学学者也开始有意识地抽身于思想界，而进入专业的学术领域，他们通过专门化和局部化的学术梳理与积累，试图为中国哲学和文化奠定一个更加扎实的知识基础。[①]这一取向不仅进一步厘清了对于"传统"的诸多误解，也为中国哲学创造了条件。

在20世纪90年代所发生的一系列有关"传统"的转变与新动向，既是中国哲学在"回归学术"和"确立自身"过程中一个极为关键性的节点，也是中国哲学学者试图重新建立起"主体性"的一个很好的体现。在这一具有突破性意义的转变中，无论是金春峰、牟钟鉴等提出的建立"现代儒学"和"新儒学"的主张，还是陈鼓应、董光璧、许抗生、王中江等倡导的"当代新道家"的概念，抑或是张立文所提出的有关"和合学"的体系以及郭齐勇、陈来、杨国荣等对儒家哲学的研究，王博、白奚、丁四新等对出土文本的探讨——这些说法都共同体现出了建构中国

---

[①] 许纪霖提到，由于对20世纪80年代文化讨论中出现的"趋新骛奇，泛言空谈"的学风不满，20世纪90年代的学者开始放弃抽象、宏观的研究论域，热衷于做一个专家型的知识人。1991年《学人》丛刊所发起的"学术规范"的讨论，1995—1996年"社会科学规范化与本土化"的讨论均可视为这一"学术转向"的知识性产物。参见许纪霖等《启蒙的自我瓦解：1990年代以来中国思想文化界重大论争研究》，第19页。

哲学"主体性"的努力。在摆脱了把"传统"当作一种"遗产"或看成"已死"的"过去之物"的对象性立场之后，中国哲学学者开始试图重新激活并接续起传统：他们不再把"传统"当作死的遗产而是作为活的源泉；不再从外部审视而是从内部观察；不再把"传统"看成阻碍现代化发展的障碍，恰恰相反，他们认识到现代人必须凭借"传统"来创造，而"传统"也会因为现代人的创新而焕发新的青春。

应该说，中国哲学认同和复归"传统"的过程，也就是中国哲学"转变和重建"的过程。因为不管如何，在认同传统的同时，中国哲学也在不断地"自我意识"和"自我认同"；在塑造传统的同时，中国哲学学者也在不断地塑造着自身。当他们不再把传统对象化、疏离化或静态化的时候，便进入对中国哲学的内在意识和深层结构之中，这样的做法加深了他们对于自身的理解。"传统"构成了他们生活和存在的方式，成为确定他们是"谁"的重要向度。而也正是在这一对待"传统"态度的不断转变和重新认识，以及对于出土文本和传世文献的相互参照和进一步理解与互动中，中国哲学的"自主性"和"主体性"得到了一定程度的阐扬。

当然，与机遇并存的往往也有挑战。由于过于急迫地想要摆脱"反传统"的心理，也由于对于"传统"有些简单化或"矫枉过正"的理解，坦率地讲，20世纪90年代的中国哲学学者在复归"传统"的同时，也造成了一些极端化或片面化的现象。这些现象在促使中国哲学研究走向建设性方向的同时，也带来了一些新的危险与困惑。诸如，对于"传统"的认同是否会导向未经反思的保守主义或复古主义？对于传统的"本土化"诉求是否会陷入另一种封闭或狭隘？对于"出土文献"的过分重视是否会造成对于"传世文献"的忽视或伤害？以及传世文献与出土文献的关系究竟该如何界定，中国哲学史是否能够"改写"或"重写"等。这些问题还有待于进一步思考与定位。

## 四、中国哲学方法论的自觉与创造性转化（2000—2019年）

2000年至今，是中国哲学研究探索更好地转变、重建和确立自身的又一个新的阶段。由"合法性"问题所展开的大讨论，开启了对于"传统"在方法论层面的进一步反思。探讨"范式转换"、"方法创新"和"传统的创造性转化"问题成为新时期的重要主题之一。对于传统的认同上升到了方法论自觉的高度上，而多元化的"方法""范式"和多样性的"领域""视点"也开始陆续兴起。与此同时，一些新的思想学说和理论体系以及具有整体性视角和典范性意义的宏大叙事进入学界视野，成为这一时期中国哲学研究颇为值得注意的新动向。诸种新学说、新范式的出现，均尝试回应如何通过激活本土传统以塑造中国哲学新形态的问题，而这一趋势仍在吸引更多学者参与其中。

21世纪初，中国哲学界掀起了一场有关"中国哲学合法性"问题的大讨论，这场讨论成为"传统"进入方法论层面的一个典型标志。在不少学者看来，20世纪80年代对于"传统"的盲目批判固然不对，但20世纪90年代对于"传统"的认同和复归也同样存在问题。对于"传统"简单化、口号化的处理（如将"和谐""天人合一""万物一体"变成一种公式和口号），不仅不能使传统变得更加充盈和丰富，反而造成了对于传统理解的单调与空白。"只要我们缺乏张力并简单地把传统视之为可恶或者完美的时候，我们都失去了对传统的认知和转化能力，传统对我们就丧失掉了丰富多彩的复杂内涵。"[①] 在经历了"文化热"对传统的激烈否定和"国学热"全面回归以及所突出的学术性要求之后，人们开始不再把"传统"与"现代"视为根本对立的两极。20世纪90年代"认同传统"的倾向与20世纪80年代"反传统"的思潮同样引发了中国哲学学者的双向反思与批评。

如何以更好的方式来继承和发展传统，成为这场讨论中一个十分重要的议题。2000年以后，"传统"一度成为一种价值信仰和学者共同话语，"传统是有价值的"几乎变成所有研究想当然的设定和前提，"国学热"与"传统文化热"的热度也居高不下。但在这种普遍的传统认同的学术氛围中，中国哲学学者却再次开始感到不安和困惑。他们开始重新思考究竟什么是"传统"，20世纪90年代人们所认为的"传统"是不是

---

① 王中江：《转变中的中国哲学范式的自我反思和期望》，《河北学刊》2004年第1期。

真正意义上对于传统的正确理解？以及如果说传统中一切都是好的是完美的，那么认同传统是否会成为一种不加反思的盲从？我们在从"反传统"立场转变为"传统"立场的过程中，是否再次陷入另一种对于传统的误解与隔膜？如果我们不能在方法论的高度上对于传统做出冷静的观察和思考……那么这些问题是很难得到真正解决的。于是对于"传统"的反思便上升到了对于方法论自觉的高度上。

有关中国哲学诠释范式的有效性和正当性问题，也在这场讨论中受到了关注。人们对简单运用西学方法解释"中国哲学"产生了不满，进而对"中国哲学"这一概念本身也产生了排斥。既然中国传统中并不存在西方意义上所谓"哲学"的概念，那么用西方哲学方法来研究中国古代思想的做法便会造成中国思想原貌与独特性的丧失，为了摆脱这一"合法性危机"，我们应当用中国传统语言概念和思维方式来自行表达。这样的做法同样简单甚至幼稚。因为解决问题的办法绝不能通过对于术语的形式化拒绝来实现；中国哲学自产生之初便与西方哲学密切相连，因此所有追求"纯而又纯"或回归"纯粹"中国思想"原貌"的主张都只能是无法实现的幻想。正如有的学者指出：我们不能对"哲学"或"中国哲学"采取某种本质主义和还原论的界定，而应放在变化着的时空和境况中来理解（只有这样才不会陷入"打破砂锅问到底"的无限后退），在变化的立场上"哲学"或"中国哲学"不只是"西方的"术语，它们也是近代以来中国"新传统"的一部分，因此问题的关键不在于使不使用"哲学"，更不在于是"谁"、在"哪里"提出了范式，而在于如何使用这种范式来不断为"哲学"赋予新的意义……① 正是在上述不同意见的相互讨论与争鸣中，中国哲学学者对于"传统"与"现代化"、对于本土文化与西方哲学文化的关系有了更为成熟和理性的看法。

在世纪之交展开的这场以"合法性"为名的大讨论中，中国哲学学者所关注的重点并不只是"中国有无哲学"的问题，还包括应该以何种方式、以什么样的方法来更好地理解和发展中国哲学学科的问题。在21世纪多元文化兴起的背景下，学者们其实已普遍同意对"哲学"应当

① 王中江：《"范式"、"深度视点"与中国哲学"研究典范"》，《江汉论坛》2003年第7期。

采取多元性的理解，因此问题并不是要证明中国有无西方意义上的"哲学"，而是应当以何种"理性"或"方法"，进一步增强中国哲学研究的"传统认同"和"方法自觉"。在克服了把"传统"和"现代"截然对立的单向度立场后，中国哲学学者开始努力地在"传统"与"现代化"、在"可共度性"与"不可共度性"之间寻求一种双向的立场和方法。如何在追求"本土化"的同时又不至于陷入狭隘的民族主义或国粹主义；如何在立足于自身的基础上又能挖掘出中国哲学中所内蕴的独特世界性、普遍性意义和现代性价值，成为这一时期中国哲学学者所讨论与关注的重点话题。也正是通过这一讨论，对于本土传统进行"创造性转化"的问题开始浮出水面。

正是在这场"合法性"讨论中，"范式转换"和"方法创新"走入学者的视野。不管是"以西释中""以中释中"还是"以古释古"的提出，几乎所有研究者都意识到：如果不能在"方法论"上具有高度的自觉并拥有一套"系统的方法"，那么中国哲学进一步的发展与突破便无法成为可能。"如果我们想从根本上摆脱所谓的'合法性'危机，最好的办法就是创立自己的哲学范式，在新的、更独立、更自主、更有效的范式的基础上，重新建立中国哲学自己的民族性、个性化的解释框架、叙述模式和研究路径。"① 于是对待"传统"的方法论反思开始进一步扩展为对整个"中国哲学学科"的方法和范式的诉求。

"合法性"的讨论成为中国哲学书写范式转换的一个信号，伴随着这一讨论的深入，中国哲学界掀起了一场探索"学科范式"和"方法创新"的新高潮。在 21 世纪初，"重写中国哲学""改写中国哲学""重构中国哲学"，"范式转换""方法创新""创造性转化"和"创新性发展"等一批说法纷纷涌现出来，成为这一时期具有强烈启发意义的建设性观点。只要我们稍微检索一下这一时期所举办的学术会议，仅从这些会议的名称和题目中，便可探知学者们对于"方法""范式"的诉求。在改革开放刚刚开启的 20 年，中国哲学研究虽然从单一的意识形态化范式中摆脱了出来，却没有形成具有影响力和震撼力的学科范式，这与人们时常忧

---

① 魏长宝：《中国哲学的"合法性"叙事及其超越》，《哲学动态》2006 年第 6 期。

虑的"问题意识"和"深度视点"的缺乏有关；因此到了 21 世纪，当方法、范式的诉求一下子被激发出来的时候，学者们不仅重新开始检讨这门学科"自身"的性质，他们也开始反省我们所采取的研究"路向"和"方法"的有效性；他们不仅积极地检讨和反观自己，也开始由对原有模式的怀疑而进入对新的方法和范式的"创立"。"范式转换"、"方法创新"和"传统的创造性转化"成为近 20 年来中国哲学研究和探索的新的主题。

在新的时代背景下，多元化的方法和范式在这一时期纷纷涌现了出来。无论是经典研究的视角、语文学的方法，还是比较哲学的视野、社会史或思想史的进路，抑或是新儒学的视角和生态主义的视点以及民主、自由、人权、人文精神、终极关怀、超越（内在超越与外在超越）、经济伦理、和谐、天人合一、万物一体等视点或方法，都在不断地扩展着中国哲学的理解和解释方式。从单一的唯物、唯心或"传统""反传统"范式中摆脱出来的中国哲学研究，开始呈现出理解和解释范式的多样化，一些具有深度视点和个性化特征的研究方式也陆续建立。兹举二例：汤一介有关"中国经典解释学"的探讨引发普遍关注，经学的开展与经典诠释学的深入为中国哲学带来了又一次范式转换，一批原本处于边缘化而不受重视的经典文本（如《春秋》学、《孝经》学、《礼》学等），开始被纳入中国哲学的视域中而焕发出新的思想活力，陈壁生的《孝经学史》，曾亦、郭晓东的《春秋公羊学史》等就是这一时期的成果。另外，受西方知识社会学影响，中国哲学研究中也出现了一种"社会史化"或"思想史化"的倾向，从哲学史与社会史、思想史交叉互动的视角出发，不仅细化了中国哲学各个历史时期的思想图景，也呈现出了学派、人物和思想义理之间的复杂性与丰富性。余英时的《朱熹的历史世界：宋代士大夫政治文化的研究》、田浩的《朱熹的思维世界》等就是这一研究进路的例证。与此同时，探讨如何更加有效、恰当地选择和运用"范式"的问题也开始受到关注。从单一的方法范式，到多元化的方法范式，再到追求"范式"与"文本"之间的"共鸣"与"和谐"，不断翻新的研究方法为既有领域带来了新的活力，也为中国哲学在 21 世纪的新理解和新诠释提供了方法论的储备。多元化的方法也带来了多领域研究的蓬勃进展。伴随着方法论的转换与革新，这一时期发生的另一个显著变化，便是研究领域的扩展和研究形态的多样化。层出不穷的热点和焦点问题相继出现。在先秦哲学方面：孟学与荀学持续升温，道家与黄老成为热点，其他子学流派的梳理和研究工作也呈现出多元发展的新局面，代表成果如郭齐勇、陈来、陈少明、李景林、张汝伦、梁涛、安乐哲等在先秦儒家哲学方面的研究，以及刘笑敢、王中江、王博、白奚、郑开、曹峰等在先秦道家哲学方面的探索。在宋明理学方面：从概念、义理、逻辑到人物、流派、思想的研究齐头并进，从重要哲学家的深入探讨到门人弟子与后学群体的广泛研究，陈来、杨国荣、张学智、吴震、陈少明等做出了各自的探索与突破。在汉唐哲学方面：随着中国哲学的经学转向和对儒道互补的重新评价，汉魏六朝的经学与玄学研究显现出新的生机，余敦康的《魏晋玄学史》、杨立华的《郭象〈庄子注〉研究》等是这一领域的代表之作。在明清哲学方面：对于"乾嘉学术"的哲学研究和对"明清启蒙说"的学理化探讨也取得新的进展，吴根友的《戴震、乾嘉学术与中国文化》、许苏民的《明清启蒙学术流变》、蒋国保的《方以智哲学思想研究》等是其中的典型代表。在近现代哲学方面：现代新儒学的研究与本土化发展持续推进，其他近代思想人物与观念、话题的研究也获得了新的关注，陈来的《哲学与传统——现代儒家哲学与现代中国文化》、王中江的《进化主义在中国的兴起：一个新的全能式世界观》和《自然和人：近代中国两个观念的谱系探微》、干春松的《制度化儒家及其解体》等是这一领域的代表性成果。此外，多个大型学术文献的整理和编纂工作开始启动，一批集体性成果走入学者视野，如北京大学的《儒藏》工程、姜广辉主编的《中国经学思想史》、汤一介主编的《中国儒学史》等；多个传统学术刊物开始创刊，如陈鼓应主编的《道家文化研究》、武汉大学孔子与儒学研究中心编辑的《儒家文化研究》、清华大学经学研究中心编辑的《中国经学》、中华孔子学会编辑的《中国儒学》等。

　　各个领域的研究进路也呈现出多样化发展的形态。在道家哲学方面：刘笑敢的《庄子哲学及其演变》通过对语词的数据统计和分析，对《庄子》一书内外杂篇之关系与庄子后学的分类问题提出了新的看法；王中江的《道家学说的观念史研究》从观念史的角度出发，通过对道家形而上学概念和重要术语（如"道""德""有无""自然""无为""天""命""化"等）的考察，为认识道家哲学提供了一种新的视角；王博的《庄子哲学》则没有采用常见的概念分析或理论体系的建构方法，而是从庄子的思想世界和生命体验入手，宏观性地把握了庄子哲学中的生命意蕴；郑开的《道家形而上学研究》则通过对"道家形而上学"的全新界定，从知识论、道德形而上学、审美形而上学和境界形上学等的角度，对道家哲学进行了富有新意和哲学性的分析。这些不同的研究进路提供了对于道家哲学的多维度理解，打开了道家哲学研究的新局面。

这一时期，除了概念范畴分析方法在持续推进以外，一种出自思想史视角的研究进路也开始受到重视，一批海外思想家的研究成果陆续引入国内，如包弼德的《历史上的理学》、沟口雄三的《中国前近代思想的屈折与展开》等，这些研究融合了思想史、社会史、政治史、文化史和心态史诸要素，提供了与传统概念或人物分析颇为不同的理解进路。此外，宋明理学的研究对象在不断扩展和翻新，那种在主要人物上扎堆研究的现象已完全改变，不少学者转入对理学大家的门人弟子与后学群体的研究中，如杨立华和吴震对"泰州学派"的研究、陈赟对王夫之的研究、董平对邹守益和陈亮等的研究，等等。理学中的经学问题也在近年来受到瞩目，如蔡方鹿的《中国经学与宋明理学研究》，朱汉民、肖永明的《宋代〈四书〉学与理学》等是这一领域的代表性成果。在多元且丰富的研究进路中，中国哲学的研究领域被大幅度拓宽，学科建制进一步完善，中国哲学步入全面发展的新时代。

2010年前后，中国哲学领域又出现了两种值得注意的新动向。一种动向是中国哲学研究的"宏大性叙事"和"整体性视角"开始重新出现。综上，20世纪90年代以来"专门化""局部化"的取向成为中国哲学研究的主流倾向，这种倾向一方面在为学术积累和梳理创造条件的同时，另一方面也隐含了一些新的问题。过于细碎化、片段化的梳理某种程度上限制了问题意识的凸显和研究力度的深化，应该说，改革开放以来没能形成具有震撼力和影响力的哲学观和哲学史观，一定程度上也是与整体性视角和"深度视点"的缺乏有关。2010年以后，部分中国哲学学者开始不再满足于完全趋向局部的研究偏向，他们意识到韦伯所说的"专家们没有灵魂，纵欲者没有心肝"，开始试图摆脱出越来越精细化、越来越空洞无味的研究取向。他们努力地弥合"整体意义"与"部分意义"之间的断裂，试图将中国哲学放置在"整体"与"部分"、"宏观"与"微观"、"尊德性"与"道问学"的交互作用中重新加以审视。

　　另一种动向是中国哲学学者进一步从"哲学史"研究走向了"哲学"创造。早在 20 世纪 30 年代，冯友兰在写作《新理学》之时就曾提出过"照着讲"和"接着讲"两种研究路向。但出于长期文化"断裂"后重新认识传统的需要，改革开放以来中国哲学研究主要采取"照着讲"的方式，而随着研究范式的不断创新和学科多领域的持续进展，哲学建构的自觉性终于促使中国哲学学者开始"接着"往下讲了。2010 年以后，部分中国哲学学者开始不再满足于仅仅从事思想史料的"整理"与"重述"工作，他们尝试通过"哲学史"的研究和梳理，或是在"概念史"的重新理解和阐释中，努力开出一种新的"思想学说"和"理论体系"以及具有生命力、影响力的新的哲学观与哲学史观。如部分学者所指出，"哲学史的写作，不仅仅是一种回顾，关键是对未来哲学发展的一种建构"，"如果我们真正希望激活中国哲学，那么我们在对中国哲学进行严肃反省的同时，就必须转入对中国哲学进行千方百计的开拓性转化中"，只有在这个意义上我们才真正理解了"返本开新"和"阐旧邦以辅新命"。①

　　在两种新动向的引领和刺激下，一些具有开拓性意义和宏大性视角的思想学说和理论体系争相迸发了出来，成为近 10 年来中国哲学研究中最为引人瞩目的新景观，如陈来的"仁学本体论"、杨国荣的"具体形而上学"、陈少明的"做中国哲学"、王中江的"个体的关系世界观"，等等。这些"新学说"的主张虽不尽相同，但在哲学建构和萌生的意图上，它们又具有某些共同的取向：一是他们都受到了西方新思潮、新问题的启发，如对西方近代反形而上学或重建形而上学的思潮，予以响应与批评；二是他们是"接着讲"而不是"照着讲"，是接着中国传统讲，同时又努力超越之；三是他们都尝试着将"哲学史"与"哲学创造"结合起来，他们虽以哲学家的方式治史，但又通过哲学的创发深化了哲学史

────────────

① 王中江：《"范式"、"深度视点"与中国哲学"研究典范"》，《江汉论坛》2003 年第 7 期。

的内涵，展示出"哲学史"研究与"哲学"研究，即"史"与"思"相互融合的趋向。① 当然，这些"新学说"是否具有恒久的生命力还须经过时间的筛选与检验，不管怎么说，从"照着讲"到"接着讲"，从"哲学史"到"哲学研究"，从"认同传统"到传统的"自主创造"，从外在接受一种方法到方法的自创与建构，这些转变和尝试本身，即已体现出中国哲学学者在继承老一辈哲学家研究成果的基础上，又试图重新建立和培育起中国哲学新形态与新生命的勇气和睿识。

总而言之，经过 70 年筚路蓝缕的艰辛探索，今天的中国哲学研究终于走到了这样的地步：它重新以"哲学"的形式出现，但不是"西方哲学"；它是以中国传统古典学术为思想资源，但不是"原教旨主义"地回到从前；它在广泛吸收西方哲学的基础上，又沿着中国哲学发展的延长线前进，它以"会通中西""熔古铸今""返本开新"为己任，以"旧邦新命""贞下起元""文明重建"为使命，以"创造性诠释"和"综合性创新"为目标；它是既"中国"又"哲学"，既"客观"又具有"原创性"精神的伟大灵魂。② 这样的"中国哲学"拥有了一种真实和厚重的历史感，也为未来的学术研究开拓出了更加广阔的空间。

当然，挑战依然存在。如何在转变和重建的同时，又能进一步开创出中国哲学研究的新形态和新局面；如何在深沉地反省自身传统的基础上，又能通过创造性地诠释使中国哲学得到进一步转化与发展，这些问题仍然呼唤着更加开放的心态和更加多元的尝试。无论如何，我们对于70 年来中国哲学研究的回顾，既是对于上一阶段成果和经验的总结，同时也构成了新研究的起点。我们走过了纷纭的共和国的第一个 70 年，而挑战与机遇并存的下一阶段，当代的中国哲学研究将继续在期盼中前行。

原载《社会科学战线》2019 年第 8 期

---

① 参见郭齐勇《改革开放 40 年与中国哲学》，《光明日报》2018 年 12 月 10 日第 15 版。
② 参见乔清举《当代中国古代哲学研究的回顾与反思》，载郭齐勇、欧阳祯人主编《问道中国哲学：中国哲学史研究的现状与前瞻》，九州出版社，2014 年，第 259 页。

# 中国哲学史研究的深化与开拓

## ——《中国哲学史》杂志与近四十年的中国哲学研究

赵金刚 *

关于《中国哲学史研究》以及《中国哲学史》杂志的历史，张岱年先生说："一九七九年十月，全国各地中国哲学史工作者在太原开会，成立了中国哲学史学会。会后，许多同志建议创办一个中国哲学史学科的专门刊物。经过几个月的筹备，现在《中国哲学史研究》季刊创刊了。这是中国哲学史这个学科的历史上的一件大事。"①《中国哲学史研究》1980 年创刊，1990 年因故停刊，共发刊 37 期。1992 年，中国哲学史学会重新创办《中国哲学史》杂志，至 2017 年第 4 期，已发行 100 期。《中国哲学史研究》和《中国哲学史》，都是中国哲学史学会的会刊，《中国哲学史》是《中国哲学史研究》的历史延续，更为重要的是，二者在研究传统、关注问题上，都体现了中国哲学史学科近四十年的发展历程，杂志发表的一系列文章体现了中国哲学史学科近四十年的成果，也反映了这一学科研究的深入与议题的开拓。

## 一、学科重建与方法思考

张志强先生在总结 20 世纪 80 年代以来三十年中国哲学研究的核心关切时指出："尽管中国哲学史研究在这四个阶段里有着不同的思想关切和知识倾向，但这四个阶段的展开，仍然内具着共同的'焦虑的结构'

---

* 赵金刚，1985— ，男，中国社会科学院文化研究中心副研究员。
① 张岱年：《大力促进中国哲学史学科的新发展》，《中国哲学史研究》1980 年第 1 期。

或问题意识的核心关切，那就是由'中国哲学'一词所突显的'哲学与文化'之间的关系问题。这个问题，一方面表现为'中国哲学'与'中国文化'的关系问题，另一方面则表现为'马克思主义哲学'与'中国文化传统'的关系问题；一方面表现为哲学的现代性与文化的传统性之间的关系问题，另一方面则表现为哲学现代性的西方来源与中国文化传统的民族性之间的关系问题。因此，我们也可以说，这种由'中国哲学'研究所表现的核心关切或'焦虑的结构'是一个中西古今之间的'哲学与文化'的关系问题。"[1] 这一总结其实普遍适用于 20 世纪 80 年代以来中国哲学的研究。"中国哲学史"学科是在中国学术古今转型的过程中形成的，如何用新的方式处理中国古代思想，成了近代以来学人的重要思考。在这一历史情态下，"哲学"被引入中国，并用来处理中国传统思想资料。冯友兰先生两卷本《中国哲学史》奠定了"中国哲学史"研究的基本范式，之后的中国哲学史研究不断探索以怎样的方法研究"中国哲学"。1949 年后，马克思主义开始指导中国哲学史的研究，唯物史观丰富了中国哲学史研究的方法，拓展了中国哲学研究的议题，但是"一九五七年以来，曲解、篡改马克思主义基本原理的极左思潮逐渐得势，发生了把马克思主义个别词句简单化庸俗化的倾向，用一些简单的公式剪裁历史事实，把哲学史的研究变成了贴标签"，"对于古代哲学家的著作采取了实用主义态度，断章取义，穿凿附会，随意加以解释，完全违背了唯物主义的原则，这种作风给中国哲学史的研究带来了严重的不良影响"。[2] 中国哲学史研究在这一时期受到了严重的影响。

《中国哲学史研究》创刊恰逢党的十一届三中全会胜利召开这一历史契机，如何重建中国哲学史学科、以怎样的方法研究中国哲学史，成了中国哲学史学界亟待解决的问题。《中国哲学史研究》"发刊词"指出："是否把中国哲学史当作一门科学，这是中国哲学史研究中的关键问题。"[3] 如何建立中国哲学史学的科学体系，反思生搬硬套式的中国哲学研

---

[1] 张志强：《时代·传统·中国哲学——时代课题与中国哲学史研究三十年来的演进逻辑》，《中国哲学史》2008 年第 3 期。

[2] 张岱年：《大力促进中国哲学史学科的新发展》，《中国哲学史研究》1980 年第 1 期。

[3] 《中国哲学史研究》"发刊词"，《中国哲学史研究》1980 年第 1 期。

究，成了杂志创办初期的重要使命。《中国哲学史研究》创刊后的几年，"中国哲学史方法论问题"成了杂志的重要主题，"中国哲学史学的科学化"成了学界关注的重要问题。这一工作主要是由当时中国哲学史界的老前辈（如冯友兰、张岱年、任继愈等）完成的，他们经历了中国哲学史学科的创建、波折以及新生，他们的思考至今还有重要的指导意义。

任继愈先生的《克服两个缺点》是一篇十分重要的文章，对中国哲学史学科的重建具有重要的指导意义。他认为，中国哲学史研究不能"只要找出某家某派哲学产生的根源，指出它是为什么人服务的，就认为任务已经完成了"，"哲学史所关心的是哲学家的思想体系"，需要对哲学家进行细致的思想剖析。"哲学史讲的是思想，哲学史的发展只能是思想的发展"①，需要将思想发展的脉络讲清楚。以马克思主义为指导，也不能仅使用马克思主义的个别词句，而不顾理论的实质，不能混同"主义的词句和主义提供的观点和方法"。任先生试图厘清如何以主义为指导和如何回到中国哲学史内部研究中国思想这两个问题。这也是当时"中国哲学史学科科学化"这一问题的核心关切。

在对这一问题的关切之下，当时的《中国哲学史研究》刊登了一系列文章，涉及资料的收集与整理，通史、断代史、专题史、范畴史的研究，对人物与学派的基础性探索，对佛教哲学、道教哲学、中国少数民族哲学的研究，中西哲学的比较研究，更打破禁忌，开启了对港台哲学的研究。很多文章在当时都具有开拓意义，中国哲学史学科"在科学化的道路上不断探索，不断实践"②，如何在打破旧的束缚的前提下，寻找中国哲学自身的特质，是 20 世纪 80 年代学人的核心关切之一。汤一介先生的相关研究颇能代表这一时期学者对相关问题的思考，汤先生突破的重点在魏晋玄学，他在《中国哲学史研究》上相继发表《从张湛〈列子注〉和郭象〈庄子注〉的比较看魏晋玄学的发展》（1981 年第 1 期）、《郭象的〈庄子注〉和庄周的〈庄子〉》（1983 年第 3 期）等文章，还出版了《郭象与魏晋玄学》一书，打破唯心唯物二元对立的思路，注重从哲学自

---

① 任继愈：《克服两个缺点》，《中国哲学史研究》1980 年第 1 期。
② 谷方：《中国哲学史研究的四十年》，《中国哲学史研究》1989 年第 4 期。

身发展的内在逻辑看待哲学家的相关问题。汤先生的这些研究在当时具有"破冰"意义。①

## 二、范畴概念研究

20世纪80年代的中国哲学史研究，特别值得一提的是对"范畴史"的关注。翻看20世纪80年代的《中国哲学史研究》，我们会发现这样一个现象，此时的研究以填补空白、扭转方向为主，这就使得这一时期的文章以对人物、学派的总论、通论、泛论为主，较少专人专题式的论述。在这一背景下，"范畴"研究就显得十分突出。范畴史的研究改变了一般通论、泛论中国哲学和中国哲学史人物的做法，试图深入思想文献内部，解释中国哲学思想的演进逻辑以及核心范畴的基本内涵。

《中国哲学史研究》编辑部于1981年2月召开了如何研究中国哲学史上的范畴、概念问题学术讨论会，1984年6月又举行了"中国哲学史范畴、概念、思潮发展规律学术讨论会"，当时对"范畴史"的关注力度可见一斑。1982年第1期《中国哲学史研究》刊发张岱年先生《开展中国哲学固有概念范畴的研究》一文，张先生指出："哲学理论包含许多哲学概念和哲学范畴。哲学概念和哲学范畴是哲学理论的重要组成部分。我们研究哲学史，必须研究哲学概念范畴的历史。"②这包含对哲学的普遍理解，在当时是从对马克思主义经典哲学著作阅读和理解出发，站在中国哲学史学科科学化的角度进行思考。张先生的侧重点在强调不同哲学理论、不同民族哲学的一些特殊概念、范畴，揭示中国哲学自身固有的概念范畴及其发展历程。"中国古代哲学中的一些（不是全部）概念范畴有其独特含义，不能望文生义加以解释；中国古代哲学中的一些（不是全部）概念、范畴又有其演变的过程，同一个概念、范畴，在不同的时代，不同的思想家，具有不同的意义。我们研究中国哲学史，必须了解

---

① 汤一介先生可以说是近四十年中国哲学研究重要的旗手，许多话题的展开都与他有密切关系，如"国学热"与文化热、中国哲学诠释史、中国儒学史的重新书写、儒学第三期发展、中国哲学与马克思主义的对话等，可以说汤先生的许多思考至今还有重要的学术引领意义。
② 张岱年：《开展中国哲学固有概念范畴的研究》，《中国哲学史研究》1982年第1期。

中国哲学的概念、范畴的本来意义，才能对于思想家的哲学学说有比较正确的理解；同时，必须了解其概念、范畴的演变过程，才能对于中国哲学思想的发展过程有比较深刻的认识。"①对概念范畴的研究，目的在回到中国哲学家以及文本本身，从其思想内部、从中国哲学的发展理解哲学家的思想内涵，而不是空洞、泛泛地进行论说。

当时的学者指出范畴史研究的意义在于："一、能够揭示中国传统哲学的特点和发展水平；二、能够揭示中国哲学发展的规律；三、有助于总结人类理论思维的经验教训"，"过去中国哲学史研究，主要以描述和分析哲学家们的思想的方式进行，这种研究固然也涉及一个哲学家思想体系中的概念和范畴"，"尽管也对构成其哲学体系的范畴概念的来龙去脉加以必要的考察，然而不足以把握一个概念的产生、演变以及它在不同时代和不同哲学家那里是怎样被利用的。这样就不可能把握范畴、概念产生发展和运用的历史的完整概念"。②

这一时期关注范畴，是希望借此研究中国哲学自身的发展特质，通过揭示中国哲学史中独特的概念、范畴并解释它们的含义，摆脱简单地使用唯物、唯心等标签看待中国哲学史的发展，打破旧有的条条框框的限制。范畴的研究，首先是回到中国哲学自身，回到中国哲学的基本资料中去揭示哪些是中国哲学史发展的基本概念、范畴；其次需要回到不同思想家的思想材料那里，对不同概念、范畴在具体时代具体思想家那里的含义进行分析。《中国哲学史研究》早在 1981 年第 4 期就开始设立"中国哲学史主要范畴和概念简释"或类似专题，关注范畴史研究。如许抗生先生《"天"与"人"》（1981 年第 4 期）一文，从"天人之辨"这一视角出发，对不同流派历史上对天的理解进行了总结，阐释了围绕着"天人"进行的不同理解。方立天先生《中国哲学的"性情"范畴》（1984 年第 1 期）一文重点梳理了中国古代人性论、人生哲学、伦理道德学说当中的"性与情"的关系问题，分析了这一范畴在先秦孔子、庄子、孟子、荀子等思想家中不同的含义，进而分析了它们在两汉、魏晋

---

① 张岱年：《开展中国哲学固有概念范畴的研究》，《中国哲学史研究》1982 年第 1 期。
② 魏民：《关于中国哲学史范畴、概念和思潮发展规律问题——本刊第四次夏季学术讨论会纪要》，《中国哲学史研究》1984 年第 1 期。

不同思想家中不同的用法，强调了佛教对中国哲学性情诠释的影响以及之后哲学家（尤其是理学家）对它们的诠释，并从四个方面总结这一范畴演进的主要特点和内容。方先生的研究方法和写作模式在当时具有很强的代表性。

在当时的范畴研究中，蒙培元、张立文、葛荣晋先生的贡献十分突出。蒙先生的研究侧重于理学概念、范畴，后出版《理学范畴系统》一书。张立文先生在改革开放后，对中国哲学的许多重大问题都有深入思考，在不少领域都有开创作用，例如他很早就关注朱熹的思想（《中国哲学史研究》1981年第4期刊登了《论朱熹哲学的逻辑结构》，1983年第1期刊登了《朱熹易学思想辨析》一文），之后陆续出版一系列与朱熹和宋明理学有关的著作，特别是他较早地关注了理学在韩国的发展。于概念范畴领域则有专著《中国哲学范畴发展史》，并按照范畴主编《性》《天》《气》《道》等专书。葛荣晋先生则有《中国哲学范畴通论》一书，厘清了中国哲学中的一些主要概念。这些都可以视作当时范畴研究的集大成之作。

这一时期的研究重点关注单一概念、范畴在历史上的发展、演进，但并未注重概念、范畴之间的联系，尤其是某一个思想家内部的概念、范畴如何构成一个完整的思想体系，这种范畴史研究在这个意义上显得就不够细致。而同时已经有学者从事这样的工作，如冯达文先生《气的范畴的演变与王充哲学的意义》（1982年第4期）一文，梳理了先秦两汉哲学对"气"的理解，其落脚点是王充在此基础上对"气"的范畴发展和诠释。叙述历史是为了更好地说清楚王充思想中"气"的继承性和创新性，通过对比，突出王充思想的独特意义，并从"气"出发，讨论王充思想中"气""道""神"等范畴的关系。

之后的中国哲学史研究比之范畴史研究更进一步，专人专书的研究逐渐增多，而在具体方法上，则普遍关注对哲学家的核心概念、范畴的诠释，分析某一哲学家使用它们的具体含义，与哲学史上其他思想家有何差异，以及这一思想家对这些概念、范畴的应用如何构成他的完整的思想体系。这种方法在宋明理学的研究上尤其突出。陈来先生的《朱子哲学研究》一书可以说是此种方法的代表，而在《中国哲学史研究》

1983 年第 2 期刊登的《关于程朱理气学说两条资料的考证》一文则可以视作此种典范研究的先声。《中国哲学史》刊登的《论张载哲学中的感与性》( 杨立华，《中国哲学史》2005 年第 2 期 )、《阳明学者罗念庵体悟良知的工夫历程》( 张卫红，《中国哲学史》2014 年第 4 期 ) 等文都可以视作研究代表。研究范畴的内涵、发展逻辑与研究具体人物的思想体系紧密结合，构成了中国哲学研究深入的一个动力。

道家哲学研究也是这一时期中国哲学研究的亮点，并在方法上较早打破唯物、唯心二元标签的限制，这尤其与陈鼓应先生的贡献密不可分。陈鼓应先生很早就成为《中国哲学史研究》的作者，其《庄子论"道"——兼评庄老道论之异同》(《中国哲学史研究》1985 年第 4 期 ) 从"内涵"上诠释庄老道的具体含义，注意突出道的实存以及与万物的关系、道的整体性以及道的境界。此文深入庄子文本内部挖掘其哲学意涵，文章的分析模式在当时可以说是十分独特的，并由此产生了深远影响。王博教授的老庄研究可以说亦是顺着这一研究路径的代表，其《读〈老〉札记》(《中国哲学史研究》1988 年第 1 期 ) 从陈鼓应先生对道的三种含义出发，进一步思考道的含义，认为"道正是以哲学的语言表达神话中的混沌"[1]，强调道的实存意，并以之出发理解《老子》中"道""一""有""无"等范畴。文章在研究方法上强调从文本出发做哲学含义的阐发，避免生硬的思想标签。道家哲学研究对中国思想的哲学意涵的揭示具有标志性意义。

虽然关于中国哲学史研究的方法与科学化讨论在 20 世纪 80 年代十分突出，但这一问题并未在随后消失。中国哲学史研究者对这一问题的自觉性是十分强烈的，在这一意识的推动下，中国哲学的研究也逐渐走向深入，中国哲学自身的特质也愈发彰显。20 世纪 90 年代，张岱年先生还专门在《中国哲学史》1993 年第 3 期发表题为《中国哲学史的方法论问题》的文章，而在各个领域讨论"方法"的文章络绎不绝，尤其是"中国哲学合法性"讨论、"哲学史与经学"论争，使中国哲学的方法论问题再次凸显，使得学者更进一步思考如何"研究中国哲学史"与"做

---

[1] 王博：《读〈老〉札记》，《中国哲学史研究》1988 年第 1 期。

中国哲学"。① 在方法论讨论的基础上，新一代中国哲学史研究者对于研究方法都有一定的自觉意识，这也促进了学科的专业化、细致化、深入化。

## 三、"中国哲学合法性"论证

《中国哲学史研究》以及《中国哲学史》看似较少直接介入当时最热门的一些学术讨论，却以最扎实的学术研究回应时代讨论。《中国哲学史》为整个中国哲学研究服务，希望能把这个领域最好的研究成果反映出来，密切追踪研究的状态，它以这样的独特方式回应时代关切。② 例如20 世纪 80 年代后期，中国思想界特别关注"文化讨论"，《中国哲学史研究》则成为展现中国哲学界声音的平台，《中国哲学史研究》1987 年第 1 期有《中国哲学史上关于人的价值问题笔谈》，当时的老中青学者，如张岱年、余敦康、许抗生、陈来、李存山等，都从中国哲学出发揭示相关问题的时代意义。20 世纪 80 年代末，在方克立先生的推动下，中国哲学界开始关注"海外新儒家"，而《中国哲学史研究》也成为介绍这一思想传统的平台，牟宗三、唐君毅、方东美等现代新儒家开始为大陆学者知晓，并逐渐发展成为显学。

可以说，摆脱机械的、标签化的主义是 20 世纪 80 年代杂志以及学者的主要焦虑之一，那么随着改革开放中外交流的深化，西方哲学被不断引介到国内，面对西方哲学看自身，成了一个时期内中国哲学史界的关切。其实 20 世纪 80 年代《中国哲学史研究》就已经开辟"中国哲学史研究在国外"等专栏关注海外对中国哲学的看法，并发表《黑格尔论中国哲学》（张惠秋：《中国哲学史研究》1983 年第 3 期）、《类概念：亚里士多德逻辑和墨家逻辑的锁钥》（冯必扬：《中国哲学史研究》1989 年第 2 期）等文章，或关注西方哲学如何看待中国哲学，或试图尝试进行

---

① 陈少明教授《做中国哲学》（生活·读书·新知三联书店，2015 年）侧重讲中国哲学的方法论问题，思考中国哲学与中国文化的特点、哲学史与哲学的创造等诸多问题，该书可以视为近年来中国哲学研究方法论反思的代表性著作。
② 参见路强《从〈中国哲学史〉看中国哲学——陈静教授访谈录》，《晋阳学刊》2015 年第 6 期。

中西哲学比较。20世纪90年代以后，西方学派越来越多地被国内学者注意，这一时期如何在中西比较的背景下探索中国哲学的特质、如何面对西方哲学以观察中国自身、如何合理吸收西方哲学的方法与资源，成了中国哲学史界思考的热点，而这些也反映在这一时期《中国哲学史》杂志发表的文章当中。张世英、叶秀山等原本专门从事西方哲学研究的学者，也都在《中国哲学史》发表文章，从中西对比的角度进行相关论述。张世英先生《中国传统哲学与西方后现代主义哲学》（《中国哲学史》1994年第5期）一文就围绕着中西哲学"天人""主客"等问题展开论述，试图以此展示中西哲学不同的发展路向。张再林《现象学与中国古代哲学》（《中国哲学史》1995年第1期）则阐释从现象学理解中国哲学，认为现象学与中国古代哲学的基本精神具有内在一致性。[1]

在中西对话的同时，20世纪90年代以后出现了大量用西方理论标签化中国哲学的研究方式，诸如利用在国内流行的某一西方理论"架构"中国哲学家或哲学著作的论文在一定时期层出不穷，这与用机械的马克思主义标签化中国哲学，在本质上是一样的。而《中国哲学史》杂志的大部分文章还是试图坚持"中国主体，世界眼光"，从中国哲学自身的特质出发，坚持中国哲学史长期以来形成的研究方法，研究中国古代思想。但在中西对话、中国更进一步理解西方这一背景下，一个潜藏在"中国哲学"学科奠基之初的问题"呼之欲出"，并逐渐引起人们的注意，这就是关于"中国哲学合法性"的论争。

其实中国哲学史学科的奠基者们已经意识到用"哲学"解释中国古代思想可能面临的问题，胡适、冯友兰、张岱年等前辈都曾对使用"中国哲学"这一概念进行过讨论。[2]与坚持传统学术方法的一些学者不同，他们自觉地使用"哲学"的方法来进行研究，这可以看作是中国传统文化近现代转型中的一种"创造性转化"。但在这一过程中无疑存在"被哲学"的问题，前辈们自觉或不自觉地"带入"他们理解、接受的某一西

---

[1] 叶秀山先生一直以来十分关注中国哲学，对中国哲学有其独特理解，他临终还在阅读中国哲学文献，并做了相关札记，为了纪念叶先生，《中国哲学史》杂志专门请李猛教授对相关内容进行释读，并撰写《"出生入死"的智慧：读叶秀山先生有关〈老子〉的临终札记》一文，该文刊登于《中国哲学史》2016年第4期。

[2] 参见陈来《世纪末"中国哲学"研究的挑战》，《中国哲学史》1999年第4期。

方哲学形态，用以分析中国古代思想。但是，我们需要同情地理解这种"被哲学"化，这可能是在学科成立之初不得不经历的一条道路。而意识到"被哲学"其实也意味着这一学科的自我成长、反省能力，经过这一轮"中国哲学合法性"讨论的洗礼，"中国哲学"的特质也更进一步呈露。其实西方学界长时间就有声音不承认中国古代有"哲学"，他们认为哲学是西方的特质。一定时期内，由于对西方学术界不了解，国内学界使用"中国哲学"这一概念十分自然，并没有发现什么不妥。而 20 世纪末 21 世纪初这一问题则适时"凸显"。

《中国哲学史》杂志在最初阶段就介入了"中国哲学合法性"的讨论，1999 年第 3 期刊发了陈坚《中国哲学何以能成立——四位学者对中国哲学成立的证明》一文，该文从历史的角度梳理了胡适的"哲学问题"论证、冯友兰的"内容相似"论证、韦政通的"哲学起源"论证、牟宗三的"文化要素"论证。此时"中国哲学合法性"论证尚未正式开始。《中国哲学史》1999 年第 4 期刊发了陈来先生《世纪末"中国哲学"研究的挑战》一文，此文一方面从历史的角度梳理相关问题的来龙去脉，指出应当扬弃在"哲学"这一概念上的"西方中心主义"立场，另一方面在历史叙述的基础上强调使用"哲学"研究中国古代思想的特质，尤其是区分哲学史与思想史两种不同研究进路，厘清哲学史研究的范围，强调中国哲学研究要把握思想本身、概念本身、命题本身、诠释本身。在世纪之交，用中国哲学合法性这一问题，重新激活了中国哲学史研究方法的意义，并进一步澄清了中国哲学的特质，着力避免了研究者的"同行迷失"。21 世纪以来，中国哲学合法性的讨论日趋激烈，而在这一问题上，《中国哲学史》2006 年第 2 期发表的杨民、季薇翻译的戴卡琳《究竟有无"中国哲学"》一文起到了深化作用，该期杂志还同时发表了李明辉《中西比较哲学的方法论省思》、郑宗义《论二十世纪中国学人对于"中国哲学"的探索与定位》等文章，这都将相关问题导向纵深，学界关于"中国哲学合法性"问题的讨论十分热烈，余波延续至今。

"中国哲学合法性"问题关系着我们如何理解"哲学"，如何理解"中国"，如何看待传统与现代的关系问题，也关系着我们以怎样的方式做中国哲学史研究。笔者以为，《中国哲学史》杂志刊出相关文章，并希望引发学界的关注，正是希望学界能够以更加自觉的态度对待"中国哲学"，并在这一论证中告别"被哲学"，以更加真诚的态度、科学的方法从事相关研究。① 在这一意义上，"中国哲学合法性"问题的讨论在中国哲学的发展历程中具有十分重要的积极意义。近十年来中国哲学研究的一些重要转向，或多或少都与这场论证有关，如对中国哲学修养论、功夫论、心性论等议题的关注和细致分析，当然在笔者看来，最受这一讨论激发的是近些年经学研究的活跃，经学研究的兴起在合法性讨论退烧之后不久，"经学研究"关注的重点在逻辑上是与这一问题"伴生"的。

## 四、经学与中国哲学

栏目跟着学术走，栏目反映并支撑学术热点。专题、专栏是《中国哲学史》杂志反映学术趋向与热点的一种方式，杂志常开设一些专题集中讨论相关问题。《中国哲学史研究》曾用大量篇幅讨论"宋明理学研究"，近些年"宋明理学"也是《中国哲学史》的常设栏目，这反映了"宋明理学"在中国哲学史研究中的地位。此外，杂志很早就关注出土文献，甚至有专刊讨论相关问题。这些栏目的设立，反映了《中国哲学史》对哲学议题、哲学热点的持续关注，也反映了中国哲学研究越来越细致，越来越深入。

翻开近些年的《中国哲学史》杂志，我们会发现经学文章越来越多，"经学专栏"屡屡出现，这充分反映了近些年中国哲学研究中的"经学热"。"经学"在长时期内并未成为中国哲学史的专门议题，偶有文章涉及相关经典与人物，但也构不成"热点"。这是因为中国哲学史学科的成立就是对原有的学术分科的打破，中国近代学术的建立与"经学的瓦解"密切相关。在传统的研究中，"五经"中只有《周易》被中国哲学史界格外"待见"，其他各经往往无法进入研究者的视野。而近些年，经学研究逐渐得到各领域学者的重视，越来越多的中国哲学史界学者进入礼学、诗学、尚书学、春秋学等领域，有不少学者呼吁"重新开启经学研究"。

---

① 参见张志强《当前时代，我们该如何看待中国哲学》，《中国哲学史》2017 年第 4 期。

　　经学研究的兴起与"中国文明的重新认识"这一议题有关，经学研究者试图希望从《五经》中重新挖掘"中国文明"的特质，认为需要从中国自身来认识自己。部分学者甚至认为不能把中西问题看成古今问题，要摆脱中国思想研究的"被西化"，尤其是"过度使用西方哲学概念，从而忽视中国文明自身的特征"①。而伴随着经学研究兴起的则是"大陆新儒家"逐渐成形，他们围绕中国固有经典，从多面向诠释儒家思想，试图激活儒学的现代意义。②

　　在"中国哲学合法性"论争中，部分学者将"哲学"看成是西方文明的特征，进而否认中国古代有哲学，辩护者则强调哲学超越东西文明，哲学具有某种普遍的内涵，不是西方特有的，进而强调中国哲学的特殊性。哲学的普遍性和中国的特殊性是辩护者的两个基本着眼点。在这一论争中，越来越多的学者注意到应该重视中国思想自身的特质，防止将西方哲学作为一般的、普遍的标准，不能将中国哲学看成是欧洲哲学的"例子"。以此看待中国思想，中国思想中那些"溢出"西方哲学条条框框的内容开始受到关注和重视。而经学研究则可以视作对中国哲学特质挖掘的一种逻辑延续，回到中国本身、坚持中国主体，成了越来越多学者的共识。只是到底如何认识"中国"，在研究者中产生了分歧。

　　经学研究本身也是多元化的，如何面对"经学"似乎在相关研究者那里也缺乏共识。很多参与合法性论争的学者主张"重写中国哲学史"，而有些中国思想研究者则主张"抛弃哲学"，这种倾向在不少经学研究者那里可以十分清晰地看到，他们特别强调"以中释中"，甚至有人认为加上"哲学的滤镜"会影响我们看待中国文明。经学研究的确使我们重新认识了很多原有框架下忽视的人物和问题，中国思想研究也由之而丰富。但问题是我们是否需要放弃哲学？经学研究能否取代哲学研究？这也与

① 陈壁生：《何谓"做中国哲学"？——陈少明〈做中国哲学〉评议》，《哲学研究》2017 年第 8 期。

② 当然，在使用"大陆新儒学"这一名词时我们必须思考，什么样的儒学可以称为"新儒学"，这涉及"新"和"儒学"两个面向，我们应该思考儒学的内涵和外延究竟该如何界定，并不是打着"儒学"旗号的就一定与儒学有关，而"新"则首先需要知时代之"新"，在对儒学核心价值把握的基础之上，对儒学进行创造性转化与创新性发展，而不是固步自封的看待儒学的思想观念，抑或为儒学贴上一些新的时代的标签。

我们的经学研究到底是古典式的经学还是经学学术史的问题相关。

在笔者看来，今后一段时间，或许会有研究者对当代经学研究的兴起重新做逻辑的和历史的考察，而在这一考察中，中国思想研究的方法问题必然会被涉及，尤其是经学与哲学之争也会逐渐显现。经学研究可以是多元化的，可以在目前的文史哲分科体系下充分研究，并展开学术间的对话。但经学研究是无法取代哲学研究的，回到传统的经学方法做经学也是不可能的，我们必然会将某些现代的、西方的内容附着在经学上。我们与其说被西方化、被哲学化，毋宁说近代以来，西来的某些思想（特别是主义）已经成为"中国"的一部分，有些东西已经成为我们新的传统，影响了我们的思维方式。这就使得完全回到过去"以中释中"变得不可能。哲学与其说是滤镜，不如说是方法。理解中国思想的特质需要我们进行诠释，而不能仅仅是"整理"。"中国哲学"强调内在地理解中国思想文本本身，并以此思考它的意义和位置，以哲学的方法突出中国传统义理化的向度，并用现代语言和现代思维尽可能客观地将之呈现。经学研究可以成为中国哲学多元化发展的一个方向，当然这一方向目前仍旧在探索当中，但我们需要强调的是在中国哲学的视域下对待经学，重点在于挖掘经学的义理化维度，并在古今演变的视野下重新展示其义理的丰富性和在未来重新展开的可能性。哲学史下的经学研究应该自觉地与"经学文献学"等研究方式区分，虽然其他研究可以成为我们研究的借鉴。这样的经学研究是中国哲学内在丰富性的一部分，而不是其替代者。哲学不但不会遮蔽中国文明的特质，反而会使我们在当下更深刻地理解自身。当然，这也需要我们对哲学、对中国哲学有着充分的自觉。

## 五、面向未来

中国哲学史的研究是多元的、开放的，《中国哲学史》也一直秉持这样的心态对待学术研究。该杂志是全世界中国哲学史界的一个平台，在坚持研究的内在性与主体性的同时，一直以世界眼光看待中国哲学。自《中国哲学史研究》时期开始，杂志就关注海外汉学、海外中国哲学研究，不少海外学者也是杂志的作者。《中国哲学史》杂志中的文章，也体现了中国哲学的代际传承与人才队伍的扩大。不少现今已经成名的中国哲学史学者，从年轻时就已经在杂志上发表文章，不少文章还是他们的代表作。而今天的杂志也成为当代中青年学者的平台，杂志一直支持和鼓励年轻学者发表自己的学术看法，相信这些作者中必然会有未来中国哲学界的领军人物，而杂志也以今天能够刊发他们的代表作、成名作为荣。

近些年，中国哲学的研究越来越深入，关心的问题也越来越细致，但这并不意味着中国哲学史界放弃大问题、大视野，放弃对中国哲学未来的思考。当前，"中华优秀传统文化的创造性转化与创新性发展"成为中国哲学史界共同关心的课题，如何在新时代思考中国哲学，如何使中华优秀传统文化更好地适应时代的发展并融入时代当中，这是当今学界不得不严肃面对的问题。习近平总书记在党的十九大报告中指出，深入挖掘中华优秀传统文化蕴含的思想观念、人文精神、道德规范，结合时代要求继承创新，让中华文化展现出永久魅力和时代风采。这应当成为中国哲学史研究者的时代使命，当代中国哲学研究者需要站在时代使命的角度回应这一要求。为了促进学术界对"中华优秀传统文化的创造性转化与创新发展"进行严肃的学术思考，《中国哲学史》专门开辟"两创专栏"，刊发相关文章，希望能将现今学者的思考呈现在学术界面前。我们期待着中国哲学史研究在老中青学者的共同努力下走向深入，我们更期待中国哲学能在新时代焕发新的生机，完成中国哲学在新时代的创造。《中国哲学史》杂志将一如既往地为中国哲学史的研究贡献自己独特的力量。

原载《中国哲学史》2018 年第 1 期

# 20 世纪五六十年代的一桩理论公案

阎长贵[*]

## 一

　　所谓"一桩理论公案"，是指在 20 世纪五六十年代开展的批判冯友兰先生的"抽象继承法"。冯友兰先生在旧中国、新中国都是哲学大家。冯友兰（1895—1990 年），河南南阳唐河人，1924 年获美国哥伦比亚大学博士学位，历任中州大学（今河南大学）、中山大学、燕京大学教授，清华大学文学院院长兼哲学系主任，西南联大哲学系教授兼文学院院长，清华大学校务会议临时主席。新中国成立后经过院系调整，冯友兰任北京大学哲学系教授。

　　1956 年 11 月中旬，中国人民大学哲学系（笔者时为该系一年级学生）为了活跃学生学习生活，也为了开展百家争鸣，请冯友兰先生做学术报告，地点在海运仓校区礼堂。冯先生演讲的内容是关于中国哲学遗产的继承问题。他说："我们近几年来，在中国哲学史的教学研究中，对中国古代哲学似乎是否定得太多了一些。否定得多了，可继承的遗产也就少了。我觉得我们应该对中国的哲学思想，做更全面的了解。在中国哲学史中，有些哲学命题，如果做全面的了解，应该注意到这些命题的两方面的意义：一是抽象的意义，一是具体的意义……什么是命题的抽象意义和具体意义呢？比如：《论语》中所说的'学而时习之，不亦说

---

*　　阎长贵，1937—2021，男，《求是》杂志社编审。

乎'，从这句话的具体意义看，孔子叫人学的是诗、书、礼、乐等传统的东西。从这方面去了解，这句话对于现在就没有多大用处，不需要继承它，因为我们现在所学的不是这些东西。但是，如果从这句话的抽象意义看，这句话就是说，无论学什么东西，学了之后，都要及时地、经常地温习和实习，这就是件很快乐的事。这样的了解，这句话到现在还是正确的，对我们现在还是有用的。"冯先生的这个讲话，作为文章发表在1957年1月8日的《光明日报》上。吴传启把冯先生继承中国哲学遗产的意见概括为"抽象继承法"，关锋认为这个概括"符合冯先生意见的本质"，冯友兰先生本人也认同这个说法。

关锋在20世纪五六十年代写了很多批判冯友兰"抽象继承法"及其哲学观点的文章，认为冯先生的"抽象继承法"是在古代哲学中寻找与马克思主义哲学相近、相同或没有的好东西，"现成地拿来"，是哲学方法论上的修正主义，等等。在私下，关锋还说过冯的"抽象继承法"是找"好东西"，实际上是"捡破烂"的方法。关锋提出所谓"扬弃三法"（1. 否定某些哲学命题的特殊意义，继承其一般意义；2. 否定某些哲学命题的一重意义，继承其另一重意义；3. 否定命题的整体意义，继承其某些个别要素）与之对立。关锋的文章中有不少牵强附会和扣帽子的东西，但总的来说，他还是提倡和注重说理的。据一位北京大学哲学系的毕业生说，冯友兰在给他们讲课时承认，尽管他不完全同意关锋的观点，但认为在所有批判他的文章中，关锋的水平是最高的。

关锋和冯友兰针锋相对，阵线分明。在当时，冯友兰被视为资产阶级教授，关锋被视为马克思主义理论家，各自代表资产阶级一家和无产阶级一家；经常是哪个单位请冯友兰做报告，还要请关锋再去做"消毒报告"——这是当时强调阶级斗争在学术领域的一种反映。所谓"百家争鸣，实际上就是两家"，在关锋和冯友兰身上表现得很清楚、很明显。在关锋和冯友兰的争鸣中，关锋处于主导地位，冯先生处于被批判的地位。笔者举一个很能够说明问题的例子。当时有四个搞中国哲学史的人：一个名叫汤一介（时为北京大学哲学系教师，后成为著名哲学家，创办中国文化书院，执掌《儒藏》编修，荣获吴玉章人文社会科学终身成就奖）；一个名叫孙长江（时为中国人民大学哲学系中国哲学史教师，"文革"后，1978 年 5 月引起"真理标准大讨论"的《实践是检验真理的唯一标准》文章的重要作者之一）；一个名叫方克立（时为中国人民大学哲学系中国哲学史教师，现为著名中国哲学史专家，曾任中国社会科学院研究生院院长）；一个名叫庄印（北京大学 1955 级哲学系学生，时为冯友兰的研究生，好像不到 30 岁就去世了）。他们以"司马文"的集体笔名写了不少批判冯先生和中国哲学史的文章。当时他们常来请教关锋，或和关锋切磋问题，有时笔者也在场。这个情况表明了关锋当时在中国哲学史界（以及哲学界）的影响。

二

冯先生"抽象继承法"的观点在理论上和科学上究竟如何先不说，这个观点正确不正确，根据科学上提出问题比解决问题更重要的原则，冯先生提出这个文化遗产继承的问题，就是对中国文化发展的一个重大贡献。应该说，直到半个多世纪后的今天，也不能说这个问题已经完全解决了，还需要我们继续探讨。现在再说这个观点本身。笔者作为关锋的一名学生，完全地接受了他的观点，在文章中也批判过冯先生的"抽象继承法"；现在我认识到，冯先生的观点要比关锋的观点正确（关锋所谓"扬弃三法"，就其正确方面的意义，冯先生的"抽象继承法"是内在地包含了的）。客观地讲，"抽象"有科学的抽象和非科学的抽象，科学的抽象是一种理论思维能力；没有科学抽象，就没有科学。事实证明，纯粹或极端经验主义，连最简单的两件事情都联系不起来。遗产继承是解决现代和古代的关系即联系问题的，即今天和昨天以及前天、大前天……的关系和联系问题，很复杂，若没"抽象"（指科学抽象）如何联系？"新陈代谢"是自然过程，"推陈出新"是人类行为。

国际政治及美国研究专家、中国社会科学院荣誉学部委员资中筠先生在讲到冯先生的"抽象继承法"时说："冯友兰先生的道德抽象继承，我在我的文章里面也曾经提到这个，我特别拥护这一点。因为我想不出来传统和现代怎么样连接起来，我觉得冯先生概括得非常好。冯友兰先生一直都是致力于想把传统和现代新的东西，或者说中西之间，或者说古代和现代之间连接起来，他一直都是非常挖空心思地想搞'旧邦新命'。他苦心做这个事情，这是作为中国哲学家，到现在又有新思想，一个很有意义的努力。道德抽象继承，中国有很多传统道德，忠孝节义这套东西，但是这里有很多后来不能实行或者过去就已经违反人性的东西。但是一个民族不可能把所有传统完全割断，变成一个外国人，变成一个西方人，那是不可能的，现在老说全盘西化那是不可能的，全盘西化根本就是一个伪命题。怎么办？从精神的层面，人性是有共同点的，我也觉得这个善恶是非的标准基本是差不多的。怎么样把传统的道德和新的时代联合起来，结合起来，冯友兰先生提出了一个道德抽象继承。比如说过去是忠君，忠总是好的，背叛总是坏的，你现在忠于国家也好，忠于职守也好，这是一个品质，类似这样一些都可以添进去，我觉得这是造了一条道路。"

我们这样评价冯先生的"抽象继承法"，并不是说他对这个方法的内涵揭示得已经完全了，这方面尚需方家补充和完善，也不是说他用这个方法分析和解说的古代哲学（不仅哲学）任何一个概念和命题都完全正确和妥当。如有不正确和不妥当的情况，应该说，这也不是方法本身的问题，而是运用方法的问题。也就是说，即便冯先生关于"抽象继承法"的阐释或解说有什么不足，也瑕不掩瑜，无关宏旨。

原载《党史博览》2018 年第 1 期

# 中国哲学范畴讨论会纪要

韩　强　苏志宏*

　　由北京、天津、武汉、西安等地学者发起，陕西省社联和陕西师大联合主办的中国哲学范畴讨论会，于 1983 年 11 月 5 日至 10 日在西安召开。与会者有来自全国各地的专家、学者 50 余人。正在陕西师大访问的美国哈佛大学教授杜维明列席了会议。中外学者为讨论会提供论文 35 篇。会议除讨论了研究中国哲学范畴的意义和方法之外，还着重分析了中国哲学范畴的特点，一些重要范畴的含义及其历史演变。会议还回顾并展望了中国哲学范畴的研究工作。

## 中国哲学范畴的特点

　　张岱年在题为《中国哲学范畴的演变》的报告中指出，中国古代哲学范畴基本上是独立发展的，有自己的一套范畴体系，至少有三个特点值得注意，即历史性、双重性（学派性）和综合性（融贯性）。

　　历史性。每个或每对基本范畴都有一个在历史上发生、发展和演变的过程，其意义不是固定不变的，中国哲学范畴的演变就经过四个阶段。

　　第一阶段的先秦时期提出了许多基本概念、范畴，但不一定很明确。儒、墨、道、法、名、阴阳，每个学派都有自己的范畴或范畴体系，影响最大的是《论语》《孟子》《周易》《老子》《庄子》这几部书。

　　第二阶段是汉魏两晋隋唐时期。汉朝主要沿用先秦哲学范畴。扬雄

---

* 韩强，1948—　，男，南开大学哲学系研究生；苏志宏，1951—　，男，南开大学哲学系研究生。

提出"玄"的范畴来说明世界的统一性。魏晋玄学有一套范畴体系，即道、有无、本末、体用。王弼的抽象思维水平比较高，如他所讲的"道"就是"无""无形""无名"，舍弃了一切特殊性、相对性，它就是绝对。这种思想比《老子》讲道是有和无的统一又进了一步，但用一个否定的词来表示绝对则是错误的。佛教天台宗、华严宗、禅宗等各有一套范畴，但也运用中国传统哲学范畴，如"体用"。隋唐时期，儒、释、道三家都讲体用。

第三个阶段是宋元明清时期。这个时期有三个最高范畴："气""理""心"。围绕着以何者为根本的问题，形成了三大派，即气一元论、理一元论和心一元论。宋明理学的许多范畴，如理气、道器、心物、心性、义利、理欲、性情、生死等，基本上是先秦时期提出来的，但真正充分发展和明确起来是在宋代。

第四个阶段是近代。许多新范畴是翻译西方名词而来，如物质、精神、思维、存在、法则、规律等。有些范畴如本体与现象，和中国古代讲的体用意义不完全相同。西方认为本体实而不现，现象现而不实，中国古代讲"体用一源，显微无间"，主张本体和现象统一。

从中国哲学范畴的历史演变过程中，我们可以看出，现代某些范畴，如"矛盾""法则"等，虽然是从西方翻译过来的，但是也有中国古书的根据，是中西综合的产物。了解这一点，对我们今天研究哲学范畴很有意义。

双重性或学派性。同一个哲学范畴在其历史发展过程中，不同的学派对它有不同的解释，主要是唯物主义和唯心主义的两种不同解释。这一点可以从"道""气""理"等范畴的历史发展过程中看出来。中国哲学从先秦到宋元明时期，围绕着道与气、理与气的关系问题，一直存在着唯物主义和唯心主义两条路线的对立和斗争。

综合性或融贯性。中国哲学的一个特点，就是宇宙哲学和道德哲学、认识方法和修养方法密切结合。例如，"道"。既是最高的本体，又是人生的最高标准；宋儒讲的"太极"，既是最高本体，又是最高表德。这种思想未免含糊，但另一方面又有创见，即企图探讨自然规律与道德规律的关系。

# 中国哲学基本范畴剖析

会上着重讨论了颇能反映中国哲学特点的天人、体用和理气三对范畴。

天人。汤一介在《论中国哲学中的真、善、美》的专题报告中提出，中国哲学在人和宇宙的关系上表现为天人合一，在认识论和伦理道德上表现为知行合一，在美学上表现为情景合一。协调人和自然以及人和社会的关系是中国哲学的特点。赵馥洁则认为，天人合一不是中国传统哲学中的进步思想，它阻碍了中国古代自然科学的发展；天人相分才是进步的思想。

体用。方克立认为，体和用是中国传统哲学中很有特色的一对范畴，很难在西方哲学中找到一对范畴和它的含义完全相当。魏晋玄学、隋唐佛学和宋明理学都盛言体用，直至近代孙中山还用它来说明物质和精神的关系，可见这对范畴有旺盛的生命力。"有体有用，体用统一"，作为一种思维模式，对中国哲学影响很大。至于体用范畴的含义，主要有两方面：一是指实体和作用、功能及属性的关系，二是指本体（本质）和现象的关系。把体用解释为有形质的物质实体和作用、功能及属性的关系，是一种唯物主义的观点。例如南朝齐梁之际的范缜、唐朝的崔憬、清初的王夫之和近代的孙中山等都用体用范畴来说明物质和精神、物质和运动、物质和规律的关系等。唯心主义哲学家则把精神或精神的产物当作宇宙的本体，而把物质世界看作精神本体显现出来的现象，如程朱鼓吹"体用一源，显微无间"，把本体（"道""理"）和现象（"事""象"）说成是第一性（"定见在底"）和第二性（"后来生底"）的关系。针对这种唯心主义的本体论，唯物主义哲学家也力图透过现象认识本质，从认识物质深入到认识实体，建立唯物主义的本体论，如王夫之提出了"吾从其用而知其体之有""体用胥有而相需以实"的学说。

丁祯彦在发言中具体分析了张载"体用不二"的思想，指出"气"作为实体是有无、虚实的统一，具有能动性，其变化过程即是道，这是唯物主义的观点。但张载用"体用不二"来说明人性时就走向了唯心主义。

金春峰认为，体用范畴不仅有实体的作用、本体和现象的含义，而且还有原因和结果、必然和偶然等涵义。

张军夫认为中国哲学中"体"的含义有四：主体、本体、实体、真体，这就是所谓"四体"说。

体用范畴有无现实的生命力，能否对它进行批判改造，用来充实唯物辩证法的范畴学说，这个问题引起了争论。

方克立认为，现代哲学区分"实体""属性""关系"范畴，而未把"作用"也当作一个重要哲学范畴提出来。中国哲学家则强调"用者，用之于天下也""其用必以人为依"（王夫之），这里所谓"用"，显然不是一般地讲事物的属性，而主要是把人的实践需要也考虑在内。所以，体用范畴实能扩大和丰富实体和属性这一对哲学范畴的涵义。

冯憬远则认为，我们既然有了实体和属性、本质和现象这些更科学的范畴，就不必再使用它了。体用范畴的涵义不明确，不易把握，用它不能讲清楚物质与精神、物质与属性的关系。

张岱年认为，体用范畴包含的本体与现象这个含义应该抛弃，因为西方哲学那种本体与现象二分的说法为后来许多哲学家否定了。但是，它的实体与作用这个含义可以保留。如果把实体看成物质的客观实在，那么在这个意义上可以用体用范畴来说明实体和属性的关系。

理气。蒙培元指出，"理"字最早出现在《诗经·小雅·节南山》的"我疆我理，东南其亩"，是动词，不是名词，还不能成为哲学范畴。在先秦诸子中，孔子和老子没有提出"理"这个范畴。墨家首先在逻辑学上使用了"理"。以后《管子》《庄子》《荀子》《韩非子》也从物理、天地之理、生理、道理、义理等意义上使用了"理"这个范畴。但这还只是初级的、个别的、直观的认识。两汉至隋唐时期，董仲舒把"理"说成是某种合目的秩序，王充批判了董仲舒，指出"理"有"义理"（理性）和"实理"（物气之理）的区别。魏晋玄学提出以"名理"为特征的思辨哲学。隋唐佛学的核心是心性问题，华严宗提出理事说，对宋明理学影响很大。二程第一次建立了以"理"为最高范畴的哲学，朱熹又以"理一分殊"建立了理有层次的学说。明清时期的罗钦顺、王廷相、王夫之批判了程朱以理气为二物的唯心主义观点，提出了"气外更无虚托孤立之理"的观点，把"理"这个范畴建立在客观物质的基础上，这是更高的发展。

王士伟认为"气"这个范畴在中国古代唯物主义那里经历了"气体"——"元气"——"实有"三个发展阶段。殷周、春秋是这个概念的产生阶段，这里的"气"是自然气体，只是对个别物体的经验名称。战国至秦汉是气范畴的重要发展阶段，它从气体上升为元气，从个别自然物提高为宇宙特殊物质，这一演变是由王充完成的。宋明时期，气范畴的涵义有突破性发展，王夫之提出了"实有"，使气获得了接近物质一般的意义。这三个阶段正好符合个别—特殊——一般的逻辑发展进程。

会议还就有无、道器、动静、生化、心性、性情、佛性、顿悟、诚、感、事物等范畴进行了广泛的探讨。

## 中国哲学范畴体系探讨

王明在《道教哲学范畴》的专题报告中分析了"道""会元""承负""动静""六情"等范畴的历史演变，说明道教范畴与各个时代的哲学范畴的关系。

金春峰分析了中国古代辩证法范畴的发展线索，指出和、反、斗与争、合、分以及分与合的统一是中国辩证法的基本范畴，它们之间的联系和发展反映了中国古代辩证法思想的特点。先秦时期，从史伯、晏婴论和同，经过《老子》的"反"和"争"，到《易传》和《荀子》的"合"，可以看成一个"和—反—合"的圆圈。终点"合"表面上又回到了出发点"和"，但它不是杂多的统一，而是对立的统一。韩非把《老子》的"争"发展到"势不两存"的极端。经过汉代董仲舒、王充的"合"，宋代张载、程朱又提出了"分"的思想。最后明代的方以智、王夫之综合前人的思维成果，把"合二而一"和"一分为二"同时看作对立统一的关系，又构成了一个"反—合—分"的圆圈，它包含吸收了"合"的成果，强调"分"不离"合"，纠正了韩非"势不两存"的片面性。方以智和王夫之的总结集中反映了我国两千年来的辩证法精华。

陈俊民剖析了张载哲学范畴的逻辑体系，指出"天人一气"的世界统一性学说，是构成张载"气—道—性—心—诚"的范畴系列的基础。

臧宏分析了王阳明的哲学范畴体系，指出"良知"是其基本范畴，王阳明自己就声明"良知"是纲，能够贯穿和解释他的整个体系。实际上他的"心外无理""知行合一"等命题所涉及的范畴，也确实是以"良知"贯穿起来的。李端也以"良知"为核心，分析了王阳明的身、心、意、知、行、理、性、仁义等范畴，认为它们都可以用"良知"这个中心范畴提挈起来。

提交会议的论文还探讨了先秦、两汉、魏晋、隋唐、宋元明和近代哲学基本范畴的结构和发展情况，使断代哲学范畴的研究引起了人们的重视。

吴熙钊在关于范畴演变与近代中国资产阶级哲学形态变革之关系的论文中指出，19世纪末西方进化论的输入，丰富了中国传统的变易思想。魏源首倡"变器不变道"，对传统的道器论做了新的阐发。他的"变器"包含着"变古愈尽，便民愈甚"的进步思想。后来严复把西方的进化论介绍到中国来，引起了新的解放。他把"天、地、人、形、气、心、性、动、植之命"都认作为"天演"之普遍法则。严复、康有为、谭嗣同等人还用"以太—星云"说改造了中国古典的元气说，使得唯物主义宇宙观有了新发展。最值得注意的是孙中山对中国传统的知行范畴的改造。他的"行"突破了中国古代道德践履和个人行为的狭隘性，包含着生产经验、科学实践和政治斗争的新内容，是资产阶级革命的实践。他的"知"包含了对革命理论的认识和对主观能动作用的重视。总而言之，西方进化论和中国资产阶级革命引起了对中国传统哲学范畴的改造。研究这个历史过程是有现实意义的。

## 回顾与展望

会议回顾了中国哲学范畴研究的历史和现状，认为目前的主要趋势是对个别范畴进行具体剖析和历史考察。这是符合从个别到一般的认识程序的，但个别又是与一般相联系的，因此，对范畴的微观研究还必须与宏观研究结合起来。会议还认为，范畴研究是辩证唯物主义理论研究和哲学研究的深层次的结合。要写出一部质量较高的马克思主义的中国哲学史，仍是一项长期的艰巨的任务。为此，应该深入地研究马克思主义的范畴理论，以此为指导，在对中国哲学史上各个基本范畴进行具体地、历史地考察的基础上，加强对各个重要哲学家、哲学著作、哲学派别、哲学思潮范畴体系的研究。还要善于进行中外哲学范畴的比较研究以及哲学同其他意识形态范畴的比较研究。会议决定，为了使范畴研究深入持久地进行下去，两年后再举行一次这样的学术讨论会，希望在那次会议上能够出现更多高质量的论文和专著，把中国哲学范畴的研究推向新阶段。

原载《哲学动态》1984 年第 2 期

# 郭店楚墓竹简研究述评（上、下）

冯国超 *

  自 1998 年 5 月《郭店楚墓竹简》一书出版以来，各种相关的学术研讨会、专题报告会层出不穷，大批研究论文、学术专著相继问世，内容涉及考古、文字、历史、哲学等众多领域，为中外学术界对中国古代思想史的研究带来了新的生机和活力。到今天，这场历时两年多的轰轰烈烈的学术研讨活动高潮已过，大多数学者已转入更深层次的研究和反思。在这种情况下，总结这次郭店楚墓竹简研究的成果，揭示它对中国学术思想史研究的巨大影响和意义，反映有关研究中存在的争议和问题，无疑是极为必要的。当然，由于这次郭店楚墓竹简研究涉及范围极广，进行全方位的总结将面临诸多困难，因此，该文的重点只是放在郭店楚墓竹简与中国古代思想史研究这样一个视野中。然而，即使如此，也难免有挂一漏万之憾。

## 一、郭店楚墓竹简对中国学术思想史研究的价值和意义

  究竟应该如何看待郭店楚墓竹简在中国学术思想史上的价值和意义，是学者们首先关注的问题。虽然在具体的看法上见仁见智，但是，充分认识到这批竹简将影响对中国学术思想史的传统认识，甚至将促成对先秦思想史的改写，则是学者们的一种共识。如在《郭店楚墓竹简》出版之初，杜维明就充满信心地预言："郭店楚墓竹简出土以后，整个中国哲

---

*  冯国超，1965—  ，男，中国社会科学院哲学研究所研究员。

学史、中国学术史都需要重写"，"对整个中国传统文化，都需要重新定位"。① 欧洲汉学学会会长 Rudolf G.Wagner 则从整个世界学术的背景下来认识这批竹简的价值，认为世界考古史上能与郭店楚简出土的意义相提并论的学术发现只有 20 世纪中叶死海附近陆续发现的《圣经》古抄本。② 李学勤也指出：郭店楚墓竹简向我们展示了一个公元前 4 世纪的哲学世界，透过竹简，我们看到了战国中期至秦汉之间学术思想史上的巨大变迁过程。③

郭店楚墓竹简何以有如此巨大的影响和价值呢？学者们从各个角度对此展开了论述。

1. 关于道家简

郭店楚墓竹简中的道家简指的是《老子》甲、乙、丙三篇和《太一生水》。对于道家简的研究和讨论，是这次郭店楚墓竹简研究中的重头戏，在目前已发表或出版的各种论述中，几乎有半数以上的文字是关于道家简的。

（1）关于《老子》。在这次出土的众多竹简中，《老子》简无疑是最引人瞩目的。这不光是因为《老子》一书在中国哲学史上的重要地位，更是因为竹简《老子》确实为我们带来了许多非同寻常的信息，使我们得以在以下问题的研究中向前大大迈进一步：首先，《老子》的成书年代可以进一步得以确定；其次，《老子》书中的一些重要概念和疑问将得以澄清；再次，道家与其他学派特别是与儒家的关系得以重新认定；最后，道家思想在先秦思想史中的地位、影响和发展线索将进一步明确。关于前三个方面，由于涉及众多的争议，我们将在下文中详细展开论述，在此先谈谈《老子》简的出土对先秦学术思想史研究的影响。

陈鼓应曾多次撰文倡导道家在中国哲学中处于主干地位，他认为，这次竹简《老子》的出土，进一步证实了他的观点："马王堆汉墓之后，郭店楚墓又再度出土《老子》，这是令人十分称奇的事。作为百学之王的

① 杜维明：《郭店楚简与先秦儒道思想的重新定位》，《中国哲学》第 20 辑，辽宁教育出版社，1999 年。
② 参见姚才刚《郭店楚简国际学术研讨会纪要》，《中国哲学史》2000 年第 1 期。
③ 同上。

老子，经两墓的发掘，使我们得以重新确立他在中国哲学史上的领衔地位"，"楚墓中藏有三种《老子》抄本和《太一生水》古佚书，反映了道家在古代哲学中的主干地位；而楚墓竹简众多儒家作品中，未见涉及形上学或任何抽象哲学理论的作品，而多是侧重宣讲人伦教化的，这反映出儒家在伦理政治文化上的主体地位"。① 当然，对于儒简中是否真的"未见涉及形上学或任何抽象哲学理论的作品"，学者们有不同的看法，这亦属见仁见智的问题。

黄钊则从简本《老子》不批墨、不批法、不批儒的特点，以及《太一生水》"尚水"与《管子·水地篇》思想吻合等依据出发，认为竹简《老子》极有可能是稷下道家的传本，并由此得出他对《老子》一书传授谱系与思想流变的理解："简本若真属稷下道家传本，那么，它对于我们认识《老子》乃至道家思想形成发展的演化过程，将提供极为珍贵的文献资料……到了战国中期，《老子》至少有两种传本：一种是庄周学派所奉行的传本，另一种是稷下道家学派所奉行的传本。庄周学派和稷下道家学派是战国中期从道家中分化出的两大流派，庄周学派从消极方面发展了《老子》的思想，而稷下道家则从积极方面将老子学说引向政治实践……这两种传本经过战国末年的思想洗礼，可能最后又归于一统，帛书《老子》以及其他传世本的《老子》，可能是《老子》不同传本走向统一的产物。"②

若真像黄钊所说，我们对先秦道家思想发展过程的认识无疑将大大地丰富起来。只是此观点值得推敲处颇多，如竹简《老子》是否真的属于稷下道家的抄本？作者的依据是竹简本不批墨、不批法、不批儒，等等，这又涉及对竹简本《老子》理解的其他一些问题，如简本《老子》系《老子》全本还是节抄本？若是全本，黄钊所说尚有一定依据；若是节抄本，则未抄的《老子》内容是否就肯定不批墨、不批法、不批儒呢？而关于简本《老子》是全本还是节抄本的问题，更是目前学界存在的一个十分重要的争论。

① 陈鼓应：《〈太一生水〉与〈性自命出〉发微》，《道家文化研究》第17辑，生活·读书·新知三联书店，2000年。
② 黄钊：《竹简〈老子〉应为稷下道家传本的摘抄本》，《中州学刊》2000年第1期。

（2）关于《太一生水》。"太一生水，水反辅太一，是以成天"，接着，地、神明、阴阳、四时、寒热、湿燥等均在对太一的反辅中产生；"太一藏于水，行于时，周而又始，以己为万物母"。这是《太一生水》的基本思想。对于这一思想，学者们除感到特别的新奇之外，对它在先秦思想史上的地位都予以了充分的重视。

许抗生主要从两个方面认识《太一生水》的意义。一个是《太一生水》确实提出了一种全新的宇宙生成论："它所表达的思想几乎在现在的先秦诸子百家思想中从未见过，是一种十分新颖的与众不同的思想。"[①] 第二个是从宇宙演化学说史上说，《太一生水》是《老子》到《淮南子》之间的一个重要发展阶段："如果我们撇开《列子》不论，那么在先秦典籍中，除《老子》而外，其他著作中几乎很难再找到有关系统完整一些的宇宙演化论学说，直到西汉《淮南子》的出现，才有对老子宇宙生成论的具体而有系统的发挥。先秦哲学中为什么没有人对老子宇宙演化学说作具体发挥呢？这一问题是我们以往研究先秦哲学中的一个困惑。这次郭店《太一生水》的出土为我们解答了这一问题。"[②]

庞朴对《太一生水》中的"反辅"之说予以特别的关注，揭示出了"反辅"说中所蕴含的丰富的辩证法思想："反辅之说，是这个宇宙论的最大特色。在这一宇宙论的同时或先后，中国还有两种宇宙发生论，那就是《老子》的'道生一，一生二，二生三，三生万物'，以及《易》的太极生两仪，两仪生四象，四象生八卦。它们都没有反辅的思想，只是由本元一路作用下去。后来汉代易纬中的太易、太初、太始、太素说，更是一种平滑的演化论。现在我们有幸看到的这篇《太一生水》，敢于提出宇宙本元在创生世界时受到所生物的反辅，承认作用的同时有反作用的发生，在理论上，无疑是一种最为彻底的运动观，是视宇宙为有机体的可贵思想。"[③]

陈鼓应认为，《太一生水》的问世，使我们得知先秦哲学在"尚气"理论外，还有一个"尚水"的理论体系，而且这个"尚水"的理论在系

---

① 许抗生：《初读〈太一生水〉》，《道家文化研究》第17辑，第306页。
② 同上书，第314页。
③ 庞朴：《一种有机的宇宙生成图式》，《道家文化研究》第17辑，第303页。

统性上更为完善。<sup>①</sup> 对此，李存山有不同的看法。他认为，"提出以'水'为万物的元素和本原的思想是会在理论上遇到困难的，而提出以'气'为万物的元素和本原的思想却具有思维发展的必然性"，"持水比气更为根本的观点，其理论上最大的困难在于难以处理气论与五行说的关系"。因此，他认为"太一生水"的思想只是一种个别，反映的是一种早期道家的宇宙生成论。<sup>②</sup> 一些学者还把《太一生水》的思想与古希腊哲学中水是万物始基的思想加以比较，认为两者具有相似的性质。但是客观地说来，在《太一生水》中，最根本的东西还是"太一"，而不是水，这是我们必须加以注意的。

从学者们对《太一生水》的评价中可以发现，大多数学者都是努力从正面去挖掘《太一生水》对思想史的价值和意义，至于《太一生水》提出的宇宙生成模式的客观价值，如这种模式本身在逻辑上是否圆通，在理论上是否存在缺陷，则为许多学者所忽视。事实上，《太一生水》在理论上存在的不足是显而易见的，由太一生水再生气（因为据《太一生水》："上，气也，而谓之天"），不仅在逻辑上不够圆通，而且与《老子》的宇宙生成论相比，也显得更为粗浅与原始。

总之，《太一生水》提出了一个在中国哲学史上绝无仅有的宇宙生成论模式，至于这个模式本身的合理性与它对中国思想史的具体影响，则是一个需要继续探讨的问题。

2. 关于儒家简

根据学者们较为一致的看法，郭店楚墓竹简中除《老子》与《太一生水》外，其余的都属儒家简，共计 14 篇。与对道家简的认识不同，学者们更多的是从填补学术史的空白的角度来认识儒家简的。在这方面，庞朴的观点较具代表意义。

庞朴在《古墓新知——漫读郭店楚简》一文中指出："这次郭店的楚简，虽说数量最少，若从学术史的角度来看，也许价值最高。因为，它填补了儒家学说史上的一段重大空白。"<sup>③</sup> 至于这段"重大空白"是什么，

① 参见陈鼓应《〈太一生水〉与〈性自命出〉发微》，《道家文化研究》第 17 辑，第 393 页。
② 参见李存山《从郭店楚简看早期儒道关系》，《中国哲学》第 20 辑，第 195—196 页。
③ 庞朴：《古墓新知——漫读郭店楚简》，《中国哲学》第 20 辑，第 8 页。

庞朴在《孔孟之间——郭店楚简中的儒家心性说》中说："孔子之后，弟子中致力于夫子之业而润色之者，在解释为什么人的性情会是仁的这样一个根本性问题上，大体上分为向内求索与向外探寻两种致思的路数。向内求索的，抓住'人之所以异于禽兽者几希'处，明心见性；向外探寻的，则从宇宙本体到社会功利，推天及人。向内求索的，由子思而孟子而《中庸》；向外探寻的，由《易传》而《大学》而荀子；后来则兼容并包于《礼记》，并消失在儒术独尊的光环中而不知所终。儒家学说早期发展的主要脉络大抵如此，但是我们一直缺乏足够的资料来描绘它的细部……可以认定，这 14 篇儒家经典，正是由孔子向孟子过渡时期的学术史料。"[①]

那么，这批儒家简是如何填补从孔子到孟子之间学术发展的空白的呢？庞朴在《古墓新知》中指出："楚简在孔子的'性相近'和孟子的性本善之间，提出了性自命出、命自天降、道始于情、情生于性、性一心殊等说法，为《中庸》所谓的'天命之谓性，率性之谓道，修道之谓教'命题的出场，做了充分的思想铺垫，也就补足了孔孟之间所曾失落的理论之环。"

郭齐勇也有类似观点，他认为："楚简有较丰富的人性天命说的内容……是由《诗》《书》、孔子走向孟子道德形上学的桥梁"，"是孟子心性论的先导和基础"。[②]李泽厚在《初读郭店竹简印象纪要》中则认为，郭店儒简的出土，可佐证"对'心''性''情'陶冶塑建以实现'内在自然的人化'，乃儒学孔门的核心主题。"[③]他认为，以情为本是原始儒典的一个重要特征，却一直为后世所忽视。因此，随着郭店儒简的出土，后儒直到今天的现代新儒家对"人性"和"天命"的道德形而上学的阐释，似乎值得重新考虑。

值得我们注意的是，受郭店儒简的启发，姜广辉提出了一个新的儒家"道统"说："本文承认历史上有儒家道统的存在，但并非朱熹所谓的'十六字心传'，而是由'大同'说的社会理想、'禅让'说的政治思想和

---

① 庞朴：《孔孟之间——郭店楚简中的儒家心性说》，《中国哲学》第 20 辑。
② 郭齐勇：《郭店儒家简与孟子心性论》，《武汉大学学报》1999 年第 5 期。
③ 李泽厚：《初读郭店竹简印象纪要》，《中国哲学》第 21 辑，辽宁教育出版社，2000 年。

贵'情'说的人生哲学所构成的思想体系;这一思想体系的传承者不是孔子、曾子、子思、孟子的系谱……真正继承儒家'道统'的并不是朱熹乃至整个宋明理学,而是由黄宗羲、戴震、康有为等清儒继承的。"①记得有不少学者曾预言,随着楚墓竹简的出土,整个中国哲学史都需要重写。姜广辉的观点,无疑是这方面的一个有益的探索。

在郭店楚墓的 14 篇儒家简中,最具代表意义的当属《性自命出》,学者们对儒家简的价值和意义的论述,大多是以《性自命出》的内容为依据的。丁为祥认为:"《性自命出》篇的最大特点是从多层次、多角度阐述了对人性的认识。《中庸》《孟子》的人性论正是在此基础上形成的。"他还分析了先秦人性论的不同特点,以确定《性自命出》在其中的地位:"在先秦儒家人性论的发展轨道中,孔子代表着普遍人性的提出,竹简《性自命出》代表着普遍人性向天命之性的提升和跃进,《中庸》代表着人性超越性原则的确立,《孟子》则是普遍性原则与超越性原则的统一者和实现者。"②

欧阳祯人则从人学、人的主体性的角度来分析孔子"仁学"的缺陷,指出《性自命出》对于弥补这一缺陷的价值:"孔子'与命与仁'的主体性构架是有缺陷的,这就是对人的'性''情',亦即对人所具有的最初始的自在本质、本性,敬而远之,从而使'仁学'在实践层面上失去了主体性存有的个体支持……《性自命出》一文的卓越之处,就在于系统地论述了人的'性''情',正视了人的原初本质、本性,从主体性的高度,为儒家哲学的理论框架奠定了一个坚实的人性基础,从而调节、补充和完善了上述孔子的'人学'思想。"③

从上可见,学者们基本上都是从儒家简填补了孔孟间理论空白的角度,来积极评价其价值。我认为,对此有进一步讨论的必要。因为,如何认识以《性自命出》为代表的儒家简的价值,与如何判定孔子思想的核心内容有十分密切的关系。若认定孔子思想的核心是重性情,那么这

---

① 姜广辉:《郭店楚简与道统攸系——儒学传统重新诠释论纲》,《中国哲学》第 21 辑,第 13 页。
② 韩旭晖:《〈郭店楚简〉与早期儒家思想研究的新拓展》,《孔子研究》2000 年第 5 期。
③ 欧阳祯人:《论〈性自命出〉对儒家人学思想的转进》,《孔子研究》2000 年第 3 期。

些儒简的价值无疑是十分巨大的，因为它们意味着对孔子思想的丰富和重要发展；若认为孔子思想的核心不是重性情，则这批儒简的价值就会大打折扣，虽然有学者从这些儒简弥补了孔子性情论上的欠缺的角度来理解其价值，但这毕竟是一个需要讨论的问题。在我看来，重视社会秩序的建立，致力于全民道德水平的提高才是孔子思想的核心。在社会动荡、礼崩乐坏之际，孔子并没有去侈谈性、情，而是致力于社会改造的现实道路的设计。因此，关注可实证的现实层面，而不是不可实证的假设层面，正是孔子思想的重要特征。至孟荀提出了丰富的人性论思想，但花如此大的力气去论证人性善恶究竟有多大的实际价值一直让人怀疑。因此，简单地认为儒家简发展了孔子思想的观点，我认为是值得商榷的。

## 二、郭店楚墓竹简的出土解决或初步解决了长期困扰学界的一系列疑问

思想史上存在的许多争议，不光是因为学者们对问题理解的不同，还与有关资料的不足有十分密切的关系。如在郭店楚墓竹简出土之前，关于《老子》的成书年代，关于《老子》书中"有""无"等一些重要概念的理解，关于先秦是否存在"六经"之说，关于禅让是不是一种历史事实，关于思孟"五行"的内涵等，都曾经是学界长期争论而又无法最终达成一致的问题。现在，随着楚墓竹简的出土，上述许多争论都将有望成为过去。

1. 关于《老子》的成书年代

长期以来，关于《老子》的成书年代，一直有春秋末期、战国中期、战国末期等观点。以梁启超为代表的一些学者主张《老子》成书于战国之末，其中的一个主要证据就是《老子》书中有强烈批判仁义、圣贤学说的内容。他们认为，推崇仁义、圣贤是儒墨的主要主张，早于孔子的老子绝对不可能有这样的思想。这一观点可谓证据确凿。我们来看一下今本《老子》中的内容，如第十八章："大道废，有仁义；智慧出，有大伪；六亲不和，有孝慈；国家昏乱，有忠臣。"第十九章："绝圣弃智，民利百倍；绝仁弃义，民复孝慈；绝巧弃利，盗贼无有。"主张《老子》早出说的学者，面对这样无可辩驳的证据，只好推测这种否定仁义的观

点不是老子本人所有，而是后人强加进去的，因为它们与《老子》书中的其他一些论述相矛盾。如第十九章说"绝仁弃义，民复孝慈"，这说明"孝慈"是被老子肯定的德行，而在第十八章中，"孝慈"却又与"大伪"并列，成了激烈抨击的对象；如第十九章中主张"绝圣弃智"，而纵观《老子》全书，"圣人"无疑是老子推崇的对象。如此种种，主张《老子》早出说的学者认为，只能推测这些否定圣、仁义的内容不是老子所有，因此，它们不能作为否定《老子》早出的证据。但是，事实胜于雄辩，推测总是推翻不了白纸黑字的严酷事实。

现在，郭店竹简《老子》一出，大大削弱了《老子》晚出说的证据。因为竹简《老子》相当于今本第十八、十九章的文字分别为："故大道废，安有仁义；六亲不和，安有孝慈；邦家昏乱，安有正臣。""绝智弃辩，民利百倍；绝巧弃利，盗贼亡有；绝伪弃诈，民复孝慈。"对此，裘锡圭的理解是："其中并无与今本'慧智出，有大伪'相当之句。此句应是在简本之后的时代添加进去的，并非《老子》原本所有……原来老子既不'绝圣'，也不'绝仁弃义'。"①

正是基于这样的证据，同时在比较竹简《老子》与帛书本、通行本编排、内容的基础上，陈鼓应进一步肯定了他关于《老子》成书于春秋末年的观点："这种情况打破了近几十年来学界普遍的说法，以为《老子》书是经过战国初期到战国中期的长时期由后人编纂而成的。此说看来是错误的。"②王中江也认为："简本《老子》仍只是《老子》的一种传本，而老子所著的《老子》原本，在时间上，不仅早于《孟子》《庄子》，而且比战国初还靠前，至少就像一种说法所认为的那样，是在春秋后期，它应该比《论语》和《墨子》还要早。"③

公允地说，由竹简《老子》直接证成《老子》成书于春秋之末，还是带有许多推测的成分。且不说关于竹简《老子》是否不反对仁义、如何看待竹简《老子》的性质尚有不同理解，光从郭店楚墓下葬的时间来看，目前学界基本认定是战国中期偏晚，由此推导《老子》成书肯定不

---

① 裘锡圭：《郭店〈老子〉简初探》，《道家文化研究》第 17 辑。
② 陈鼓应：《从郭店简本看〈老子〉尚仁及守中思想》，《道家文化研究》第 17 辑。
③ 王中江：《郭店竹简〈老子〉略说》，《中国哲学》第 20 辑。

会晚于战国中期，当不会有误，这已经就是竹简《老子》带给我们的十分有价值的信息了。因此，要彻底弄清《老子》的成书时间，尚需时日。

2. 关于《老子》中的"无为而无不为"

在今本《老子》第四十八章中，有这样一段文字："为学日益，为道日损，损之又损，以至于无为，无为而无不为。"第三十七章中，也有"道常无为而无不为"一句。"无为而无不为"一语，历来被理解为《老子》书中有代表性的思想，其重要性自不待言。然而，在1973年出土的马王堆帛书《老子》中，却无"无为而无不为"的说法。如在帛书甲本中四十八章的此段文字全部残毁，帛书乙本在"损之又损"下只存"以至于无"四字，第三十七章中的"道常无为而无不为"，帛书本却为"道恒无名"。针对这一现象，高明结合《道德真经指归·为学日益篇》此段文字为"至于无为而无以为"，并通过分析《老子》全书的思想，认为此处的"无为而无不为"思想不出于《老子》，而是战国晚期或汉初黄老学派对"无为"思想加以改造后增入的。高明的观点在当时得到不少学者的赞同，如刘殿爵在《马王堆汉墓帛书〈老子〉初探》中即认为"高明的结论可能是对的"。然而，在这次出土的楚简《老子》中，在相应的部分却明白无误地写作"无为而无不为"，与今本相同，基本否定了高明的观点。①

3. 关于《老子》中的"有""无"概念

今本《老子》中有"天下万物生于有，有生于无"一句，涉及"有""无"两个重要的哲学概念，对以后的中国哲学史的发展产生了重大的影响。对此，陈鼓应在《从郭店简本看〈老子〉尚仁及守中思想》一文中有简明的概括："老子形而上学的'有''无'，历来是中国哲学史上的重要范畴。今本'有生于无'的命题，在王弼哲学体系中有着突出而重要的发展，为王弼《贵无论》所本。王弼、何晏提出'以无为本'的'贵无说'，又引来裴頠的《崇有论》。其后东晋僧肇著《不真空论》，又提出非有非无说。宋明理学'无极而太极'的论题其实也正是'有生于无'学说争议的延续。"但是，陈鼓应认为，"有生于无"的说法与《老

---

① 参见裘锡圭《郭店〈老子〉简初探》，《道家文化研究》第17辑，第62—63页。

子》书中的其他论述却存在着矛盾，如第一章中说："无名天地之始，有名万物之母……此两者同出而异名，同谓之玄。"由此可见，此处的"有""无"处于相等的地位，不存在谁生谁或谁比谁更根本的问题。如何解决这一矛盾呢？学术界由此产生了众多的争论。现在，随着竹简《老子》的出土，此矛盾似可有望得到合理的解决。

竹简《老子》与第四十章相应的地方为："天下之物生于有，生于无。"对此，陈鼓应认为："虽一字之差，但在哲学解释上具有重大的差别意义。因为前者是属于万物生成论问题，而后者则属于本体论范畴。从《老子》整体思想来看，当以简本为是。"① 王中江也认为："从简本'天下之物生于有，生于无'的说法来看，'有''无'完全是对等的关系，'无'并不比'有'根本。这也同老子所说的'有无之相生也'（简本与各本同）相一致，并与通行本一章的'有无'不矛盾。"②

然而沈清松却对此提出了不同的看法，他认为，"天下之物生于有，生于无"并不能简单地理解为万物同时生于有，又生于无，因为若作此理解，该句应表述为"天下之物，生于有无"。因此，他认为不能排除竹简《老子》在"生于无"前少抄了一个"有"字的可能性。③ 此说有没有道理呢？只好请读者自己去判断了。

4. 关于思孟"五行"

《荀子·非十二子》中有这样一段话："案往旧造说，谓之五行……是则子思、孟轲之罪也。"这个"五行"的具体内容是什么呢？在《孟子》书中找不到答案，在相传为子思所著的书中（如《中庸》《缁衣》）也找不到答案。因此，思孟"五行"的具体内容长期成为学界的悬案。1973 年，长沙马王堆出土了一批帛书，其中有两篇古佚书，属儒家学派。文中提出了仁义礼智圣五种德之行或行，并称之为五行。庞朴研究后认为，此五行即荀子所批评的思孟五行，于是定此两篇古佚书的篇名为《五行》。④ 但是魏启鹏反对"五行"之篇名，他在论文《思孟五

① 陈鼓应：《从郭店简本看〈老子〉尚仁及守中思想》，《道家文化研究》第 17 辑，第 78—79 页。
② 王中江：《郭店竹简〈老子〉略说》，载《中国哲学》第 20 辑，第 114 页。
③ 参见沈清松《郭店竹简〈老子〉的道论与宇宙论》，《中国哲学》第 21 辑，第 155—160 页。
④ 参见庞朴《竹帛〈五行〉篇与思孟五行说》，《哲学与文化》1999 年第 5 期。

行说的再思考》及论著《马王堆汉墓帛书〈德行〉校释》中，提出了以"德行"为篇名的观点。今天，郭店楚墓竹简中再次出土了这个"五行"篇，并自名为《五行》，"遂使此前的断案永毋庸议"（庞朴语）。

5. 关于禅让

儒墨两家都曾提到过尧舜禅让之事，并把它作为立论的依据。如《孟子》说："唐虞禅，夏后殷周继，其义一也。"但禅让制度是否属于历史的真实，历来有不同的看法，荀子即认为"夫曰尧舜禅让，是虚也"。疑古派也怀疑禅让的真实性，认为是汉代人的伪作。在这次出土的竹简中，有《唐虞之道》一篇，明确提出"唐虞之道，禅而不传"，并全面论述了禅让的内涵、历史与实施方法，证实了禅让确实是在尧舜时期存在过的历史事实。

除上述之外，学者们认为，郭店楚简的发现，还为我们弄清《中庸》《大学》的作者以及"六经"之学产生的时间提供了较充分的证据。李学勤认为："这些儒书的发现，不仅证实了《中庸》出于子思，而且可以推论《大学》确可能与曾子有关……宋以来学者推崇《大学》《中庸》，以为《学》《庸》体现了孔门的理论思想，不是没有根据的。"[1]郭齐勇指出："过去，关于六经之序列和性质，我们所知是从《庄子》的《天运》《天下》才有论述……近人马叙伦还怀疑这不是《天下》篇的原文，认为只是古注文。钱穆也怀疑《史记》关于孔子之于《周易》传授世系的说法。现代更有人说，到《荀子》时，《易》还未列入'经'。这次郭店楚简一出，真相大白。《六德》篇中，《诗》《书》《礼》《乐》《易》《春秋》的排序豁然可见。"[2]

## 三、郭店楚墓竹简研究中的三个重要争论

郭店楚墓竹简涉及范围极广，且大多为新发现之著作，因此，对其内容与意义的理解存在争议在所难免。本文在此要讨论的，正是迄今为止围绕郭店楚墓竹简展开的参与争论者最多、影响与意义最大的三个重

---

① 李学勤：《先秦儒家著作的重大发现》，《中国哲学》第20辑，第16页。
② 郭齐勇：《郭店儒家简的意义与价值》，《湖北大学学报》（哲学社会科学版）1999年第2期。

要争论。

1. 竹简《老子》是《老子》的节抄本还是全本

这次出土的竹简《老子》共计 2046 字，相当于今本《老子》五分之二的篇幅。那么，它是《老子》的节抄本呢，还是那个时代《老子》书的本来面目，这是一个牵涉极广的问题，它不仅关系到《老子》的作者、成书年代，还关系到《老子》的基本思想，《老子》与其他学派的关系等一系列问题。到今天，学者们在这个问题上还远未达成共识。

在此首先值得我们关注的是郭沂的观点。郭沂在《楚简〈老子〉与老子公案》一文中率先提出："本文考察的结果是，简本《老子》不但优于今本，而且是一个原始的、完整的传本，它出自春秋末期与孔子同时的老聃；而今本《老子》则出自战国中期与秦献公同时的太史儋。"[1]

郭沂的观点新颖而大胆，在学界造成了较大的影响，赞成者有之，如尹振环在《楚简与帛书〈老子〉的作者和时代印记考》中就称"郭沂……的论述精辟，颇具说服力"[2]。解光宇也称："郭店竹简《老子》的问世，使我们对《老子》的源流及老子其人有了更明确的认识，即简本《老子》出自老聃，今本《老子》出自太史儋。"[3]

但是反对者更有之，如高晨阳对郭沂的观点进行了全面的反驳。他认为，按照郭沂的观点，那么简本必在今本（即郭沂所说太史儋本）之先，简本所无、今本所有的内容肯定不会在今本出现之前出现。然而，从现有史料来看，却有许多简本所无、今本所有的内容在郭沂所说的太史儋著《老子》前已出现。高晨阳以《论语》《韩非子》《文子》等书所引《老子》内容为简本所无、今本所有来加以证明，并最后得出结论："上述《老子》引文情况说明，早在太史儋之前就有今本《老子》或与其相近的本子在流行，从而有力地否定了太史儋为今本《老子》作者的可能性；同时亦可以说明，简本必不是老聃的原作，且当后于今本《老子》。"[4] 高晨阳的这种反驳方式极具代表性和说服力，不少学者如许抗

[1] 郭沂：《楚简〈老子〉与老子公案》，《中国哲学》第 20 辑，第 119 页。
[2] 尹振环：《楚简与帛书〈老子〉的作者和时代印记考》，《学术月刊》2000 年第 4 期。
[3] 解光宇：《郭店竹简〈老子〉研究综述》，《学术界》1999 年第 5 期。
[4] 高晨阳：《郭店楚简〈老子〉的真相及其与今本〈老子〉的关系》，《中国哲学史》1999 年第 3 期。

生等也正是从这一角度否定郭沂关于简本《老子》是最古的《老子》全本的。

从目前情况来看，持竹简《老子》为节抄本的观点明显地在学界占上风，在这方面较具代表性的当属王博的观点。他在《郭店楚墓竹简》出版之初，即撰文指出："依我的看法，这三本更像是出于不同目的的摘抄本……在郭店《老子》之前，已经存在着一个类似于通行本规模与次序的《老子》书……郭店《老子》并不是当时流行的《老子》全本。"① 裘锡圭明确表示支持王博的观点，张岱年也认为"这个讲法很有道理"，并且说，"竹简《老子》已经出现在战国中期，而且这个时候，《老子》肯定已经流行了一段时间。因为只有流行了，人们才能抄录它的一些内容来学习"②。

如果竹简《老子》确系节抄本，那么，它是从同一种《老子》书中抄下来的，还是从不同的《老子》书中抄下来的呢？对此，学界尚有不同看法。如许抗生认为："简本《老子》是原有五千言《老子》的节选本的可能性似乎不大。它很可能是当时流传于社会上的多种老子著述中的三个本子。"③ 丁四新认为，在战国中期偏晚或整个战国中期，《老子》书的总体状况远较郭店简书完全，其一在分量上离五千言的《老子》本子相差不远，其二在结构上可能仍然是松散的，或可称为《老子》丛书。李存山在再三考虑后，表示赞同丁四新的观点，并指出："在没有进一步史料发现的情况下，丁四新博士的以上观点可能是一个最为合理的推断。"④

对竹简《老子》是全本还是节抄本的问题的认识，将直接影响我们对竹简《老子》的意义的认识。因为若认定它是全本，我们就可以踏踏实实地以此为依据来论述《老子》说了什么，什么观点是它所没有的；若认定它为节抄本，我们关于它的发言就只能小心翼翼，至少我们不能说《老子》肯定没有某种观点，因为它不是一个全本。

2. 关于儒道关系

如何认识儒道两家思想的关系，是学术思想史研究的一个极为重要

---

① 王博：《关于郭店楚墓竹简〈老子〉的结构与性质》，《道家文化研究》第17辑，第158—161页。
② 王博：《张岱年先生谈荆门郭店竹简〈老子〉》，《道家文化研究》第17辑，第24页。
③ 许抗生：《再读郭店竹简〈老子〉》，《中州学刊》2000年第5期。
④ 李存山：《郭店楚简研究散论》，《孔子研究》2000年第3期。

的课题。在竹简《老子》出土以前，老子反对仁义是众所周知的事实，因此儒道两家思想从先秦起就处于对立地位，也是不争的事实。然而，随着竹简《老子》的出土，学者们发现，简文中并无"绝仁弃义""绝圣弃智"之语，这就为我们重新认识儒道两家在先秦时的关系，提供了极为重要的资料。对此，庞朴在《古墓新知——漫读郭店楚简》一文中指出：圣、仁、义"这三个关键字关系着儒道两家的关系，马虎不得。谁都知道，圣和仁义，都是儒家所推崇的德行……弃绝此三者，意味着儒道两家在价值观方面的彻底对立，如我们一向所认为的那样。令人惊讶的是，现在的竹书《老子》居然未曾弃绝这些，它所要弃绝的三者——辩、为、作，以及无争议的另外三者，都是儒家也常鄙夷视之的。如果这里不是抄写上有误，那就是震撼我们传统知识的大信息！"①

但是，在如何理解这一"震撼我们传统知识的大信息"的问题上，学者们明显地分成两种不同的意见。一种意见认为，既然竹简《老子》中无"绝仁弃义""绝圣弃智"之说，就证明孔子、老聃时代的儒道关系并不紧张，道家的基本思想与儒家并不冲突。如任继愈说："已公布的有关楚墓竹简的文章，都正确地指出《老子》主旨在讲明无为，贵柔，而不反对仁义——相互敌对，势成水火，那是学派造成以后的事。"②侯才则更是明确地认为，竹简《老子》的这一思想特色，推翻了流传两千余年之久的"孔、老对立"的学案，证明了今本《老子》中"绝仁弃义"等观点是后人强加给老子的，因此，"与其说孔子与老子两者的思想存在着明显的差异，毋宁说它们之间的统一更是主要的和第一位的"。③

许抗生、吕绍纲等学者则持与上述不同的意见。许抗生认为，不要因为竹简《老子》中无"绝仁弃义""绝圣弃智"之语就认为儒道两家在早期肯定是和平相处的，因为竹简《老子》中还有"故大道废，安有仁义"之说，这就是对仁义的贬抑；而且，简本中的"绝学无忧""绝为弃虑"等语也是与孔子思想对立的。因此，虽然"简本《老子》没有明显的激烈的反儒思想语汇，但我们也应看到，简本《老子》的整个思想体

---

① 庞朴：《古墓新知——漫读郭店楚简》，《中国哲学》第 20 辑。
② 任继愈：《郭店竹简与楚文化》，《中国哲学史》2000 年第 1 期。
③ 侯才：《郭店楚墓竹简〈老子〉的特色》，《中共中央党校学报》2000 年第 1 期。

系与以孔子为代表的儒家思想体系，是根本不同的两种思想路数。我们也可以清楚地看到，简本《老子》有贬抑仁义，甚至否定儒家思想的倾向，庄子学派的反儒思想是老子思想的进一步发挥而已"[1]。吕绍纲也认为，事情并没有一些学者认为的那么简单，"其实《老子》讲'绝伪弃诈'的伪诈，指的是儒家鼓吹的仁义。仁义在道家眼中与伪诈同义"[2]。另外，张岱年、王中江等学者也指出，据简中"故大道废，安有仁义"之语，可以看出老子对仁义还是反对的。

上述两种意见分歧的根源在于对竹简《老子》中一些提法的不同理解。但是，无论哪一种理解，从根本上说，都只具有相对的意义，原因就是争论的双方大多认为竹简《老子》只是一个节抄本。

3. 关于儒家简的学派归属

郭店儒简内容庞杂，搞清楚它们的学派归属，是思想史研究的一项重要任务。在这个问题上，李学勤较早提出了自己的见解。他在《先秦儒家著作的重大发现》一文中认为，这些儒家简都与子思有或多或少的关联，"郭店简这些儒书究竟属于儒家的哪一支派呢？我以为是子思一派，简中《缁衣》等六篇应归于《汉书·艺文志》著录的《子思子》"[3]。学界赞同李学勤观点的学者颇众。而且，由于《荀子·非十二子》中把子思、孟子之观点归为一类，许多学者又认为这些儒简属于思孟学派。如姜广辉在《郭店楚简与〈子思子〉》一文中就说："《荀子》曾将子思、孟子连称，学术界因此有'思孟学派'的说法。但有学者怀疑历史上有过'思孟学派'。郭店楚简的出土说明荀子之言是有根据的。"[4]

但是，把郭店儒简归为子思学派或思孟学派的看法也遭到不少学者的反对。如李泽厚在《初读郭店竹简印象纪要》中认为，这批儒简中虽有《缁衣》《五行》《鲁穆公问子思》诸篇，"却并未显出所谓'思孟学派'的特色（究竟何为'思孟学派'，其特色为何，并不清楚）。相反，竹简明确认为'仁内义外'，与告子同，与孟子反。因之断定竹简属'思孟学

---

① 许抗生：《再读郭店竹简〈老子〉》，《中州学刊》2000 年第 5 期。
② 吕绍纲：《〈郭店楚墓竹简〉辨疑两题》，《史学集刊》2000 年第 1 期。
③ 李学勤：《先秦儒家著作的重大发现》，《中国哲学》第 20 辑，第 15 页。
④ 姜广辉：《郭店竹简与〈子思子〉》，《哲学研究》1998 年第 7 期。

派',似嫌匆忙,未必准确"①。陈鼓应也认为,这些儒简中未见孟子性善说的言论,却多次出现告子"仁内义外"的主张,与孟子心性论对立,"不属于所谓思孟学派甚明"②。持类似观点的还有钱逊、罗炽、王博等学者。

正是基于对郭店儒简学派归属的不同认识,一些学者提出,最好的办法是不要把这些儒简先看作某一学派的资料,而是把它们看作孔子、七十子及其后学的思想资料来处理。看来,当把这些儒简归入某一学派缺乏令人信服的依据时,退而求其次,亦可算是一种明智之举。

## 四、郭店楚墓竹简研究中值得注意的一些问题

此次郭店楚墓竹简研究热潮取得了众多令人瞩目的学术成果,充分展示了当今学界的水平和实力。但是,纵观这次郭店楚简研究的状况,却仍有一些值得我们注意的问题。

首先,一定要注意讨论问题的前提。任何结论,都是在一定前提下得出的,离开了这个前提,结论便会显得没有意义。然而,从楚墓竹简的有关讨论来看,有不少结论却是在不顾前提的情况下做出的。如关于先秦儒道关系的讨论,有不少学者以楚简《老子》为依据,认为其中无反仁义的观点,所以认定庄子前的儒道两家是和平相处的,却忽略了一个重要的前提,就是楚简《老子》是原始《老子》的全本还是节抄本。若是节抄本,你怎么能知道未抄的部分是个什么样子,并且肯定是不反仁义的呢?还有如对《太一生水》的意义的认识,有不少学者认为它丰富了先秦的宇宙演化论思想,却对这种宇宙演化论本身的合理性缺乏明晰的论述和评价,从而使对《太一生水》意义的挖掘缺乏坚实的基础。类似的情况也发生在对郭店儒简学派归属的讨论和有关《性自命出》人性论性质和价值的认识上。

其次,要客观地对待最新的考古发掘成果。郭店楚简的出土,为我们解决先秦学术史上的一些重大疑问带来了极好的契机,这是毫无疑问

---

① 李泽厚:《初读郭店竹简印象纪要》,《中国哲学》第 21 辑。
② 陈鼓应:《〈太一生水〉与〈性自命出〉发微》,《道家文化研究》第 17 辑,第 404 页。

的，但同时也要认识到它的作用仍是有限的，许多重要的问题，如老子其人、《老子》成书的确切年代等问题，从楚简中是找不到直接的答案的。在这种情况下，就一定要明确区分楚简本身告诉了我们什么与根据楚简所做的推测这两个不同性质的问题。若把两者混为一谈，就势必会削弱楚简本身的价值。与此相关的另一个重要问题是，一定要公允地对待历史上的不同学术观点。随着考古挖掘成果的出土，肯定会证明以往的一些学术观点的正误，对于被证明为正确的观点，固然值得庆幸，而对于那些被证明为错误的观点，也要从人类认识必经之路的角度加以认识，不要简单地一棍子打死。比如人们对 20 世纪初的"疑古派"的认识，由于大量考古资料的出土，疑古派的许多观点都不攻自破，因此，许多学者对疑古派都持否定、轻视的态度，斥之为"诬妄""轻率"。对此，任继愈认为："'五四'以来的古史辨派，提出疑古之风，对过去大胆怀疑，这是历史的产物。这种疑古还是必要的。经过猛烈的冲击，才有可能为今后的新史学留出一片空地。"[①] 这种观点，当是较为公允的，因为它同时也为我们当今的思想研究，提供了自由驰骋的空间。

再次，可能是题外之话，但我仍认为十分重要，就是希望学界在从事某一重大学术课题的讨论时，能尽快建立一种机制，使之能及时总结已有研究成果，揭示当下研究中的缺陷和不足，并指明未来研究的方向。虽然这样做有一定的难度，却是不可或缺的。就拿这次郭店楚简的研究来说吧，迄今发表的文字已有数百万字之巨，涉及原典之解释、问题之争论、理义之发挥等诸多方面，虽充满真知灼见，但乏善可陈，甚至偏颇荒诞之论亦充塞其间。孰对孰错，孰真孰假，需要我们尽快做出甄别。对学界已经趋同的结论，若非证据确凿，就不要轻易地"怀疑一切"；对明显的失准之论，就要果断地予以剔除。而不要像以往的不少重要学术讨论那样，开始众说纷纭，最终不了了之。只有这样，才能给接下来的学术研究提供一个可资利用的"平台"，从而真正达到快出成果、多出成果之目的。

郭店楚墓竹简是 20 世纪末献给学界的一份厚礼，对它的广泛研究和

---

① 任继愈：《郭店竹简与楚文化》，《中国哲学史》2000 年第 1 期。

深入探索，已经并将进一步改变我们对先秦学术思想状貌的理解。衷心地希望学者们在新的世纪里，在对郭店楚简与中国古代思想史的研究中，取得更大的成绩。

原载《哲学研究》2001 年第 3、4 期

# 中国哲学的合法性问题研究述要

赵景来 *

近年来，中国哲学研究取得了巨大的成绩，但在某些方面和某种程度上也面临着世界范围内的冲击和挑战。中国哲学研究面对这些冲击和挑战发生了重新定位和自我辩护的需要。为此，哲学界的专家学者们围绕"中国哲学"与"哲学在中国"、中国哲学与西方哲学的关系、新世纪中国哲学研究的走向等问题进行了广泛深入的探讨。现将讨论中的各种观点综述如下。

## 一、问题的提出

与中国史学、文学等学科不同，哲学在中国作为一个独立的学科门类是 20 世纪的产物。1914 年，北京大学设立"中国哲学门"，1919 年改为哲学系，这标志着作为近现代教育和科研体制下一个专业门类的"哲学学科"在中国的正式确立。1919 年胡适《中国哲学史大纲》（上卷）和 1934 年冯友兰两卷本《中国哲学史》的出版，为中国哲学研究建立了基本的框架和典范。一个世纪以来，中国学者不懈努力，为中国哲学学科建制的发展做出了有目共睹的贡献。

但是，与其他近代建立起来的学科概念相比，"中国哲学"似乎略显尴尬。正如有些学者已经指出的那样，在西方特别是欧洲，"中国哲学"的合法性始终受到质疑，"中国哲学"在很大程度上被视为一个来历不明

* 赵景来，1961— ，男，天津社会科学杂志社编审。

的怪物。因为在中国古代学术体系分类中，并没有一个独立的系统与西洋所谓哲学完全相当。中国古代虽有自己的义理之学，但这种义理之学所讨论的问题与西方哲学所讨论的问题并不相同。①那么，中国历史上存在着某种独立于欧洲传统之外的"中国哲学"吗？或者说，"哲学"是我们诠释中国传统思想的一种恰当的方式吗？又究竟在什么意义上"中国哲学"概念及其所表述的内涵能够得到恰当的说明，并取得充分的理据呢？"中国哲学之合法性"问题的出现是以"哲学"观念的引进和"西方哲学"作为某种参照和尺度的存在为前提的。那么，我们又是否可以（或者说应当）以"西方哲学"之"规""矩"来限定"中国哲学"之"方""圆"呢？正是在此种意义上，"中国哲学之合法性"成为一个问题。②

有学者认为，对于"中国哲学"合法性的怀疑，大可不必把它看成对中国哲学史学科的一种挑战，其实它本身可能会促进中国哲学史学科的一种自觉。因为只有确立了"他者"，才能清楚地确定"自我"。当中国学者意识到"哲学"和"中国哲学"成为"问题"，那种本来被当作"天经地义"的预设才会有所改变。而那个"天经地义"的预设是什么呢？就是世界上所有知识、思想与信仰，其历史与内容都具有同一性，然而，这同一性却通常是依西洋的瓢来画中国的葫芦的，因为西方有哲学，所以东方也一定有哲学，写出哲学史来才能完成世界哲学大家庭的大团圆。其实，对于中国哲学、中国哲学史，在中国学术界一直是有一些"从中"还是"从西"的两难心情的。应该看到，在某种意义上，中国哲学史的成立，不仅是接受西方学术强势的影响，而且也是中国学者试图回应西方学术，在自己的思想传统中建构一个与"西方哲学"一样历史悠久的"哲学传统"的结果。③

也有学者强调指出，"中国哲学"的合法性焦虑和反思，标志着当代中国学者的一种觉醒：既是对自己民族思想之元叙事的非主体状态的觉醒，又是对欧洲中心主义之无所不在的隐形影响和支配权利的觉醒。仿

---

① 参见陈来《现代中国哲学的追寻——新理学与新心学》，人民出版社，2001年，第358页。
② 参见郑家栋《"中国哲学"的"合法性"问题》，《中国哲学年鉴》(2001)，哲学研究杂志社，2001年，第1—2页。
③ 参见葛兆光《为什么是思想史？——"中国哲学"问题再思》，《江汉论坛》2003年第7期。

效西方而成的"中国哲学"架构和临摹式的思想表达方式，越来越严重地束缚着中国学者心灵的舒展，中国思想的独特性很难在西方式的叙事框架之中得到有效的表达。要改变以往简单地以西方哲学的概念范式来剪裁中国哲学思想材料的那种"人为刀俎，我为鱼肉"的局面，摆脱因一味地照搬西方哲学的概念、方法和理论框架梳理中国哲学所导致的中国哲学特性丧失的困境，破除西方哲学话语霸权的钳制，中国学者就必须认真地思考和反省中国哲学的主体性、特殊性、个体性。事实上，这一点已成为近年来广大中国哲学研究者的共识。[①]

笔者认为，"中国哲学"问题的发生源于我们在近代应对西方冲击失败之后的一种选择：不得不接受西方人对物质世界、人类世界和精神世界的分类框架。接受西方对物质世界的分类框架就是接受了对宇宙、天体、地球、地上万物和人的位置及其相互关系的近代理解。接受西方对人类世界的分类框架最关键的表现在于接受了近代西方人所确立的国际关系原则。接受西方人对精神世界的分类框架首先就是接受了西方的学科划分法。中国人接受这一切意味着将自己原有的一切重新分类并安置到一种外来框架之中。许多因素在新的框架中找不到位置或者位置别扭是不可避免的事情。设想一下，如果西方人采取中国的经、史、子、集分类法来重新编排他们的学科，他们的哲学又该放到哪一类呢？是不是怎么放都会觉得别扭呢？当然，这种别扭的滋味最终不是由西方人而是由中国人品尝，那是由于国家、文化、文明的强弱关系使然。

## 二、"中国哲学"与"哲学在中国"

一般说来，"中国哲学"是 20 世纪中西方思想学术交流汇通的产物。然而，中国学人在经历了一个世纪的苦苦追求之后，中国思想仍被一些人拒斥于"哲学"的门外，"中国哲学"的冠名权依然还是一个问题。这已不是简单说中国有没有哲学的问题，也不是直接回答中国思想算不算哲学的问题；而是表现了现代中国思想观念和学术意识的内在困境，以

---

① 参见彭永捷《中国哲学学科存在的合法性危机——关于中国哲学学科的知识社会学考察》，《中国人民大学学报》2003 年第 2 期。

及长期以来无法从既定的系统之中得到化解的危机。"中国哲学"的身份困顿和合法性焦虑，必须从新的视角加以认知和给予解释，理清了问题的症结，也许才能找到相应的救治之法，从而开出一些光明的前景来。这关乎中国哲学研究的核心，因为它所讨论的是我们已经沿用了近一百年的"中国哲学"的所指是否存在或应如何存在的问题。

有学者指出，最初问题的提出是在金岳霖为冯友兰《中国哲学史》所做的审查报告中，当时他就提出了所谓的中国哲学史是"中国哲学的历史"还是"在中国的哲学史"，这可以说是极具穿透力的问题。冯友兰也专门提出"中国底哲学"和"中国的哲学"来区分"中国哲学"和"哲学在中国"的问题。他认为，19世纪末以来，中国哲学的发展史终结了经学时代并进入了近代化的新时代，"写的中国哲学史"也开始了新的一页。冯友兰的这个讲法，是认为19世纪以来中国的政治、制度、社会的总体变化已经进入所谓近代化的历史过程，从而在这个时代之中的哲学也被带入了近代化的时代，产生出了脱离"古代"形态的近代化的哲学。套用冯友兰自己的话，他的所指，应当是"近代化"的哲学，而不是哲学"在近代"。

论者认为，在后"五四"时代，中国哲学讨论的核心问题就是哲学的"近代化"和"民族性"问题，从当时的哲学发展来看，将这两个问题统一起来显然是十分困难的。首先中国哲学的问题和其体现的智慧，与西方或其他民族哲学有所不同，这不仅不妨碍其为中国的"哲学"，正体现出它是"中国的"哲学。其次，"中国底哲学"的讨论，绝不应该被理解为主张当代中国哲学只应当追求"中国底哲学"，事实上对中国现代社会文化来说，"哲学在中国"的贡献和影响可能更为突出，在这个方面的继续大力发展，也是我们所期望的。从佛教中国化的例子中我们可以看出，"哲学在中国"经过漫长的濡化之后，就可能参与构成"中国底哲学"。①

另有学者认为，20世纪中国传统哲学的发展实际上面临着两个转变：一是由"经学"向"哲学"的转变，创立"中国哲学"的近代形态，

---

① 参见《"中国哲学"研究的挑战——访陈来教授》，《哲学动态》2002年第3期；陈来《现代中国哲学的追寻——新理学与新心学》，第1—2页。

此种转化工作是冯友兰等人在 20 世纪二三十年代完成的；二是由一般意义上的"哲学"再深入到具体的"中国哲学"，提示和凸显后者独特的精神价值和具体而非抽象的普遍性。应当说后一个转变还远没有完成。

论者指出，由经学模式向哲学模式的转换，是通过引进西方的"哲学"观念及其所代表的一整套学术范式来完成的。在此种转换中，西方的"学术范式"处于主动的、支配的地位，而中国传统思想内容则在很大程度上成为被处理的材料。沟通二者的桥梁，就是强调"哲学"观念的普遍性。这就出现了一个问题：对于"中国哲学"来说，西方哲学概念及方法的引进是建立了某种不同于中国传统哲学的话语系统和表述方式，还是建立了"中国哲学"本身？换句话说，抑或中国历史上本不存在"哲学"这种东西，今天所谓"中国哲学"，乃是人们以某种取自欧美的"哲学的方式"解读中国历史上非哲学的文本创造出来的。此问题干系甚大，因为如果这一论断成立，则只存在"中国现代哲学史"，而并不存在一般意义上的"中国哲学史"，"中国哲学"一语的含义也就可以等同于"哲学在中国"。[①]

再有学者指出，20 世纪在西学东渐的背景下才产生的"中国哲学史"学科的演变，是一个对传统知识谱系进行不断改写的过程。其实在被解释的传统学术内部，也有这样的情形，如宋学与汉学对孔孟思想的不同解释。所不同的是，"哲学史"不同版本所依托的西学背景，不但程度深浅不一，而且选择类型也有区别。胡适的哲学史编纂，就是他对传统做翻案文章的一种实践，其汉学根底和经验主义倾向，导致其成果具有显著的史学性格而缺乏哲学意蕴。冯友兰相反，他自觉站在"正统派"的立场上重视宋明义理之学，且引西方理性主义为同道，其努力具有从观念系统上重建传统价值的意义。而以侯外庐为代表的唯物史观派，政治观点虽与胡适不同，但由于两者共同分享着"五四"反传统、重科学的思想资源，故双方对研究对象的褒贬没有实质性的区别。不过侯氏一派将哲学史纳入社会史解释框架中，叙述更系统，意识形态功能更强。

---

[①] 参见郑家栋《断裂中的传统：信念与理性之间》，中国社会科学出版社，2001 年，第 653、656—657 页。

所以，这个学科的进展，主要不是取决于史料鉴别的能力或叙述内容的确切程度。虽然这一要求是公共承认的，但只是最基本的。这不同版本的更替从根本上讲，取决于学界甚至是社会的价值选择。

论者认为，"中国哲学史"学科体系方法上就是变比较为解释的产物。就历史影响来看，这个学科的建立或这个论域的开辟，对中国现代思想学术的建设是有重大意义的。第一，它为我们从根本上理解中西精神文化的异同提供了学术讨论的途径，胡适把哲学定义为对生活中根本的问题寻求根本的解决，正是为此提供概念框架。要否定它，得提供另外一种比它更好的学术言路。第二，对现代的"中国哲学"创作提供了学术资源，如冯友兰建构性的"新理学"与牟宗三诠释性的新心学。不管古典中国的"哲学"形态如何，推动以传统为反思对象的哲学创作总是重要的。有了这两点，这个学科存在的意义就毋庸置疑。①

还有学者认为，就广义的哲学而论，中国哲学与西方哲学、印度哲学以及其他文明的哲学都是哲学。但若从狭义上理解，哲学就是西方哲学，中国哲学的确不是哲学。相对于狭义的哲学，我们可以将广义的哲学称为"思想"。就此而论，世界上所有文明最高的意识形态都是"思想"，西方思想则是"哲学"。这就是说，中国文明、印度文明和西方文明都有"思想"，只是西方思想采取了"哲学"的形式，因而被称为"哲学"。或者也可以这样说，就哲学所研究的对象和问题而论，中国哲学当然是哲学，但就哲学作为一个学科而论，中国哲学则不是哲学。在西方哲学的名下有一系列"部门"或者"分支"，例如本体论（形而上学）、认识论、逻辑学等，它们之间界限分明，都有规范的概念、方法和理论系统，自成一学科。而中国哲学虽然不能说没有讨论过相应的问题，但的确没有这样明晰的学科规定，也相应地没有学科性的发展。显然，如果站在西方哲学的立场看，中国哲学的确不是哲学。然而，如果从广义的哲学即"思想"的角度看，中国哲学则是哲学，我们不妨称之为"中国思想"。

---

① 参见陈少明《知识谱系的转换——中国哲学史研究范例论析》，陈平原等主编《学人》第13辑，江苏文艺出版社，1998年；《重提"中国哲学"的正当性》，《江汉论坛》2003年第7期。

论者认为，文史哲不分虽然是中国哲学的特点，但并非中国哲学所独有，在希腊哲学中就是哲学与科学不分的，甚至许多思想包含有宗教的成分。人类思想初创之时，所有的成分原本熔为一炉，学科划分乃是后来的事情。中国思想的最高境界，可以用张载的话做总结："为天地立心，为生民立命，为往圣继绝学，为万世开太平。"这四句话都是哲学的观念。尽管在中国思想中文史哲不分，但是思想家们对"天""道""理""气""心""性"等概念范畴的思考，既不是文学的虚构，也不是历史的记载，更不是宗教的教条，而是思想的探索。他们探索的领域，属于世界观和人生观，无论是外在的超越还是内在的超越，总之具有超越的性质。其实，讨论中国哲学的合法性问题的关键，并不在于哲学或者思想的概念含义，主要是在于中国哲学或者中国思想究竟有没有能力应对现时代的问题。换言之，关键在于中国哲学的内在生命力。①

也有学者指出，近一个世纪以来，在中国原有的知识处理系统出现危机之后，我们处于一种"典范转移"的复杂的历史阶段，在这个阶段中，我们看到的是用实在论、苏联式的唯物论之类的思维模式来解释中国的传统，并建立起与传统割裂的解释范式，这样的结果使我们难以对现实的问题做出合理的解释，我们更多地处于一种"哲学在中国"的状态之中，而不能在旧的范式崩溃之后建立起新的范式。每一个时代有每一个时代的特殊问题，而哲学所能提供的是对这些带有时代特征的问题的独特的解决，而面对不同的问题我们必然只能采取不同的回应方式，这就决定了我们现在讨论中国哲学合法性的合理向度。

论者认为，中国哲学存在的价值不在于采取何种思维方式来整理自己的传统，而在于能否感受到我们现在这个时代的问题，并对这些问题做出哲学上的回应。过去的中国哲学是否存在或者是以一种什么样的形式存在固然是很重要的，但如果我们不能有效地感受我们这个时代所提出的问题，那么我们的哲学就只是一种"哲学史"，哲学就退化为一种技术性活动，而不可能为这个时代提供思考的基础。关于中国哲学合法

---

① 参见张志伟《中国哲学还是中国思想——也谈中国哲学的合法性危机》，《中国人民大学学报》2003 年第 2 期。

性的讨论特别凸显了问题意识在哲学思考中的优先性，所以，我们也应将讨论的重点由方法的可行性转变为对于时代的问题的关注，并对其进行哲学的反思。归纳起来包括两类：一类是普遍性的，即对于全人类关注的问题提出我们自己的观念，如现代性、环境、人性，而不是简单地抽取几句古人的话做"现代转化"；另一类属于"中国情景"，近年来对于简帛的研究、中国哲学的诠释学或儒家制度化的研究，均是试图对中国的传统做知识性的分析，但这种分析都有明显的问题指向，其根本点是要为传统资源与现实社会问题之间寻找对接点。这样，哲学就会变成"中国的哲学"，而不仅是"哲学在中国"。①

　　笔者认为，关于"中国哲学"与"哲学在中国"所表征的是哲学的普遍性与特殊性的关系问题。就哲学的普遍性而言，不同国家和民族的哲学甚至每个人的哲学都是哲学；就哲学的特殊性而言，每个国家和民族的哲学、每个人的哲学又各不相同。据此可以看出，由"中国哲学"与"哲学在中国"所引发的中国哲学的合法性问题，仍然没有超出哲学的普遍性与特殊性之根本关系问题。所以，中国有哲学是确定无疑的。尽管哲学一词源于西方，而且近百年来中国学者主要是依据西方哲学的概念范式来诠释、梳理中国哲学（史），但是我们应当注意，中国传统的东西被重新安排到西方式的学科框架中所带来的后果：一是中国的一部分学术逐渐变得像"哲学"，二是"哲学"本身的外延因此而扩大。如果考虑到"哲学"即使在西方也是一种不断变化着的学术形式，把中国传统的一些学术叫作哲学也未尝不可。比如，当今福柯、德里达的东西叫"哲学"吗？所以，被称为"哲学"的东西不过具有一种家族相似而已。在这个意义上，称中国传统的一些学术或思想为"哲学"，不意味着因此认为孔子、孟子也像柏拉图、亚里士多德那样考虑问题。我们不得已按照西方学术分类方式重新安排传统思想和学术的位置，却不能反过来将这个新的位置看成这些思想和学术的本质。重要的不是学术如何分类以及为各类学术取什么名号，而是它研究的领域是什么，研究的方式是什

---

① 参见干春松《从方法选择转向问题意识——对"中国哲学的合法性"问题的一种解读》，《江汉论坛》2003 年第 7 期。

么，关注的问题是什么，发挥的作用是什么，在这个意义上，界定中国传统学术的学科性质更多地应在内容上下功夫，比较中国传统学术和西方学术也应更多地从内容上着眼。总之，为"中国哲学"的正当性辩护，必须建立在对"哲学"现象更全面的理解上。

## 三、中国哲学与西方哲学的关系

既然中国哲学和西方哲学一样是一种现实的、具体的存在，那么中国哲学与西方哲学的关系是什么？在中国哲学的合法性讨论中，这一问题被凸显出来。

从总体上说，20世纪中国思想的危机意识和价值挑战主要来自西方，其意义世界的重构也基本上依赖西方哲学提供的范式。自从经学解体以后，中国思想就进入了麦金太尔所谓"认识论危机"的时代，传统思想体系瓦解了，原有的"历史地建立起来的信念"也消失了，整个社会陷入意义迷失和存在焦虑之中。按照麦金太尔的分析，要解决此"认识论危机"，就要发明新的概念和建构新的理论来满足下列三项要求：一是以系统性和连贯性提供整套的解决方案；二是对原有传统之无能的根源性做出说明；三是要找到新的结构与传统探究之间的某种基本的连续性。[1] 早期的"中国哲学史"建构，基本上采用了移植的方式，就是把西方哲学的系统和方法全盘拿来，这在一定程度上满足了第一、二两项的要求，但对第三项要求却束手无策。所以，如何在满足前两项要求的同时，又能满足第三项要求，就成了中国思想走出"认识论危机"的关键所在。

我们研究中国哲学与西方哲学的关系问题需要区别两个东西：一是在"哲学"被引入中国前的那些后来被纳入"哲学"类别的学术和思想；二是在"哲学"被引入中国后人们明确地在"哲学"名号下对那些思想和学术所做的阐释和发挥。后者实际上已经加入了西方哲学的方法和观念，已经是一种"杂交"形态了。今天在"中国哲学"学科中的学术操

---

[1] 参见麦金太尔《谁之正义？何种合理性？》，万俊人等译，当代中国出版社，1996年，第472—481页。

作已经越来越"哲学"化了，或者说"西方"化了。

有学者认为，对于中国哲学，我们同样既要注意它本身的特性，也要注意它所具有的普遍性。既然中国哲学和西方哲学之间存在着普遍的或相近的对象和问题，那么西方哲学就可以成为我们研究中国哲学的一个参照的背景。从表现的形态来看，中国哲学尤其是传统哲学注重的是一种实质的体系。具有原创性的中国哲学家都有自己独特的宗旨，他们的体系都是按照这一宗旨而展开的，但中国哲学家不太重视从一个形式化的层面来建构一个演绎的系统，而西方哲学家除了有自己的宗旨外，还注重从形式的层面对命题进行逻辑的论证。这种注重逻辑分析的思维方式，可以成为我们研究中国哲学的一个很重要的参照背景，它对于我们注重论证、分析的严密性，澄清传统哲学的概念，理清我们的思路等，都有很重要的意义。①

另有学者认为，如果把中国思想看作是一种非哲学式的文化思想传统，那么，所谓中国哲学，就是中国思想的哲学化诠释。正如一部基督教哲学史就是基督教教义或《圣经》叙事不断被哲学诠释的历史一样，中国哲学的历史也将是中国思想不断被哲学诠释的历史。中国思想与西方哲学在近现代以来的遭遇，成为中国思想的一种天命性事件。从这个意义上来说，中国哲学所指涉的，就是中国思想的哲学天命。也正因为如此，诞生于近现代的中国哲学也注定是比较哲学，比较性语境下的视阈融合是中国哲学不可逃避的诠释学原则。

论者认为，正如在基督教哲学史中希伯来传统与希腊传统一直存在着巨大的、无法消除但也是创造性的张力一样，在中国思想传统与西方哲学传统之间，也一直存在这种类似的创造性张力。宗教与哲学同是西方语汇。宗教由于其指向终极关怀问题保持着自身思想的高度，在哲学中只有形而上学式存在论才能与之相当。所不同的是，宗教的言说方式根本上是叙事，而哲学则是说理。宗教在现代多被认为是迷信，也不合中国思想的口味。传统学术有汉宋之分。汉学乃经典诠释学，代表叙事—诠释传统；宋学乃"义理之学"，代表叙事—说理传统。概言之，宋

① 参见杨国荣《中国哲学研究的四大问题》，《哲学动态》2003 年第 3 期。

学对义理之学的兴趣实际上是一种哲学式的旨趣。在以西方哲学为基本范式的现代比较性语境中，在传统义理之学这种"哲学式旨趣"的刺激下，虽然比附的指责萦绕不断，虽然总是强调中国思想的独特性，虽然总要预设或承认中国思想的本来面目，但是，哲学，尤其是形而上学或存在论，一直是现代以来中国思想的隐秘渴望。①

再有学者认为，运用起源于西方的哲学范式的过程不仅在前提上肯定了范式本身，而且也因中国哲学与所运用范式的不同关系而使之得到不同的合理性解释。现在，这一方式越来越引起一些人的不安甚至是强烈不满了。在一个多世纪的这种运用过程中，确实存在着轻率甚至是随心所欲的倾向，"简单附会"和"误读"也许还只是一个细节性的问题，埋没或者牺牲中国哲学自行的"问题意识"、"思考方式"与"内在结构和旨趣"则带来了一种整体性伤害。这至少是柯文的"中国中心观"和萨义德的"东方主义"在中国受到同情或欢迎的部分原因，也是一些人之所以要求中国学术"本土化"或者要求回归中国语境，甚至用中国古代语言加以言说的背景。毫无疑问，我们确实需要正视运用西方范式和观念理解和认识中国哲学带来的许多负面性，且不说在政治意识形态之下那种运用所带来的严重的不良后果。但解决问题的办法不能通过对术语的形式化拒绝来达到。因为不管是"西方中心论"还是"中国中心论"，不管是"反传统叙事"还是"传统叙事"，二者在思维方式上却是一致的，它们都无法使我们对"意义"保持"开放"，都作茧自缚地把我们限制在一个封闭式的领地中。②

也有学者指出，在思想重建的现代学术背景下，"中国哲学"与其他的近代学科相比，在自己传统体系的分类中，找不到能直接对应的部分，只能说"约略相当"，但现代学术的本质，正像华勒斯坦所说的，"就在于知识的学科化和专业化，即创立了以生产新知识、培养知识创造者为宗旨的永久性制度结构"③。在这种制度结构中，知识形态的合法性就在于

---

① 参见唐文明《中国思想的隐秘渴望——范式转变中的中国哲学》，《哲学动态》2002年第3期。
② 参见王中江《"范式"、"深度视点"与中国哲学"研究典范"》，《江汉论坛》2003年第7期。
③ 参见华勒斯坦等著《开放社会科学》，刘锋译，生活·读书·新知三联书店，1997年，第8—9页。

它的清晰界定和尽量采取准科学的姿态，社会科学诸学科便是这样确定下来的。而"人文科学是 20 世纪对那些遭排拒在自然和社会科学之外的学科的简便总称。现代哲学是由科学形成时清除出来的东西界定的"[①]。经过向科学的靠拢和实证精神的洗礼，哲学得以进入现代学术的序列之中，成为大学建制的学科之一。"中国哲学"在现代学术形态中所对应和临摹的，显然是这样一种经过学科化、专业化之后的"哲学"，它的目标就是要建构成有清晰界定的现代性的知识体系。但这样的"中国哲学"，显然不是中国传统学术中所固有的，而是现代知识形态建构中的一种想象的推及，只能是戴着中国面具的西方式哲学。

论者认为，按照所谓"普遍哲学"的要求提拈出来的问题，或因资源匮乏而尽显其短，或因情景有别而难尽其长，使得一部漫长的中国思想历史好像是一只原地打转的陀螺。这正应和了黑格尔对中国文化所下的"非历史性的历史""人类精神的童年"之类的判词。面对这样一种身份尴尬和叙事困境，我们亟须反省一个世纪以来的整体上的欧化理路，对"在中国的哲学史"的建构方式也须做根本的清理，必须彻底打破欧洲中心主义的牢笼。做到了这一点，也许才有希望走出对西方模式之简单仿照的幽谷，改变"三千年素朴性"的定式形象。最近十年来，后殖民批评的发展趋势表明，"东方主义"的某些局限性已被意识到并逐步地得以矫正，后殖民眼界和论域还在不断地拓宽；同时，后殖民作为一种方法论的意义和参与者的多样性走向也在加大。对百年来中国文化的结构性改变和学科化形式的当下反思，既可以从后殖民批评中得到启发、吸取力量，也可以在独特历史进程的省视中为之补充新鲜的经验、加厚理论的强度。当代中国，既需要后殖民理论的引进和吸收，同样也需要后殖民理论的参与和建设。[②]

综合以上学者们的观点，我们看到，就中西哲学而言，由于中西哲学各有其诞生、发育、发展的文化背景、社会环境、伦理道德、宗教信

---

① 参见华勒斯坦等著《学科·知识·权力》，刘健芝等编译，生活·读书·新知三联书店，1999 年，第 16 页。

② 参见景海峰《学科创制过程中的冯友兰：兼论中国哲学史的建构及其面临的困境》，《开放时代》2001 年第 7 期；《从"哲学"到"中国哲学"——一个后殖民语境中的初步思考》，《江汉论坛》2003 年第 7 期。

仰、价值观念、思维方式、风俗习惯、语言文字的差别，其哲学讲述的"话题本身"以及讲述的"话语方式"都大相径庭。换言之，中西哲学关于宇宙、社会、人生、人心的体认方式和表达方式亦大异其趣，由此而产生对于哲学定义的不同规定，便是不言而喻的了。但是，哲学和其他事物一样，既有其特殊性或个性的一面，同时也有普遍性的一面。对中西哲学进行比较研究，并不仅是为了简单罗列中西哲学的特点（中国哲学如何，西方哲学如何，什么是共通之处，什么是差异之点，等等），中西哲学之间的比较参照，其更重要的意义在于为我们今天的理论思考和理论建构工作提供一种重要的资源。

在现代性的反思过程中，不同的哲学传统、背景之间的对话已越来越受到关注。对话涉及对话者之间的相互理解、沟通和共识。然而，除了相互之间的理解、沟通进而达成共识以外，对话还同时应该包括某种建构性的原则；后者所指向的，是哲学本身的理论创造，包括新的视野的形成、新的观点的提出、新的理论的建构、新的思想的诞生，等等。哲学的研究，不同传统之间的比较、对话当然涉及对已有的视域的超越、对封闭体系的解构，这一点在后现代的话语不断强化解构的背景下显得尤为重要。因此，当代的哲学建构既需要世界哲学的视域，也涉及现代性的反思，按其实质，这种反思可以看作是现代社会和现代文化的自我批判。①

笔者认为，满足麦金太尔的"第三项要求"实质上就是要形成中国哲学现代转化和建构的新的诠释原则的问题。而真正的诠释原则不是形式的、外在化的，必须是内在的和个性化了的。我们强调多元化的研究方式，同时还应注重西方哲学观念与传统中国思想的双向开放互动，如是则可以消解软化所引进哲学概念的外在性，易于形成内在化、个性化的新的诠释原则。由是观之，我们需要区分"中国哲学"名号下的哲学操作和中国人所实际从事的哲学操作，前者是狭义的"中国哲学"，后者是广义的"中国哲学"。如今，要议论"中国哲学"，不可局限在狭义

---

① 参见杨国荣《哲学的建构与现代性的反思——现代性反思的哲学意义》，《上海师范大学学报》2003 年第 3 期。

"中国哲学"的范围。当然，如果考虑广义"中国哲学"的情况，我们就会发现，现当代中国的哲学活动还处在各种异质性因素互相离异的状态，完整意义上的"中国"的哲学还没有产生出来。不过，可以预期的是，未来中国哲学的创立和发展，必定要以中西哲学的异同比较和相互诠释为基础，在平等的对话和交流中激发中国哲学的创造力，坚定不移地走以我为主、综合创新之路。

## 四、新世纪中国哲学研究的走向

进入 21 世纪，人类社会正在步入后工业时代，中国社会经历着从传统向现代的转型，新世纪的中国文化建设面临着更为复杂的形势，传统与现代的两极互动有可能转变为传统、现代与后现代多元交织的复杂动态关系，这是一场更具挑战性的文化实践。而作为中国文化核心的中国哲学如何在迎接挑战中走向现代、走向世界，就成为学者们关注的重要话题。

有学者认为现代哲学的"中国化"是一个比"现代化"更不易规定的问题。"中国底哲学"在今天的诉求，需要以文化多元主义的文化观作为基础。当代文化和哲学的发展显示出根源性、民族性、地方性，与世界性、现代性、普遍性，不再是启蒙时代所理解的非此即彼的对立，而是"对立统一"的辩证关联。在这个意义上，"中国的"也同时是"世界的"，"传统的"也是"现代的"，这已为当今跨文化研究的实践所证实。另一方面，古代中国哲学所讨论的问题虽然有其普遍性的一面，但其注重的问题与提问的方式，不能不受交往范围的限制和古代历史、社会的影响，从而，文化的近代化（现代化）是必需的。这种现代化意味着在与西方及世界文化的对话、交流、沟通的过程中，改造和发展自己，并在东西南北时空大压缩的交往时代参与世界和人类文化的交流。[①]

论者认为，进入新世纪，非西方的哲学家的重要工作之一，就是发展起一种广义的"哲学"观念，在世界范围内推广，解构在"哲学"这

---

① 参见陈来《现代中国哲学的追寻——新理学与新心学》，第 15—16、18 页。

一概念理解上的西方中心立场，才能真正促进跨文化的哲学对话，发展21 世纪的人类哲学智慧。如果未来的哲学理解仍然受制于欧洲传统或更狭小的英美分析传统，而哲学的人文智慧和价值导向无法体现，那么 21 世纪人类的前途将不会比 20 世纪更好。

复有学者认为，中国哲学既要立足于传统，又要面向现代，这是新世纪中国哲学学科的发展必须面对和妥善解决的历史性课题。由于传统与现代是一个相对的历史性概念，这一课题有日益复杂化的趋势，也蕴含了新的解决的可能。从理论的角度看，一方面我们需要在总结传统文化和哲学现代化历史经验的基础上，提出更为细密切实的文化理论，以期对这一问题获得更加理性的思考。另一方面，更为重要的是，我们不能再简单地、浮泛地用科学、理性、民主等概念去一般性地描述现代，而需要认真、理性地追问传统哲学所要面对的现代究竟是什么，现代性包括什么，意味着什么，我们需要怎样的现代性，等等。只有理清了这些问题，我们才可能去反观中国传统文化和哲学与现代的关系，才能够真实地回答传统文化和哲学能否现代化，传统文化和哲学中哪些是传统的东西，哪些包含有现代性的因素和向现代性转化的可能，哪些东西可以成为一种资源以弥补现代性的不足、纠正现代性的偏差，以及如何处理传统与现代与时俱变的动态关系这样一些深层次的问题。[①]

再有学者认为，在当今这个经济全球化的时代，哲学思想亦在趋于融合。哲学思想融合的趋势在形成着"普遍的哲学"，我们从事中国哲学研究，一方面要注意借鉴传统学术研究那种注重"通"的方法，注意中国传统哲学思想与学术史、经学史、社会史等学科的内在关联性，注意多学科之间的相互渗透而加以融贯；同时亦要注意不只把学术研究停滞于知识、器物的一极，而要体认传统人文整体的教养。如此，中国哲学的研究就会逐步地走向个性化，实现中西哲学思想诠释的双向互动，从而对那全球化过程中正在形成的"普遍哲学"有所贡献。[②]

也有学者认为，走出中国哲学的危机、超越中国哲学合法性问题，

---

① 参见洪修平、白欲晓《关于中国哲学学科建设的几点思考》，《哲学研究》2002 年第 1 期。
② 参见李景林《西方话语霸权下中国哲学学科合法性之反思》，《学习与探索》2003 年第 2 期。

中国哲学既不能"照着"西方所谓哲学讲，也不能"接着"西方所谓哲学讲，而应该是智能创新式地"自己讲"，讲述中国哲学自己对"话题本身"的重新发现、对时代冲突的艺术化解、对时代危机的义理解决、对形而上学之谓道的赤诚追求，等等。中国哲学"自己讲""讲自己"就是要在与"他者"的交往中、与对象的对话中、与对手的竞争中获得激动力、转生力和生命力。中国哲学的创新，不仅要面对过去的"问题""话题"，更主要的是要面对 21 世纪人类所共同面临的人与自然、人与社会、人与人、人的心灵和各文明之间的冲突等现实的"问题""话题"，并由此五大问题而产生对生态、人文、道德、精神、价值五大危机的本根性反思，并寻求化解之道。①

综合以上学者们的观点，我们看到，新世纪中国哲学的走向问题，不是一个纯粹客观的问题，而是与哲学从业者的自身问题意识相关联的问题。"中国底哲学"的追求有没有意义，冯友兰、熊十力、梁漱溟等人的现代的"中国"哲学重构是否成功，对我们未来的哲学活动有何借鉴，哲学的现代性如何理解，哲学的中国性如何规定，"中国哲学的现代化与世界化"在何种意义上值得追求，这些都是我们在新世纪初不得不进一步思考的课题。中国哲学的研究方式的确需要改变，明智的选择是在真正存在问题的地方加以改变；中国哲学史确实需要重写，有效的立场是要真正找到能够带来突破的重写途径。就中国哲学的建设来说，这一新文化建设的实践为自身提供了发展的动力和机遇，只有在更为广阔的文化视野审视下，中国传统哲学才能寻找到面向现代和未来的合理途径，也只有深入参与新文化建设的实践中，中国哲学才能为中国社会的发展服务，在世界多元文化格局和人类交往理性的建构中获得发展，展示其自身对哲学问题的独特理解，提供解决人类哲学问题的崭新智慧，实现自己的价值。

笔者认为，新世纪"中国哲学"的努力方向应是寻求各种异质性资源的有效整合，特别是要将传统的思想和学术与西方的思想和学术整合

---

① 参见张立文《中国哲学的"自己讲"、"讲自己"——论走出中国哲学的危机和超越合法性问题》，《中国人民大学学报》2003 年第 2 期。

到一起，并产生出新的哲学理论。只有哪一天中国人开始正常地建构出新的哲学理论，"中国哲学"才算名副其实、名正言顺，才不再需要刻意地辩护。而建构"中国哲学"的关键是：关心中国人的那些带根本性的问题，关心包括中国在内的这个世界的带根本性的问题，然后给予自己的解决。我们相信，通过继承学术前辈已取得的成就，经过几代中国哲学工作者耗费巨大心智坚持不懈的努力，中国哲学学科一定会有光明的前途和未来。

原载《中国社会科学》2003 年第 6 期

# 近三十年来"天人合一"问题研究综述

林晓希*

"究天人之际"是中国传统哲学中的一项重要内容。邵雍指出:"学不际天人,不足以谓之学。"(《皇极经世·观物外篇》)对"天人之际"的思考在中国传统哲学中有不同的结论,综观先秦至明清时期的中国传统哲学,"天人合一"是回应"天人之际"问题的主流观点。"天人合一"问题不仅是中国传统哲学的基本问题,而且是当代中国哲学的研究对象。现以近三十年来探讨"天人合一"问题的较有代表性的研究成果为基础,从四个方面对"天人合一"问题的研究进行整理。

## 一、"天人合一"问题的真伪和当代研究视角

对"天人合一"问题的质疑古已有之。荀子批评孟子"甚僻违而无类,幽隐而无说,闭约而无解"(《荀子·非十二子》),反对庄子"弊于天而不知人"(《荀子·解蔽》)。荀子认为诸子的根本错误在于没有分清楚天与人之间的界限,强调"明于天人之分"(《天论》)。柳宗元提出"天人不相预",刘禹锡认为"天人交相胜"等。他们都不认同"天人合一"说。程颢虽然认同"天人合一"的思想,但他反对"天人合一"这个命题,他认为问题出在"合"字。程颢说"天人本无二,不必言合"(《程氏遗书》卷六),准确的说法是"天人一"而非"天人合一"。对"天人合一"的质疑由古代持续到当代。俞吾金认为当使用"天人合

---

* 林晓希,1984— ,女,中山大学哲学系。

一"的表达式时，已经预设了"天"与"人"是两个外在的对象，"天人合一"这个命题不合法，是个伪命题。[①] 苗润田提出天人关系是"天人无间"，没有必要倡导人要与天地万物为一体的"天人合一"。若是讲"合"，主"一天人""合天人"，这便意味着天人二分。[②]

　　虽然古学界均有质疑"天人合一"者，但他们都不反对"天"与"人"之间存在某种关联。荀子曾言道："善言古者必有节于今，善言天者必有征于人。"（《荀子·性恶》）他反对把天与人完全隔绝的观点，他说："财非其类以养其类，夫是之谓天养；顺其类者谓之福，逆其类者谓之祸，夫是之谓天政。"（《荀子·天论》）当代学者俞吾金亦不否认"天"与"人"之间的联系，在他看来，"天人合一"命题虽不成立，但"天"和"人"却是内在统一的。通过以上整理可知，"天人合一"问题是中国传统哲学探讨"天人之际"的一种理论倾向，成为从先秦至明清时期中国哲学的重要理论之一。从古至今均有学者对"天人合一"问题提出质疑，但这种质疑实质上并未割裂"天"与"人"之间的关系，"天"与"人"之间的关联是进行哲学思考的人所不得不承认的一个事实。结合中国哲学独有的特点和话语体系来看，"天人合一"问题不仅是合理的，而且是中国传统哲学的基本命题。

　　以当代研究视角来看，"天人合一"是一个在不同意义上有不同含义和范围的问题。例如，张岱年在论述"天人合一"问题的源起时选取了两个视角，分别是作为成语的"天人合一"和作为哲学思想的"天人合一"，两个不同视角下的研究"天人合一"问题的源起，得出的结论是不同的。[③] 汤一介认为"天人合一"问题不仅是一种哲学思想，还是中国哲学的一种思维模式。[④] 李宗桂亦认同这种观点，认为"天人合一"是中国传统哲学的思维模式，西周时期的"以德配天"的思想就是这种思维模式的表现。[⑤]

---

① 俞吾金：《人在天中，天由人成——对"天人关系"涵义及其流变的新反思》，《学术月刊》，2009 年第 1 期。
② 苗润田：《本然、实然与应然——儒家"天人合一"论的内在理路》，《孔子研究》2010 年第 1 期。
③ 张岱年：《中国哲学中"天人合一"思想的剖析》，《北京大学学报》（哲学社会科学版）1985 年第 1 期。
④ 汤一介：《论"天人合一"》，《中国哲学史》2005 年第 2 期。
⑤ 李宗桂：《生态文明与中国文化的天人合一思想》，《哲学动态》2012 年第 6 期。

张世英认为人与世界关系的最高阶段是审美意识，它是"高级的天人合一"境界，"天人合一"既是个哲学命题，又是个美学命题。[1]李慎之认为"天人合一"是遍及中国传统文化各个方面的一种思维定式与终极追求。[2]乔清举认为"天人合一"问题具有多层次的视角，主要包括物理、价值、本体、功夫、境界和知识。[3]钱穆和季羡林认为"天人合一"不仅是哲学命题，还关系到人类发展前途，是中国传统文化的最有贡献之处。[4]

通过以上整理可知，当代学界对于"天人合一"问题的研究视角呈现出多元化的发展趋势，主要表现在三个方面：第一，语词层面，即"天人合一"四字成语；第二，思想（主要是哲学）层面，探讨"天"与"人"之间存在某种关联的理论；第三，价值层面，"天人合一"作为一种思维方式或文化特质。学界对"天人合一"问题的研究较多地集中在第二和第三个层面。

## 二、"天人合一"问题的源起和内涵

"天人合一"问题有不同的研究视角，对"天人合一"问题源起的追问应在不同的研究视角下进行探讨，主要表现为作为语词的"天人合一"和作为思想的"天人合一"问题。

首先，语词层面意义的"天人合一"问题，张岱年称成语。在此意义上来探讨"天人合一"问题的源起，学界认为源于张载在《正蒙·乾称》中的表达："儒者则因明致诚，因诚致明，故天人合一，致学而可以成圣，得天而未始遗人。"此处第一次明确提出"天人合一"四字成语，目力所及学界目前对此没有争议。

其次，思想层面的"天人合一"问题的源起。学界在这一层面上探

---

① 张世英：《"天人合一"与"主客二分"的结合——论精神发展的阶段》，《学术月刊》1993年第4期。
② 李慎之：《泛论"天人合一"——给李存山同志的一封信》，《传统文化与现代化》，1995年第2期。
③ 乔清举：《天人合一论的生态哲学进路》，《哲学动态》2011年第8期。
④ 钱穆：《中国文化对人类未来可有的贡献》，《中国文化》1991年第4期；季羡林：《"天人合一"方能拯救人类》，《哲学动态》1994年第2期。

讨"天人合一"源起的问题是存在争议的，不同的学者得出的结论亦不相同。张岱年认为"天人合一"的思想起源于西周，正式成为一种理论观点则是在汉代哲学及宋代哲学中。[①]汤一介提出对"天人合一"思想最早最明确的表达在公元前 300 年《郭店楚简·语丛一》中："易，所以会天道、人道也。"将"天"和"人"放在一起，作为一对范畴。[②]周桂钿指出"天人合一"的说法在《易传》中就有表达，《周易·乾卦·文言》："夫大人者，与天地合其德。"[③]张世英提出不同的看法，他认为中国哲学史上的"天人合一"说起于孟子。孟子主人性是有道德意义的，人之性善有天为根据，提出天与人相通。[④]李慎之认为"天人合一"说最初的源头，应当是神学，最完备的形式和理论表现为汉朝董仲舒的"天人相类"与"天人感应"之说。[⑤]邵秦认同"天人合一"观源自董仲舒，他认为西汉董仲舒在《春秋繁露·深察名号》中明确提出"天人之际，合而为一"，以此表达天人关系的密不可分。[⑥]由上述整理可知，学界对"天人合一"思想的源起的争议源自对"天人合一"思想的不同理解。"天人合一"是指关于"天"和"人"两个范畴的具有关联思想的出现还是指形成"天人关系"思考的较为系统的理论。由于对此看法不一致而导致的结论不同，实质是对"天人合一"问题的内涵有不同的看法。

对"天人合一"问题的内涵进行考察时发现，学界很少在"天人合一"整体层面上探讨其内涵，目力所及未发现关于"天人合一"问题的公认的、权威的内涵。在探讨"天人合一"问题内涵时，少数学者将"天人"作为整体进行考察，如程宜山认为中国传统哲学中的"天人"问题有广、狭二义。广义的"天人"即宇宙、人生；狭义的"天人"主要指"天人关系"即"天人之际"。[⑦]学界对"天人合一"问题内涵的探讨，

① 张岱年：《中国哲学中"天人合一"思想的剖析》，《北京大学学报》，1985 年第 1 期。
② 汤一介：《论"天人合一"》，《中国哲学史》2005 年第 2 期。
③ 周桂钿：《释"天人合一"——兼论传统价值观的现代意义及其现代转换》，《山东社会科学》2002 年第 1 期。
④ 张世英：《"天人合一"与"主客二分"》，《哲学研究》1991 年第 1 期。
⑤ 李慎之：《泛论"天人合一"——给李存山同志的一封信》，《传统文化与现代化》1995 年第 2 期。
⑥ 邵秦：《"天人合一"说与可持续发展》，《中国哲学史》2001 年第 2 期。
⑦ 程宜山：《试论中国哲学中的天人关系问题》，《学术月刊》1984 年第 11 期。

大多是从分别探讨"天"、"人"和"合"这几个范畴的含义展开的。

　　"天"在中国传统哲学中是一个重要的范畴，具有多层次的涵义。考察"天人合一"问题的内涵必须对"天"的含义做出解释。李锦全、冯达文在主编的《中国哲学初步》中介绍了"天"的起源。"天"在甲骨文中已经出现，但那时并未替代卜辞中的重要范畴"帝"。"天"与"帝"最初并无关联，后在殷末周初时两个概念开始融合，"天"逐渐取代了"帝"。①此后的"天"有两重含义：第一，日月星辰运行的天；第二，被哲人们赋予了各种意义的天。第一个含义"日月星辰运行之天"即自然之天，指相对于主观存在的人的客观自然界；第二种含义中"天"的各种意义，在不同的学者那里有不同的阐释。张岱年认为上古时代"天"有两层意义：一指有人格的上帝，一指与地相对的天空。②汤一介认为在中国历史上，"天"有三种含义，除自然之天（有自然界义）外还有主宰之天（有人格神意义）和义理之天（有超越性义、道德义）。他强调春秋战国以降，"天"的三种不同含义才在不同思想家的学说中逐渐明确。③金春峰认为"天"是在汉代被赋予三种含义的，并发展了道德之天（或义理之天）和自然之天的内涵。④任继愈提出天有五种含义，分别为：自然之天、主宰之天、命运之天、义理之天、人格之天。⑤冯友兰也认为"天"有五层涵义，但具体表述同前者不同，他认为"天"的五种涵义为：物质的天、主宰的天、运命的天、自然的天和义理的天。⑥"天"的含义被越来越细化，林俊义提出"天"有十二种涵义，分别为：人格神、天象或气象、天象或气象的规律、天命、自然天然或天真、天志、群物之祖、理（天理）、性（天性）、心、气（天气）、宇宙空间。⑦

　　综合学界对"天"内涵的概括可知，不管"天"被赋予了多少种内

① 参见李锦全、冯达文《中国哲学初步》，广东人民出版社，1996年。
② 参见张岱年《释"天"、"道"、"气"、"理"、"则"》，《中国哲学范畴集》，人民出版社，1985年。
③ 汤一介：《论"天人合一"》，《中国哲学史》2005年第2期。
④ 参见金春峰《汉代思想史》，中国社会科学出版社，1987年。
⑤ 任继愈：《试论"天人合一"》，《传统文化与现代化》1996年第1期。
⑥ 参见冯友兰《中国哲学史新编》，人民出版社，2007年，第103页。
⑦ 林俊义：《从中国传统哲学中的"天人合一论"寻觅"自然与人的和谐"》，《自然辩证法研究》2000年第9期。

涵，可用两个层面来概括：形而下的"自然之天"和形而上的"多意义之天"。学界大都认同"天"的内涵是多层面的。但对"天"的多种内涵中哪种是主要方面却存在较大的争议。钱穆认为"天人合一"思想中"人与自然相互调适之义"是中国文化对人类最大的贡献，强调"天"的自然之义。① 季羡林也认为"天"的多种涵义可以简化为一个即自然，"人"就是人类。"天人合一"就是人与大自然的合一。② 许启贤认同此观点，他认为"天人合一"之天乃自然之天，与自然的人同属自然，二者因此具有相通相合之处。③ 强调"天"形而下的自然涵义，由此而推断出"天人合一"即为"人与自然的和谐"。蒙培元认为儒家"天人合一"的"天"主要为世界本体，具有形而上的意义，即所谓"天道""天德"。④ 形而上之"天"才是"天"内涵中的主要方面。

与"天"的多义相比，对"人"与"合"的含义争议较少。"人"多指自然存在的人和人类社会，在"人"的内涵上学界基本不存在争议，有学者在此基础上对"人"的概念做了进一步的区分，细化了"人"的内涵。陈伯海认为"人"有三重涵义：第一，指实体的人，即与客观世界（天）相对应的主体性存在，这是人的基本内涵；第二，人的作为，属实体的人的衍生义；第三，指人的存在方式及其原理，通常称之为人道（人之道）。⑤ 林俊义认为"人"的含义有五种，分别为：人（力）、人（道）、人（为）、人（欲）和人类。⑥ 在"天"与"人"如何而"合"的问题上，徐春根认为"天人合一"思想中的"合"应为"和"。"天人合一"把和谐的问题放在第一位，"天人合一"的思想中心其实是"和"的问题。⑦ 刘泽华、赵世超认为"天人合一"主要讲天与人的社会性的合一，

① 钱穆：《中国文化对人类未来可有的贡献》，《中国文化》1991 年第 4 期。
② 季羡林：《"天人合一"方能拯救人类》，《东方》1993 年创刊号。
③ 许启贤：《中国古人的生态环境伦理意识》，《中国人民大学学报》1999 年第 4 期。
④ 蒙培元：《中国的天人合一哲学与可持续发展》，《中国哲学史》1998 年第 3 期。
⑤ 陈伯海：《唯天唯大，唯人唯灵——"天人关系"的再思考》，《学术月刊》2009 年第 1 期。
⑥ 林俊义：《从中国传统哲学中的"天人合一论"寻觅"自然与人的和谐"》，《自然辩证法研究》2000 年第 9 期。
⑦ 徐春根：《论中国"天人合一"思想的内在逻辑前景》，《自然辩证法研究》2007 年第 2 期。

其核心是"天王合一"。①② 林俊义对"天人合一"中的"合"做了概括，他认为历代思想家讲"合一"、"统一"和"一致"时多从以下几个角度看：第一，天与人同心，天人具有共同的意志，可以感应；第二，人的天性是由最高本原天所赋予的，人性的内容与天相通；第三，人的认识、道德修养以及社会政治的最高思想是与最高本体"天"合而为一的；第四，天的规律与人的规律一致，天道即人道。③ 由上述整理可知，"天人合一"问题有非常丰富的内涵，探讨"天人合一"的内涵时要把握两条原则：第一，不能因"天人合一"问题的复杂性而回避对"天人合一"问题内涵的界定；第二，注意避免过于简单地为"天人合一"的内涵下单一的定论。

### 三、"天人合一"问题的理论内容和发展特点

"天人合一"问题贯穿于中国传统哲学的发展过程中，经历了漫长的发展和演变过程。学界对"天人合一"问题的内容探讨往往与发展过程的特点融合在一起。这种探讨主要有三种方式：第一种以学派为标准来进行考察，通常分为儒、墨、道、法、阴阳五行家等，整理出关于"天人合一"问题各学派较有代表性的人物和观点；第二种以历史发展阶段为划分标准，分为先秦、两汉、宋明和清代的"天人合一"思想，在论述的过程中一般选取每个时期的代表人物的思想进行论述，兼及特点分析；第三种以其他的标准来对"天人合一"思想的内容和发展特点进行分析，如按照天人关系的流变来划分"天人合一"思想的发展阶段等。学界有些研究综合使用三种标准或任意选取其中几种，以上三种方式没有明确的界线。

李锦全、冯达文将先秦时期的对"天人合一"问题的探讨分为儒、墨、道、法四家。先秦儒家关于"天人合一"问题思考的代表人物是孔

---

① 刘泽华：《天人合一与王权主义》，《天津社会科学》1996 年第 4 期。
② 赵世超：《天人合一述论》，《史学月刊》2002 年第 11 期。
③ 林俊义：《从中国传统哲学中的"天人合一论"寻觅"自然与人的和谐"》，《自然辩证法研究》2000 年第 9 期。

子和孟子；先秦道家老子把天还原成自然的天，庄子强调天对人没有特殊情感；墨子承认有意志的天，在天的旗帜下提出平等和博爱观；荀子提出"明天人之分""制天命而用之"；法家在荀子"天人相分"理论上进一步探讨由人组成的社会的治理，法治作为在把握社会自然客观规律基础上引申出来的人对社会治理的见解，体现了先秦时期在社会历史观领域对天人关系认识的最高成就。①高晨阳从儒、道和阴阳三家的角度进行分析，他认为，儒家的"天"和"人"均有道德性意义。儒家主"天人合一"目的是从形而上的高度确证人的道德原则或道德生活的当然与必然；道家的"天人合一"说集中体现在"道法自然"的命题中；与儒、道两家相比，阴阳五行家所理解的天，其客观性的色彩较为浓厚。②以学派为标准来分析"天人合一"思想，可知不同的流派所理解的"天人合一"思想存在明显的不同，体现出各自派别的鲜明特点，这种特点同样体现在历史发展阶段划分标准中，先秦、两汉、宋明和清代的"天人合一"思想亦各有不同。

金春峰认为先秦时期理性的发展，文化的提升，人文思想的涌现，严重打击了上帝、天命的信仰。孔子制礼作乐，维护传统信仰，并把它理性化而引向人文道德方向，从天人关系的哲学高度有力论证了人的尊严与地位。③张岱年将汉宋哲学作为一个阶段来看，他指出汉宋哲学中关于天人合一主要有三说：一是董仲舒的天人合一观；二是张载的天人合一观，三是程颢、程颐的天人合一观。董仲舒讲"以类合之，天人一也"，张载讲"天人合一"，程颢讲"天人本一"。三者用语不同，其学说的内容亦不同。但他们的基本观点还是一致的，即肯定天与人有统一的关系。人与天不是敌对的关系，而是共存的关系。所谓合一不是没有区别，而是有区别的统一。④任继愈对上述三种学说中的天人感应思想的评价不高，他认为天人感应的思想是适应汉代这个大一统的封建帝国的政治需要而迅速膨胀起来

---

① 参见李锦全、冯达文《中国哲学初步》。
② 高晨阳：《论"天人合一"观的基本意蕴及价值——兼评两种对立的学术观点》，《哲学研究》1995 年第 6 期。
③ 参见金春峰《汉代思想史》。
④ 张岱年：《天人合一评议》，《社会科学战线》1998 年第 3 期。

的，作为一种人为的宗教神学思想，它完全是假造的谎言。①金春峰则认为天人关系是汉代哲学的主题，董仲舒的经学哲学重新树立了天的权威与信仰，在新的时代条件下恢复了孔孟人为贵的人文传统，而且在综合各家的基础上重新树立起儒家人文思想的权威和独特地位，形成了适应大一统中央集权之政治与社会之需的指导思想。②汉代哲学的主题和基调是人的强大有力和对天的征服。在天人关系中，形式上是天支配、主宰人，实质上是人支配天。张世英认为张载"天人合一"说是宋明道学的开端，道学的"天人合一"在张载以后逐渐分为程朱理学与陆王心学两派。程朱主张人禀受形而上的理以为性，故天人相通，陆王强调理不在心之上或心之外，认为人心即是理。王阳明明确否认有超乎人心和具体事物之上的形而上的理的世界，主张唯一的世界就是以人心为天地之心的天地万物，王阳明是中国哲学史上"天人合一"说之集大成者。③

　　学界对"天人合一"问题的内容和发展阶段的概括还有以下观点。徐春根认为在历史上"天人合一"思想经历了三个发展阶段：第一，神人以和；第二，天人二分基础上的"天人合一"；第三，人与人和谐基础上的"天人合一"。④周桂钿认为"天人合一"有三种形式：天人一德、天人一类和天人一气。⑤刘立夫将"天人合一"归纳为：第一，天人相类，或天人相副、天人同构，以《黄帝内经》和董仲舒为代表；第二，天人一体，主要是阴阳家的理论，后融入各家中；第三，天人同性，即天地之性亦人之性，尽性则可以知天，主要由思孟学派提出，被张载发扬光大，是儒家人道主义的理论基础；第四，天人同理，"天道"即"人道"，以老子开端，理学集大成，是中国传统天人观的基本内容。⑥张馨认为中国古代"天人合一"思想包括萌芽、形成、发展和衰落四个阶段。萌芽指原始社会末期至奴隶社会包含在神学崇拜中的"天人合一"观；形成

---

① 参见任继愈《中国哲学发展史（秦汉）》，人民出版社，1985年。
② 参见金春峰《汉代思想史》。
③ 张世英：《"天人合一"与"主客二分"》，《哲学研究》1991年第1期。
④ 徐春根：《论中国"天人合一"思想的内在逻辑前景》，《自然辩证法研究》2007年第2期。
⑤ 周桂钿：《释"天人合一"——兼论传统价值观的现代意义及其现代转换》，《山东社会科学》2002年第1期。
⑥ 刘立夫：《"天人合一"不能归约为"人与自然和谐相处"》，《哲学研究》2007年第2期。

阶段指春秋战国时期儒家和道家哲学意义上的"天人合一"观;发展阶段指董仲舒、魏晋玄学和宋明道学;衰落断裂时期指明末到鸦片战争。[①]冯契认为在中国古代哲学家中间,同样是讲"天人合一",但是在理路上实际形成了两个不同的传统:一派以正统派儒学,特别是宋明理学为代表,从"无对""复性"来讲"天人合一";另一派从荀子、刘禹锡、柳宗元到王夫之,也形成了一条传统,即从天与人的交互作用来讲天与人如何达到动态的统一。[②]

通过以上整理可知,"天人合一"问题的内容随着中国哲学的发展而不断丰富。在中国哲学史的发展过程中,"天人合一"问题不仅呈现出自身独有的特点,而且与中国哲学的特点相融合,体现出中国文化的独特特质。

## 四、"天人合一"问题的历史地位与当代价值

"天人合一"问题的历史地位和当代价值一直是学界关注的话题。20世纪90年代初,钱穆、季羡林等人发表关于"天人合一"问题新观点的文章更是引起了学界广泛的关注。随后,关于"天人合一"历史地位和当代价值的研究逐渐增多,所持的观点和得出的结论亦不尽相同。

在"天人合一"的历史地位研究中,学界的争论焦点主要表现在"天人合一"问题在中国传统哲学和中国传统文化中的地位。大部分学者都认同"天人合一"在中国传统哲学中的重要地位,汤一介认为"天人合一"问题作为一种思维方式对解决天人关系有正面的积极意义,"天人合一"问题是一种哲学思想,并构成了中国哲学的一种思维模式。[③]方克立认为天人关系是中国哲学的基本问题或最高问题。[④]李慎之认为"天人合一"是遍及中国传统文化各个方面的一种思维定式与终极追求,认为

---

① 张馨:《论"天人合一"的现代意义》,《陕西师范大学学报》(哲学社会科学版),2008年第S2期。

② 参见冯契《认识世界和认识自己》,华东师范大学出版社,1996年。

③ 汤一介:《论"天人合一"》,《中国哲学史》2005年第2期。

④ 方克立:《"天人合一"与中国古代的生态智慧》,《社会科学战线》2003年第4期。

"天人合一"亦是中国文化的思维方式。[1]更有学者对"天人合一"的历史地位给予了高度的评价，如钱穆认为中国文化过去最伟大的贡献，在于对"天""人"关系的研究。中国人喜欢把"天"和"人"配合着讲。"天人合一"论是中国文化对人类最大的贡献，"天人合一"观是中国古代文化最古老、最有贡献的一种主张。[2]季羡林也认为"天人合一"不仅是哲学命题，还关系到人类发展前途。[3]但也有学者不认同将"天人合一"的历史地位评价得过高，如张立文。他认为中国传统哲学中有"天"与"人"相合，有"天"与"人"相分，还有交相胜、相用。仅以"天人合一"作为中国传统文化的特点或中国哲学范畴逻辑结构的特征，恐失之简单。[4]程宜山虽不否认"天人合一"问题在中国古代哲学史的重要地位，但他认为不宜将"天人合一"的历史地位估计过高。[5]张世英也认为虽然中国哲学史上的主导思想是"天人合一"式，但从中西哲学的区别来看，一味赞扬中国的"天人合一"说不符合人类思想发展之大势。[6]以上为学界对"天人合一"问题的历史地位的探讨中比较有代表性的观点，通过整理可知，学界对"天人合一"是中国传统哲学中的重要内容上的看法是一致的，分歧主要在"天人合一"是不是中国传统哲学和中国文化的核心内容或"最有贡献的"。

"天人合一"问题的当代价值的研究的领域较为宽泛，有不少跨越不同领域的研究，将"天人合一"问题与伦理学、美学、文学、音乐、建筑、医学等不同的领域融合在一起，拓展了"天人合一"问题的研究范围，得出了许多有价值的研究成果。较为集中的是以生态伦理学的视角来探讨"天人合一"问题，在此问题上的争论也较为集中，主要表现在"天人合一"能否理解为人与自然的和谐及"天人合一"能够解决当今社会的环境问题。

---

① 李慎之：《泛论"天人合一"——给李存山同志的一封信》，《传统文化与现代化》1995 年第 2 期。
② 钱穆：《中国文化对人类未来可有的贡献》，《中国文化》1991 年第 4 期。
③ 季羡林：《"天人合一"方能拯救人类》，《哲学动态》1994 年第 2 期。
④ 张立文：《中国哲学范畴发展史》，中国人民大学出版社，1988 年，第 49 页。
⑤ 程宜山：《试论中国哲学中的天人关系问题》，《学术月刊》1984 年第 11 期。
⑥ 张世英：《"天人合一"与"主客二分"》，《哲学研究》1991 年第 1 期。

有些学者赞同"天人合一"思想对当今人与自然和谐发展起到了重要作用。例如，周桂钿认为神灵的"天"与皇帝精神感应的"天人合一"已经过时不再适用，"天人合一"的现代价值在于与人类与自然界的和谐统一。① 徐春根认为"天人合一"思想包含着丰富的整体和谐、彼此协调、天下一体的智慧，要敬畏、热爱、取法大自然，保护人类共同的家园，构建饱含仁爱情怀的和谐世界。② 邵秦提出"天人合一"思想对可持续发展的启示包括：整体和谐的观念、生态伦理的观念和正确处理自然界和人的地位问题。具有整体观的"天人合一"命题，与当今要解决的地球生态、科学和哲学问题有许多契合点，因此受到了特别的关注。③ 王新建和张启鹏认为学界有关"天人合一"具有现代生态智慧的解读，不仅在理论上能够站得住脚，在实践上也会有所作为。④ 但是也有学者反对将"天人合一"的当代价值等同于人与自然的和谐相处。

方克立认为"天人合一"虽是处理人与自然关系的正确思想原则，但产生于农业文明时代的中国传统"天人合一"观，有严重的历史局限性，把它现成地拿到今天来运用，指望它能解救人类面临的生态危机，显然是不现实的。⑤ 高晨阳认为虽然传统文化的"天人合一"观可以作为解决当前环境危机的文化依据，是当前学术界十分流行的观点，然细审之，这一看法是不准确的。中国传统文化的"天人合一"观念作为实践理性的体现，与具体知识无涉，不能给人类摆脱目前环境危机提供具体的解决方案。⑥ 肖巍在考察中国古代环境状况后提出"天人合一"在形式上可作保护环境解释，但实质上无补于环境状况。⑦ 杨泽波在研究孟子思想后指出孟子虽然有过不少关于人与自然环境的话语，但那只是受农

---

① 王新建、张启鹏：《也论"天人合一"能否归约为"人与自然和谐相处"——兼论"因顺时势有所侧重"》，《学术界》2010 年第 7 期。

② 刘泽华：《天人合一与王权主义》，《天津社会科学》1996 年第 4 期。

③ 邵秦：《"天人合一"说与可持续发展》，《中国哲学史》2001 年第 2 期。

④ 王新建、张启鹏：《也论"天人合一"能否归约为"人与自然和谐相处"——兼论"因顺时势有所侧重"》，《学术界》2010 年第 7 期。

⑤ 方克立：《"天人合一"与中国古代的生态智慧》，《社会科学战线》2003 年第 4 期。

⑥ 高晨阳：《论"天人合一"观的基本意蕴及价值——兼评两种对立的学术观点》，《哲学研究》1995 年第 6 期。

⑦ 肖巍：《"天人合一"并没有改善中国古代环境状况》，《哲学研究》2004 年第 4 期。

耕文化的影响，不是孟子思想的主旨。孟子的"天人合一"思想主要谈道德境界问题，今天通常所说的"天地境界""天人合一"其实并无十分特殊的意义，不过是对道德最高境界的一种特殊表示。①刘立夫提出"天人合一"不能简单归约为人与自然和谐相处。中国古代有保护动物和生态的具体措施，但环境保护只被作为王者"仁政"的一个部分，中国的环境保护思想主要停留在这种儒家的仁爱层面，而作为在野的道家，其"自然主义"更是境界性的，充满着理想的色彩。不能迎合时尚，把严肃的学术问题当成政治和商业的工具。②刘学智认为儒家的"天人合一"其主流精神是指建立在道德心性论基础上的主、客未分的"天人合一"，而非以自然为本和表现为主、客分立关系模式的"天人和谐"。"天人合一"不等于"天人和谐"。③夏甄陶也认为在中国传统哲学中，所谓天，除了自然之天的含义以外，还有作为有意志的最高权威的主宰之天和作为伦理道德本源的义理之天等含义，天人关系远远超出了人与自然关系的范围。不过，所谓主宰之天、义理之天云云，实乃人们把自己在社会文化的积淀中产生和具有的社会功能特征与社会精神属性经过思维"蒸馏"以后升腾融入自然之天，使自然之天神化、义理化而形成的观念。④

综上所述，学界对"天人合一"问题的历史地位和当代价值争论较为激烈，尤其表现在当代价值方面，"天人合一"是否等同于人与自然的和谐相处。通过对"天人合一"问题的源起、内涵和理论内容的整理可知，"天人合一"观展现了一种和谐的状态，体现出了高度的融合，但这种和谐并非仅意味着人与自然的和谐，这种和谐是一种完满的和谐，是道德与客观自然和感性意志的双重和谐，仅将其等同于人与自然的和谐相处则将"天人合一"问题的当代价值片面化了。

原载《燕山大学学报》2014 年第 4 期

---

① 杨泽波：《孟子天人合一思想中值得注意的两个问题》，《浙江社会科学》2001 年第 4 期。
② 刘立夫：《"天人合一"不能归约为"人与自然和谐相处"》，《哲学研究》2007 年第 2 期。
③ 刘学智：《"天人合一"即"天人和谐"？——解读儒家"天人合一"观念的一个误区》，《陕西师范大学学报》，2000 年第 2 期。
④ 夏甄陶：《天人之分与天人合一》，《哲学研究》2002 年第 6 期。

# 现代新儒学研究述要（节选）

杨智勇[*]

现代新儒学是"五四"以后形成和发展起来的一个重要的思想文化思潮。20 世纪 80 年代以后，学术界开始了对它的研究，进入 20 世纪 90 年代尤其是进入新世纪后，学术界在新儒学的研究方面，产生了一系列优秀成果，如郑家栋的《现代新儒学概论》( 广西人民出版社，1990 年)、《当代新儒学史论》( 广西教育出版社，1997 年)，宋志明的《现代新儒学研究》( 中国人民大学出版社，1991 年)，胡伟希的《传统与人文：对港台新儒家的考察》( 中华书局，1992 年)，黄克剑、周勤的《寂寞中的复兴——论当代新儒家》( 江西人民出版社，1993 年)，吕希晨主编的《中国现代文化哲学》( 天津人民出版社，1993 年)，方克立的《现代新儒家与中国现代化》( 天津人民出版社，1997 年)，颜炳罡的《当代新儒学引论》( 北京图书馆出版社，1998 年)，李山、张重岗、王来宁的《现代新儒家传》( 山东人民出版社，2002 年)，陈鹏的《现代新儒学研究》( 福建人民出版社，2006 年)，景海峰的《新儒学与二十世纪中国思想》( 中州古籍出版社，2006 年)，谢晓东的《现代新儒学与自由主义——徐复观殷海光政治哲学比较研究》( 东方出版社，2008 年)，宋志明的《现代新儒学的走向》( 北京师范大学出版社，2009 年)，侯敏的《现代新儒家美学论衡》( 齐鲁书社，2010 年)，李翔海的《现代新儒学论要》( 南开大学出版社，2010 年)，崔罡的《新世纪大陆新儒家研究》( 安徽人民出版社，2012 年)，石永之的《中国文化的再展开——儒学三期之回顾与展

---

[*]　杨智勇，1975— ，男，湖南师范大学历史文化学院副教授。

望》（安徽人民出版社，2012 年），许宁的《理学与现代新儒学》（长春出版社，2011 年），程志华的《牟宗三哲学研究》（人民出版社，2009 年）、《中国近现代儒学史》（人民出版社，2010 年）、《熊十力哲学研究——"新唯识论"之理论体系》（人民出版社，2013 年），秋风的《儒家式现代秩序》（广西师范大学出版社，2013 年）等。本文将回溯 20 世纪 90 年代以来学术界对于现代新儒学研究的历程，对于这一时期主要研究成果进行综述。具体而言，在重新审视新儒学的发展脉络、深入思考新儒学的学理建构、新儒学与多元思潮的会通、新儒学与当代中国及世界的关联等四个论域上，学术界的研究成果极大地丰富了近 20 年来新儒学研究的新内涵，拓展出诸多新议题与新理念，也创新了新儒学的研究范式。

## 一、重审新儒学的发展脉络

郭齐勇认为，现代新儒学是文化守成主义的一部分。文化守成主义和现代新儒学的背景，是中国传统价值系统的崩溃、意义结构的解体和自我意识的丧失。近现代中国的思想危机是意义危机，即人们对于人生、宇宙的基本意义的看法与信仰的危机。这一思潮经历了四个阶段：第一阶段为"五四"以后的新儒学；第二阶段为抗战时期的新儒学；第三阶段为港台新儒学；第四阶段为海外新儒学，改革开放后返输中国大陆。三代四群十六位重要代表人物是：梁漱溟、熊十力、马一浮、张君劢、冯友兰、贺麟、钱穆、方东美，唐君毅、牟宗三、徐复观，蔡仁厚、余英时、杜维明、刘述先、成中英。现代新儒家反思现代性，反思唯科学主义，重视人类与中华民族的长久的人文精神与价值理性，其论域、问题意识有（1）跳出传统文化与现代化二元对峙的模式，并由此反省现代性，重新思考东亚精神文明与东亚现代化的关系问题。（2）"文明对话"与"文化中国"。（3）儒家价值与全球伦理、环境伦理、生命伦理。（4）儒学与现代民主、与自由主义的关系。（5）儒学的宗教性与超越性及"内在超越"。其思想贡献、思考给我们的启示是多方面的，当然亦有其思想困局。儒学有草根性，有生命力。开放的新儒家学者，要在中国大陆再植灵根、重建儒学，特别要重视民间教育。当代新儒学是中国健康的现代化的重要的建设性的辅助性的力量。①

柴文华在其博士学位论文中指出，所谓"现代新儒学"特指中国 20
世纪"五四"时期至中华人民共和国成立前 30 年间产生和发展起来的，
通过弘扬中国传统文化特别是儒学精粹，融合西方近代文化精神，以创
建中国新文化为目标的一种学术思潮或学术群落。其代表人物主要有梁
漱溟、张君劢、马一浮、熊十力、冯友兰、贺麟、钱穆。现代新儒家文
化观的内容十分丰富，但讨论最集中的问题主要有三个：一是文化形上
学，二是中国文化观，三是西方文化观。"文化形上学"主要指对文化本
身的哲学思考，回答文化是什么，文化的终极依据是什么，文化的发展
规则有哪些。这里有对文化本质的探索，有对文化的发生学考察，等等。
在现代新儒家的文化形上学中，主流的本体论形态是精神一元论。"中国
文化观"指有关中国文化的思想和学说，它是现代新儒家文化观中的主
要部分。"中国文化观"从横向上大致可以分为经济观、社会观、政治
观、学术观等；从纵向上又可分为中国传统文化观、中国现实文化观、
中国未来文化观三种。学术观包括科学观、人生观、道德观、哲学观等。
中国传统文化观包含儒学观、道家观、佛学观等。中国文化观可以说纵
横交错，涵盖极广。"西方文化观"是有关西方文化的思想和学说，它与
"中国文化观"一样，具有纵横交错、涵盖广博的特点。如现代新儒家学
者经常提到的古希腊文化，基督教文化，西方近现代的学术、科学、政
治，等等。该文围绕上述问题，通过个案的深入研究，系统展示现代新
儒家文化观的文本内蕴，并立足当代的理论视域，探寻其历史和现实的
合法性及其限制，为 21 世纪中国文化的发展提供某种借鉴。②

另一篇博士学位论文，李道湘的《现代新儒学与宋明理学》则围绕
新儒家代际差异和代表人物展开论述。他认为，现代新儒学发展至今已
有三代传人。就第一代新儒家而言，作为现代新儒学开山巨擘的梁漱溟，
在反传统的一片声讨之中，公开打出儒学复兴的旗帜，明确宣布要为孔
子正名，开讲座、召朋友、做演讲，全力维护和提倡孔子儒家的学说，

① 郭齐勇：《综论现当代新儒学思潮、人物及问题意识与学术贡献》，《探索》2010 年第 3 期。
② 柴文华：《现代新儒家文化观研究》，博士学位论文，黑龙江大学，2003 年。该博士论文经
修改，由生活·读书·新知三联书店 2004 年出版。——编者注

并力图融陆王心学和柏格森生命哲学为一体构建新的思想体系。张君劢游欧回国，对梁著多有称赞，并以复活宋学的口号，以"一造主角"的身份挑起"科玄论战"，从而将现代新儒学推向了前台，显示了它的存在和力量。熊十力与梁漱溟为同时代人，以再造唯识学为其思想进路，以陆王心学为基点，以体用不二为总纲，历十年之久，冥心独造了一个庞大的形而上的哲学体系，为现代新儒学奠定了形而上的基础。冯友兰与贺麟分别以"新理学"和"新心学"为旗帜，显耀于抗日战争时期。冯友兰公开宣称自己是接着程朱理学讲的，继承了中国各方面的最好的传统，又经过了西方逻辑方法的洗礼，从而完成中国哲学的改造，为中国哲学的逻辑化和现代化开出了一条新路，构造了一个具有近代意义的哲学体系，即新理学。贺麟遥相呼应，以儒学创新开展为题，搭建了他的"新心学"的庞大逻辑体系。虽然最终没有完成，但他为现代新儒学开启的发展方向和基本思路都为第二代和第三代新儒家所接纳。在广义的现代新儒家的范围内，还必须肯定钱穆在复兴儒学方面所作的努力。他与张君劢一样是跨前后两代的人物，但他思想观点变化不大，在史学领域高举现代新儒学旗帜，反对"尽废故常"的历史虚无主义，维护中国历史文化精神上，他是新文化运动以来的第一人。①

在儒学复兴的旗帜下，宋明理学受到了前所未有的重视，不管是程朱，还是陆王，都被现代新儒家作为自己直接的思想来源加以推崇和凸显。与此形成鲜明对照的是，儒学自新文化运动以来，所受到的批判和抨击也是前所未有的。面对如此困境，现代新儒家可谓殚精竭虑，一方面通过真假儒学的辨正而为儒学恢复名誉，求取认同；一方面致力于与西方哲学融合求得与时代的适应。不过由于当时社会历史条件的限制，以及畸形的文化氛围和失衡的情绪，现代新儒家难以冷静理智地去思考问题，以两极对立的思维方式走向传统批判的反面——无批判，由对中国传统文化的维护走向固守；由温情敬意转至宗教式的盲从；由狭隘的护持导致儒学内部的分裂。宗陆王者抑程朱，宗程朱者贬陆王，在现代新儒家中便形成所谓陆王心学派和程朱理学派。为了清晰地展示儒学在现代的发展线索，揭

---

① 李道湘：《现代新儒学与宋明理学》，博士学位论文，南开大学，1994 年。

示其逻辑的脉络，李道湘的研究没有回避程朱与陆王学派在现代新儒家中的分际，而是按照两系各自的逻辑演进分述。梁漱溟、张君劢、熊十力、贺麟列为陆王心学一系；马一浮、钱穆、冯友兰归为程朱一系。在这里之所以把钱穆放在程朱一系，是因为尽管他提出"气合"为历史和文化的主体的思想，但对程朱理学表彰有加，而且对程朱理学的精义做了系统而深刻的阐释，由此而构成了程朱理学在现代发展的环节。

　　文启华指出，从 20 世纪初开始，现代新儒学的发展经历了创立期、奠基期、内外开展期和海外发展期四个阶段。每个发展阶段的代表人物都提出了他们的哲学思想。从新儒学的奠基者到当代海外新儒家，对西方哲学采取了一种从表面比附到内在融合，再到融入现代西方哲学思考的越来越开放的态度，在理论上经历了一个从单纯维护儒学传统到将儒学知识性化、逻辑化，最后到将新儒学投入社会生活实践领域的越来越现代化的过程。[①]颜炳罡的《当代新儒学引论》一书，力图将当代新儒学这股具有国际影响的学术思潮放到近百年的中国历史变迁中去考察其来龙去脉，衡定其理论得失。对梁漱溟、熊十力、张君劢、方东美、徐复观、唐君毅、牟宗三等人的思想做了重点评述。就当代新儒学的定性与定位、当代新儒学的基本特征、当代新儒学的历史流变以及儒家的人文主义、"三统之说"、"良知自我坎陷"说、"道德的形上学"等一一做出分析，且提出了自己的独到见解。[②]

　　关于新儒家的代表人物的研究，郑大华在《马一浮新儒学思想研探》中指出，马一浮的新儒学思想主要由文化思想和哲学思想构成。在文化方面，提出"六艺论"，认为在所有的学术中，唯有儒学真正圆满地体现和代表了人类学术和文化的根本目的和方向，其他学术不过儒家六艺的流失而已。故此他主张以儒家六艺统摄一切学术，其中包括西学。在哲学方面，提出"义理名相论"，于本体论主张理气一元，心性一元，于认识论主张知行合一，性修不二。马一浮是站在儒学本位的立场上来楷定国学之名义的，它反映了马一浮的现代新儒家的文化取向和思想特征；

---

① 文启华：《现代新儒学的历史演变》，《湖北农学院学报》2002 年第 6 期。
② 颜炳罡：《当代新儒学引论》，北京图书馆出版社，1998 年。

马一浮认为儒家的六艺之道是投之四海皆准的真理，能够成为未来世界文化发展的方向和依归，但他并不主张固守传统，而是对六艺之道做了现代的诠释和理解。作者认为，马一浮这种既认同和维护传统又不固守传统的思想特质，在民国思想文化史上具有典型的代表意义。①张斌峰在《徐复观"人文思维逻辑"思想述评》的论文中指出，徐复观通过对《孟子》中"类推"方式的把握，开创了"行动逻辑"；通过对以儒家为代表的中国人文思想中具体生命理性的展开的阐发，开创了"具体性思维方式"。②这两大贡献使徐先生成为"人文思维逻辑"的先驱者。

## 二、反思新儒学的学理建构

范希春认为，早中期的现代新儒学具有三个明显的特征，即典型的道统论、中华文明优越论、明显的意识形态性。现代新儒学的转向，正是对上述三方面的反动。现代新儒学发展的早中期，即已有转向的表现——"道问学"一系已对儒学进行学理层面上的创新。20世纪80年代末以后，现代新儒学中的"尊德性"一系逐渐摆脱道统束缚，强调儒学以平等姿态与世界上其他伟大思想传统对话。20世纪90年代中后期，后新儒学学者们更多地转向用西方哲学的批评方法检讨现代新儒学，开始从本体论转向方法的唯物论。③余秉颐指出，现代新儒学是产生于20世纪20年代，至今仍然具有影响力的哲学和文化思潮。它的基本特征是主张复兴儒学，以传统的儒家思想为本位，吸纳、融会西方思想文化，从而谋求中国文化的现代化。"儒家资本主义"则是一种社会政治方面的主张。近现代新儒家提倡"融汇西方新潮、挺立自家传统"，他们批评了西方文化"科学与人文之间的不平衡"，强调中国文化的现代化必须坚持科学技术与人文精神的平衡发展。现代新儒家主张从儒家传统的"内圣之学"开出科学和民主的"新外王"，从而实现中国社会的现代化，但他们

---

① 郑大华：《马一浮新儒学思想研探》，《中国文化研究》2006年第4期。
② 不知此论文发表何处。据谢永鑫的《"徐复观与20世纪儒学发展"海峡两岸学术研讨会综述》（《孔子研究》2004年第3期）提及此论文，因而这应是提交会议的论文。——编者注
③ 范希春：《现代新儒学的转向省察》，《山东大学学报》2000年第6期。

认为儒家的"内圣之学"是千古不易的"恒理"，人们对其只要继承，无须超越。在中国文化现代化问题上，我们可以从现代新儒学中获取有益的借鉴和理论思维的教训。①

吉献忠指出，现代新儒学的产生不仅有着中国传统文化的基础，而且有着西方近代文化危机的深刻影响。面对后现代主义思潮对现代性负面效应的批判，现代新儒学表现出了与之有同有异的价值取向。在后现代主义语境下，现代新儒学的这种状况显然是被动适应现代化的。②陈鹏则谈到，现代新儒学以传统批评西方，回应西方。这种回应体现为两种典型的路向：一是"收缩的"路向，境界被解释成个人心性、个人心灵的自得，而无须通过向外的实践来完成自身，并依此定位中国文化的价值；一是"扩张的"路向，即主张生命境界的完成最终需展开为全幅文化之用，而试图以自家生命之"体"收摄西方文化之"用"。③李维武强调，1958 年发表的《为中国文化敬告世界人士宣言》，对现代新儒学的开展产生了双重影响：一方面，《宣言》所阐发的文化保守主义的价值取向，为现代新儒学作为一大文化保守主义思潮的存在与发展提供了基本立足点；另一方面，《宣言》的一些观点所引起的不同看法，也促成了现代新儒学思潮的不断分化。现代新儒学在近 50 年来的开展中出现了三次分化：一是哲学路向与史学路向的分化；二是重建形而上学与消解形而上学的分歧；三是心性儒学与政治儒学的不同。这种双重影响，使得现代新儒学的开展呈现出"一本而万殊"的特点。④林安梧的《"后新儒学"的理论渊源及其可能建构》一文提出，当代新儒学的发展趋势有二：一是继承宋明理学的发展，以心性之学为主导；二是通过心性之学的理论建构来安排民主与科学，以克服存在意义的危机。当代新儒学的理论建构的典范是牟宗三的"两层存有论"，主张由"良知之自我坎陷以开出知性主体"。而"后新儒学"则致力于建构一个由道德本心回到生活世界，

---

① 余秉颐：《现代新儒学三题》，《理论建设》2004 年第 4 期。
② 吉献忠：《后现代语境下的现代新儒学》，《宝鸡文理学院学报》2006 年第 5 期。
③ 陈鹏：《回应西方：现代新儒学的境界之思》，《首都师范大学学报》2000 年第 2 期。
④ 李维武：《近 50 年来现代新儒学开展的"一本"与"万殊"》，《南京大学学报》2008 年第 6 期。

重新开启一个理、心、气贯通为一的"存有的三态论"①。

## 三、新儒学与多元思潮的会通

高瑞泉认为，随着儒学复兴运动的开展，"现代新儒学"概念的所指也正在扩展。在现代新儒学内部有不同的"道统"说，突破类似家谱的"道统"观念，可以把现代新儒学的总体特征，归结为在回应和融摄西方文化的过程中，形成在经典世界有所根据而又适应现时代需求、希望能够对治现代生活的理论。其历史的起点，可以追溯至以康有为等为代表的清末儒家精英集团的分化。而其现实则是，随着社会历史条件的变化包括激进主义的兴衰，曾经是防御性的方位性意识形态的儒学，开始表现出改变现实的激进姿态，因而也使得现代新儒学的思想光谱大为改观。②

柴文华则指出，"新儒家"或"新儒学"是中国近现代出现的一个概念，它有两种基本的含义。第一，"新儒家"或"新儒学"是指宋明理学或宋明道学。第二，"新儒家"或"新儒学"泛指中国新文化。现代新儒学是中国现代的重要思潮之一。它从类型上可以分为"典型意义上的现代新儒学"和"非典型意义上的现代新儒学"，具有立本于儒学、融合中西学术、构建本体论、推重直觉等主要特征。③就现代新儒学产生的原因来看非常复杂：中国传统文化的危机构成中国近现代新儒学的事实前提和逻辑原点，而西方近代文化的危机则是新儒学产生的个别性和直接性根源；现代新儒学的产生也离不开它的"宿敌"——文化激进主义的刺激；现代新儒学作为文化保守主义的一员还与中国近现代的其他文化保守主义有着理论上的渊源关系。④

从新儒学产生、发展的脉络来看，学者们较多的研究，聚焦于其与中国传统文化、与自由主义思潮以及主义的关联。首先，从新儒学与传

---

① 谢永鑫：《徐复观与20世纪儒学发展"海峡两岸学术研讨会综述"》，《孔子研究》2004年第2期。
② 高瑞泉：《变动的光谱——社会思潮研究视野中的新儒学》，《中国人民大学学报》2015年第5期。
③ 柴文华：《现代新儒学的主要类型和特征》，《学术交流》2004年第1期。
④ 柴文华：《论现代新儒学的产生》，《商丘师范学院学报》2004年第1期。

统文化的角度而言，郑家栋认为，当代新儒学在总体方向上是接着宋明理学讲的，于是也就很难摆脱"汉、宋"之争一类的纠缠。所谓汉宋之争是一个非常复杂的问题，人们很容易将之简化为"经学"与"理学"的划界，再说下去就是重文献与重义理的区别。其次，若从"学术思潮"的视野看待新儒学，则必须重视他们诠释传统文献的方法及对乾嘉学派的批评。需要指出的是，无论是哲学还是思想史名家，港台新儒家一个共同的努力方向都在于：要赋予儒家学问以某种现代的、系统的、学理化的形式，使之能够在现代专业分工和学科分化的背景下得以保存和发展。[①]

王立民指出，新儒学相对原始儒学而言，是一种既主张使用儒学，又不拘泥于儒学的经义训诂，而主张依据国家社会的需要，利用、改造和发展原始儒学的儒家学说，主要经历过汉、宋明和近现代等几个阶段。汉朝的新儒学开始影响到当时的法制；宋明两朝的新儒学深刻地影响着当时的法制；近现代的新儒学渐离法制。在新儒学与中国法制问题中，还有一些值得关注的地方。比如，新儒家在发展新儒学与法制中有自己的作用；新儒学在法制中的作用很大程度上取决于社会的大背景；经学是新儒学与法制之间的主要环节等。[②] 陈代湘在研究中谈到，儒学在20世纪初遭遇到的困境，既是西方文化涌入而导致的外在冲击使然，又与儒学自身的性质有关。现代新儒家以重建儒学为中心课题，它的产生有外在局势困厄和内在理论呼唤两方面的原因。现代新儒家的朱子学研究，探讨了现代新儒家对朱子学的继承和改造，而且，还用现代的眼光，对他们所共同关注的哲学问题进行了重新思考。现代新儒家中绝大部分人认为，朱子是宋明理学的集大成者，钱穆更是认为朱子不仅集理学之大成，而且集宋学和汉唐儒之学之大成。但在现代，朱子的宇宙论渐趋衰微，而陆王及朱子的人生论却得到发扬。因此，他从传统儒学本身和整个世界哲学思潮变化两个方面探讨了其原因。现代新儒家内圣开出新外王的理论，是循着朱子的致思方向而提出。无论是朱子还是现代新儒

---

① 郑家栋：《港台新儒学发展中的"理学"与"经学"》，《文史知识》1999 年第 9 期。

② 王立民：《论中国的新儒学与法制》，《政治与法律》2008 年第 7 期。

家，都没有很好地解决内圣与外王的矛盾问题。朱子对经验知识的重视以及他政治上的批判精神，有现代价值。现代新儒家强调知识与道德分离，可使二者都得到充分发展。朱子在注重经验科学知识的同时，又以内圣成德为最终目标，虽然会妨碍知识的独立充量发展，但换一个视角，则有以伦理导引和控制科学的思想，在当今世界是不可多得的睿识。探索儒学在未来社会中的作用，要分层次和分学派。作者把形上超越、政治伦理、日用习俗三个层次和"理学""心学"两大派别结合起来，探讨了儒学在未来社会中所可能起的作用。① 蒋庆也认为，现代新儒学虽在弘扬民族文化、发扬民族精神上做出过巨大贡献，但同时也存在着严重的问题，即未能开出"新外王"。当代新儒学要开出"新外王"就必须走出心性儒学，在儒学的大传统中寻找另外一条发展路向，这就是政治儒学。政治儒学是儒学传统中的经学——春秋公羊学，其特征就是解决政治问题，是儒学传统中的外王之学。因此，蒋庆的研究力图证明，从心性儒学走向政治儒学不仅是时代的必然要求，也是当代新儒学在理路上应有的发展。当代新儒学只有走向政治儒学，才能开出新外王，克服儒学在当代遇到的最大危机与挑战。②

李翔海的研究表明，牟宗三之后，当代新儒学初步表现出了多元开展的理论特色。在继续沿着前辈新儒家的基本精神方向，对儒学学理系统做进一步阐释的同时，主要表现出三方面的发展走势：一是继续倡导开展儒学与人类诸文化系统间的对话，代表了在当代人类文化的多元开展中，将儒学的智慧精神进一步融入世界文化的发展走势；二是提出了"中学为用"的观念，表明在"后牟宗三"时代，新儒学的理论兴奋点已开始向儒家学理在现实层面的推扩转移；三是提出了"后新儒学"的概念，表现出在对新儒学予以内在批判的基础上力图有所开新的理论意向。上述发展走势表明，面向 21 世纪，儒学将继续走向世界；如何面对后现代主义的问题，已成为当代新儒家关注的中心问题之一；以心性之学为

① 陈代湘：《现代新儒学与朱子学》，博士学位论文，南开大学，2002 年。该博士论文 2003年由湖南人民出版社出版。——编者注
② 蒋庆：《从心性儒学走向政治儒学——论当代新儒学的另一发展方向》，《深圳大学学报》1991 第 8 卷。

主体的现代新儒学将面临可能的转向。①

　　在新儒学与现代自由主义思潮和马克思主义思潮的交融方面，谢晓东指出，作为现代中国的两大思潮，现代新儒学与自由主义之间相互作用、相互影响，其重要结果就是新儒学对自由主义一些思想观点的接纳与改造。于是，在长期的发展演变中，现代新儒学中形成了一个政治自由主义的传统。该传统具有明确的理念结构，主要体现在性善论、人格主义、自由观、平等观与治理模式五个方面。这个传统具有重要的理论意义，但也存在着一些不足。②李毅认为，七十多年来，现代新儒学思潮无论在中国的现代化道路问题上，还是在思想逻辑的建构上都表现出了与马克思主义在中国的发展迥然不同的理论趋向。现代新儒学在如何构建新文化问题上提出了一些有启发性的观点，但基本立足点却是"文化决定论"和抽象人性论，这使它不能真正解决"中国向何处去"的问题，也使自己最终陷入了理论困境。③张三萍分析了现代新儒学诘难马克思主义的科学性的四种方式，一是把马克思主义非理性化、宗教化；二是把马克思主义的意识形态性和科学性对立起来；三是否认哲学人文社会科学的科学性，进而否认马克思主义的科学性；四是用马克思主义个别结论的失误，否认马克思主义整个理论体系的科学性。作者指出：现代新儒学对马克思主义科学性的诘难是不正确的，它割裂了马克思主义的理想性和科学性、意识形态性和科学性、科学性和人文性、马克思主义的个别结论和整个理论体系的关系。④现代新儒学以中国有生产力落后、有特殊的社会结构和特殊的文化而拒斥马克思主义中国化。这种"中国特殊论"无论是对中国社会还是对中国文化的认识都是不正确的。列宁的"社会主义可以在落后的国家首先取得胜利"的理论和俄国十月革命、中国新民主主义革命的胜利，都是对"生产力落后论"的最为有力的回击。中国共产党人特别是毛泽东在《中国社会各阶级的分析》中，对中国国情所作的分析，说明现代新儒学对中国国情的认识并不符合中国的国情。

①　李翔海：《论后牟宗三时代新儒学的发展走势》，《孔子研究》2002 年第 3 期。
②　谢晓东：《论现代新儒学中的政治自由主义传统》，《厦门大学学报》2008 年第 2 期。
③　李毅：《马克思主义与新儒学：七十多年思想交锋的轨迹》，《中国青年政治学院学报》1996 年第 1 期。
④　张三萍：《评现代新儒学对马克思主义的诘难》，《江南大学学报》2010 年第 5 期。

把中国文化和儒学等同，夸大中国文化和马克思主义的差异性，使现代新儒学不能正确说明马克思主义和中国传统文化的关系。马克思主义中国化的含义之一，就是马克思主义与中国传统文化相结合。但是马克思主义者认为，传统文化不能简单理解为儒学，更不能简单等同于儒家的"心性之学"。马克思主义不否认中国有特殊的国情及特殊的文化，但反对"中国特殊论"。① 此外，张三萍还分析了现代新儒学对马克思主义的实践性和科学性、科学性和意识形态性、科学性和人文性的割裂，以及对马克思主义的历史地位、历史作用的歪曲和否定；分析了第三代新儒家林安梧对马克思主义的实践论、唯物史观的吸收和借鉴，并指出通过吸收和借鉴马克思主义，使林安梧对人的本质、儒学的本质、内圣外王的思维模式的理解不同于其他新儒家而独具特色。②

李方祥、郑崇玲的研究表明，20世纪40年代新儒学运动精心构建新儒学理论体系，践行自由讲学精神，同时还实验社会改良的政治理想，因而从总体上看，现代新儒家是一种学术派别、学术思潮，但又不单纯是学术思潮，它同时带有一定的政治倾向。新儒学运动在文化观及如何认识和对待传统文化问题上，与马克思主义者之间存在着根本的学理分歧。中国马克思主义者对新儒学运动的唯心主义实质开展学术批判，既推动了马克思主义中国化的历史进程，同时在运用马克思主义方法上也存在某种程度的教条主义倾向。③

衣俊卿指出，现代新儒学和后现代主义均以批判、修正发达工业社会的异端和现代化的负面效应为立足点，分别从前现代和后现代的视角消解现代性。这两种文化思潮在中国现代化进程中的对接和联姻在客观上阻碍着中国现代文化精神的生成，必须从总体上拒绝现代新儒学和后现代主义的文化精神；中国无法避开现代化而进入世界历史进程，中国的首要问题是加速现代化，而不是医治现代化过分发达导

---

① 张三萍：《现代新儒学的"中国特殊论"辨析》，《武汉理工大学学报》2011年第1期。

② 张三萍：《现代新儒学的马克思主义观研究》，博士学位论文，武汉大学，2010年。该博士论文2011年由湖北人民出版社出版。——编者注

③ 李方祥、郑崇玲：《二十世纪四十年代中国马克思主义者对新儒学运动的学术批判》，《中共党史研究》2011年第3期。

致的弊端。[①] 王杰、张友谊认为，作为一种文化思潮，现代新儒家的"儒学复兴"论对中国儒学思想的未来命运问题提出了自己的见解，他们提出的观点带有很大的局限性和片面性。首先，现代新儒家是站在文化保守主义立场上去论述"儒学复兴"的；其次，现代新儒家从唯心主义的立场出发；再次，现代新儒家所提倡的"儒学复兴"论是对"五四"精神的否定。但其中也有一些值得关注的积极因素。第一，现代新儒家是在中国文化遭到空前危机的情况下提出的"儒学复兴"学说，他们反对"全盘西化"论者的民族虚无主义。第二，"儒学复兴"论者对于如何继承和创造性地转化儒家传统，对于如何引进和吸收西方近现代的科学和民主思想，都做了积极有益的探索。第三，现代新儒家在哲学上对中国哲学的特质和现代意义做了较多的探讨，其中不乏一些合理的思想。[②]

## 四、新儒学与当代中国及世界

方克立的研究把现代儒学包括内地、香港、台湾在内的整个中国现代思潮，置于国际思潮范围之内，真正把现代新儒家三代人作为一个统一整体予以全面观照。他认为，对于现代新儒学的界定，是关于研究现代新儒学的一个根本问题。所谓现代新儒学，是指"五四"以来，在强烈的民族文化危机意识的刺激下，一部分以承续中国文化慧命自任的知识分子，力图恢复儒家传统的本体和主导地位，重建宋明理学的"伦理精神特征"，并以此为基础来吸纳、融合、会通西学，重构起一种继往开来、中体西用式的思想体系，以谋求中国文化和中国社会的现实出路，它主要是一种哲学和文化思潮，同时也包含着社会政治的内容。他除了指出现代新儒学具有尊孔崇儒，以儒家正统自任的一般特征外，还从其民族本位的文化立场、中体西用的基本态度、道德形上的哲学追求、推重直觉的思维方式四个方面，解释了其文化特征和哲学特征。现代新儒

---

① 衣俊卿：《评现代新儒学和后现代主义思潮》，《教学与研究》1996年第2期。
② 王杰、张友谊：《现代新儒学的发展及其片面性》，《中国社会科学院院报》2006年3月16日。

家重建儒学的价值系统，呼唤和推进新儒学的第三期发展，其根本精神不在于复古，而是要畅通民族文化生命的本源，以此保持中华文化的主体性。现代新儒家的学术文化价值远胜其社会政治作用。①他进一步指出，近几年来，大陆新儒家的学术活动和社会活动十分活跃，在学术界和社会上产生了一定的影响。但必须指出的是，大陆新儒家的一些学说和主张与社会主义先进文化前进方向、与中国特色社会主义事业发展是不相符、不相容的，许多观点和主张在学理上是荒谬错误的，在实践上是有害的。其一，大陆新儒家代表人物把中华文化经典的诵读等同于"儿童读经"，并把"儿童读经"作为在中国复兴儒学（教）的基础性工作，企图以"复兴儒学（教）"来替代中国近现代革命文化和社会主义文化，这与弘扬中华民族优秀文化，提高青少年的民族文化素养和思想道德素养，培养有理想、有道德、有文化、有纪律的社会主义新人的教育目标是相背离的。其二，大陆新儒家提出"儒化中国""儒化共产党""立儒教为国教""用儒学取代马克思主义"等观点和主张，这对我国现行主流意识形态和社会政治制度提出了公开挑战，必须引起高度警惕和注意。种种情况表明，大陆新生代新儒家已成为现代新儒学运动新的代表性人物，他们的出场，标志着现代新儒学运动进入了一个新的发展阶段。作为马克思主义理论工作者，必须关注和重视对大陆现代新儒家及其学说的研究。需要强调的是，对传统文化和儒学的研究，必须坚持以马克思主义为指导，弘扬、继承中华优秀民族文化，摒弃传统文化中反人民、反民主的封建糟粕，旗帜鲜明地反对反民主反社会主义的儒化论。只有这样，儒学研究和弘扬民族文化的活动才能健康地向前发展。②

樊浩指出，产生于20世纪20年代的新儒学不仅是一种学术理性，而且还代表和体现着某种文化情结，因而至今仍然成为中国学术发展的潜流和支流。对于传统的"同情""敬意"的"理解"，"返本开新"的解决古今文化冲突的思路，"内圣开出新外王"的回应西方文化挑战的对策，构成"新儒学理性"的基本内容。"新儒学理性"内在的理论误区和

---

① 方克立：《现代新儒学与中国现代化》，天津人民出版社，1997年。
② 方克立：《关于当前大陆新儒学问题的三封信》，《学术探索》2006年第2期。

困境，决定了它不能完成民族文化精神现代建构的历史使命。中西冲突中的民族本位、古今冲突中的传统本位、民族危机中的文化本位、文化危机中的道德本位，构成"新儒学情结"的基本特色。这种情结在当代中国依然以潜在的形式发挥着作用。新儒学的思考和努力是严肃的，因而必有其一定的生命力；它所提出的思路包含着合理的内核，这些内核在与马克思主义的交流和交锋中也应当被继承和接受。新儒学的理论体系是精致的，但由于它所固有的内在缺陷，特别是由于它与现实的社会运动相脱离，因而只能是一朵"不结果实的花"。作者指出，新儒学在现代化进程尤其在伦理转换中的地位问题，更是一个容易引起异议的敏感话题，要对其进行客观认定。在方法论上，我们必须解决两个问题，其一必须把它放在现代中国文化、学术思潮的总体格局及其变化发展中把握；其二，必须解放思想，从思想、学术、意识形态诸方面综合分析。[①]

王兴国强调，当代新儒家在中西哲学会通融合的道路上，重建以儒学为代表的中国哲学，并在回应西方哲学、敞开与西方哲学对话的过程中使儒学走向世界，亦使儒家哲学的发展达到了现代的巅峰。第三代当代新儒家及其后续者继承了前辈的精神志业，顺乎世界潮流，顺应"全球化"与"在地化"的召唤，在不断反省和批判中把当代新儒家的"儒学第三期"开展推向前进，从回应与对抗西方哲学走向了与西方哲学和宗教的多元对话；推动了当代新儒家与中国自由主义和马克思主义之间的良性互动；在学术、教育、政治与社会实践等多个领域或层面推动了儒学的"全球化"与"在地化"运动；改进了儒学世界化的策略，重回经典，返本开新，立足于"在地化"谋求与其他传统精神的会通之道。[②]

李翔海认为，现代新儒家哲学既肯定科学理性的重要性，又将其收摄于道德人文精神之中的取向，代表了对如何不使科学理性被逾越本分地绝对化的问题，做出了中国式的回答。随着西方后现代转向的出现，西方哲学对于人之生命安顿问题，给予了更多的关注。与其他思潮相比，立足于民族本位的新儒家哲学，更有利于将中国哲学以"哲学"的面貌

---

① 樊浩：《论"新儒学理性"与"新儒学情节"》，《中国社会科学》1999 年第 2 期。
② 王兴国：《当代新儒学的新近发展与其面目》，《中国人民大学学报》2015 年第 5 期。

示人。作为面对相对主义所可能有的两种基本选择之一，新儒家哲学的终极关怀价值系统具有借鉴意义，但同时亦存在着以历史的总体性消融人的自主性的欠缺。①

林安梧指出，原始儒家、新儒家与当代新儒家，他们都是儒家，皆有其恒定不变的道德实践要求。台湾虽为移民之地，但这三四百年来由于先圣先哲的努力，勤耕勤垦，台湾已然是一文化再育的母土，使得中华文化能够灵根再植，当代新儒学也因此有进一步的创获。值得一提的是，伴随着其他的文化机制，当代新儒学对台湾现代化进程起着一定的调节性作用。进入新世纪，文明对话的要求呼声渐起，当代新儒学在国际哲学脉络中有着进一步可能的瞻望。就在这个过程中，新儒学已悄然迈向了后新儒学，既隐含着转折、回返，也有着批判、继承与发展。②李宗桂强调，当代新儒学的发展动向和前景，不仅是港台和海外新儒学人士关注的重心，也是国内学术界的关注重点之一。在迈入21世纪之初，把当代新儒学发展的难题提出来讨论，对于当代新儒学的发展不无帮助。同时，对于当代中国文化建设也应当有所帮助。当代新儒学发展面临的难题主要有以下六点：（1）兼容天下的开放意识和守道护统观念的纠结；（2）复兴儒学的宏图大志与儒门淡泊的落寞现实的差距；（3）"返本"的传统价值准则与"开新"的现代意识的矛盾；（4）批评精神与自我反省意识的脱节；（5）儒学现代化意图与边缘化现实的悖反；（6）儒学价值理想载体的整体性缺失。③

江涛在研究中指出，现代新儒学伦理道德思想产生于中国近代西学东渐、传统伦理价值体系不断消解，中国传统文化"花果飘零"的历史条件下，力图以儒家伦理道德思想为核心来吸收、融合、会通西方伦理文化的优良成果。现代新儒学伦理道德思想内容丰富，集传统伦理道德的阐扬、现代伦理道德的反省以及新伦理道德的重建于一身，有自己立足传统正视现实而又面向世界和未来的独特襟怀，成为现代伦理道德文化的一个重要组成部分。论述现代新儒学伦理道德思想与现代道德建设

---

① 李翔海：《从后现代视野看新儒家对中国哲学的现代重建》，《文史哲》2006年第2期。
② 林安梧：《新儒学到后新儒学的发展——环绕台湾现代化进程的哲学反思》，《中山大学学报》2006年第3期。
③ 李宗桂：《当代新儒学发展的若干问题》，《文史哲》2003年第3期。

的关系时，对现代社会道德危机进行客观的分析和评价，说明现代社会道德建设的低效，并提出现代新儒学伦理道德思想对现代道德建设的几点启示，即现代道德建设需要：协调科学精神与人文精神，凸显人文精神；道德关怀，实现道德的"本然"；挖掘具有普遍意义的道德，达成"世界伦理"共识；确立人的道德主体性，倡导道德体验。①

明确标举"中国艺术精神"并展开深入探讨，徐复观是第一人。除徐复观以外，现代新儒学之第二代港台新儒家其他成员如方东美、唐君毅等也都或多或少涉及过这个问题，皆因这一话题背后隐藏着古与今、中与西的深层美学对话。孙琪在观照其哲学基础和文化背景的前提下，以第二代港台新儒学诗学和美学为基础，利用比较的方法、对话理论、阐释学和历史文化的方法等理论工具，对港台新儒家的共同话题做深入考察和系统梳理，把握徐复观等人阐释"中国艺术精神"的世界视野和方法，以及他们探讨这一问题时所折射出的深层文化内蕴，同时注意与研究对象相关的上下左右的联系。由于港台新儒家的美学研究兼有会通儒道艺术精神、融合中西美学思想及发掘传统美学之当代价值等的层面，这些无一不是中国当代美学的重大课题，因此带着问题意识用跨文化、跨学科的视野重新审视他们探讨过的问题并追踪问题的延伸，将对中国当代美学的建构和比较诗学的研究有着重要的启发意义。②

儒家课程思想是儒家教育体系的重要组成部分，它直接体现了儒家教育在各个历史阶段的不同任务、特点与发展状况。中国文化是一种以儒家文化为主的文化，因此，系统研究儒家课程观，并在此基础上对其进行批判性的继承和创造性的超越，将有助于我们建立本土化的课程理论；有助于为世界课程理论发展注入丰富的文化资源，从而将更多元、更有意义的文化形式带入课程领域；也有助于我国的新课程改革更好地适应我国的文化传统。樊亚娇指出，儒家课程思想的后现代转向，是以传统儒家课程思想为基础，借用后现代主义的视角及方法论，对后现代

---

① 江涛：《现代新儒学伦理道德思想与现代道德建设》，贵州师范大学研究生论文，2007 年。

② 孙琪：《台港新儒学阐释下的"中国艺术精神"》，博士学位论文，暨南大学，2006 年。该博士学位论文以《中国艺术精神：话题的提出及其转换——台湾及海外新儒学的美学观照》为书名，由世界图书出版公司 2012 年出版。——编者注

主义所凸显的那些当代课程的主要问题所做出的回应。其主要工作，是要以后现代主义为工具，来阐释和宣扬儒家课程思想的固有价值和当代意蕴，并且借鉴后现代理论，展开对现代课程所存在问题的诊断与分析，从而建构起一个儒家课程思想后现代发展的美好愿景，促进儒家课程思想的发展和时代价值的发挥。影响儒家课程思想发挥当代价值的最终因素，就在于儒家课程思想能否踏上一个后现代之途，也即是能否实现一个"走向后儒学的课程观"①。

以杜维明为例，方世忠就儒家传统与现代性之间的关系进行了论述。首先，其是儒学传统的创造性诠释，杜维明以儒家内圣之学及其核心价值为诠释的中心，以现代性为参照系或以现代性为观照之一，不断抉发儒家传统的普遍性、终极性和现代性。其次，在实践层面解决儒家传统的现代价值及其与现代性结合与融贯的问题。杜维明着重探讨了儒家传统内在的功能或动力性。作者指出，仅从多元文化的角度来探讨儒学第三期发展的可能性，是无法使儒学的复兴获得一种真正的动力的。现代性的文化架构在东亚体现为儒家传统，它具有与西方现代化的精神动力类似的功能，构成现代社会结构的基本元素。在杜维明看来，东亚经济新崛起的实践证明，儒家伦理同样包含有导致经济增长的"未预期的结果"，儒家传统具备现代社会中的动力性功能。作者强调，杜维明试图通过"文化中国"的探讨来弥合儒家传统与现代性之间的分立与断裂。"文化中国"表征的是一种重构的现代性的文化价值，它具有开放性和认同性，有强烈的现实性和时空上的拓展性。杜维明认为，"文化中国"的建构一定要在多元文化的背景下，实现以自由民主为核心的西方现代性价值、马列所发展的人文传统和中国固有的传统文化的良性互动。最后，从全球视野审视儒家传统与现代性结合的意义。儒学应当承担起对人类启蒙心态的批判和反省的使命，用儒家融合个人、社会、自然及天道四个层面的人文精神，对治西方的人类中心主义、极端个人主义、工具理

---

① 樊亚娇：《儒家课程思想的后现代转向》，博士学位论文，西南大学，2011 年。该博士学位论文在 2017 年由西南师范大学出版社出版。——编者注

性和社会达尔文主义等精神疾病。①

　　综上所述，20 世纪 90 年代以来的新儒学的研究，跳脱了过往附加在新儒学之上的种种束缚，转而以更为开阔的历史视野和实事求是的理论勇气，重新探询新儒学的发展脉络，深入思考新儒学的学理建构以及它与近代中国社会多元思潮的会通，进而关注新儒学与当代中国及世界的关系。总体而言，20 世纪 90 年代以来，学者们层出不穷的研究成果，围绕人物个案与学理思潮，通过对现代新儒家及其代表人物的研究，展示了现代新儒家思想背后的共相特征和丰富的个性特征，并对其理论得失和现代新儒家在 21 世纪中国文化发展格局中的价值定位，进行较为公允的描述、分析与评判，也为今后学术界、理论界进一步研究现代新儒学的思想内涵、发掘并"创造性转换"现代新儒家的思想资源，奠定了坚实的基础。

原载《中国文化研究》2016 年第 1 期

---

① 方世忠：《儒家传统与现代性——杜维明新儒学思想研究》，博士学位论文，华东师范大学，2004 年。